当代家庭教育学

杨启光 主编
李 涛 副主编

清华大学出版社
北京

内 容 简 介

当代家庭教育的理论与实践问题，在我国新时代高质量教育体系建设中的基础性与战略性地位日益突出。加强当代家庭教育学的课程与学科建设，是提高我国教育现代化治理能力与育人水平的关键环节。本书作为家庭教育学的基本教材，立足中国家庭变迁的社会现实，紧扣立德树人的育人宗旨，反映了当代家庭教育学科发展的新成果，构建了科学、系统的具有中国特色的当代家庭教育知识体系。

本书聚焦当代世界家庭教育理论前沿成果，回应当代中国家庭教育实践重要问题，引领当代家庭教育知识理论与实践体系科学化发展方向，坚持家庭教育知识技能的传授与家庭教育研究能力的培养相统一，体现了当代家庭教育学实践取向的多学科研究的重要特点。本书主要供高等院校教育学、学前教育学和其他学科类教师教育专业教学使用，也是在职中小学教师培训、研究生培养和其他相关专业科研人员从事家庭与家庭教育研究的重要参考书，还适合广大家长乃至其他关心家庭教育发展事业的社会人士阅读。

本书封面贴有清华大学出版社防伪标签，无标签者不得销售。

版权所有，侵权必究。举报：010-62782989，beiqinquan@tup.tsinghua.edu.cn。

图书在版编目(CIP)数据

当代家庭教育学 / 杨启光主编．—北京：清华大学出版社，2024.3
ISBN 978-7-302-65576-3

Ⅰ.①当⋯ Ⅱ.①杨⋯ Ⅲ.①家庭教育－教育学 Ⅳ.① G78

中国国家版本馆 CIP 数据核字 (2024) 第 045661 号

责任编辑：施 猛 张 敏
封面设计：常雪影
版式设计：方加青
责任校对：马遥遥
责任印制：宋 林

出版发行：清华大学出版社
网　　址：https://www.tup.com.cn, https://www.wqxuetang.com
地　　址：北京清华大学学研大厦 A 座　　邮　编：100084
社 总 机：010-83470000　　邮　购：010-62786544
投稿与读者服务：010-62776969, c-service@tup.tsinghua.edu.cn
质 量 反 馈：010-62772015, zhiliang@tup.tsinghua.edu.cn

印 装 者：北京鑫海金澳胶印有限公司
经　　销：全国新华书店
开　　本：185mm×260mm　　印 张：18.75　　字 数：367 千字
版　　次：2024 年 5 月第 1 版　　印 次：2024 年 5 月第 1 次印刷
定　　价：59.00 元

产品编号：099861-01

本书获得福建师范大学教材出版立项资助

序言 PREFACE

随着中国式现代化发展进入新的阶段,高质量教育体系建设成为当代中国教育现代化的主旋律。从《中国儿童发展纲要(2021—2030)》到《中国教育现代化2035》,再到《中华人民共和国家庭教育促进法》(下文简称《家庭教育促进法》)的颁布与实施,不断强化着中国家庭教育在高质量教育体系建设中的基础性与战略性地位。

《家庭教育促进法》指出:"国家鼓励高等学校开设家庭教育专业课程,支持师范院校和有条件的高等学校加强家庭教育学科建设。"面向全球化趋势,基于中国社会与家庭生活变迁的现实,紧扣立德树人的育人宗旨,构建科学、系统与完整的家庭教育自主知识体系,发挥家庭教育服务与支持家庭生活质量建设的作用,已经成为新时代教育者的自觉。其中,推出能够反映我国家庭教育学内在的历史逻辑、理论逻辑与实践逻辑的当代教材,对于高等院校家庭教育学科建设与专业发展的意义不言而喻。

本书聚焦当代全球家庭教育理论前沿发展的成果,回应当代中国家庭生活与家庭教育实践重要问题,坚持家庭教育知识技能的传授与家庭教育研究洞察力的培养相统一的原则,体现了家庭教育吸纳与融合多学科知识的开放性特点。

第一,本书反映当代家庭与家庭教育的最新思想观念、实践发展与研究成果。本书与以往家庭教育学教材的不同在于着力体现"当代"这一时间性,是当代关于家庭教育的知识生产、实践经验与政策创新的精华,即"书写当代,表达当代"。经历四十多年的改革开放,在中国式现代化的当代实践进程中,中国家庭与家庭教育经历了市场经济与国际化的社会转型的冲刷与洗礼。进入新世纪,尤其是党的十八大以来,我国教育进入高质量发展的新时代,当代家庭教育作为提高学校教育治理和育人水平的关键环节,必然开启家庭现代化与家庭教育现代化的新目标,进而赋予了中国家庭教育学回应新的时代命题的任务。本书突出体现改革开放以来当代家庭与家庭教育现代化思想、实践发展与研究成果,分析影响家庭与家庭教育发展的新理念、新特征与新问题,力求在家庭与家庭教育研究的观念与内容方面有较大的革新。

第二,本书根植中国家庭文化、家庭教育精神与当代中国家庭教育现实。党的二十大报告提出,将加强"家庭、家教、家风建设"作为"推进文化自信自强,铸就社会主义文化新辉煌"的重要内容。立足中国家庭社会和家庭教育实践的历史与现实,突出中国家庭教育理论与实践的历史经验和现实创造的统一,是体现家庭教育学科的核心知识体系与价值体系的当代性的必然要求。本书立足于中国社会与中国家庭情景，顺应中国家庭政策与家庭教育政策的发展，将当代中国社会、中国家庭与中国家庭教育生动的时代创造的最新反映进行凝练、观照与反思。

第三，本书坚持当代家庭教育知识技能传授与家庭教育研究能力培养的有机统一。以国际与全球比较的视野，本书努力反映全球化时代世界家庭革命与家庭教育现实面临的共同性问题，积极吸收国际范围内家庭教育研究的基本理论、实践经验与技术方法，并按照当下我国社会经济发展与社会对未来教师的综合性、学术性与师范性的素质要求，充分表现教材编写重视家庭教育研究取向的特点。本书力求改变既往的家庭教育学教材比较注重经验性实践内容而相对忽视理论与研究的不足，以研究家庭与家庭教育问题为取向呈现教材内容，坚持立德树人的宗旨，以提高学生家庭教育的科学研究能力为主要的出发点，突出灵活与丰富的学习资源呈现的特点，通过"内容提要""学习目标""知识链接""实践案例""研究讨论""拓展阅读"等创新模块的介入，使教材的文本表达尽可能多元化。

第四，本书体现家庭教育学开放融合的跨学科性与学科创新精神。作为教育学的一个分支学科，家庭教育学的交叉学科性质突出。一方面，作为理论与实践相结合的家庭教育学学科，需要综合心理学、教育学及脑科学等研究儿童青少年教育规律的知识；另一方面，家庭教育是一项社会系统协同治理的事业，必须吸纳系统的家庭社会学、人类学、管理学与政策科学理论构建的知识体系。本书以家庭的当代变革为逻辑起点，立足我国现代化面临人口与家庭双重变迁的重要转型现实，以家庭社会学为基础理论，关切当代家庭、学校与社区协同育人共同体构建的愿景，突出政府主导与服务增能的家庭建设的视角，增加了家庭教育服务指导的内容。

《当代家庭教育学》一书体现了家庭教育发展的当代最新理论与实践成果，反映了我国不同高等院校在家庭教育理论研究与教育教学方面的发展状况，既蕴含了长期承担家庭教育学教学的老教师的丰富经验转化的知识，更有年轻博士教师的敏锐学术思想与观点的渗透，进而形成了本教材知识内容多元、丰富与包容的鲜明特点，这是大家共同努力而形成的智力劳动成果。在这里，要对各位同仁的支持表达衷心的感谢。

本书编写分工如下：第一章，杨启光、荆洲(福建师范大学)；第二章，樊洁(福建师范大学)；第三章，李艳(江南大学)、李家成(华东师范大学)；第四章，蔡臻祯(福建师范大学协和学院)；第五章，李涛(福建师范大学)；第六章，林洵怡(福建师范大学)；第七章，汪卫平(杭州师范大学)；第八章，杨福梅、徐林(新疆师范大学)；第九章，朱纯洁(上海师范大学)；第十章，刘珂(山东菏泽职业学院)。杨启光作为主编负责全书统稿，李涛参与了本书章节提纲的拟定。

《当代家庭教育学》一书是福建师范大学课程思政示范教材重点项目的最终成果。在这里,特别感谢福建师范大学对本教材出版提供的大力支持。在编写过程中,我们参考和引用了很多著作、论文与教材等文献资料,在此谨向相关作者表示由衷感谢!限于时间和水平,本书难免存在不妥之处,敬请广大读者指正。反馈邮箱:shim@tup.tsinghua.edu.cn。

杨启光
2024年3月

目录 CONTENTS

第一章　导论 / 1
　　第一节　当代家庭教育学的性质与对象 / 1
　　第二节　当代家庭教育学的发展历程 / 6
　　第三节　当代家庭教育学的理论基础 / 13
　　第四节　当代家庭教育学的研究方法 / 19

第二章　当代家庭概念与当代家庭教育意涵 / 27
　　第一节　家庭的本质与概念的多元表达 / 27
　　第二节　家庭的形态、结构与当代功能 / 37
　　第三节　当代家庭的教育因素及其功能 / 42

第三章　家庭教育的发展历程与当代需求 / 63
　　第一节　始于家庭：最持久的一种教育形式 / 64
　　第二节　走向治理：现代家庭教育发展的逻辑 / 70
　　第三节　文化回应：全球化时代家庭教育需求 / 83
　　第四节　面向未来：当代家庭教育发展的使命 / 88

第四章　亲子关系与当代家庭教育策略 / 91
　　第一节　亲子关系的内涵、特征与家庭教育意义 / 91
　　第二节　当代社会转型期亲子关系的特征与问题 / 103
　　第三节　家庭教育中的有效亲子互动的主要策略 / 109

第五章　成长阶段与当代家庭教育主要内容 / 119
　　第一节　学龄前儿童身心发展特征与家庭教育内容 / 119
　　第二节　中小学生身心发展特征与家庭教育内容 / 129
　　第三节　大学生身心发展特征与家庭教育内容 / 137

第六章　当代家庭教育问题与家庭治疗 / 143

第一节　当代家庭的要素与个体成长影响 / 143
第二节　当代家庭教育问题的类型与成因 / 152
第三节　当代家庭治疗的主要机制与模式 / 164

第七章　特殊群体与当代家庭教育重点 / 175

第一节　资优儿童与当代家庭教育重点 / 175
第二节　残障儿童与当代家庭教育重点 / 182
第三节　特殊家庭与当代家庭教育重点 / 188

第八章　政府与当代家庭教育法律制度 / 198

第一节　当代家庭教育中政府的责任 / 198
第二节　当代西方国家家庭教育政策 / 206
第三节　当代家庭教育的立法与法规 / 212

第九章　学校与当代家庭教育合作关系 / 219

第一节　家庭教育指导与学校的主要关系 / 219
第二节　当代家校合作共育中的典型问题 / 226
第三节　家庭参与学校教育的内涵与方式 / 234
第四节　家庭参与学校教育的主要机制 / 237
第五节　家庭参与学校教育的实践案例 / 242

第十章　社区与当代家庭教育资源开发 / 248

第一节　社区中的家庭教育资源与意义 / 248
第二节　社区家庭教育指导的理论与问题 / 253
第三节　社区家庭教育指导的模式与实践 / 258

附录 / 265

附录一　《中华人民共和国家庭教育促进法》 / 265
附录二　《全国家庭教育指导大纲》(修订版) / 272
附录三　《关于健全学校家庭社会协同育人机制的意见》 / 284

第一章 导论

📄 内容提要

家庭教育学作为一门教育学分支学科,主要围绕家庭教育现象与家庭教育实践问题开展研究,旨在探索家庭教育的理论和实际问题,揭示家庭教育的一般规律,指导人们有目的、有计划地进行家庭教育的实践活动。当代家庭教育学科积极整合多学科领域知识,学科建设日益精细化与体系化,交叉学科特点不断彰显。当代家庭教育的研究方法持续向多样化与混合化发展。

❖ 学习目标

1. 了解家庭教育学的学科特点,建立正确的家庭教育的世界观、人生观与价值观,理解家庭教育学科建设与研究应遵循的马克思主义方法论。

2. 认识当代家庭教育学的性质、研究对象、发展历程、主要理论及其研究方法等内容。

3. 辩证地理解家庭教育研究的方法论,形成发现、分析与解决家庭教育问题的科学研究基本能力。

第一节 当代家庭教育学的性质与对象

一、当代家庭教育学科的概念

家庭教育、学校教育与社会教育是存在于我们日常生活中的三种主要教育形态。家庭教育,几乎是每一个人最早接触到的教育形式。在家庭这一特殊的场域中,父母、长辈以及兄弟姐妹都对个体的成长在不同阶段有着不同程度的作用,但并非每一种影响都可以归入家庭教育这一概念,只有其中含有目的性、规定着人的发展方向的部分才称为教育行为①。我国关于家庭教育领域的相关研究源远流长，经典理论著作众多，早在夏商周时期，统治阶级便为其幼年子女设有"孺子室"等保育教育场所，也流传下了孟母三迁、曾子烹彘等家教典范。在国外，约翰·洛克的《教育漫话》、夸美纽斯的《大教学论》与卢梭的《爱弥儿》等诸多专著，详细论述了教育者在所处时代对于家庭教育理想形态的研析与探索。在诸多教育家、哲学家与社会学家的讨论中，关于家庭教育的理论、形式、内容、传播与价值逐渐丰富，逐步构成了家庭教育学的学科基础。

我国的家庭教育学是20世纪80年代新兴起来的一门教育学分支学科②，基本形成了较为独特的家庭教育知识结构和表达方式，对家庭教育实践发挥着重要的指导作用。我国许多高等院校开设专门的课程，成立一系列的全国性学术团体。对于家庭教育学概念的理解，我国一些学者从不同的视角与侧重点对家庭教育学的概念加以界定。有的学者认为，它是一门以家庭为研究对象，探索父母如何进行家庭教育，促使孩子健康成长的学科③；有的学者从该学科的重点出发，指出家庭教育学在于探索家庭教育的规律和特点，配合学前教育和学校教育推动儿童全面发展，是教育学的一个分支学科④；还有的学者强调它是关于家庭教育的理论和学说，根本任务在于探索家庭教育的理论和实际问题⑤。综合来看，家庭教育学是一门针对家庭教育现象与家庭教育问题的教育学分支学科，是通过揭示家庭教育现象与家庭教育实践的基本规律，服务于家庭成员，指导与支持家庭成员有意识、有目的、有计划地进行家庭教育与家庭学习的理论与应用兼具的一门独立的教育学科。

二、当代家庭教育学的学科性质

学科，是由赓续发展与演进的知识体系按照其共有性质归类而形成的知识范畴，源于人类在活动中经过思考、归纳、理解与升维而形成的各类经验与认识。当代家庭教育学的学科性质，可从领域、方法、过程与实践四个维度予以阐明。

(一) 领域的整合性

当代家庭教育学的学科对象囊括了人类家庭生活场域中一切教育现象、活动及其

---

① 张中原，扈中平. 重识教育人性化的本质[J]. 教育研究与实验，2016(3)：9-15.
② 顾秀莲.《中国儿童发展纲要(2001—2010年)》学习辅导[M]. 北京：中国妇女出版社，2002：98-99.
③ 任素芳. 新兴学科手册(上)[M]. 沈阳：辽宁人民出版社，1985：195-197.
④ 韩寿根，等. 学科大全[M]. 沈阳：沈阳出版社，1989：209.
⑤ 张楠. 校长工作大全[M]. 西安：陕西人民出版社，1991：421.

规律，因此当代家庭教育学需考虑历史的纵向性、地域的横向性以及每个家庭单元的独特性。当代家庭教育学在发展中愈加体现出其受到生物学、社会学、心理学、人类学等众多学科影响的学科特点①。在当代家庭的教育实践中，教育过程并非如学校教育那样有计划和有系统，更多地分散在家庭成员相处的各个方面，并与广阔的社会政治、经济与文化环境相互作用，体现了当代家庭教育学研究领域的广泛性与复杂性，这就需要将纷繁复杂的家庭教育现象和问题与世界文化、国家民族经济发展和个体成长发展进行整合，从中寻求家庭教育学科演化的基本规律，建构当代家庭教育学的概念、理论与实践的知识体系。

(二) 方法的混合性

在当代家庭教育学的学科发展中，基于历史、社会、经济、政治等多重背景对当代家庭教育及其相关学科的关联加以研析，故而研究方法日益多样，且随着时代的变迁而逐步贴近严谨的科学研究范畴。举例而言，李佳丽等使用描述性统计方法对家庭教育追踪调查数据进行分析，从社会资本、文化资本等维度分析家庭教育投入的效能与理想配置比例②；洪明融合质的研究和量化研究方法，对600份家庭教育咨询案例从研究对象的情况、问题、反思等角度展开分析，梳理出家庭教育的焦点问题③。教育本身所携带的多元属性导致其方法具有复杂性与时代性等特征。当代家庭教育学科的研究日益聚焦于解决家庭生活中的现实问题，倾向于理论研究与实践研究相结合，量化研究与质的研究相嵌套，以混合式研究方法推进家庭教育规律的探索与问题的解决。

(三) 过程的创造性

与研究物理世界中客观存在的自然事物及其规律的自然科学研究有所不同，人文社会科学研究更多是对已有社会现象及其论断的解释与发展。当代家庭教育学的学科内容是人们透过当代家庭教育经历与教育问题开展教育实践，并在教育实践中总结、反思与体悟后得出的，体现着当代人类的生命能动性与意识创造性。这意味着，当代家庭教育的实施过程并不类同于科学实验，而是给予了家庭教育实践者与研究者在操作上的多样性选择。当代家庭教育学学科的创造性还体现在教育的双向互动性方面。家庭教育过程并非长辈向晚辈的单向输出过程，而是不同成员之间在情感、思想与行

---

① 郁琴芳，林存华. 家庭教育研究近三十年的发展特点与趋势[J]. 上海教育科研，2008(10): 20-23.
② 李佳丽，何瑞珠. 家庭教育时间投入、经济投入和青少年发展：社会资本、文化资本和影子教育阐释[J]. 中国青年研究，2019(8): 97-105.
③ 洪明. 当前我国家庭教育的焦点难点问题透视——基于600份家庭教育咨询案例分析[J]. 中国青年研究，2012(11): 55-59.

为上相互影响的过程，影响的复杂性会导致结果的多样性。当代的家庭教育学的发展应更多地关注家庭教育活动的主体脉络，同时预留家庭教育实施者在案例中发挥主观能动性与创造性的空间，以此丰富当代家庭教育学的理论与实践的知识体系。

(四) 实践的服务性

教育学科普遍具有"二重服务性"，既要服务于社会经济发展与结构变革，彰显教育的社会性功能，又要有利于个人的思想道德、科学文化和身体素质等全方位的素养提升，彰显个体性功能[①]。家庭教育具备培养社会所需合格公民的社会性功能，意味着立德树人是家庭教育的宗旨；社会生产力与生产关系的发展水平，制约着家庭教育的目的、规格、内容与变革速度等要素。当代家庭教育学的发展目标是在坚持马克思主义人学思想基础上，积极引导家庭成员形成由劳动智能、学习能力、道德品质与情感意志等融合而成的独特个体特征，促进家庭发展能力建设，持续增进家庭福祉与提升家庭生活质量。在完成上述目标的过程中，家庭教育学学科实践的服务性特征得以体现。

三、当代家庭教育学的研究对象

当代家庭教育学的研究领域囊括着家庭教育的目的、价值、内容、过程、方法以及相关政策法规等各个层面，学科研究对象是家庭教育中的各类教育活动、现象及其发展规律。学科对象的确立需符合三个原则：一是揭示家庭教育的本质与运行规律；二是既能体现历史唯物主义的指导又不逾越特定的研究边界；三是体现学科规范化同中国社会现代化实践的统一。基于上述原则，可以从家庭环境内部与外部两个维度进一步审视学科研究对象。

(一) 家庭环境内部：形态、成员、教育形式

家庭形态是家庭教育学学科重要的研究对象，了解家庭形态是认识家庭教育学的基础。家庭教育学关注家庭内部的动态，包括家庭成员的角色、权利、义务和互动等。现代社会家庭组成与结构正在进行着深刻转型，主要呈现以下几个特点：大龄单身人数迅速增加，许多年轻人为追求专业与职业发展而选择晚婚晚育，"丁克家庭"数量增长迅速；儿童代管现象不断增加，父母无暇顾及儿童保育和教养，导致亲子关系疏远；离婚率提升，单亲家庭、再婚家庭迅速增多，家庭成员结构有所转变；核心

---

① 张耀灿，孙清华. 思想政治教育学科建设规律性探索与遵循[J]. 教学与研究，2022(12)：74-82.

家庭比例上升，此类家庭多为父母与未婚子女组成的小家庭。

在家庭成员关系层面，家庭教育学学科研究对象主要为家庭中的亲子关系，包括父母与子女之间的情感联系、沟通方式、教育方式以及家庭成员间的情感表达。亲子关系对子女的心理发展、社会能力和学业成绩具有深远影响。首先，良好的亲子关系有助于儿童的身心健康，有利于儿童积极情绪与平稳心态的树立；其次，良好的亲子关系可以帮助儿童构建平和完整的性格，父母作为儿童的第一任教师，其言行举止、行事风格、道德水平对于儿童形成正确的价值观与人生观具有重要作用；最后，良好的亲子关系能够提升儿童的社交能力，父母作为儿童的早期交往对象，如果能给予儿童较多的关注、鼓励与支持，那么儿童能更好地在社会交往中给予他人帮助与关心，从而形成良好的社会交往能力。

在家庭教育形式层面，家庭教育学学科研究对象主要为家庭教养行为体系，包括父母或长辈的教育观念、教育目标、教育策略和教育方法。不同的教育方式会对子女的认知能力、价值观和性格产生不同的影响。和谐温馨的家庭教育氛围，很容易让儿童形成自信、乐观、有安全感的性格；而消极冷漠的家庭教育氛围，很容易让儿童形成抑郁、焦虑、孤僻的性格。鲍姆林特将家庭教养方式划分为权威型、专制型和放任型，后续又在这一基础上，将放任型划分为溺爱型和忽视型；也有研究者将家庭教养方式划分为四类——民主型、专制型、权威型和忽视型，其中民主型和权威型是积极教养方式，专制型和忽视型是消极教养方式[①]。引导与协助父母建立正确的教养行为体系，是当代家庭教育学科的核心目标之一。

(二) 家庭环境外部：政策、法规、家校社协同

国家的政策与法规在多个层面影响着当代家庭教育的理论与实践。在理念树立与导向方面，政策可以提高人们对家庭教育重要性的认知，并在如何支持孩子的学习、如何发展社会情感和整体幸福感方面向父母和照顾者提供指导。在引导家长参与方面，政策法规可以鼓励并促进家长参与家庭教育，为家长提供诸如家长会、学校活动和志愿服务等机会，加强家庭和学校之间的协作关系。在资源供给方面，政策法规可以确保家庭获得促进家庭教育的资源和支持服务；如提供育儿培训班、咨询服务和社区项目，以提高家长育儿技能并促进积极的亲子关系的建立。政策还可以侧重对弱势家庭的扶持，为这些家庭在获得额外资源和支持服务方面提供帮助。在科研和评估方面，政策法规可以为研究项目分配资金，建立监测和评估框架，鼓励开展各类循证实

---

① 李积鹏，韩仁生. 家庭教养方式对儿童道德发展的影响及家庭德育策略[J]. 现代教育科学，2017(8)：103-109.

践，进而帮助决策者做出科学的决策并提出有效的干预措施，保障未成年人的全面健康成长。

家校社协同育人模式作为当下备受关注的家庭体系建设重点之一，对于家庭教育学的发展与创新具有重大价值。明确学校、家庭、社会的育人职责，促进三方各显优势、密切配合，形成相互支持、相互促进的良性互动，切实增强育人合力，是完善协同育人机制，推动教育高质量发展的关键。长期以来，我国学校教育、家庭教育、社会教育之间界限不清、职责不明等问题，成为协同育人实践中的一大难题。为切实解决这些问题，教育部等十三部门联合印发了《关于健全学校家庭社会协同育人机制的意见》，明确规定学校充分发挥协同育人主导作用、家长切实履行家庭教育主体责任、社会有效地支持服务全面育人。例如，学校要及时沟通学生情况，加强对家庭教育的指导，用好社会育人资源，主动加强同社会有关单位的联系沟通；家长要提高家庭教育质量，积极参加学校组织的家庭教育指导和家校互动活动，充分认识社会实践大课堂对子女教育的重要作用；社会要完善社会教育服务体系，推进社会资源开放共享，净化社会育人环境。如何推动政策落地，构建科学且高效的协同模式，正在成为我国当代家庭教育学科体系革故鼎新的关键议题。

第二节　当代家庭教育学的发展历程

一、国外家庭教育学的发展概况

1693年，英国哲学家洛克出版《教育漫话》一书，至此，家庭教育学首次以专著的形式出现。该书所提倡的绅士教育的源头正是家庭环境对儿童的培养。该书强调身体教育的重要性。法国思想家卢梭于1762年创作的教育学著作《爱弥儿》，对于家庭教育的发展具有重要价值，该书论述了英国儿童的教育改革原则与目标，批判了英国旧教育的荒谬与腐朽，体现了自然主义教育与性善论思想。19世纪末期，英国著名教育家夏洛特·梅森(Charlotte Mason)作为"教育之家"创始人，在《夏洛特·梅森家庭教育法》系列丛书中，反复表达"儿童是一个具备所有发展可能性和能力的人"这一核心思想，并引发了教育研究者对于家庭教育的广泛关注与探索。

20世纪初以来，国外相关的家庭教育的著作繁多，部分经典书目如表1-1所示。这些书目反映出国外关于亲子关系、家庭关系等方面的现代教育理念与思想。事实上，国外没有完整的、系统的关于家庭教育学的理论体系，其家庭教育学理念更多地分散与依附在社会学、心理学、管理学与教育学等学科之中，反映在近代工业革命以来形成的家庭生活教育(family life education)研究与实践领域,强调对家庭每一个成员的教育干预、支持与服务,是一种更为广义的家庭教育,旨在推广和谐的家庭人际关系、预防家庭问题的发生与拓展家庭功能的教育实践[①]。国外家庭教育研究多注重家庭、学校和社区的联系合作,推出了关于家校社联合的一系列研究成果,形成了丰富的理论与实践成果,构成了当代西方家庭教育学科的重要内容。

表1-1 国外家庭教育学的部分经典书目

作者	书名	国别	国内出版社
安东·谢苗诺维奇·马卡连柯	父母必读	苏联	北京出版集团
夏洛特·梅森	父母与孩子	英国	中国发展出版社
斯特娜	斯特娜的自然教育	美国	京华出版社
卡尔威特	卡尔威特的教育	德国	哈尔滨出版社
兹玛罗娃	家庭关系与子女教育	捷克斯洛伐克	新华出版社
李明京	集中力决定孩子的人生	韩国	中央编译出版社
阿德勒	儿童的人格教育	奥地利	上海人民出版社
简·尼尔森	正面管教	美国	京华出版社
默娜·舒尔	如何培养孩子的社会能力	美国	北京联合出版公司
杰里·比格纳	亲子关系:家庭教育导论	美国	高等教育出版社

二、我国当代家庭教育学的发展历程

我国当代家庭教育学的发展始于改革开放之后,依据研究范式与重要研究成果的所属时期,可以将我国当代家庭教育学研究发展历程分为三个阶段,分别是1978—1995年的经验总结与理论构建期、1996—2011年的政策驱动与快速发展期、2012年至今的学科融会与体系构建期[②]。

(一) 1978—1995年的经验总结与理论构建期

改革开放初期,教育体制改革、重点院校建设、义务教育普及等诸多事件成为政府推进建设与改革的重心。对于家庭教育学科的资源供给较少,教育领域学者对于该学科的探索也主要集中在经验交流、国外经典引进、重要家庭教育领域活动宣传等层面,研究成果较少且不够深入。1989年,北京师范大学赵忠心教授出版了专著《家庭

---

① 杨启光. 发展型家庭生活教育:理论、实践与制度创新[M]. 上海:上海交通大学出版社,2017:7-31.
② 姬甜甜,康丽颖. 寻找中国家庭教育研究的实践轨迹(1978—2020)[J]. 教育学术月刊,2020(12):3-8.

教育》，这是中华人民共和国成立以来我国第一本系统论述家庭教育的著作，弥补了研究的空白[①]。之后，挂靠在全国妇联的中华全国家庭教育学会成立，致力于解决家庭教育中独生子女教育、家校关系、特殊家庭教育等实践问题，顾秀莲任会长。1993年，彭立荣在《家庭教育学》一书中开创性地规划出家庭教育学学科体系。在此阶段，教育领域学者逐步意识到家庭教育是一门学科交叉的、以应用实践为发展导向的科学，学者提出在设计课题指南时要有为家庭教育学科建设服务的基础理论研究。然而，该阶段的研究成果仍停留在事理层面，热衷于对实践经验的介绍和推广，研究过程的科学性与普适性较低，对于现象与经验的深层探索仍较为缺乏。

(二) 1996—2011年的政策驱动与快速发展期

1996年，全国妇联、国家教委印发了《全国家庭教育工作"九五"计划》，该文件代表着政府推动家庭教育进入公共视野。为顺利推进全国家庭教育工作的"九五""十五"与"十一五"计划，政府后续颁布了《家长教育行为规范》《全国家长学校工作指导意见》《全国家庭教育指导大纲》等文件。1996年成为我国家庭教育研究改革的标志性年份。上述政策文件的落实，意味着我国将家庭教育立为国之大计、民之大计，鼓励更多教育工作者参与到家庭教育变革之中。在家庭教育的学术研究领域，缪建东的《家庭教育社会学》、关颖的《社会学视野中的家庭教育》与邹强的《中国当代家庭教育研究变迁》等专著逐步构建出当代家庭教育学科研究的规范化体系。2002年，中国教育学会家庭教育专业委员会的正式成立加快了学术交流的进程，核心期刊相关理论与实践成果随之激增，研究视角也从经验层面跳至多维度、跨学科层面，越来越多的院校开设家庭教育学科以便加速培养该领域人才。

(三) 2012年至今的学科融合与体系构建期

家庭教育的发展伴随着党的十八大的召开进入了新篇章，政府和各级、各类教育组织对于家庭教育的重视与日俱增，具体表现可分为4个方面：一是党和国家领导人在多个重要场合多次提及与阐述家庭教育的独特价值；二是教育部将家庭教育工作列入年度重点工作计划，并发布了《教育部关于加强家庭教育工作的指导意见》《关于指导推进家庭教育的五年规划(2021—2025年)》等重要文件；三是2021年10月第十三届全国人民代表大会常务委员会通过了《中华人民共和国家庭教育促进法》，从法律层面完善家庭教育体系，各省市积极出台家庭教育促进条例；四是十九届四中全会明确提出要"构建覆盖城乡的家庭教育指导服务体系"，丰富了家庭教育研究体系，扩大

---

① 廖青，肖甦. 西方家庭教养方式研究的路径方法述评[J]. 外国教育研究，2017(10)：86-99.

了研究影响力,有力地推动了我国当代家庭教育学的发展。

历经改革开放40余年的探索与经验积累,我国家庭教育学领域的研究组织与研究力量不断扩张,学术团体、研究平台如雨后春笋,研究成果产出量质齐升,家庭教育学科建设有了显著提升。当前国内学者公开发表诸多家庭教育学直接或间接的研究成果(见表1-2),充分展示了我国家庭教育学科不同发展时期取得的重要成就。2021年,教育部发文支持高校设置家庭教育相关专业,支持有条件的高校积极设置家政学等相关本科专业。2022年,家庭教育学被列入普通高等学校本科专业目录的新专业开设名单,而且党的二十大报告明确提出"促进家校社协同育人机制建设"的重要任务。

表1-2 当代我国家庭教育学相关的部分研究成果

作者	书名	年份	出版社
陈佑兰	家庭教育	1990	北京大学出版社
黄恩远	现代家庭教育	1992	青岛出版社
彭立荣	家庭教育学	1993	江苏教育出版社
赵忠心	家庭教育学——教育子女的科学与艺术	1994	人民教育出版社
邓佐君	家庭教育学	1995	福建教育出版社
缪建东	家庭教育社会学	2000	南京师范大学出版社
路风	成才与家教——北京大学学生家庭教育探索	2002	中国社会科学出版社
杨宝忠	大教育视野中的家庭教育	2003	社会科学文献出版社
孟育群	中小学生亲子关系与家庭德育研究	2004	教育科学出版社
方建、何伟强	家庭教育与儿童社会性发展	2005	浙江教育出版社
王凌、符明弘、方敏等	冲突与变革——社会转型期云南边疆民族地区家庭教育研究	2008	人民出版社
吴航	家庭教育学基础	2010	华中师范大学出版社
邹强	中国当代家庭教育变迁研究	2011	天津大学出版社
李燕、吴维屏	家庭教育学	2013	浙江教育出版社
刘济良	家庭教育学新编	2014	河南人民出版社
缪建东	家庭教育学	2022	高等教育出版社

与此同时,高等院校机构对家庭教育课程的重视程度提高,诸多本科、大专类院校设置家庭教育学位点与必修课,社会组织与在线平台面向大众增设家庭教育类课程、讲座、音视频资源等,故而家庭教育课程的内容日益精细化、体系化,学科价值得以逐步彰显。当前,我国已具有一批学术造诣深厚且具有探索精神的学科带头人及学术专家队伍。2023年9月,中国高等教育学会家庭教育专业委员会正式成立。这一切的改革发展举措,都在推动中国当代家庭教育学迈向专业化与科学化的发展轨道。

【知识链接1.1】

2023年全国家庭教育宣传周活动在中国儿童中心举办

2021年10月23日通过的《中华人民共和国家庭教育促进法》规定，每年5月15日国际家庭日所在周为全国家庭教育宣传周。为贯彻落实习近平总书记关于注重家庭家教家风建设重要论述，深入学习党的二十大精神，宣传《家庭教育促进法》，全面贯彻习近平总书记致中国儿童中心成立40周年贺信精神，落实立德树人根本任务，普及家庭教育科学理念和知识，在全社会营造重视支持家庭教育的良好氛围，全国妇联家庭和儿童工作部、教育部基础教育司和中国儿童中心以"家教伴成长 协同育新人"为主题，于2023年5月15日—5月20日开展2023年全国家庭教育宣传周系列活动。宣传周海报如图1-1所示。

图1-1 2023年全国家庭教育宣传周海报

为更好地普及家庭教育理念、知识和方法，提升家长育人能力，家庭教育宣传周组织了丰富的线上线下活动。依托中国儿童中心线上家长学校，连续推出"听讲座""学方法""做咨询"三个板块，聚焦幼儿心理社会能力发展、未成年人保护、亲子对话、家长教育素养提升、儿童习惯养成等家长关注的重点和难点问题，每天推送家庭教育公益大讲堂和家长教育素养提升系列微课。同时，家庭教育宣传周提供线上公益咨询，为家长提供个性化指导服务。中国儿童中心的一系列家庭教育活动为全国家庭教育宣传周的活动开展贡献了示范与表率。

【资料来源：中国儿童中心. 2023年全国家庭教育宣传周活动在中国儿童中心成功举办[EB/OL]. (2023-06-17)[2023-12-25]. https://www.ccc.org.cn/art/2023/6/17/art_51_48597.html.】

三、当代家庭教育学学科发展的特征

当代家庭教育学学科发展与课程建设已初显成效,但尚未成长为一门真正独立和成熟的学科,仍存在学科价值被低估、学科应用成果稀缺等桎梏,当前学科发展距离学科建设的内、外在标准尚有一定差距。在对相关研究总结归纳之后,下面从研究视角、主题、方法三个维度阐述当代家庭教育学的发展特征。

(一) 学科视角:从一元至多元

第二次世界大战以后,国际经济贸易新体系逐步建立,经济全球化趋势与区域相互依赖程度急速增高,科技与文化等领域的交融与多元化发展也促进了家庭教育研究的多元化。随着人类对于家庭教育的注重程度的不断提高,该领域学者不再一味沿用教育学的研究视角去研究家庭教育现象,而是愈发倾向于以社会学、心理学、法学、经济学与伦理学等学科理论视角,扩大对于家庭教育规律及机理的认知。例如,郭丛斌等人根据国家统计局调查数据,分析经济资本和文化资本对家庭子女的高等与中等教育机会获取的关联,发现家庭文化资本相比经济资本更能增强子女中等教育机会[①]。刘姗等以当前父母不履行或者怠于履行家庭教育责任的司法案件为分析切入点,从法律执行的角度对家庭教育责任的夯实提出了合作治理、推进评估、指导供给与法律裁定等策略[②]。随着研究视角的多元化,家庭教育研究的边界也在不断外延,跨学科知识的交流、碰撞与融合有利于家庭教育研究领域的深化。

(二) 学科主题:从笼统到细化

家庭教育学的研究主题和领域随着研究的深化而不断细分,研究者的关注焦点逐步集中在某一个具体问题的解决而非宏观概念的阐释上。以下从家庭环境、对象特征与家庭教育类别三个维度对研究主题的细分化进行举例阐述。在家庭环境方面,沙雷克(Sharek)等人对31篇关于跨性别年轻人家庭教育研究的相关论文进行了综述,归纳出跨性别者对于家庭教育的特殊需求[③];王右文等人以农村家庭对子女教育的心理期望为中介变量,构建了农村家庭收入增减与该家庭教育支出的作用关系模型[④];谢爱林等人将研究对象定为备受关注的离婚家庭儿童教育环境,并从家庭、社会、学校以

---

① 郭丛斌,闵维方.家庭经济和文化资本对子女教育机会获得的影响[J].高等教育研究,2006(11):24-31.
② 刘姗,叶强.父母履行家庭教育责任的法律困境与合作治理[J].湖南师范大学教育科学学报,2023(4):1-8.
③ Sharek D, Huntley-Moore S, McCann E. Education needs of families of transgender young people: A narrative review of international literature[J]. issues in mental health nursing, 2018(1): 59-72.
④ 王右文,张艳.心理期望视角下农村家庭收入水平对其教育消费支出的影响研究——以辽宁为例[J].科学决策,2021(10):103-111.

及心理环境4个维度构建出抗逆模型与循环关联[①]。在对象特征方面，王任梅访谈90名3～6岁幼儿关于家的物理空间、家的组成、家的定义、家的功能、家的活动、家的体验等主题的适宜问题，关注幼儿群体对于家的理解及其社会需要[②]。在家庭教育类别方面，瓦什纳夫(Vaishnav R)采用循证研究的方法，对印度家庭教育中心理教育与家庭成员健康状况的关系进行了研究[③]；赵思博等人研究家庭功能作为关联中介对于母亲教育与其后代大学抑郁症之间作用机制[④]。随着研究深度的增加与研究手段的丰富，家庭教育主题不断被拆分与细化是研究进程的必然结果，也是家庭教育学科内容丰富与壮大的坚固基石。

(三) 学科方法：从思辨到实证

早期的家庭教育领域研究多以社会经验归纳与典型案例记录为主，如英国哲学家洛克在《教育漫话》中提倡在家庭教育中对绅士的培养，如法国思想家卢梭在《爱弥儿》中以夹叙夹议的形式对于儿童教育改革的论述等。当代家庭教育的研究方法在科技推动下已有显著转变，进而推动了教育活动内容及其形式的变迁。研究过程的实证化与方法的科学化，是学科发展的必经之路，也是现代社会对学科要求赓续提升的必然发展结果。除了常见的问卷调查法，深度访谈法，比较研究法、内容分析法、案例研究法等方法越来越多地出现在家庭教育相关论著之中。举例而言，韦心勤等人运用内容分析法对我国26份农村留守儿童教育的相关政策文本工具进行分析，并从优化政策工具组合、制定长效支持机制与塑造留守儿童自我治理能力三个维度阐述问题解决策略[⑤]；李永萍在走访调查的基础上对江浙地区与西南地区的农民家庭教育观念进行了比较分析[⑥]；等等。

---

① 谢爱林，王丽慧，徐玉莲.离婚家庭儿童教育环境与抗逆模型研究[J].教育学术月刊，2019(8)：61-70.
② 王任梅，薛烨.3～6岁幼儿"家"概念的发展及对家庭教育的启示[J].教育研究与实验，2017(3)：38-43.
③ Vaishnav R. Partnership in wellness and recovery: an evidence-based practice for family psycho-education[J]. Indian journal of psychiatry, 2016(5)：S184-S185.
④ Zhao S B, Guo Y Y. The effects of mother's education on college student's depression level: the role of family function[J]. Psychiatry research, 2018(269)：108-114.
⑤ 韦心勤，陈捷，李祥.农村留守儿童教育支持的政策工具变迁及其优化[J].社会科学家，2022(3)：144-152.
⑥ 李永萍.家庭策略视角下的农民教育观念及其地区差异——基于江浙地区与西南地区的比较[J].暨南学报(哲学社会科学版)，2022(7)：100-110.

第三节 当代家庭教育学的理论基础

当代家庭教育学作为一门独立的学科，呈现典型的交叉学科特点。除教育学外，在发展过程中当代家庭教育学也受到心理学、社会学、政治学、伦理学与公共政策等其他多个学科和领域的影响，同时也需要积极借鉴人类学、社会学与心理学等多学科知识与方法。当代家庭教育学学科的未来发展，仍然需要积极主动靠近相关学科提供的理论基础与研究范式，加强学科之间的融合创新，不断推动当代家庭教育学科体系的丰富与完善。

一、结构功能主义

结构功能主义(structural functionalism)，在西方现代社会理论中具有较大的影响力，其思想渊源可以追溯到孔德和斯宾塞[1]。孔德认为，社会是一种类似于生物有机体的、由各种要素结合而成的整体，人类的博爱倾向依次通过社会的细胞(家庭)、社会的组织(阶级或种族)、社会的器官(城市或社区)这一过程发展与完善；斯宾塞沿着孔德的理念作了进一步探索，根据社会宏观结构的总体规模、复杂性和差异性问题提出了功能需求的思想观念，以结构功能的视角阐释社会组织存在[2]。20世纪40年代，美国著名社会学家帕森斯为结构功能主义的理论完善做出巨大贡献，其代表作为《社会行动的结构》(*The Structure of Social Action*)，他提出的AGIL图式适用场域极为广泛，所蕴含的结构功能主义对于家庭教育学科的发展与完善具有较高的启发价值。美国社会学家默顿对结构功能方法进行了扩充，特别区分了显功能与潜功能、正功能与负功能，并阐述了"功能选择"的观点。

家庭教育学受到了结构功能主义思想的深刻影响，在该理论影响下，许多教育研究者开始探析家庭教育结构与功能的关系，分析家庭教育每一部分结构对于其功能特征的实质影响，并从家庭场域的外在环境与内在结构的变化整体考虑家庭教育学的演进与发展[3]。以AGIL图式对家庭教育学的指导价值为例，A(adaptation)即适应功能，指家庭系统由其外部环境获得足够的资源或能力并配置到家庭场域之中；G(goal attainment)即目标实现功能，指家庭系统可帮助其成员确立发展目标，并激发和调动该系统中的能力促进目标达成；I(integration)即整合功能，强调家庭教育的连贯性或

---

[1] 刘润忠. 试析结构功能主义及其社会理论[J]. 天津社会科学，2005(5)：52-56.
[2] 王翔林. 结构功能主义的历史追溯[J]. 四川大学学报(哲学社会科学版)，1993(1)：37-42.
[3] 关盛梅. 结构功能主义视野下的家庭变迁与青少年社会化[J]. 学术交流，2009(2)：126-130.

一体化特征，包括教育手段的建立、保持子系统的协调、防止系统发生严重混乱等；L(latency)即潜伏功能，家庭教育有助于消除其成员的内心紧张，维持场域共同价值观，促进家庭系统的制度化。家庭作为社会系统的一环，其现象与结构的特定功能受到社会系统的宏观影响，结构功能主义强调要重视这种关联，并指出研究对象的功能与结构相互依存，指引研究者从系统的视角看待家庭教育学科的发展。

二、符号互动理论

符号互动论(symbolic interactionism)思想，源于心理学理论，其基本观点是：任何客观的社会组织形式都是由个体之间的互动构成和维系的，在互动过程中，个体具有使用、识别和解释互动符号的能力，因而必须强调行为主体的意义[①]。该理论由美国社会学家米德提出，其代表作为《心灵、自我与社会》(*Mind, Self and Society*)。他提出的"人的心灵和自我是从社会中产生、发展"的观点，强调有机体与环境、个体与社会相互作用的思想，认为洞察了微观社会关系中的社会互动本质后才能准确认识社会整体结构及其变迁规律[②]。

在家庭研究中，符号互动论指引研究者探索家庭内部的互动关系，指出家庭与社会、家庭中的人与人之间的相互作用是通过象征性的行为实现沟通的[③]。伯吉斯的家庭理论研究是将符号互动论运用到家庭研究之中的范例，他直接将家庭理解为互相关联着的人们之间的一种调适关系，强调研究者注重家庭互动的不同模式，如求婚、蜜月期、抚育子女、离婚和分居等多重情境下家庭各成员的角色构成。符号互动论强调个人对家庭的顺应、家庭内部的协调，强调人们的价值观对家庭事件的影响，强调沟通方式在家庭关系中的重要作用以及意义在不同情境下的转化。符号互动论在20世纪初盛极一时，对家庭研究产生了很大的影响，但其较少讨论宏观社会制度和社会过程对家庭的影响，经常把家庭当作一个单独的社会现象来分析。在当下互联互通的社会中，人与社会群体的关联变得更加紧密，海量信息的流动使得单个家庭的形态及其教育范式极易受到社会发展的影响，这也是符号互动论需要补充与完善的路向。

三、家庭系统理论

家庭系统理论(family system theory)，是一种关于人类情绪活动与交往行为的

---

① 邓伟志，徐新. 家庭社会学导论[M]. 上海：上海大学出版社，2006：21.
② 王振林，王松岩. 米德的"符号互动论"解义[J]. 吉林大学社会科学学报，2014(5)：116-121+174-175.
③ 黄晓京. 符号互动理论——库利、米德、布鲁默[J]. 国外社会科学，1984(12)：56-59.

理论,由美国著名心理治疗专家默里·波文(Murray Bowen)提出并由米切尔·科尔(Michael E Kerr)整理与完善①。在解释人的情绪活动上,家庭系统理论独树一帜地将整个家庭看作一个情绪单位来考察,将人看作相互关联的结构中的要素,而不是自主的精神实体。科尔和波文出版了《家庭评价》(*Family Evaluator*)一书,全面介绍了两人多年的探索,详细地阐述了家庭系统理论及其在心理治疗中的实际应用,治疗对象主要为核心家庭场域的青少年群体。20世纪70年代,家庭系统理论逐渐被家庭社会学应用,其观点演化为:家庭是一个由若干子系统所组成的系统,是更大的社会系统的有机组成部分,每个子系统之间既有联系又有牵制,从而促成家庭系统有序运转,家庭的功能得以充分展现②。

对于家庭教育学而言,家庭系统理论从系统管理的维度丰富了学科内涵,倡导家庭系统保持稳定、和谐、健康以便帮助孩子成长。家庭系统越平衡,家庭的功能发挥得越好,家庭成员的身心也就越健康,家庭教育的效果也就越好。家庭系统理论还强调家庭内部子系统之间也存在相互作用关系。家庭社会化综合模型则更进一步地概括了亲子子系统、共同养育子系统、父母子系统、同胞—儿童子系统等不同的子系统对儿童社会化的直接和间接影响,以及不同子系统之间的相互作用③。此外,家庭教育活动中各个成员之间的相互关系有了建构理论依据④,例如,家庭的每个部分是相互关联的,对家庭系统的了解要和家庭其他子系统联系起来,如果只是分别了解家庭中各个子系统,就不能全面了解家庭的功能,家庭的结构和组织是决定家庭成员行为的重要因素,家庭系统的转换模式也会影响家庭教育的最终效果。

四、生态系统理论

生态系统理论(ecological systems theory),是由著名的心理学家、美国问题学前儿童启蒙计划的创始人布朗芬布伦纳(Urie Bronfenbrenner)提出的,是一种个体发展模型。他认为,环境(或自然生态)是一组嵌套结构,每一个嵌套在下一个中,个体的发展嵌套于相互影响的一系列环境系统中,各个系统之间存在交互耦合的联系和影响,个体与环境相互作用并影响着个体的发展⑤。布朗芬布伦纳在其理论模型中将人生活

---

① 张志学. 家庭系统理论的发展与现状[J]. 心理学探新,1990(1):31-34+20.
② 欧阳洁. 家庭系统理论对当前亲职教育的启发与思考[J]. 长江论坛,2015(5):69-71.
③ 边玉芳,梁丽婵,张颖. 充分重视家庭对儿童心理发展的重要作用[J]. 北京师范大学学报(社会科学版),2016(5):46-54.
④ 杜楠. 家庭系统理论视角下重组家庭的代际互动关系研究[D]. 上海:华东理工大学,2019.
⑤ 刘杰,孟会敏. 关于布郎芬布伦纳发展心理学生态系统理论[J]. 中国健康心理学杂志,2009(2):250-252.

于其中并与之相互作用的不断变化的环境称为行为系统。该系统依据对儿童发展影响的直接程度，从小到大依次分为微系统、中系统、外系统、宏系统4个层次。布朗芬布伦纳在模型中还提出了时间纬度(chronosystem)，也称历时系统，即把时间维度纳入模型之中，将时间作为研究个体发展的参照系，强调研究儿童的发展要将时间和环境相结合。近年来，生态系统理论在批判中得到发展与完善。马赛厄斯(Matthies)等在《社会工作的生态社会视角》一书中阐述了生态社会视角，查尔斯·扎斯特罗(Charles H. Zastrow)和卡伦·柯斯特-阿什曼(Karen Kirst-Ashman)把个体的生存环境看成一个完整的生态系统，个人也是生态系统的一部分[①]。

　　生态系统理论对于家庭教育的发展具有一定的启示。依照系统论的观点，微系统是环境层次中的最里层，是个体活动和交往的直接环境。对于儿童个体来说，微系统包括家庭、学校、同伴群体、社区等，其中家庭和学校对儿童个体发展的影响最为直接和重要，是儿童教育实施的主要场所。中系统可以表征各微系统之间的相互关系，在家庭教育中，家校社协同育人系统可以构成中系统。外系统是个体未直接参与却对其发展产生影响的系统，如父母的工作场所等。宏系统是存在于以上各系统中的文化环境和社会环境，在影响个体发展的宏系统中，如社会舆论风气对于家庭教育意识形态的潜移默化等。家庭教育的优化可以从上述系统着手，按照生态系统理论的逻辑完善学科建设。

五、精神分析理论

　　精神分析理论是欧美重要的现代心理学理论之一，也广泛影响着西方美学、文艺批评和社会学的发展。1895年，奥地利医师弗洛伊德和布鲁耶尔合著出版《关于歇斯底里的研究》；1900年，弗洛伊德发表《释梦》，都为精神分析学说奠定了基础[②]。精神分析学说逐渐由精神病治疗的理论和技术，扩大为心理学的思想体系，进而扩大到人生哲学和宣传研究领域。该学派亦称弗洛伊德主义。弗洛伊德认为，人的心理是由本我、自我和超我三层结构组成的。本我是一个无意识结构，是同肉体相联系的本能和欲望，按快乐原则活动；自我是一个意识结构，是认识过程，按现实原则活动，感受外界影响，满足本能要求；超我是一个由社会灌输的伦理观所形成的结构，按至善原则活动，用来制约自我。

　　弗洛伊德精神分析学说的最大特点就是强调人本能的、情欲的、自然性的一面，

---

① 张晨曦. 生态系统理论视角下流动儿童家庭教育问题的实务探索[D]. 郑州：郑州大学，2017.
② 孟秋丽，高申春. 弗洛伊德精神分析无意识观念的理论性质[J]. 南京师大学报(社会科学版)，2007 (3)：103-106.

首次阐述了无意识的作用，肯定了非理性因素在行为中的作用，开辟了潜意识研究的新领域；重视人格的研究、重视心理应用。精神分析理论对20世纪许多重要的教育流派都产生了影响，比如影响了进步主义的教育观。弗洛伊德强调了人的许多动机的物质基础，还强调了许多社会风俗在生物学方面的基本意义，他的这些见解都增强了自然主义的观点。爱利克·埃里克森(Erik H Erikson)在此基础上提出了人格的社会心理发展理论，把心理的发展划分为8个阶段，指出每一阶段的特殊社会心理任务，并认为每一阶段都有一个特殊矛盾，矛盾的顺利解决是人格健康发展的前提。

精神分析学派对人本主义教育思想的影响是极其明显的，该理论强调教育活动中对于儿童自我、自知、选择和自主等方面的关注[1]。精神分析理论对家庭教育的发展有重要作用，该理论重视童年经历的影响，在发展的过程中提倡对未成年人尤其是婴幼儿进行长期且系统的观察，帮助家庭教育领域学者对婴幼儿的情绪反应和行为反应有深刻的认识和理解，引导父母重视和关注孩子的身心发展，指引父母为孩子创造一个更加健康与积极的原生家庭环境。

六、认知主义理论

认知主义理论起源于德国格式塔心理学派的完形理论。格式塔心理学的创始人是德国心理学家马克斯·韦特海默(Max Wertheimer)、库尔特·考夫卡(Kurt Koffka)和沃尔夫冈·柯勒(Wolfgang Kohler)。沃尔夫冈·柯勒撰写了《猩猩的智慧》一文，发扬了格式塔理论，提出了顿悟说，其主要观点有以下几个：第一，学习是组织、构造一种完形，而不是刺激与反应的简单联结；第二，学习是通过顿悟，而不是通过简单地尝试错误来实现的[2]。顿悟说重视的是刺激(stimulus)和反应(response)之间的组织作用，认为这种组织表现为知觉经验中旧的组织结构(格式塔)的豁然改组或新结构的顿悟。爱德华·切斯·托尔曼(Edward Chase Tolman)并不认可刺激(stimulus)-反应(response)联结说，他认为学习的结果不是刺激与反应的直接联结，主张将其改为刺激(stimulus)-组织(organize)-反应(response)联结。托尔曼的学习理论的主要观点为：一切学习都是有目的的活动，为达到学习目的，必须对学习条件进行认知。

认知结构理论是认知主义理论的主要流派，其代表人物是瑞士心理学家皮亚杰、美国的心理学家布鲁纳，他们认为学习使新材料或新经验和旧的材料或经验结为一体，这样形成一个内部的知识结构，即认知结构。皮亚杰指出，这个结构是以图式、

---

[1] 曾奇峰.精神分析的若干问题[J].中国心理卫生杂志，2005(6)：68-71.
[2] 谢婧.认知主义学习理论概述[J].文教资料，2006(28)：101-102.

同化、顺应和平衡的形式表现出来的。布鲁纳认为，学习不在于被动地形成反应，而在于主动地形成认知结构，学习者不是被动地接受知识，而是主动地获取知识并通过把新知识与已有的认知结构联系起来，进而建构其知识体系。

认知主义理论对教育的影响十分广泛，大量的教育实践和实验研究表明，采用一定手段有意控制学习者的认知结构，提高认知结构的可利用性、稳定性、清晰性和可辨别程度等，可以提升学习效率，这对于家庭教育的实践范式具有较高的指导价值。对于家庭教育而言，许多学者依据该理论探讨了家庭教育对于儿童的认知取向、能力与风格等维度的影响，指导父母通过鼓励儿童自主探索、提供丰富多样的学习资源、参与儿童的学习活动、指导儿童的思考等方式来帮助儿童发展认知能力。

七、文化心理学理论

文化心理学这一概念的起源可追溯至德国心理学家威廉·冯特(Wilhelm Wundt)于1900—1920年所著的十卷本《民族心理学》。1969年，德沃斯(Devos)与希普勒(Hippler)率先采用文化心理学(Cultural Psychology)指代与文化相关的心理学研究。这些研究多基于实证论立场，强调文化与人格是分属不同类别的客观实体。人的心理和行为受文化支配，被文化制约。而人格结构是人在文化环境中不断学习的结果，其有效性和可解释性必须在特定文化情境中才能得到彰显。文化心理学研究重点在于探究不同文化之间的普适性与共通性问题，并以此开展了大量的文化比较实验与跨文化研究，譬如利用弗洛伊德的精神分析理论来分析不同文化背景下被试梦的内容等。文化心理学偏好于探究文化对人类生理活动、动作行为、信息处理机制、符号表达、群体心理健康等方面的影响[①]。

在此基础上，维果茨基进一步丰富了该理论的内涵。他认为，心理发展就是一个人在环境与教育的影响下，在低级的心理机能的基础上逐步向高级的心理机能转化的过程。他认为高级心理机能是外部活动不断内化的结果，并归纳出心理机能由低到高发展的4个表现：心理活动的随意机能，心理活动的抽象或概括机能，各种心理机能组合形成间接的、以符号语言为中介的心理结构以及心理活动的个性化[②]。人类必须区分两种心理机能：一种是靠生物进化结果的低级的心理机能；另一种是由历史发展结果，即以精神生产工具为中介的高级心理机能，在儿童个体心理发展过程中，这两种机能是融合在一起的[③]。

---

① 李炳全，叶浩生. 文化心理学的基本内涵辨析[J]. 心理科学，2004(1)：62-65.
② 王光荣. 维果茨基心理学理论述评[J]. 心理学探新，2002(4)：7-11.
③ 高文. 维果茨基心理发展理论的方法论取向——维果茨基思想研究之一[J]. 外国教育资料，1999(3)：45-47.

维果茨基等学者从儿童智力发展与心理成熟的视角所提出的一系列理论对家庭教育学的完善具有重要意义，文化心理学理论也为儿童智力发展的内化学说奠定了基础。家庭教育学应遵循文化心理学诸如教育应该走在发展前面、儿童最佳学习期限、学习的最近发展区等思想，引导父母将其经验转化为儿童的内在成长，这种内化不限于教学这一渠道，也可以以日常家庭活动、家庭游戏、家务劳动等形式实现，丰富了家庭教育学的实践范式。

第四节 当代家庭教育学的研究方法

一、当代家庭教育学的研究方法论

方法论是关于方法的理论，有具体科学方法论、一般科学方法论和哲学方法论之分。对于教育大类所属学科而言，其方法论类属于具体科学方法论[①]。基于对当代家庭教育学相关文献的分析，理论与实践相结合与新范式主义是当代家庭教育学的两种典型方法论，方法论所包含的科学理论逻辑对于学科理论的生成、学科范式的规制与学科实践的指导等方面具有重要价值。

(一) 理论与实践相结合方法论

在20世纪之前，教育学的研究范式以经验主义和演绎主义范式为主，直至1901年，梅伊曼将设计观察的方法用于教育研究，实验教育思想开始萌芽。1903年，赖伊在《实验教育学》一书中对实验教育思想加以系统阐释，标志着实验教育应用于教育学研究科学之中。此后，社会学、心理学与医学等领域的实验与家庭教育的结合推动着当代家庭教育学的自然科学取向不断增强，因为失去对教育事实的观察、调查、量化和验证，则难以呈现教育事实的差异，难以判断教育实践的复杂逻辑，无法明确教育事实中变量的主次联结[②]。

马克思主义教育观强调理论与实践的统一，认为教育过程是抽象与具体之间循环转化的过程。理论与实践相结合方法论，主张由生活经验与历史实践提炼出抽象的学科思维，明晰思维对象的各层次、每个层次的各个部分及其各类关系的规定性与指

---

① 肖凤翔. 教育科学理论的生成逻辑——理论与实践相结合的教育研究方法论原则[J]. 社会科学战线，2012(3)：199-204.
② 黎平辉."自我"的消退与回归——对教育理论与实践相结合的新思考[J]. 国家教育行政学院学报，2013(6)：42-46.

示性，揭示学科的内在联系，并将学科各层次、各部分整合为具象的理论，从而进一步指导实践。具体而言，研究和构建当代家庭教育学的基本范畴及其体系，其基本脉络是逻辑起点(经验、思想与现实)、逻辑基项(家庭教育的主体与客体，常为父母与子女)，经过逻辑中项(言传与身教、物质与精神鼓励、引导与管理等)、成果范畴(行为的外化与思想的内化)到逻辑终点(个体化与社会化的统一)，其脉络完全遵循理论与实践相结合这一方法论的应用逻辑[①]。当前我国诸多家庭教育学著作对马克思教育观的践行与拓展，生动演绎了理论与实践相结合方法论。

(二) 新范式主义方法论

依据托马斯·库恩(Thomas Kuhn)在《科学革命的结构》与《对范式的再思考》中的两次概念阐释，范式是指某一领域的科学共同体从事相应类别的科学活动时应当依循的通用程式[②]。孙绵涛教授在诸多传统范式方法论基础上，提出了新范式主义方法论，该方法论旨在用现象学的范式去收集资料，用解释学的范式去解释资料，用批判主义的范式去批判和反思资料，用建构主义的范式去建构研究者要达成的理论体系，而所有这些研究活动，都是在符号互动的过程中完成的[③]。通过新范式主义方法论研究家庭教育学，意味着既要分析现象学范式、批判主义范式、建构主义范式、解释学范式以及符号互动范式共同的哲学本体论、认识论基础，还要实现对研究方法逻辑结构中的等级较高的研究方法的综合运用。确立新范式主义方法论为家庭教育学的方法论基础，是因为其提供的收集与分析教育现状的资料视角更全面，吸收了文化现象与社会现象的不同特征，更加凸显家庭教育中以人为本、关注人的主体活动的思想，这对建立家庭教育现象研究的人为抽象方法论极具价值。

当代家庭教育学作为一门交叉学科，其内容的丰富性与研究过程的复杂性致使其无法通过单一的研究方法获得理论的完满。理论与实践相结合方法论与新范式方法论是家庭教育学遵循的两大基本方法论，对于该学科的探索与丰富起着主要的指导意义。当代家庭教育学的研究方法可划分为理论推演类的思辨研究、实证分析类的量化研究与质的研究，以及上述研究方法适应性组合的混合研究这四类[④]。明确家庭教育学的研究方法论是在家庭教育现象中科学地发现新事物、新理论、新观点以及揭示现象深层机理或规律的重要路径。

---

① 徐志远，周政龙. 论现代思想政治教育学基本范畴及其体系的构建原则[J]. 学校党建与思想教育，2018(15)：14-19.
② 杨绪辉. 从教学样式到学习范式：人工智能环境下学习的通用设计转化[J]. 中国电化教育，2021(4)：59-66.
③ 孙绵涛，冯宏岩. 教育政策研究范式及其方法论探析[J]. 现代教育管理，2020(2)：17-24.
④ 汪基德，王开. 关于教育研究范式分类问题的探讨[J]. 教育研究与实验，2021(3)：65-70.

二、当代家庭教育学领域的思辨研究

思辨研究是人类历史上出现最早、历时最久的探究世界的科学方法,如柏拉图(公元前427—公元前347)在理想国中对于早期教育的描述、北齐黄门侍郎颜之推(531—约590)撰写的《颜氏家训》、卢梭在《爱弥儿》中论述的遵循自然法则的家庭教育理念等。

家庭教育文献所运用的思辨研究方法具有三个特点:其一,思辨研究方法以个体的理性认知为基石,秉持理性主义的认识论,经由抽象、判断、逻辑、想象等理性认识能力挖掘事物表象所反映的内在机理;其二,思辨研究方法以研究者的直观经验与体验为出发点,以抽象的概念、命题为直接操作对象,且以逻辑分析作为具体路径展开理性思考;其三,思辨研究方法以探析事物本质属性为目的[①]。然而,单一的思辨研究已不能满足当代家庭教育学的学科发展需求,应在实践中与质的研究、量化研究等研究方法结合使用。

三、当代家庭教育学领域质的研究

质的研究又称质性研究,是指研究者参与到研究对象所处的自然情境之中,采用观察、访谈、事件讨论与反思等多种方法核定资料并对现象或事件加以研析,经由梳理归纳而非自然演绎的脉络对资料分析并建构理论,通过与研究对象实际互动来理解和解释他们的行为。例如,德国教育家福禄贝尔(1782—1852)所创办的幼儿游戏与作业教育所,向父母们传授家庭教育的系统方法的路径,多处使用了质的研究方法。又如,教育学家苏霍姆林斯基(1918—1970)出版了《家长教育学》等著作,他在《给儿子的信》《给女儿的信》等书中也体现了自己的教育理念,并翔实记录了子女的反应以及对教育过程的调节与优化。根据对当代家庭教育学领域期刊所用方法的整理与应用频次的分析,选取案例法、专家问卷法与访谈法加以概述。

(一) 案例法

案例法一般通过深入分析个别实际情况或特定案例,以获得对普遍性规律的理解和洞察,常见于社会科学、法律和商业等领域。案例法的研究目标是通过单个案例的研究来揭示整体现象的本质和特征。研究者通常会使用多种方法,如文献研究、采访、观察和实地调查等,以获取相关数据和背景信息。随后,通过对所收集到的信息

---

① 姬甜甜,康丽颖. 寻找中国家庭教育研究的实践轨迹(1978—2020)[J]. 教育学术月刊,2020(12):3-8+15.

进行系统性的分析和解释，从而形成关于案例的深入理解。例如，华中师范大学佟义东在博士论文中聚焦民族文化资本与少数民族家庭代际流动的相关性，对广西京村12户少数民族家庭进行实地考察并整理归纳出大量田野资料，发现京村的民族文化资本对其持有者的社会流动的影响作用达到显著，提出促进社会的群体借助民族文化资本实现代际流动并增加政府与市场对于民族文化开发的投入与扶持①。案例法的优势在于可以深入研究一类问题，如同剥洋葱的方式将案例层层剥开，对问题追本溯源，挖掘出问题的影响因素及其本质特征。

(二) 专家问卷法

专家问卷法是利用专家的知识和经验来进行问题的预测和评估的一种定性研究方法，通常应用于社会科学、经济学、环境科学等领域。在专家问卷法中，专家被要求根据其专业知识和经验，对特定问题或核心事件进行预测、评估和判断，常常通过结构化的问卷来回答一系列与研究对象相关的问题，在汇总和分析问卷之后，其综合结论对于提供发展预测、政策制定或决策制定方面的信息具有一定的价值。在使用专家问卷法时，应谨慎对待结果，并结合其他证据和方法进行综合分析和判断。例如，上海市教育科学研究院郁琴芳依据德尔菲法探索家校合作共育过程中教师素养的评价构成，在调研中邀请21位在家庭教育领域权威程度高、见解独到且有着丰富实践经验或理论积累的学者、名师和管理者组成"咨询专家组"，并发放三次问卷形成最终指标②。在专家问卷法的应用中，应充分发挥其信息量大、灵敏性高、适用范围广、操纵性强且可与其他方法相结合等优势。

(三) 访谈法

访谈法极大程度地依赖研究者的语言技能和受访者的表达能力，通常被用于教养信念、目标、家长参与等研究。这一类研究以扎根理论和现象学为方法论基础，其收集数据的主要方法是深度访谈，一般采用半结构式开放性问题。例如，首都师范大学樊秀丽团队以农民工随迁子女的家庭教育为研究对象，借助田野研究方法，探索乡土家庭文化与城市学校文化形成脱节甚至冲突的情境下，调节行为习惯建构良好的家庭教育的可行途径，进而帮助家庭与学校场域两者形成合力，提升农民工随迁子女成才

---

① 佟义东. 民族文化资本与少数民族家庭的代际流动[D]. 武汉：华中师范大学，2022.
② 郁琴芳，陈嘉媛，宋萑. 教师家校合作素养指标建设的德尔菲法调查研究[J]. 教师教育研究，2022(6)：44-52.

的可能性[①]。已有研究中也提及访谈法的劣势,如访谈者要有技巧,需要受过专业的训练,访谈过程比较费时、费力,故而工作成本较高,访谈设计无法完全避免主观因素以至于暗示、诱导所形成的信息失真等,需要合理规避。

不同于量化研究通过收集教育事件资料检验已有理论或假设,家庭教育学中质的研究是从原始教育事件中自下而上地归纳经验加以概括,强调从被研究者(父母为主)的视角去真实地反映事件的主观性、整体性与情境性,并动态地调整研究问题和资料收集,探析特定类型的教育事件的核心维度,扎根于经验资料来建立家庭教育的理论体系,拓宽了家庭教育的学科领域,为家庭教育学贡献出诸多真问题、真思索与真经验。

四、当代家庭教育学领域的量化研究

量化研究又称定量研究,是指对事物可以量化的特征加以测量和分析,从而检验研究者的理论假设的研究方法,基本流程为"假设→抽样→资料收集/问卷调查/实验法→统计→数据分析→总结归纳"。根据对当代家庭教育学领域期刊所用方法的整理与频次分析,选取问卷调查法、相关分析法与实验法予以阐述。

(一) 问卷调查法

问卷调查法在国内外社会调查与科学调研中被广泛应用,研究者使用控制式的测量问卷对所研究的问题加以度量从而获得研究对象的真实境况。在家庭教育领域,国外研究者在问卷开发与量表制定方面已有诸多探索,为问卷调查法的应用夯实了基础。该领域量表或问卷的制定多数围绕研究者对父母教养过程的信念、风格和行为以及亲子关系评价等维度而展开。目前,最具代表性的家庭教育学量表是教养能力胜任感量表和教养风格量表。

教养能力胜任感量表(parenting sense of competence scale,PSOC)在心理学和家庭教育研究中广泛使用,该量表旨在测量父母作为照顾者的主观效能感和满意度。效能感维度评估父母在满足子女需求、处理各种教养任务以及解决与教养子女相关问题方面的能力,用来衡量家长对教育子女的能力信心;满意度维度评估父母对其教育子女角色的整体满意度和成就感,用来衡量父母与子女间的关系和作为父母的成就感以及情感回报等方面的满意程度。

教养风格量表(parental style questionnaire,PSQ)是一种用于评估和衡量不同父母

[①] 樊秀丽,姜方华,张宗倩. 从行为习惯养成看家庭与学校的关系——基于北京进城务工人员随迁子女学校的田野研究[J]. 民族教育研究,2018(3):108-114.

教养方式的工具。它有助于心理学家和研究人员了解父母在养育子女过程中的态度、行为和方法。量表通常包括一系列与父母互动、管教策略、情感支持和参与相关的陈述或问题,通过对回答进行分析,专业人员可以确定并划分出权威型、放任型、专制型和忽视型4种养育方式。布瑞(Buri)基于鲍姆瑞德(Baumrind)对4种养育方式的详细阐释,开发了48个量表项目并邀请21名相关教育领域专家对其评议,据此从中选取了30项组成李克特5级量表,每10项对应一种教养风格[①]。该PSQ量表,在权威教养风格与子女表现的科研中广为应用。

研究者在使用问卷调查法开展家庭教育相关研究时,首先明确分析所研究的问题并确定核心变量,比如家庭教育水平与儿童认知表现等,其次对变量因果关系或者相关性进行假设,再次通过概率抽样的方式确定研究样本,借助科学性与适应性强的工具与程序采集数据,最终通过数据统计与分析对假设作出判断,并提出家庭教育与家校共育等领域的优化路径。

(二) 相关分析法

在家庭教育学研究领域,相关分析方法使用频次较高且应用场景广泛。比如,根据调查数据研析父母教养信念、教养行为、教养形式、亲子关系、子女感知等变量之间的两两关联,以及上述变量分别与子女在校期间表现(如学业成就、规范遵循、危险行为频次、社会交往技能、人格障碍、学业耐心等)变量的关联,都会使用相关分析法。

相关分析法的弊端在于只能判定变量相关的程度,而不能确定因果逻辑。然而,家庭教育中双向教育双向影响的情况屡见不鲜,变量耦合过程的因果逻辑梳理是重要一环。于是,研究者为了揭示父母教养与子女成长发展的深层机理,尝试从偏相关、中介变量与层次分析等方法对相关分析法加以补足。例如,郝夏盈采用父母教养方式量表、学习动机量表、课堂参与量表对637名本科生进行测量,判断学习动机在父母教养方式与大学生课堂参与两变量之间的链式中介效应[②]。这种延伸既包括中介变量对某一组相关变量的影响,也包括将变量分解为多个变量后,对原有变量间相关性的图景揭示。以上这类对于变量之间相关分析的研究已有长足发展,但在家庭教育领域中,尤其是父母教养方式层面仍然有许多有待开发的领域。如果没有成熟的理论、指标和量表指引,那么量化研究的相关分析则失去了用武之地。

---

① Buri J R. Parental authority questionnaire[J]. Journal of personality assessment, 1991(57):110-119.
② 郝夏盈,李宪印. 父母教养方式与大学生课堂参与:学习动机的链式中介效应[J]. 中国健康心理学杂志,2022(11):1703-1709.

(三) 实验法

与在实验室内利用一定的设施、控制一定的条件并借助专门的实验仪器进行研究的实验室实验法不同，教育领域的实验法常难以严格控制变量，受实际条件所限不能随机分组或不能设立平行的对照组，但这种类实验或准实验同样具有科研价值，可以为教育决策提供基座。在研究方法中，实验法与观察法、调查法等一个显著区别在于前者在研究初始会基于科学理论作出假设，这种假设根植于实验者的长期实践经验或已被验证的科学理论外延。科学探索的演进历程表明，科学理论的产生均衍生于科学假说，经由实验和实践的验证后被公认。

教育实验的主要目的是探明变量间内在逻辑。因为教育实验过程中无关变量得以控制，主要由自变量作用于因变量，所以研究者可据此确定自变量与因变量的因果关系。例如，中国教育学会家庭教育专业委员会专家吴重涵开展了一项历时10年的家校合作实验，研究对象涉及江西省14个县(区)和其他400余所学校，分别为2012—2014年、2015—2017年、2018—2021年三期，通过开展各类对照实验，探索家校合作的实践模型的可行性，并对科学的实践路径予以解释，阐述家校合作的内在动力和行动逻辑研究[①]。在此类教育实验中，自变量与因变量的变化观察应注意三个方面：一是共变关系，即自变量与因变量共同转变；二是时间逻辑，自变量的变化应先于因变量的转变；三是尽量控制无关变量，虽然自然情境中无关变量常会造成误差，但实验者应尽量控制并在实验过程中予以充分且合理的解释。

教育实验的价值在于对其他相似情境中的教育活动具有启发意义与借鉴价值，注重在同样实验条件下是否不同地区与对象能否对实验成果予以重复，获得相同的教育裨益。教育实验的可重复性一方面证明实验具有更强的说服力，另一方面意味着教育研究成果可推广与借鉴，应用价值更高。教育实验成果可以考虑从4个维度推进转化：一是指导教学，推进高质量教育科研成果应用延伸至其他教育者的教学实践中，体现在教材建设、教学与育人各个环节；二是转化为决策，即推动高质量教育科研成果进入决策程序，提出针对性、具有实操性的政策建议，或培养教育政策研究人才，直接参与制定教育决策；三是转化为制度，即将高质量教育科研成果转化为法律法规等正式制度和包含道德伦理、意识形态在内的非正式制度，如《关于健全学校家庭社会协同育人机制的意见》等；四是转化为舆论，即教育科研工作者通过解读政策、普及教育科学知识、开展舆情研究，有效引领社会舆论实现正向发展。

---

① 吴重涵，张俊. 制度化家校合作的内在动力、行动逻辑与实践路径——基于十年家校合作实验的回顾与反思[J]. 中国教育学刊，2021(9)：68-75.

研究讨论

1. 家庭存在形式的时代变迁对家庭教育学有何影响？
2. 近年来国内外家庭教育学科研究成果的主题与方法有何异同？
3. 举例阐述混合式研究方法在当代家庭教育学中的具体运用。

拓展阅读

1. 顾明远. 教育大辞典：第1卷[M]. 上海：上海教育出版社，1990：1-11.

2. 赵忠心. 家庭教育学[M]. 北京：人民教育出版社，1994：1-5.

3. 钟和. 习近平关于家风家教重要论述的理论探究[J]. 理论视野，2023(4)：39-44.

4. 朱秋玲. 家庭教育的应然和实然[J]. 思想理论教育，1995(6)：2.

5. 洪明. 当前我国家庭教育的焦点难点问题透视——基于600份家庭教育咨询案例分析[J]. 中国青年研究，2012(11)：55-59+79.

6. 廖青，肖甦. 西方家庭教养方式研究的路径方法述评[J]. 外国教育研究，2017(10)：86-99.

7. 刘姗，叶强. 父母履行家庭教育责任的法律困境与合作治理[J]. 湖南师范大学教育科学学报，2023(4)：1-8.

8. Sharek D, Huntley-Moore S, McCann E. Education needs of families of transgender young people：A narrative review of international literature[J]. Issues in mental health nursing, 2018(1)：59-72.

第二章
当代家庭概念与当代家庭教育意涵

内容提要

厘清家庭的多重意涵,探究家庭的本质是了解当代家庭、开展当代家庭教育的重要前提。以概念为切入点,认清家庭是人类再生产职能的社会组织,有助于指导家庭教育实践,促进家庭正向教育功能的实现。家庭形态变迁对于当代家庭功能重构具有重大的影响,其中核心家庭是当代中国社会基本的家庭形态,并形成"四二一"家庭结构。家庭在由最初的生产单位转向消费单位的过程中,家庭内部与家庭成员之间关系随之发生变迁,愈加重视亲子关系与家庭教育,发展过程中凸显其教育功能、个体社会化的功能与"反向社会化"功能。

学习目标

1. 了解家庭的多元意涵,探究家庭的本质,正确认识家庭对个体世界观、人生观、价值观的形成与固化具有重要的功能。

2. 认识核心家庭作为当代中国社会基本的家庭形态,以及"家庭网"的家庭模式,理解家庭形态变迁对家庭结构的影响。

3. 掌握当代家庭的教育因素与基本功能,形成正确的家庭教育观念,认识到家庭教育在当今社会发展中的重要作用。

第一节 家庭的本质与概念的多元表达

一、家庭的本质

在我国汉语中,"家庭"一词源于"家",意为"居",从"宀"。周伯温曰:"豕居之圈曰家,故从宀从豕。后人借为室家之家。"家庭是以婚姻和血缘为纽带的基本社会单位，包括父母、子女及生活在一起的其他亲属。在英文中，home、family、household三词类似中国文字中的"家""家庭""户"间的关系。"home"一词指的是"家""住家""居住的房舍"。family由拉丁文转化而来，原意是一个社团，包括父母、子女、仆人、奴隶等。household 指"户"或"家眷"，也可以指"一家人"或"家庭"①。综合上述这些概念的意涵，我们将"家庭"界定为"以夫妻婚姻关系为基础，以亲子关系(包括血缘与收养关系)为纽带的社会组织"，它是个体与社会联系的中介，也是家庭成员，特别是未成年人精神和物质生活的寄托所在。

　　家庭是个体步入社会的人生起点，个体的意志品格、礼仪道德、人生理想、性格特征、兴趣爱好等都是首先在家庭中获得熏陶与启迪。法国现代诗人梵莱梨曾这样描述家庭："每个家庭都蕴藏着一种内在的特殊的烦恼，使稍有热情的每个家庭分子都想逃避。但晚餐时的团聚，家中的随便、自由，还我本来的情操，却另有一种古代的有力的德性。"② 每个人的生命周期都与家庭息息相关：个体在家庭中诞生、成长，到了一定的年龄离开赖以生存的父辈家庭，开始组建自己的家庭。因此，作为每个人来到世上最先接触的环境，个人生存、家族延续、社会继替、国家维系都以家庭为基础。无论社会如何发展、文化怎样变迁，家庭对人类而言始终是不可或缺的一部分，家庭教育也成为人类历史进程中最为持久的一种教育形态。

　　作为家庭教育的载体，认识家庭的本质是开展家庭教育研究的重要前提，倘若缺少对家庭本质的溯源和深入研究则仿若隔岸观火。关于家庭的本质，众多学者从不同的学科视角出发给予不同的诠释。近代研究对"家庭"本质含义的阐述因视角不同而各异，大致可分为两个派别：一派注重家庭的生物学属性，认为家庭是建立在生物及心理基础之上的代际关系。古希腊先贤诸如苏格拉底、柏拉图、亚里士多德等都围绕家庭的基本生物属性的基础进行论述，认为家庭就是为了满足日常重复的各种需要自然形成的联合体，在家庭中包含着夫妻关系、父母与子女的关系、兄弟之间的关系等等。其后有一系列观点，如"家庭是以姻缘和血缘(包括拟血缘关系)为纽带，以这些人共同生活为特征的社会生活共同体"③ "家庭即以婚姻关系为基础，以及由血缘或收养关系组成共同生活的社会细胞(即社会组织单元)"④，又如"家庭是人类社会发展到一定历史阶段的产物，它是指人们以一定的婚姻关系、血缘关系或收养关系组合起来的社会生活组织形式，是关系密切、共同生活的小型群体，是社会的基本单位与细

---

① 台湾家庭教育学会.家庭教育学[M].台北：师大书苑有限公司，1999：2.
② 安德烈·莫罗阿.人生五大问题[M].傅雷，译.北京：生活·读书·新知三联书店，1986：37.
③ 彭立荣.家庭教育学[M].南京：江苏教育出版社，1993：27.
④ 王兆先，等.家庭教育辞典[M].南京：南京大学出版社，1992：1.

胞"①。美国社会学家E.W.伯吉斯与H.J.洛克在《家庭：从建立到伙伴关系》中明确提出："家庭是被婚姻、血缘或收养的纽带联合起来的人的群体，各人以其作为父母、夫妻或兄弟姐妹的社会身份相互作用和交往，创造一个共同的文化。"②

另一派则强调家庭的社会属性，认为家庭的本质是一种社会关系，并在某些方面受到社会制约③。这一论述将在本节关于社会学视角下家庭概念的解读中继续展开。总体而言，家庭是夫妻关系和父母子女关系的总和，其本质是社会关系，是人类自身生产得以进行的形式。特别是在人类社会发展初期，家庭关系是唯一的社会关系。随着生产力的发展，生产关系成为人类社会的基础，家庭关系逐渐演变为从属于生产关系的社会关系④。此时的家庭本质是自然关系与社会关系的动态统一，是多层次社会关系的总和⑤。

二、多学科视角下的家庭概念解读

作为多层次社会关系的总和，家庭，已经不再属于单一学科下的定义，更多地被理解为一个具有多元学科视角下的关系范畴。本节拟从社会学、人类学与发展心理学等学科理论视角去阐释家庭的概念，为家庭的本质内涵呈现更为丰富的界定和解释。

(一) 社会学视角下的家庭概念

在社会学学科兴起之时，对于家庭本质概念的探讨随之开始。社会学视角下对于家庭的探讨也开启了关于家庭更为广义的内涵，即家庭和社会是辩证统一的关系，两者相互依存：一方面，家庭无法脱离社会而单独存在，脱离社会的家庭只是抽象的范畴和概念，无法构建成为实在的更为广大的社会结构；另一方面，只有在社会的维度中，家庭的本质才得以彰显出来。这意味着家庭成员首先是作为一个社会成员而存在，家庭的真正内涵只有在一定的社会形态中才能体现出来。

家庭作为一个社会系统的存在必然有其一定的社会功能，认识家庭的功能旨在更好地指导家庭教育实践的进行。社会学理论中显性功能和隐性功能概念的提出为我们更好地考察家庭的社会属性拓宽了视野。美国社会学家罗伯特·K.默顿(Robert King Merton)在"中层理论"中提出了功能分析范式。默顿认为功能是"有助于既分

---

① 杨宝忠.家庭教育学[M].太原：山西高校联合出版社，1995：60.
② 胡乔木，等.中国大百科全书：社会学卷[M].北京：中国大百科全书出版社，1992：102.
③ 邓伟志，徐新.家庭社会学导论[M].上海：上海大学出版社，2020：33.
④ 镡鹤婧.马克思恩格斯的家庭思想及当代价值研究[D].沈阳：辽宁大学，2019.
⑤ 镡鹤婧.马克思恩格斯的家庭思想及当代价值研究[D].沈阳：辽宁大学，2019.

系统的适应或调整的可观察的结果"①,属于一种客观范畴,因此反对将主观范畴的动机与客观范畴的功能相混淆,并提出了"显性功能"(manifest function)和"隐性功能"(latent function)概念。"显性功能"指某一具体单元(人、次团体、社会系统和文化系统)的有助于其调适并且是有意安排的客观后果,是参与者所能预见并认可的②;"隐性功能"则指不是出于常识的,未被意料和未被广泛认识的社会后果和心理后果③。简言之,前者是特定结构有意或明显的功能,后者则是无意或不明显的功能。例如学校的显性功能在于为儿童提供教育和知识,而隐性功能是一个有助于实现儿童社会化的特定机构。

在社会功能分析范式的探索中,对家庭功能的探讨还应当包括对正向功能和负向功能(dysfunction)。如果说显性功能和隐性功能主要是区分主观目的与客观后果一致或不一致的情况,而正/负向功能也涉及客观后果,正向功能强调的是社会活动对系统的正面贡献,负向功能则强调观察到的那些削弱系统调适的后果。从定义上看,正向功能与显向功能的范畴有较大重合,它们都是指有助于一定系统调适的客观后果。而负向功能和隐性功能的概念区分较大,隐性功能强调的是"未预期到的后果",这种未预期到的后果包括三种类型:"对所指定的系统具有正向功能的那些后果,这些后果构成隐性正向功能;对指定的系统具有负向功能的那些后果,这些后果构成隐性负向功能;那些与系统无关的后果,它们既不在正向功能上,也不在负向功能上影响这一系统,即是功能后果中那些实际上很不重要的后果。"④

显隐性功能与正负向功能的提出为我们更好地理解家庭的社会功能拓宽了视野。在探讨家庭教育功能的问题上,我们需要充分考虑家庭本身的特殊性,以及它对个体与社会产生的影响。以默顿的分析框架来看,家庭作为一个初级的社会系统的功能,就是有助于社会系统的适应或调整的可观察的结果的一种客观范畴。家庭是通过家庭成员适应社会系统来观察结果的,家庭在促进儿童社会化方面必须依赖于父母对子女的教育,即家庭功能的实现在一定程度上受家庭教育的制约。

家庭的社会功能则通过家庭的教育功能来体现,其最主要的就是实现子女社会化的功能,即通过对未成年人的社会化来为其进入社会生活做准备,并使其就对世界现象复杂的解释达成共识。以默顿的功能概念来分析,其正向与显性功能的体现就是家庭中所形成的教育影响达到了其预料和认可的子女社会化目标,并且家庭成员维持着幸福生活,有益于整体社会和谐发展;其负向和隐性功能的体现就是家庭教育的影响

---

① 罗伯特·金·莫顿.社会理论与社会结构[M].唐少杰,齐心,译.南京:译林出版社,2006:170.
② 罗伯特·金·莫顿.社会理论与社会结构[M].唐少杰,齐心,译.南京:译林出版社,2006:170.
③ 罗伯特·金·莫顿.社会理论与社会结构[M].唐少杰,齐心,译.南京:译林出版社,2006:177.
④ 罗伯特·金·莫顿.社会理论与社会结构[M].唐少杰,齐心,译.南京:译林出版社,2006:153.

出现了父母事先所没有预料、认可的结果,即子女未完成社会化或偏离了正常社会化轨道,甚至影响家庭的正常生活,阻碍其社会发展。综上,家庭概念中本身就隐含着正向功能和负向功能、显性功能和隐性功能,并且因每个家庭具体情况而表现出复杂各异的样态,当代家庭教育的研究正是侧重于如何在家庭概念中发挥其正向与显性功能,同时不应忽视其负向与隐性功能。

【实践案例 2.1】

"鸡娃"模式的正向功能与负向功能

日本纪录片《人生七年》里,拍下了一位"鸡娃"模式下小女孩贵子的成长经历。贵子7岁时,她父母就给她报了各种辅导班补习班。周一到周日的时间都被这些辅导班所占据,而在父母"鸡娃"教育模式长大下的贵子,却并不如父母所期待的那般,成长为一个德智体美劳全方位发展的"牛娃"。相反,贵子在初中、高中、大学的入学考试中考得都很不理想,每一次都错过了进入理想学校的机会。直到毕业后贵子才终于勉强进入航空公司,但工作后贵子发现,这一行并不容易,总有人盯着她们的一言一行,稍有不慎就会被人指着鼻子骂。更糟糕的是,28岁那年,贵子就职的航空公司宣告破产,贵子也因此失业了。

"当别人在跑的时候,你就不能悠闲散步",这是几乎所有鸡娃家长的心态。"鸡娃"模式无疑是家长在日益内卷的教育困局下摸索出的无奈之举,虽然初衷美好,却带给孩子长期的超负荷与巨大的心理压力。如果压力无法得到合理释放,则会导致儿童出现人格障碍,甚至提早罹患抑郁症。焦虑的家长习惯用数字化、阶段化指标衡量孩子,在短期内促成孩子知识技能增长,而孩子却承受了过多的精神压力和社会化能力,这与培养全面发展的人的教育初衷大相违背,无疑是"鸡娃"模式在试图达到其正向功能时无法忽视的负向功能。

【资料来源:澎湃新闻.日本版《人生七年》为什么拼尽全力,孩子依然势不可挡地成了普通人?[EB/OL]. (2020-12-22)[2023-12-25]. https://www.thepaper.cn/newsDetail_forward_10490063.html.】

【实践案例 2.2】

孩子的性格与社会化程度很大程度受原生家庭影响

乐瑶来自西南的一个小乡村,家里还有两个妹妹和一个弟弟,母亲在家里做小买卖补贴家用,父亲则外出务工,只有逢年过节才回家,因此家中的重担都由母亲一人承担。乐瑶的父亲有重男轻女的思想,还伴有一定的家暴倾向。"他别回家是最好的,"乐瑶说,"在家里面我并没有感受过多少温暖,有的多是无奈、恐慌以及压抑。"原生家庭让她"有了极度渴望自由和阳光的心"。乐瑶想脱离自己的原生家庭，但许多中国父母却认为无论如何都要把家庭维持下去。"我们都是为了你好""要不是因为你，我们早就离婚了"，这些是他们常说的话，他们没有注意到，在这样的潜台词中，孩子承受了来自父母婚姻不和谐的巨大压力，这带来的可能性后果就是乐瑶一生都在察言观色、谨言慎行，难以建立完整的自我价值感，这也导致她在日后步入社会和职场后与同事和领导相处感到困顿重重。

【资料来源：光明日报.原生家庭的教养方式影响孩子成长 [EB/OL]. (2021-08-24)[2023-12-25]. http://edu.people.com.cn/n1/2021/0824/c1006-32204950.html.】

(二) 人类学视角下的家庭概念

自然界中的动物抚育普遍始于单系形式。在达尔文之后，芬兰著名人类学家韦斯特马克(E. A. Westermarck)在其19世纪末出版的《人类婚姻史》等著作里专门考察了人类早期的家庭起源。与现代社会"先有婚姻，后有家庭"的认知不同的是，人类学视角下的家庭往往先于婚姻，认为婚姻起源于家庭。韦氏认为，人类和黑猩猩等类人猿一样，婴幼儿期较长，每胎生育数量少，因此子代很需要父亲来保护；愿意结婚成立家庭保护子代的人类先祖才具有选择优势，能留下更多的后代[1]。因此，"婚姻和家庭的关系非常密切。男性和女性持续地生活在一起，最初就是为了下一代的利益。因此可以说，人类的婚姻起源家庭，而不是家庭起源于婚姻"[2]。因此，家庭作为男女两性以婚姻关系形成的社会组织，是具有也应是唯一具有人类再生产职能的社会组织。婚姻和血缘是家庭的基础和纽带。我们通常认为男女两性的生物需要是人类社会婚姻制度产生的基础，这种生物需要便是对子代的抚育。费孝通认为："抚育作用所以能使男女长期结合成夫妇是出于人类抚育作用的两个特性：一是孩子需要全盘的生活教育，二是这种教育过程相当长。"[3] "一个完整的抚育团体必须包括两性的合作。两性分工和抚育作用加起来才发生长期性的男女结合，配成夫妇，组成家庭。"[4] 所以，婚姻契约旨在保证婚姻中的男女必须以持久且共同协作的形式来担负抚育子女的责任。

随着社会风气日渐开放，婚姻形态和家庭形态呈现多元化态势。单身家庭、单亲家庭、丁克家庭、同居家庭、联合家庭与同性恋家庭并存，代际关系或双系家庭主义

---

[1] 罗力群.婚姻家庭演化的研究进展[J].社会研究方法评论，2023(1)：272-292.
[2] 爱德华·亚历山大·韦斯特马克.人类婚姻史[M].李彬，等译.北京：商务印书馆，2002：72.
[3] 费孝通.生育制度[M].天津：天津人民出版社，1981：26.
[4] 费孝通.生育制度[M].天津：天津人民出版社，1981：26.

等新形态频出①。随着时代发展而产生的各异的家庭形态则会不同程度影响到个体早年的生存和发展。

博尔诺夫(Otto Friedrich Bollnow)在《教育人类学》中将人类学的研究方法引入教育研究，并提出了三个基本方法论原则。其一，人类学的还原原则，这一原则意味着把交替出现的具体文化回归到人类的起源中去。人类构建文化的过程可以理解为真正意义上的生产性过程，但人在构建出自己的文化之后，却要受到这种文化的束缚，这就是人与文化的一种相互依赖关系。其二，人类学的工具原则，将文化作为考察"人"的工具，人无法以"反省"去认识自身，却可以将自身进行"客观化"以客体的形式来认识自身。人类构建出的文化就是一种客观化的存在。其三，人类学的解释原则。人类生活现象并非都可以从文化入手来解释，而是直接同人的生活本身联系在一起的，诸如某些身心结构的特性、情感、本能等，解释原则正是将人生活中的特有现象作为出发点，并且力求由此在整体上认识人。

在此方法原则基础上，博尔诺夫提出人的"可教育性"(educability)②问题——尽管这一议题已得到过夸美纽斯与康德等学者的探讨，而博尔诺夫强调人是一种文化构建的产物，因此人的"可教育性"更多是伴随人所处的整个文化语境，那么就不应将教育仅仅局限于人的幼年和学龄阶段，而是人在一生中始终在向新的阶段发展，在新的阶段中又始终随之相应产生新的学习任务。博尔诺夫进而强调应超越以往将教育视为一种孤立现象所探讨的单一范畴。如若对教育做出更为全面的理解，必须将之拓展至更广泛的学科视野，将教育引入家庭、社会关系、专业共同体等更广阔的领域。

博尔诺夫之后的人类学观点认为，家庭作为个体成长无法脱离的重要环境，更是一种复杂而隐性的"教育场景"。"我们把教育理解为环境对成长着的一代人无意识地、无心地产生的一种塑造作用。与'意向性'教育即有意识的教育的影响不同，那是一种无意识地进行塑造的力量，这种塑造作用是由打上深刻烙印的团体(如军官团)对新进入其团体范围中的成员所产生的。"③也正因为家庭是复杂而隐性的"教育场景"，才有必要引入人类学视角去审视家庭的概念与教育功能。

正因为"教育的成功与否往往取决于生活环境中一定的内部气氛以及教育者与受教育者一定的情感态度，幼儿的安全感，儿童的愉快心境，教育者的爱和信任、耐心"④，同时家庭作为家庭教育实践的主要开展环境，其中包含很多较难控制的复杂

---

① 沈毅，周雅静. 双系家庭主义、代际关系嵌入与第三代姓氏选择——基于南通地区二孩姓氏"一边一个""并家婚"案例研究[J]. 江苏行政学院学报，2021(4)：66-74.
② O·F. 博尔诺夫. 教育人类学[M]. 李其龙，译. 上海：华东师范大学出版社，1999：37.
③ O·F. 博尔诺夫. 教育人类学[M]. 李其龙，译. 上海：华东师范大学出版社，1999：40.
④ O·F. 博尔诺夫. 教育人类学[M]. 李其龙，译. 上海：华东师范大学出版社，1999：41.

因素，而尝试以正确合理的方法去控制这些复杂因素的影响，尽可能多地为家庭成员施加正面影响就是家庭所应发挥的功能。所以，人类学视角下的家庭概念特别强调了家庭作为复杂隐性的教育场景对个体的"无意识"的塑造作用。

(三) 发展心理学视角下的家庭概念

个体发展潜能的开发需要建立在科学认识的基础之上，发展心理学正是通过研究人的行为和认知规律来探讨人的心理和生理变化历程。从发展心理学的视角出发，家庭作为个体早期成长的最重要的环境，通过在家庭中正确地把握个体的生物、认知和社会情感的发展规律，从而更好地促进家庭概念中正向的教育内涵的实现。

1. 个体人格发展与家庭

作为精神分析理论的创始人，西格蒙德·弗洛伊德(Sigmund Freud)强调儿童早期经验对个人社会化和人格形成的作用，并提出人格结构由"本我""自我"和"超我"三部分构成。具体而言，第一，"本我"是由人与生俱来的先天本能和基本欲望组成的，属于生物性的冲动。它由快乐原则支配并产生相应活动，其目的在于最大限度地获得快乐并减少痛苦，在个体的婴儿期表现为"自我中心"倾向。第二，"自我"是从"本我"中的一部分发展而来，其作用是既要满足基本需要，又要控制和压抑来自"本我"的过分冲动。如此来看，"自我"是遵循现实原则来进行有意识的、理智的互动。第三，"超我"从"自我"发展而来，是自我中的一个特殊结构，是通过个体对父母的自居作用从自我中产生并分离出来的，标志着父母的权威、教师的教育和社会的道德习俗、价值判断对个体实行的外部限制的内在化[1]。简言之，"超我"类似于我们所说的"良心"。

由此，弗洛伊德认为，如果在家庭中，儿童的行为起初是由父母来控制的，父母经常以自身做表率告诉儿童去做正确的事，申斥各种错误行为，赞扬正确行为，那么儿童的自我意识就会向"良心"转化，"良心"得到正向发展可使儿童将道德内化，即在没有父母监督的情况下也能按照道德规范来行动，抵制外界的诱惑[2]。如若将个体发展理论与家庭概念联系起来看，弗洛伊德的所谓"良心"便是内化了的父母的正义行为。在一个家庭中，父母与儿童朝夕相处，其一言一行、一举一动对他们的人格形成和发展产生潜移默化的影响。换言之，父母的人格素质和角色承担很大程度上决定孩子的社会化成败：父母角色失范行为会传递深远的负面影响，而父母正面的社会规范行为则会表率和促进儿童的角色认知和社会化进程。

---

[1] 刘纲纪. 现代西方美学[M]. 武汉：湖北人民出版社，1993：114.
[2] 何齐宗. 现代外国教育理论流派述评[M]. 南昌：江西高校出版社，2006：117.

以弗洛伊德的人格发展理论为基础,美国精神分析学家埃里克森(Erik H. Erikson)将人格的发展过程分为8个有固定顺序的阶段(eight stages theory),与每个阶段相适应的是不同的"发展任务",这些发展任务都是由个体生物的成熟与社会文化要求之间的冲突(crisis)产生的。埃里克森指出,上一阶段任务的完成有助于下一阶段任务的顺利通过,若其中某个阶段的任务完成得不顺利,在后续阶段中还有继续完成的机会。因此,个体从一个阶段进入下一个阶段面临的所有任务都是一种获得积极的"自我同一性"(ego-identity)的方式。人格的发展是由各种强大的需求所驱动的,需要去解决在个体不同的生命阶段出现的问题的强烈冲动,而要解决这些问题,个体就要掌握一些必要技能。而"自我同一性形成既不始于也非终于青春期,它是一个毕生的过程,可以追溯至同时期感受到的家长与儿童之间的相互关系。随着儿童接触到他们第一个爱的对象,他们便开始寻找一种自我实现"①。

埃里克森的人格"八阶段发展理论"也将家庭视为儿童从出生所能接触到的第一个成长环境和有望自我实现的场所,在家庭环境中父母与儿童的良好关系和示范效应会促进儿童"自我同一性"与"个人同一性"的形成,并最终形成"社会同一性"。由此可见,学界大量关于人格发展的研究都表明,良好的家庭氛围是有利于青少年的自我同一性发展的,例如温暖的、民主的、包容的、开放的家庭氛围;反之,如果父母过度保护甚至溺爱子女,则使子女自身未能有足够的空间进行自我探索与人格发展,反而会阻碍个体自我同一性与社会同一性的形成。个体的心理与人格发展过程有足够的理由构成当代家庭中重要的教育意涵。

2. 认知发展理论

认知发展理论的创始人让·皮亚杰(Jean Piaget)认为,个体心理的发展是由一系列带有普遍性的阶段组成的规则过程,个体通过自己的活动逐渐建立分化的认知图式(cognitive schema),因此这也是一个积极的构造过程。换言之,个体习得的某些特定社会技能只有在相应的认知技能形成之后才能出现。这一发现使得认知发展理论摆脱了传统的遗传与环境的争论和纠葛,强调个体心理和认知的发展过程是内因和外因、主体和客体的相互作用的结果。因此,个体本身能否在发展中具有积极的能动作用,与个体所处的环境密切相关。家庭作为每个个体早年必然经历的环境,其重要性不言而喻。

在皮亚杰认知发展理论的基础之上,心理学家维果茨基(Lev Vygotsky)更为强调文化、社会交往对儿童认知发展的指导性影响。维果茨基认为"儿童与更具技能的成人和同伴的社会交往同他们认知发展的进步是密不可分的。通过这种相互作用,低技能

---

① 菲利浦·赖斯,金·盖尔·多金. 青春期:发展、关系和文化[M]. 陆洋,林磊,陈菲,译. 上海:上海人民出版社,2009:31.

的个体习得使用工具，这有助于他们更为成功地适应文化"①。同时，维果茨基还在其"最近发展区"②理论中强调，传统的成就测验仅仅能显示儿童当前的认知发展水平，而无法彰显其未来的潜在发展水平。儿童学习的潜能若要有所发展，需要了解儿童在得到适当的帮助后能够达到的水平。诸如两个同龄儿童在传统的智力测验上得分处于同等水平，但是当给他们一些难题使得他们无法独立解决时，再分别施以一些微小援助，其差异就显现出来。其中一个儿童得分在同龄水平，而另一个儿童的得分超过同龄的认知水平。显然，个体学习新事物的潜能是有差异的。个体更为高阶的心理功能与心理潜能只有经过适当的教育和反思后才能获得，如何通过家庭中的教育来有效促进人的人格与认知发展成为当今家庭教育中的重要课题。

认知发展理论可以给家庭的教育内涵注入更为注重儿童潜能发展的作用机制。首先，在家庭中，父母作为儿童主要的成人同伴，以及对儿童早期人格形成与认知发展产生影响的"重要他人"，在儿童早期认知的发展中无疑具有至关重要的作用。其次，家庭中的教育应着眼于儿童的潜能发展，父母就不应事事包揽，而应放手让孩子去尝试具有一定难度、需要在得到他人适当帮助下才能解决的任务。家庭不仅刺激个体已有的能力，还能向前推动其发展。

3. 社会认知理论

美国心理学家阿尔伯特·班杜拉(Albert Bandura)是当代社会认知理论的主要缔造者。班杜拉早期的研究重心为"观察学习"，也被称为"模仿"或"榜样学习"，即通过观察他人行为而发生的学习。在观察学习期间，个体认知性地模仿他人的行为，有时实践这些行为。在家庭中，父母的言行即是儿童最初的模仿对象，儿童在与父母的交往与言谈中学会了最初与他人交际的方式。在研究后期，班杜拉开始强调个体的行为、性格/认知和环境的交互作用。人的认知活动会影响周遭的环境，而环境反过来也会改变人的认知活动。"一项九年的纵向研究发现，青少年同父母间对彼此的消极感受随着时间的推移有一种反馈的关系，青少年的感受越消极，就会导致父母那一边对他们的感受更为消极，反之亦然。"③家庭作为影响儿童的大环境，并不是只由父母单方面决定的，儿童能够对环境做出自己的适应和反馈，父母需要及时关注儿童的反馈，调整教育内容以适应儿童的认知发展。

---

① 约翰·W. 桑特洛克. 毕生发展[M]. 3版. 桑标，等译. 上海：上海人民出版社，2009：21.
② 维果茨基把儿童独立所能达到的解决问题的水平与经他人指导帮助后所能达到的潜在发展水平之间的距离称为"最近发展区"。
③ 劳伦斯·斯滕伯格. 青春期：青少年的心理发展和健康成长[M]. 戴俊毅，译. 上海：社会科学院出版社，2007：164.

第二节　家庭的形态、结构与当代功能

一、家庭的基本形态与结构

在一般意义上，家庭的形态基本包含三个要素：第一为家庭规模，即家庭内包含的人口数量、代际层次与亲缘网络的半径；第二为家庭关系，即处于不同家庭地位、承担不同角色的家庭成员之间产生的关系，如夫妻关系、亲子关系、兄弟姐妹关系、祖孙关系等；第三为家庭结构。谈及家庭结构，则不能脱离家庭的自然结构，诸如一个家庭由多少人、几代人组成，他们结合成为何种家庭模式、各自扮演何种角色以及相互之间的联系，这些因素组成了一个家庭的基本结构。美国社会学家罗斯·埃什尔曼(Ross Eshleman)在《家庭导论》中探讨家庭理论的结构功能框架时，解释了"结构"和"功能"两者的关系。他认为，尽管"结构"和"功能"的概念可以彼此分开讨论，但它们也互相联系且不可分离，因为相同的家庭功能可以通过不同的家庭结构来实现；而相同的家庭结构，又可以表现出不同的家庭功能[1]。简言之，家庭功能与家庭结构既有联系，又各自呈现相对的独立性。如能科学地分析家庭结构，揭示家庭的本质及其发展规律，则能更好地把握不同结构家庭中实施家庭教育的特点。

在关于家庭结构的研究中，不同学者出于各个研究角度对家庭结构做出了众多定义与阐释，如"家庭成员的组合形式"或"家庭存在的表现形式"[2]；是"人口层次的组合方式"，抑或是"由代数结构与人口结构所组成"[3]；等等。事实上，仅将家庭结构解释为家庭内部人员的组合方式并不全面，亦不确切。对于家庭结构的分析不能不考虑家庭成员之间的各种关系及其内在联系。

一般而言，家庭由两个及两个以上的成员组成才构成婚姻关系或血缘关系，每个家庭成员都依赖家庭中的其他人而存在，都有自己特定的角色与位置。比如，没有孩子就无所谓父母，没有丈夫就无所谓妻子……家庭成员之间相互联系又相互支撑，并组成不同结构的家庭。如若以家庭代际层次和亲属关系来界定，我们可以将家庭结构分为以下若干：首先是步入现代社会以来较为常见的"核心家庭"，即由父母和未婚子女组成的家庭；其次是"主干家庭"，亦称"直系家庭"，是指以父母为主干的一种家庭形式；再有"联合家庭"(亦称"扩大家庭")，即在同一代中有两对或两对以

---

[1] 罗斯·埃什尔曼. 家庭导论[M]. 潘允康, 张文宏, 等译. 上海：中国社会科学出版社，1991：508.
[2] 基里尔·瓦西列夫. 结构是时髦的哲学[J]. 哲学译丛，1965(10)：26-33.
[3] 陈铭卿. 对家庭结构类型的探讨[J]. 社会学研究，1986(6)：62-67.

上夫妻的家庭，如由父母和两个或两个以上已婚子女组成的家庭，或是兄弟姐妹婚后不分家的家庭；其他如由于丧偶或离异等原因组成的单亲家庭；等等。

当代家庭结构在社会发展过程中不断变化。在不同的家庭结构中，由于家庭成员的组合方式不同，在对家庭中未成年子女的影响方面自然特点各异。从上述以不同标准划分的家庭类型来看，当今社会对家庭教育产生最直接影响的当属按照代际层次和亲属关系划分的结构类型。王跃生研究员指出，按照2010年人口普查数据，中国当代家庭构成呈现核心家庭水平降低、直系家庭稳定和单人户上升的格局。家庭结构既有向小形态发展的一面，也有多婚姻单位家庭维持的一面。若将家庭的小型化视为家庭结构趋于"现代"或"当代"的表现，直系家庭的稳定则是对"传统"形态和功能的维系[1]。因此，从总体上看，在家庭结构类型中，核心家庭是当代中国社会基本的家庭形态，主干家庭是数量上仅次于核心家庭的家庭结构类型，三代同堂共爨的联合家庭数量已微乎其微。

二、家庭结构与功能的变迁

在对家庭结构与功能研究方面，在20世纪60年代前后，功能结构主义与家庭现代化理论曾经占据着无可比拟的权威性地位。家庭被认为按照一定的阶序向前发展进化。这一思想深刻地影响了包括马克思在内的后续研究者。社会学家列维(Marion J. Levy)在对"现代化社会"与"非现代化社会"的特征进行比较后，总结归纳了现代化社会的8个特征作为评价标准。由于社会分工的高度专业化，家庭作为社会结构变化的重要部分，开始趋于小型化，家庭功能趋向于非自足等重要特征[2]。

帕森斯(T. Parsons)所创立的结构功能主义论是家庭结构功能的主要理论来源之一。在《美国的亲属制度》一文中，帕森斯曾经从结构分化的角度对美国家庭的变迁进行过周密论证。他认为核心家庭的出现是家庭功能专门化的结果，而不是家庭"非功能化"(defunctionalization)和家庭解体所导致的。随着工业社会普遍的分化趋势，核心家庭承担起了特定的重要功能——在帕森斯看来，主要是夫妻间的情感支持与儿童的社会化[3]。因此，当家庭结构产生变化时，它原有的功能便在新的历史条件下继续存在，这些在结构上相互区别但又紧密相关的新的社会单位在代偿原有单位的功能上是一致的。

作为家庭现代化理论代表人物之一的威廉·古德(William Goode)在其论著中详细

---

[1] 王跃升. 中国城乡家庭结构变动分析——基于2010年人口普查数据[J]. 中国社会科学, 2013(12)：60-77.
[2] 西里尔·E. 布莱克. 比较现代化[M]. 杨豫, 译. 上海：上海译文出版社, 1996：216.
[3] Parsons T. The Kinship system of the contemporary United States[J]. American anthropologist, 1943(1)：22-28.

地论述了家庭制度变迁在结构方面的意义。他同样认为传统的家庭(通常指联合家庭)正趋于瓦解,并向夫妇式核心家庭转变:夫妇式家庭制度的观念能够最大限度地满足个人主义和平等主义的价值观,丈夫与妻子以及他们的子女之间的关系得到重视,而与扩大的亲属制度相联系的义务关系被削弱,这种趋于现代核心的家庭结构促进了个体间的平等、独立和自由的观念,与工业化所需的价值观念相吻合且相互适应①。19世纪中后期,以法国学者弗雷德里克·勒普莱(Frédéric Le Play)为代表的家庭发展的社会学理论就形成了一种共识,即存在一种从大家庭到较小家庭的变化趋势。而工业化普遍被认为是带来这种变化的决定性因素。勒普莱认为在现代家庭中,居住群只限于夫妻联结,这既是生物学意义上的生产单位,又是社会再生产的单位②。

自20世纪80年代起,继家庭结构研究之后,现代家庭的功能与关系成为西方家庭社会学研究关注的主要领域。学者普遍认为,私人家庭生活的内容、家庭与亲属群体的关系、家庭与社区的关系(这些总括为家庭功能与关系)的变化才是当代家庭的显著特征。正是这些变化构成现代家庭有别于前工业化家庭的核心内容。伴随着核心家庭的独立性和父辈权威制度的衰落,家庭重心经历了从以父子关系为主轴向以夫妻关系为主轴的变化。与此同时,核心家庭还经历了从"公共家庭"(public family)向"私人家庭"(private family)的过渡,这种转变也被普遍认为是家庭制度的重大变化。

法国学者菲利浦·艾利斯(Philippe Ariès)在其著作《童年的世纪:家庭生活的社会历史》中开始引用"公共家庭"和"私有家庭"的概念。他认为,与传统的集合资本、父辈权威的传统社会家庭相比,现代核心家庭是一个专门的、内聚式(inward-turning)的机构,其所有的精力都用于帮助孩子在社会上立足,重视孩子的独立性,而非家庭的共同利益。学者哈雷雯(Hareven)在比较了前工业化家庭与现代家庭的不同特征后认为,前工业化的家庭包括各种功能,是一个工作坊、教堂、学校和庇护所。在经济增长和工业化过程中,家庭作为生产单位的功能转移到外部机构。由于家庭功能的重心转向内部,承担家务、亲密性、私密化成为主要特点③。古德也指出,与之相伴的是夫妇式家庭之间亲密关系与亲子关系重要性的形成④。这种注重家庭成员的亲密关系的观念开始建立起以儿童为中心的家庭关系,且重视家庭教育等观念,也被认

---

① 马克·赫特尔. 变动中的家庭——跨文化的透视[M]. 宋践,李茹,译. 杭州:浙江人民出版社,1987:38-43.
② 安德烈·比尔基埃,等. 家庭史[M]. 袁树仁,赵克非,等译. 北京:生活·读书·新知三联书店,1998:26-28.
③ Hareven T K. Modernization and family history: perspectives on social change[J]. Chicago Journals, 1976(1):145-146.
④ 马克·赫特尔. 变动中的家庭——跨文化的透视[M]. 宋践,李茹,译. 杭州:浙江人民出版社,1987:38-55.

为是典型的新中产阶级意识形态。

从上述家庭功能理论的发展脉络可得，在家庭由最初的生产单位转向消费单位的过程中，家庭成员之间关系也随之发生变迁，开始更加重视亲子关系与家庭教育。这一结构和功能的转变是我们当今探讨家庭教育的重要历史基础。

三、核心家庭与当代家庭的新结构

前述表明，核心家庭是当代中国社会基本的家庭形态。在核心家庭中，仅有两代人组成，人口少，规模小，亲子之间情感联系多，并包含两种最为主要的家庭关系，即夫妻关系与亲子关系。由于20世纪70年代末以来，我国实行计划生育政策，当代儿童赖以生存的核心家庭多为一对父母和一个子女组成的三口之家，代际层次单一，家庭关系趋于简单化，家庭机制运转容易协调，因而具有较强的内聚力，代际之间的关系较为密切，父母有条件与子女发生高频率的面对面的互动，比多代次共居的大家庭更容易建立亲子之间的情感联系，更容易为子女成长创造和谐的家庭氛围。

核心家庭结构为教育功能的发挥提供充分的有利条件。一方面，就经济基础而言，核心家庭夫妇靠自身的收入而不再依靠上一代父母维持家庭生活，经济较独立且对家庭支出有绝对的支配权，具有较强的权威性，子女更情愿接受父母的影响和教诲。另一方面，核心家庭中的"成人与儿童的关系不是经由共同体，而是以从共同体抽身出来把自己隔离开来的独立型直系家庭之浓密的母子关系为轴心建立起来的"[①]，孩子往往因之成为家庭中被照顾的重点。父母对孩子关怀备至，乐于且有相当的能力可以在生活陶养、智力发展教育和特长培养等方面进行投资。

步入现当代以来，核心家庭更加有利于发挥其正向的教育功能。核心家庭的教育者一般只是同代际的夫妻二人，其年龄、受教育程度普遍相仿，因之价值观与对事物的理解和分析能力相仿，又长期在共同生活中的相互影响与磨合，在对子女的教育和管理方法方面的认知和态度便容易统一。即使出现些微矛盾，也比较容易协调处理，进而达到对孩子教育观念的一致。核心家庭中的夫妻都参加工作，一些家庭又没有老人或其他人可以依赖，有些简单的家务劳动不得不由子女承担。这对培养孩子的独立生活能力和劳动习惯极为有利，同时可以增强孩子对家庭的责任感。

我们也不应忽视核心家庭在子女教育方面的弊端。鉴于我国当前的核心家庭普遍为双职工家庭，父母双方都需要外出工作谋求职业发展，时间都非常紧张，家务负担繁重，特别是现今大多数岗位不实行弹性工作制度，这会导致父母双方在对孩子生活

---

① 贺晓星. 作为方法的家庭：教育研究的新视角[J]. 教育学术月刊，2014(1)：3-12.

的关怀、陪伴、照料和监督的时间和质量难以得到保证，难以了解孩子的全面情况，也难以监管孩子的活动和交往范围，长此以往势必会有碍孩子身心健康。

步入现代社会，核心家庭逐步增加、家庭规模日益缩小是家庭结构发展的必然趋势，但这并不意味着各个家庭处于彼此隔绝、完全封闭的状态。事实上，我国计划生育政策实施以来，随着第一代独生子女进入婚育年龄，越来越多地出现了父辈、子辈两代均是独生子女的现象，继而出现了"四二一"家庭结构——这种家庭涉及三代七口人，其中"四"是指祖辈，即孩子的爷爷、奶奶、姥姥、姥爷，在现实中往往是一对祖辈与其独生子女共同生活；"二"特指父辈，两个独生子女结婚形成的中间一代，即孩子的父亲、母亲；"一"是指这对独生子女夫妇所生育的孩子。这种"四二一"家庭结构更多是计划生育政策实行后一种人口状况与家庭组成情况的客观存在，并非具备家庭成员"共同生活""经济一体"等基本特征，严格意义上而言并不是一种家庭结构，而我们只是将之视为一种当代家庭的新结构来看待而已[①]。

我国当代较为典型的"四二一"家庭结构往往呈现祖辈、父辈与子辈之间保持着密切的相互联系，开始具有"家庭网"(family network)的特征。学者潘允康较早使用"家庭网"这一概念，认为家庭网是指有亲属关系的家庭之间所组成的社会网络。它是由可能组成联合家庭的几个独立核心家庭之间所组成的一种特殊的社会组织，具有特殊的结构和功能[②]。相比那些相对独立的家庭与家庭之间的互动，当代"家庭网"已具备基本雏形。就多数情况而言，它是由可能组成主干家庭和联合家庭的几个独立的核心家庭之间所组成的一种特殊的社会组织，具有特殊的结构和功能[③]。

一方面，"家庭网"具有经济功能、生活功能、扶老与托幼功能、应对家庭危机和安全保障功能、情感交流功能等多元综合的功能，可以实现家庭之间的相互联系，特别是日常生活中的相互支持和相互帮助，延续代际之间、亲属之间的感情交往和联系；另一方面，处于家庭网中的各个家庭是相互独立的，在保持各自独立生活方式的前提下，以日常生活中的频繁交往和互惠互助为主要特征，较为符合现代核心家庭逐步分解的趋势，家庭之间是相互独立的，可以保持各自的生活方式，既符合青年人取得自主空间的愿望，也符合老年人渴望被照顾的需求。

"家庭网"作为一种新兴的家庭结构模式，越来越具有普遍性，成为现代社会家庭结构和功能的补充。社会学者王跃升还提出"网络家庭"这一概念，即父系之下，由具有基本赡养义务和财产继承权利关系的成员所建立的生活单位，是由相对独

---

① 关颖. 家庭教育社会学[M]. 北京：教育科学出版社，2014：46.
② 潘允康. 家庭网和现代家庭生活方式[J]. 天津社会科学，1988(2)：33-37.
③ 潘允康. 中国家庭网的现状和未来[J]. 社会学研究，1990(5)：97-102.

立的两个及以上单元家庭形成的家庭组织[①]。家庭网大多数是由家中子女组建新家庭分离出去而形成以父母辈家庭为中心、已婚子女家庭为外围的网状联系。家庭网内也以纵向的代际联系为主,其中父母家庭与子女家庭之间的联系和交往最为密切,这些密切交往也同时带动了子女辈家庭之间的交往。研究表明,当代城市两代家庭之间的感情交流往往通过第三代来完成,且由于子家庭常常因为托幼的需求把子女送到长辈家庭去照管,心理上的因素也使隔代之间的情感交流很密。孙辈成为沟通亲子两代人及两代家庭情感联络的桥梁[②]。综上,"家庭网"在家庭成员与亲属之间互动所产生的特殊功能,在很大程度上可弥补当代核心家庭生活日益小型化和封闭化所暴露的问题,强化家庭之间的互帮互助、优势互补的积极能动作用,实现整个社会结构的优化发展。

第三节 当代家庭的教育因素及其功能

一、当代家庭中的教育因素

(一)"境教":当代家庭环境中的教育因素

古训"蓬生麻中,不扶自直""染于苍则苍,染于黄则黄"已能形象阐明社会环境是个体生存与发展的客观物质条件和思想意识的来源。中国台湾家庭教育学者黄迺毓认为:现今社会人际接触频繁,相处时间最少的反而是亲密的家人,孩子所受的影响来自四面八方,光是父母以身作则已经不足以对抗其影响力了,因此家庭教育应该扩展至"境教",除了谆谆教诲和以身作则,也要给孩子一个较好的学习及成长环境,才能真正发挥家庭教育潜移默化的功效[③]。

当前研究已形成共识,即人的个性及其发展是社会环境的产物,社会环境因素构成一个人教育影响的全部来源[④]。社会学家潘光旦在西方社会学社会互动理论的基础上发展并创立了社会"位育"论。该术语取自"致中和,天地位焉,万物育焉",朱熹曾注"位者安其所,育者遂其生"。潘光旦以"位育"阐释人与环境的互动关系,其中"位"指每个个体都应各安其"位",即"安其所",待在自己应待的位置各司其职,社会乃维系基本秩序;"育"为"遂其生",即在自己的位置与环境中发展成

[①] 王跃升.网络家庭的理论和经验研究——以北方农村为分析基础[J].社会科学,2009(8):60-70.
[②] 潘允康.中国城市婚姻与家庭[M].济南:山东人民出版社,1987:225.
[③] 黄迺毓.家庭教育[M].台北:五南图书出版公司,1996:35.
[④] 鲁洁.教育社会学[M].北京:人民教育出版社,1990:475.

长，社会乃长足进步。"所位与所育的背景，当然是环境，环境可分为二：一是体内的环境；二是体外的环境。体外的环境，就人而论，又可分为两种：一是横亘空间的物质的环境，二是纵贯时间的文化的环境。教育的目的又当然在设法使我们和这两种或三种环境打成一片，使相成而不相害。"①潘光旦所言"体外的环境"实乃社会环境，可分为宏观环境和微观环境两个层次。宏观环境泛指社会生产关系以及意识形态，往往并不能直接与个体发生互动，而是经由微观环境，以如同棱镜一般的折射与再构发生作用；而微观环境泛指个体周围时刻都与个体直接接触并影响其意识和行为的环境，正因其可直接施加影响于个体，影响更加深入和持久。

家庭环境作为对个体影响最为原初和持久的微观环境，是指以家庭成员为背景的家庭生活环境。家庭环境是家庭生活方式的体现，是构成人们生存和发展活动的重要物质与精神力量，也是影响家庭生活方式的重要因素。同时，家庭环境无法离开一定的社会环境而独立存在。家庭环境因素的综合作用会形成一种具有共振性和弥散性的家庭氛围，对孩子施加一种无形而持续的影响，使其产生特定的心理评价并形成思想状态，进而影响其行为。其中，物质环境的贫富、精神境界的高低、夫妻关系的优劣等因素都构成当代家庭环境对个体产生教育影响的重要因素。

能够产生积极的"境教"的当代家庭环境首先应归于父母关系的和睦，这是良好家庭环境的基础。关系和睦的家庭环境可以使父母各自发挥教育孩子的优势，相辅相成。正如教育家苏霍姆林斯基所言："在良好的家庭中，那里母亲和父亲亲密和谐，在那里笼罩着这种气氛：对言语、思想和情感，对观点、对微微能察觉的情绪色调的极度关心，关系良好，协调一致，互相帮助，互相支持，精神上的团结一致和豪迈，父母的相互信任和尊重，总之在儿童眼前展现一切。在此基础上确立他对人类美好的信念，形成心灵的安详和宁静，形成对不良风气，不道德、危害社会的行为的抵制能力。"②

(二) 当代家庭消费中的教育因素

不同于前现代传统家庭的生产功能，消费是当代家庭的显要功能，特别是核心家庭在育嗣过程中的物质条件的实现大多是通过消费行为来实现。近年来，经济发展与国力增强使得生活水平全面提升，随着大规模的独生子女政策，以及新世纪以来的二孩与三孩政策的推行，家庭普遍尤为重视对子代的亲职投资与教育投资，这一趋势使得家庭消费出现了许多新特点与新问题。总体而言，现阶段的家庭消费为儿童的健康成长提供了必要的物质条件。与此同时，家庭在针对子代的投资与消费中也呈现某些

---

① 潘乃谷.潘光旦释"位育"[J].西北民族研究，2000(1)：3-15.
② 苏霍姆林斯基.家长教育学[M].杜志英，等译.北京：中国妇女出版社，1982：19.

偏颇，或对孩子产生消极影响。鉴于当代消费同时具有双重属性，它包含消费者与消费对象构成的物质内容，同时又是在一定的社会经济条件与社会关系中进行的行为过程，具有特定的社会意义。因此，家庭消费对下一代的道德人格形成、生存能力和社会适应能力培养等势必产生重要影响，对这种重要影响的反思构成了家庭消费中的教育因素。

家庭消费活动的基本特征主要表现为以下三点：第一，家庭是个人基本的消费单位和主要场所，以家庭成员相互的关系为基础。无论是夫妻、亲子，生活在一个共同的家庭中都会相应产生共同的消费，因此家庭成员彼此之间的关系融洽与否，家庭生活中相互间的配合与否便直接关系家庭消费生活的质量。第二，家庭消费具有明显的个体性。家庭消费中有相当一部分的生活消费品乃家庭成员共同享用，但是不同家庭成员由于年龄、性别、职业等的差异，以及个人爱好、习惯、需求、审美等方面的不同，也使家庭消费形成分散性和明显的个性化、个体性，这一特征也是家庭消费丰富多彩的直接原因。第三，家庭消费直接影响个体的发展。家庭作为人休养生息和"再生产"的场所，其基本职能之一就是满足家庭成员生存、享受和发展的需求，并根据家庭成员需求的发展变化，组织其物质文化生活。

步入当代社会，个体的消费活动是在人们主观需要的基础上进行的，为了自身的生存和发展形成各种需求，这些不同的需求支配且影响着个体的各种消费活动。因此，家庭消费的结构、配比优劣、质量高低，诸如生活资料的吃穿用度与精神享受、个体提升发展各项如何投入和再分配，直接关乎为家庭成员的发展创造怎样的物质和文化条件，是家庭立足社会必要的物质前提。

家庭中的儿童作为尚未成年、尚无收入来源的消费者，尽管其消费需求向消费行为的转变一般是通过成年人来实现的，但他们有着与成年人不同的利益诉求，其消费需求与成年人大相迥异，使得家庭消费对其而言具有特殊的意义。

儿童的消费行为作为一种新的社会经济现象，越来越引起研究者、教育部门乃至全社会的热切关注。社会当前普遍的"消费升级"、消费奢侈化以及超前消费，并非所有的家庭都具有足够的经济实力坦然承受。此类消费行为也在逐步刺激儿童过高的消费欲望，其注意力极易被诱导到对物质享乐的片面追求，抵消了正面教育的作用，甚至可能使儿童误入歧途。上述现象警示我们，家庭消费有关的教育因素长期以来未得到足够重视，在我们许多年来对孩子提供的各类教育中，也难以找到关于与家庭消费相关的议题，这使得很多儿童认为得到钱和花掉钱是微不足道的事。中国青少年研究中心"儿童社会化过程中对成人世界的影响"课题组经过广泛的调查研究得出一个重要结论：当代家庭中孩子普遍"缺乏适度消费的观念"[①]。事实上，对儿童进行的

---

① 孙云晓，康丽颖. 向孩子学习[M]. 昆明：晨光出版社，1998：61.

家庭消费的教育并非单纯教孩子"如何以钱生钱",而是涉及与钱有关的道德规范、观念培育、知识传授、智慧与技能训练等诸多意义更为深远的方面,是儿童思想道德教育、行为习惯养成、社会适应能力培养的一个重要载体。

当代家庭消费中的教育因素主要涉及三个层面:第一,在观念层面,理财教育是对儿童"如何做人"的教育,在日常生活与钱打交道的细节中培育他们正确的金钱观、财富观、消费观,引导个体树立正确的世界观、人生观、价值观;第二,在知识与技能层面,家庭消费的教育是对儿童进行的有关钱的启蒙教育,帮助他们认识钱的本质、钱的来源、钱的重要性、钱的功能,了解如何合法获得金钱、合理利用金钱、科学支配金钱以及在经济活动中如何维护自身合法权益、如何创造财富等基本常识;第三,在行为层面,着力于儿童良好行为习惯的培养和理财能力的训练,在管理零花钱、购物、存钱、投资保险、家庭支出安排诸种与儿童密切相关的事项中,给他们参与决策和实践的机会。

综上,家庭消费中的教育更多的是联系儿童的实际家庭生活,从幼年开始的与消费有关的教育活动。家庭教育承担着更多、更大的责任——适应我国社会主义市场经济的发展和国际竞争中对人才素质的需求。当代家庭消费中的教育因素有两点:对个人发展而言,日常生活的日积月累、持之以恒的教育和行为指导,能够帮助孩子树立正确的观念,培养孩子在经济生活中成功取得不可或缺的基本的道德规范。就社会发展需要而言,理财教育的重点是自幼教给孩子适应经济社会发展的重要观念和本领,逐渐形成善于理财的品质和能力,使其生活方式更趋于理性、科学,这也是为未来社会的经济发展奠定人力资源基础。

(三) 当代家庭劳动中的教育因素

家庭劳动也称家务劳动。家务劳动是满足家庭成员自身生存、维系家庭诸功能所必需的。从社会学出发,家务劳动的内容由社会生产力发展水平决定,并随着生产力的发展而变化。家务劳动的发展趋势是社会生产力水平越高,人们的家务劳动负担越轻,家务劳动从单纯地满足生存需要逐渐变为提高生活质量的手段。因此,即使是在科学技术发达的社会,家务劳动的存在也仍然不可避免。

家庭教育从本质上说是使儿童"社会化"的教育过程,家庭教育的好坏关系到能否使孩子成为未来社会合格的建设者和接班人。基于此,家务劳动是孩子未来参与社会劳动的起点和基础,而孩子对劳动的认知和劳动行为,在很大程度上受父母的影响,取决于家庭的劳动教育。这一调查结果证实家务劳动与孩子成才有着极其密切的关系,也启发我们从更广泛的意义上认识家务劳动对孩子的作用。

当孩子从小参与到家务中时更容易培养其吃苦耐劳、珍惜劳动成果、珍重家庭亲情、尊重他人等品质。更重要的是，孩子可以从家务劳动中培养起自我价值观，即因自身的个人努力促进一个集体变得更好。参与家庭劳动的孩子步入社会不仅更容易具有团队协作能力，还更为独立自信，更具备全面的综合能力。而家务劳动作为家庭中重要的事项，所产生的教育意涵和教育因素有以下几个。

第一，劳动是为人的基础："劳动创造了人本身"是不容否认的科学命题。马克思主义唯物史观认为，现实的人及其实践活动是家庭以及人类社会存在和发展的基础，而这种现实的人是处于一定社会、家庭关系之中，通过劳动实践满足自身需求的人。马克思在论述人的本质方面首先就从物质生产实践出发，提出人的本质正是在于劳动，在劳动实践中人才能"改造世界"并实现人与社会的发展；其次从劳动实践的目的出发，提出人的本质即人的需求，由主客观因素相互作用，包含了生理、心理与物质的需求，也有生存与发展的需要，劳动就是在满足人们各种需求的过程中而发展演变的[①]，是劳动使人与动物分离而成其为人。人类社会的所有物质文明和精神文明，无一不是通过劳动改造世界的成果。

随着社会的进步与科学的发展，个体在未来社会所从事的劳动越来越依靠智力而非体力。尽管如此，脑力劳动并不会也不能完全替代基础劳动与肢体劳动。很难想象一个缺少劳动能力的个体怎样能在将来成长为一个有自我服务能力、有为他人服务思想的合格社会公民。

第二，劳动可以开发思维：个体成长的思维活动离不开实践活动，而智力的核心是思维能力。首先，在劳动实践中，个体能实现"改造世界"并实现人与社会的发展；其次，从劳动实践的目的出发，劳动实践活动在满足人们各种需求的过程中，兼具学习活动与创造活动。在劳动中，个体往往会遇到课堂或书本中未遇到的问题，便会引起其思维的需要，对劳动实践的结果有所预想，设计劳动实践过程以达到目的。当个体在劳动中解决问题、克服困难后，面对其劳动成果便会获得成功的欣然和自我效能感，这将进一步激发和增进孩子的求知意愿与学习潜能，促进其智力发展，而这一过程在其他活动中是难以实现的。

第三，劳动是培养技能的重要方式：作为新时期未来社会的主人，在科学技术日新月异的未来社会，个体只有具备多面向、多层次的劳动技能和劳动态度方能适应社会需要和社会发展。无论从事任何工作，都需要有动手的能力，这与知识的掌握有联系但又有区别。教育家马卡连柯(Makarenko)曾经以他长期观察研究为基础，得出这样的结论：家庭的劳动锻炼对人们未来的熟练技术具有十分重要的意义。在家里获得了适当的劳动教育的儿童，以后就会很顺利地完成自己的专门教育。在家庭中未能获得

---

① 卢俊平.马克思恩格斯的家庭思想研究[D].长春：吉林农业大学，2023.

任何劳动经验的儿童，虽然可以获得来自国家制度层面的教育机会，但他却很难获得经由劳动而来的熟练技巧，较大可能会遭遇各种失败，很难成为优秀的工作者[①]。

第四，家务劳动是增强责任感的有效途径：培养个体的责任感、义务感是品德教育的核心问题。如果孩子承担力所能及的家务劳动，就能在不断实践中逐渐认识到自己是整个家庭中一个不可缺少的重要成员，并且知道自己应当做对别人有益的事情，知道自己必须按照规定的要求和时间完成自己该做的和父母委托的事情。相反，未能进行家务劳动锻炼的个体是很难培养其责任感的。孩子承担与适度参与一定的家务劳动，是培养孩子责任感的一个有效的途径。将对孩子的劳动教育置于重要地位并付诸实践，父母便能很自然地体会到劳动对孩子的特殊作用。而如果孩子在家庭中没有劳动的机会，缺少最基本的劳动锻炼，当他必须离开父母独自生活、独立于社会的时候，其弊端就会凸显出来。如今有越来越多的大学生本来被学校推荐到国外的大学深造，却因担心生活不能自理而不得不放弃这个机会。大量研究表明，一个人的劳动观念、劳动态度、劳动习惯、独立能力、劳动技能技巧，对劳动中自己所扮演的角色的理解等，在很大程度上是由参与家务劳动而逐渐形成与获得的。家务劳动是儿童能够在家庭中接触到的最早的劳动形式，更是他们了解社会生活、长大以后参加社会劳动的准备和基础，是当代家庭中不可忽视的重要教育因素。

【实践案例2.3】

哈佛研究：做家务与不做家务的孩子，长大后差距惊人

美国哈佛大学的一项研究曾提出一项重要观点：小时候做家务，有助于孩子在未来取得学业与社会地位的成就。这一研究即美国哈佛大学的社会学家、行为学家和儿童教育专家曾对波士顿地区456名少年儿童所做的长达20年的跟踪调查发现：爱做家务的孩子与不爱做家务的孩子相比，长大后的失业率为1∶15，犯罪率为1∶10，爱做家务的孩子平均收入要高出20%，此外其离异率、心理疾病患病率也较低。

甚至对于孩子做家务这个事，德国还据此进行相关立法：孩子在6岁之前可以玩耍，不必做家务；六到十岁，偶尔要帮助父母洗碗、扫地、买东西；10~14岁，要剪草坪、洗碗、扫地及给全家人擦鞋；14~16岁，要洗汽车、整理花园；16~18岁，如果父母上班，要每周给家里大扫除一次。对于不愿意做家务的孩子，父母有权向法院申诉，以求法院督促孩子履行义务。因为家长们都有这样一个共识：家长的首要责任就是让自己孩子通过做家务，从小就懂得一个人走向社会最终要靠自己，靠自立和自强。其实一个孩子终其一生，寻找的都是价值感和归属感。而价值感和归属感的源头，

---

① 吴式颖，等.马卡连柯教育文集：十一卷[M].北京：人民教育出版社，2005：531.

都来自家庭。那么如何才能让孩子拥有价值感呢？其实办法也是很简单：让孩子付出，让孩子的劳动得到认可，让他发自内心地觉得自己是一个对家庭有帮助的人。

【资料来源：搜狐新闻.哈佛大学75年研究：孩子从小做不做家务，对其学习成绩影响巨大 [EB/OL].(2020-11-11) [2023-12-25]. https://www.sohu.com/a/431060958_120624839.html.】

二、当代家庭的基本教育功能

当代家庭究竟承担着怎样的教育功能？其教育功能在家庭生活的运转和实践中，是如何实现的？要从客观上回答以上问题，首先需要厘清家庭教育功能的内涵。杜威认为："一切的科学判断，无论是物理的，还是伦理的，最后都是要用客观的(即一般的)名词来陈述经验以指导进一步的经验的，那么一方面，我们将会毫不犹豫地去利用那些在形成其他判断的过程中有用处的任何种类的判断，另一方面，我们将会想不到去抹杀任何类型经验所具有的特征。"①

(一) 家庭生活方式的教育功能

生活方式的主体是具体的人，但是个体的生活总要通过交互作用结成各种群体，其中家庭就是人们最为重要的生活群体。一个人从呱呱坠地开始就生活在家庭里，在此后的生命周期中，家庭成为人的最基本的生活单位，这个生活单位是由婚姻关系、血缘关系以及其他收养关系、特殊仪式关系等组成的生活共同体。每个家庭成员在对资源、照顾、责任和义务的共享中，分享着生活需要的满足和生活机会的获得②。正是由于生活方式与人的生活的不可分割性，建立怎样的家庭生活方式对培养什么样的人具有至关重要的作用。陶行知先生曾谈及生活与教育的关系："是好的生活，就是好的教育，是坏的生活，就是坏的教育；是认真的生活，就是认真的教育，是马虎的生活，就是马虎的教育；是合理的生活，就是合理的教育，是不合理的生活，就是不合理的教育；不是生活，就不是教育。"③从另一个角度来认识，"教育"不仅仅是一种社会文化的传承活动，还是一种唤醒人的生命意识、启迪人的精神世界、建构人的生活方式以实现人的生命价值的活动。而生活既是人的一种生存状态，也是人的一种生存背景和空间。生活是人作为生命实体的展开，这种展开是存在于一定的环境之中的，这就构成了不同的生活类型。之所以要把教育与生活，特别是儿童的生活联系起来，考察两者的互动关系，是因为他们都与人生直接相关。正是基于这样的认识，

---

① 唐莹.元教育学[M].北京：人民教育出版社，2002：102.
② 徐春莲，郑晨.屋檐下的宁静变革：中国家庭30年[M].广州：广东高等教育出版社，2008：61.
③ 方明.陶行知教育名篇[M].北京：教育科学出版社，2005：152.

以社会学视角对家庭教育进行探讨,尤其应关注家庭生活方式的教育功能。

1. 家庭生活对儿童行为习惯的养成功能

在现实生活中,我们时常看到不同孩子的迥异表现:有的孩子爱读书,在书海中遨游是其乐趣,而有的孩子沉迷于网络游戏与短视频;有的孩子生活支出上精打细算,而有的却是吃饭穿衣大肆挥霍;有的孩子勤快朴实,乐于主动承担家务,动手能力强,而有的孩子鄙视劳动,游手好闲,自理能力差;等等。这些表象在很大程度上与家庭生活方式有关。即便生活在相同的家庭环境中,父亲、母亲、祖辈等不同的人所确定的生活目标、生活态度不同,他们所选择的生活方式不同,对孩子的影响也就不同。

以家庭的生活起居习惯为例,有的家庭生活起居毫无规律,物品摆放也杂乱无序,很难说这个家庭的生活方式文明健康。著名教育家马卡连柯在其教育理论中,将生活制度作为培养儿童自律性与良好习惯的重要教育手段,对其做了系统而深刻的阐述。他认为,给儿童定下严格的每日生活制度,是教养的重要条件①。另有研究表明,如果个体经常重复地进行一系列有顺序或有规律的活动,久而久之就会形成一种定式,这种定式一旦形成,要破坏掉很困难。因为习惯是一种自动化的、相对稳定的行为,一经形成就会成为人的第二天性。良好的行为习惯一旦形成,将在人的一生中发挥重要作用②。

2. 家庭生活对儿童认识社会的桥梁功能

生活方式的综合属性反映了人的生活活动与整个社会生活的密切联系和相互关系。费孝通先生在谈及人的生活与社会的关系时指出,人的生命是生物性、社会性的统一体,而人类的社会就本源于人的这种特有的生命活动:"人原是动物的一类,衣食男女,七情六欲等生活需要,来源于自然界的演化。"③但生物界演化到了人这个阶段形成了超出其他动物的能力,"一个个人为了生活的需要而聚在一起形成群体,通过分工合作来经营共同生活,满足个人的生活需要"④。正是由于人实现生活所需要的结构方式的存在,才使社会成为一个"实在的世界"。从另一个角度来认识,人的生活及其生活方式,所呈现的是由人创造的、体现一定社会特征的人的生活状态,也是特定社会对社会成员的影响和约制。

如前所述,家庭教育具有内容的广泛性和全面性特征,渗透在家庭生活的方方面

---

① 吴式颖,等. 马卡连柯教育文集:上卷[M]. 北京:人民教育出版社,2005:504.
② 孙云晓,张梅玲. 儿童教育就是培养好习惯:当代少年儿童行为习惯研究报告[M]. 北京:北京出版社,2004:12.
③ 费孝通. 文化与文化自觉[M]. 北京:群言出版社,2010:111-112.
④ 费孝通. 文化与文化自觉[M]. 北京:群言出版社,2010:111-112.

面。从生活方式的角度来看,家庭生活状况在一定程度上反映了家庭成员的社会经济地位和水平;家庭文化氛围向孩子传递社会文化、过滤不良文化;家庭中的人际交往和相互关系,是孩子认识和建立广泛的社会关系和社会交往的基础;家庭生活质量的高低决定了孩子具有怎样的社会生活品位和在社会生活中生存、享受与发展的程度。综上,家庭生活成为儿童认识社会、了解社会生活规范的窗口和桥梁,是其社会化的重要途径。

3. 家庭生活对儿童品格形成的渗透功能

个体是生活的主体,在家庭生活环境中,有什么样的生活方式,就会塑造什么样的个体。文明、健康、科学的家庭生活方式,在日常生活中将道德准则、社会规范内化为人的思想并通过其行为习惯表现出来,一旦形成就不是一朝一夕所能改变的。正如英国道德家塞缪尔·斯迈尔斯(Samuel Smiles)所指出:"在儿童性格的形成过程中,不管多么微小的影响都会贯穿其一生。儿时的品格构成成年时品格的核心;所有后来的教育都只不过是在儿时品格基础上的叠加,但是品格的形式却没有发生变化……那些持续最长、扎根最深的推动力,往往渊源于我们出生之时。正是在那时,美德或邪恶、感情或感伤的基因首次移植于人的身体,并决定了人一生的品格。"[①]

家庭生活方式对儿童品格形成的渗透作用还表现在生活方式。生活方式不仅在观念和认识层面体现教育作用,更多地在生活实践中体现教育作用,即将教育因素置于他们的生活世界,为他们提供理解、体验那些内容的价值和意义以及表现那些内容的机会。这样的实践环境无须刻意创造,孩子就在与家庭成员的交往中、在家务的承担之中、在饮食起居等方方面面,养成尊重他人、勤勉、守秩序等基本习惯,并使之逐渐内化,进而形成良好的行为习惯和人格特质。可以说,正是在家庭生活方式的浸润中,儿童逐渐成为适应社会需要的人,家庭成为他们未来独立投身社会的见习室,提供一种潜移默化的教育渗透。

(二) 当代家庭对于个体社会化的功能

在一个家庭中,刚刚降临于世的婴儿乃是一个对社会一无所知的、自然的、潜在的人,只是一个生物/生理性的个体,只有经过社会化的教育,尤其是家庭的培养才能成长为一个相对独立的、能够自觉参与社会生活并主动承担社会责任的"社会人"。在儿童出生后的最初几年,他们主要从家庭获得社会生活所必需的人的语言、思想、感情、习惯和行为,成为能够适应社会生活的社会人。与此同时,家庭作为社会的代言人又利用社会的文化、经验、知识以各种方式对儿童加以影响,使之成为社会或群

---

① 塞缪尔·斯迈尔斯. 品格的力量[M]. 刘曙光, 等译. 北京: 北京图书馆出版社, 1999: 33.

体所认可的合格成员,实现社会的延续与发展。这样一个过程的顺利实现便是个体的社会化。

儿童社会化是指儿童在一定的社会条件(包括社会环境和社会关系)下逐渐独立地掌握社会规范、正确处理人际关系、妥善自制,从而达到适应社会生活的心理发展过程[①]。从对此概念的界定中,我们不难得出"儿童社会化"的实质:儿童社会化是通过个体与社会环境相互作用而实现的;儿童社会化既强调社会性也重视儿童个性的发展;儿童社会化的内容是多方面的,包括养成基本生活能力、获得良好生活习惯、掌握社会规范、养成良好个性等方面。

虽然"社会化"过程贯穿人的一生,但儿童期的社会化是人终身社会化的基础和关键。如果个体在幼年期被剥夺或脱离与社会的联系,即"社会化失败",则大概率会产生越轨、失范行为;反之,如果个体早期社会化得以顺利进行,即使成年以后遭受一定程度的剥夺,其受损伤的程度也远小于前者。涂尔干、缪森等都强调"儿童社会化"对奠定个人思维方式、价值标准、情感态度等的基础性作用。法国社会学家涂尔干认为,教育中的个体社会化,就是指儿童的身体、智力和道德状况都得到激励与发展,以适应整个政治社会在总体上对儿童的要求,适应儿童将来所处的特定环境的要求[②]。发展心理学家缪森(P. H. Mussen,1990)指出,社会化是儿童学习他们的文化或社会中的标准、价值和所期望的行为的过程,包括社会性情绪、对父母亲人的依赖、气质、道德感和道德标准、自我意识、性别角色、亲善行为、对自我和攻击性的控制、同伴关系等[③]。

正所谓"圣人教从家始,家正则天下化之"。家庭作为儿童早期生活的最主要环境,对个体早期的社会化起到重要的奠基作用。在家庭中,儿童最早获得基本的生活知识和技能,掌握基本的生活规范,并逐步获得一些人际交往的准则,认识自己在所属生活群体中的社会角色。家庭中父母的教养方式、教养态度、言谈举止等都是促进儿童社会化的现成的"教材"。同时,家庭还担负着对不利于儿童社会化的消极因素进行过滤、指导的作用。例如,家长要尽力避免学校教育过分统一而导致的只承认共性、忽视个性的"过分社会化"的现象,促进儿童个性与社会性的协调发展。

儿童社会化具有双重功能,发展个体社会性与个性的功能是对立统一的。首先,社会性与个性是相互矛盾的。社会性中的对"一致"或"共同"的强调旨在使个体掌握文化共同体所共有的行为规范、价值观念、思维方式等,要求个体承担起社会文化传承的责任;与之相反,个性重视的是个体的、独特的、自我的属性,强调个体与众

---

① 王振宇. 儿童社会化与教育[M]. 北京:人民教育出版社,1992:2.
② 鲁洁. 德育社会学[M]. 福州:福建教育出版社,1998:127.
③ 李逢超. 儿童社会化双重内涵分析[J]. 河南大学学报(社会科学版),2008(4):131-134.

不同的兴趣、爱好，气质与性格，保持自身独特的行为方式与做事风格。一方面，试图得到社会认可、接受的个体可能就意味着要牺牲一部分自我的独特性，通过改变自己来迎合他人或社会的期望；另一方面，形成自己的个性也可能意味着对社会性的叛离与对立。但是，两者并非完全对立，而是相互协调、相辅相成的：一方面，个性并非凭空产生的，而是在与社会环境的互动中，通过个体的主动消化、吸收获得的，未曾有不表现为"社会性"的个性；另一方面，任何"个性"都是通过个体的独特行为方式、思维方式表现出来，亦未曾有不表现为"个性"的社会性。

总之，家庭中的"社会化"过程具有促进个体社会性和个性发展的双重功能，两者是辩证统一、相辅相成的。社会性并不意味着抹杀人的个性，个性也不等于否定人的社会性，教育的目的在于培养既符合社会要求又富有个性的人。

1. 家庭是儿童社会化的基础

个体从母体来到人间，最先接触的就是家庭这一基本社会单位。在日复一日的家庭生活中，长辈通过言传身教，潜移默化地把各种社会文化规范、生活技能和传统道德习俗等价值观念传递给儿童，使其在体格成长的同时也获得品格的塑造和人性的完善。家庭教育中，父母对子女的教养方式是影响儿童社会化的重要因素。恰当的教养方式有助于儿童的社会化，不当的教养方式则可能成为儿童社会化的障碍。父母采取民主型、放任型、专制型等不同的教养方式对儿童行为特点的影响存在明显的差异，采用民主型的教养方式，其儿童的社会化程度普遍偏高。学者拜尔研究发现，儿童天生气质上的差异会影响父母的教养行为。父母要根据儿童的个性和社会性发展特点选择最优的教养方式，最大限度地促进儿童的社会化。

家庭中的教育并无固定的教材和场所，家长主要是通过日常生活或与孩子的共同活动中有意无意地根据社会规范、价值标准、风俗和传统习惯去引导、要求儿童。家长以其自身经历、能力、人生观、价值观作为教育内容，潜移默化地影响着儿童的社会化进程。另外，父母比任何人都能更全面、更深刻地了解自己的子女。家长通过在日常生活中观察孩子的言谈举止等实际表现，有利于及时有针对性地进行教育。

2. 当代家庭是儿童个体社会化的桥梁和纽带

"社会化"是贯穿人一生的长期过程，需要家庭、学校等各方的协调、配合。儿童个体的社会化不是一蹴而就的，家庭在这个漫长而复杂的过程中充当桥梁和纽带的作用。儿童社会化过程分为两个阶段，为"初级社会化"和"次级社会化"，其中"初级社会化"是"次级社会化"的基础，而"次级社会化"是"初级社会化"的延续。家庭以亲情及呵护儿童身心健康成长的方式影响儿童初级社会化，主要对个体进行有关参与社会生活的基本技能、本领和行为规范等方面的影响和教育活动，促使儿童的次级社会化水平的发展，以提高儿童学习各类知识的能力，对个体进行从具体思维到抽象思维，以及把社会化的方式转变为目的性、组织性、系统性、强制性较大的学校社会化方面的系统训练。

人的社会化过程是在与他人的互动中进行的，必须有先行社会化了的人和群体的指导与教育，这是一个新生命能够长大成人的必要条件，是人类社会的必然规律。在儿童的社会化过程中，对其产生影响的，除遗传的生物因素外，更重要的是人生存其间的整个社会文化环境，即家庭、学校、同辈群体、社区、大众传播媒介等。其中，家庭是人的社会化的首要因素。在谈到家庭与儿童社会化关系时，美国社会学家罗斯·埃什尔曼援引艾拉·L.赖斯的话说"社会化，特别是幼儿的社会化，是家庭最独特、最一般性的职能"，他直接指出："家庭也许还有其他功能，如能反映人在社会中的位置，但每个社会都像是用婚姻和血缘的纽带把人同培育人成长的社会化联系起来……我们的基本观点是：在任何社会中，家庭最基本的功能是对人起培育作用的社会化。"[①]

关于家庭对儿童社会化的影响的研究始于20世纪30年代的美国。当时的主要课题是调查有抚养子女经验的家庭中儿童发展的情况、习俗对家庭教育的影响。20世纪50年代以后，人们的视野转到了家庭环境以及父母的社会地位、职业等因素对儿童行为和心理发展的影响方面。20世纪70年代以来，美国出现了新的儿童社会化研究趋向，其宗旨在于用定量分析方法，探讨亲子关系对儿童社会化发展的影响。美国社会心理学家克劳森·约翰在其主编的《社会化与社会》中概括了儿童社会化的主要任务。正是在家庭中，儿童逐渐形成了基本生活习惯、对周围事物的基本态度和行为方式等，由此奠定了一生社会化的基础。

对家庭而言，儿童社会化的任务就是家庭教育的基本内容，是家庭中的成年人对儿童的影响和教育活动。"如果将教育定义为传授、唤起或获得知识、态度、价值观、技能、敏感性和一切经验的深思熟虑的、有系统的、持久的努力的话，家庭的教育功能将被有效地扩大。"因此，家庭以"缩影的形式包含着几乎所有的教育内容和教育功能的范围"[②]。人的社会化过程中来自家庭的教化主要有以下方面。

第一，传授生活技能：人之为人的本领。当今年轻人在他们脱离父母后普遍生活能力欠缺，面对现实生活束手无策，反映的是家庭在他们小时候传导生活技能方面的欠缺以及父母教育价值观的偏颇。动物虽然不具备人所具有的劳动能力、思考和创造能力，却有能力遵循自然选择规律和"丛林法则"在自然界生存，而人类则不具有这种本能。所以，人应该在社会上生存，就要学习怎样生活，掌握自我服务和服务他人的基本本领。家庭作为人的生活场所，比其他任何机构在传授生活技能方面都具有优

---

① 罗斯·埃什尔曼.家庭导论[M].潘允康，等译.北京：中国社会科学出版社，1991：508.
② 鲁洁.教育社会学[M].北京：人民教育出版社，1990：480.

势。从年幼时的吃饭穿衣,到青少年阶段的生活管理,对孩子来说都有一个由不会到会的过程。学习吃饭、穿衣是满足年幼的孩子生理需求的活动,而怎样吃饭、怎样穿衣,则与一定的文化模式联系在一起,其中包含了日常行为礼仪规范、审美等文化要素。在日常生活实践中,父母通过示范协助孩子掌握必备的生活技能,引导其将技能迁移到更广泛的社会生活之中。

第二,教导社会规范:融入社会之必需。"不以规矩,不能成方圆"常用以比喻社会对人的要求。任何一个社会都有维护自身正常运行的社会规范,一个社会成员要参与社会生活,就要尊崇社会的主流价值观念,遵守一定的社会规范。这些规范包括道德规范、法律规范以及各种生活规则。社会规范具有对人的强制性和约束性,但要使其发挥应有的作用,需要通过各种渠道的教育、传播,内化为人的价值观和行为习惯,成为人的自觉行动。从这个意义上说,教导社会规范也是一个养成过程,是孩子自控能力的培养。在家庭教育中,孩子淘气是父母们最头疼的问题,淘气背后的原因常常是孩子不懂规矩,随心所欲地做他想做的事。所谓不守规矩,就是不按成年人和社会的既定规则"出牌"。这其实体现的是孩子不成熟的心理和行为,需要通过教化加以监控和指导。

家庭在教导孩子社会规范、培养孩子道德情操方面承担着首要责任,父母等成年人所给予孩子的是一种先入为主的引领。孩子从出生的时候起,就已经步入社会生活的大集体中,父母的任务是帮助孩子了解和履行自身所处的特定环境中的行为规范,为今后在社会上立足奠定基础。在家庭中,首先是教导一般生活规范,如日常生活中的进食、如厕的规矩,对家人的礼貌等。在这些小事上没规矩,孩子就难免在公众场合做出让大人"丢脸"的事来。走出家庭,孩子会接触到交通规则、幼儿园和学校的规章,并逐渐发展到接触更多的法律、道德、习俗等社会行为规范,都需要父母不断地灌输或以自身言行施加影响,同化为孩子自身的道德信念和行为习惯,借以调节自己和他人的关系。孩子在这方面有缺陷,就难以在社会立足。

第三,指导生活目标:实现人的社会价值。家庭对孩子进行社会教化的意义不仅是培养一个适应社会生活的社会成员,还要在此基础上使孩子成为具有开拓创新意识和能力的一代新人,只有这样社会才能不断进步和发展。所以,指导生活目标,引领孩子更好地实现自身价值,不仅是个体生存和发展的需要,也是社会的需要。

儿童的整个童年乃至整个成长过程都处在有梦想的年龄阶段。也许他们并不知晓宏大如祖国未来发展的蓝图,也尚不能清晰表述自己的"远大理想",尚不能准确诠释什么是伟大的中国梦,但是他们有自己对美好生活的憧憬,有对快乐、幸福的企盼。如果他们确立有社会意义的生活目标,树立对未来前途的意向,就会自觉地用理想激励自己,约束与磨炼自己,表现出一种可贵的品质,为实现自身的社会价值而努力。实际上，人的志向从少年儿童阶段就开始萌生了，随着孩子学习与实践活动的发展以及家庭和学校教育的不断深化，从无到有，从低水平到高水平逐步形成。父母为孩子指出生活目标，前提是从孩子的实际出发，找出孩子的素质优势和兴趣所在，而不是把自己的意愿强加给孩子。当孩子对某种事物产生了兴趣，有了执着的追求，明确了自己的努力目标，就会心甘情愿地为这个目标的实现去努力。

第四，培养社会角色：适应多重环境。社会学中的角色是指一个人的社会身份，是在一定的社会关系中某种地位的人应有的行为方式。社会相当于一个大舞台，每个社会个体总是在大舞台上扮演着不同的角色。比如，某高校的一位教授，对校长而言他为员工；对其他教授来说，他为平级；对某学科课题组而言，他为领导者；下班到商场购物消费，他便是一名普通顾客；对住宅小区而言，他则是一名普通业主；回到家中，他将扮演丈夫、父亲等角色……在不同的时间、空间要扮演好不同的角色，就得明确社会对各种角色的要求，以及人们对这些角色的期待。如果用领导单位下属的方式对待家人，对他们发号施令，就是角色失范行为。美国社会学家G. 米德分析个人在不同情境中的行为方式时，曾借用了角色一词。米德认为，个人(或自我)是各种角色的总和，它代表对占有一定社会地位的人所期望的行为。美国社会学家S. 萨金特把角色概念与人的社会化联系起来，认为社会化的本质就是角色承担，因为儿童正是在承担角色的过程中，学着把他人的言论、习惯、态度和行为变成自己的一部分[①]。

从新生儿到成为一个合格的社会成员，再到生命的终结，每个人都要经历较长时间的学习和扮演各种角色的过程，而家庭角色是人最初的、最基本的，也是最普遍的社会角色。在家庭中的角色学习、角色扮演，对于适应其他社会角色，履行应承担的更广泛的社会角色，起着潜移默化、根深蒂固的作用。

家庭对儿童社会角色的教化，首先是帮助孩子知道"我是谁"，确定与他人交往中自己的地位、与别人的关系，进而学习如何扮演某种社会角色。人的角色有先赋的，也有规定的，如孩子一出生就被赋予了性别角色，这是不可改变的，生为男性的孩子按照社会赋予的男人的角色规范发展才是正常的。规定的角色是人为的，有明确的角色权利和义务，对应当做什么、不该做什么都有明确规定或是约定俗成，都是特定的角色要求。在日常生活中许许多多看似简单的小事，经过日积月累就形成了孩子对自身角色及其规范的认识，成为走上社会承担更多角色、扮演不同角色、适应复杂的社会环境的基础。

概而言之，家庭承担着对儿童社会教化的责任，但实施社会教化不是孤立地进行的，会受到家庭中各种因素的影响，也需要思考如何有效实施社会化问题。首先，

---

① 黄育馥. 人与社会：社会化问题在美国[M]. 沈阳：辽宁人民出版社，1986：225.

提高父母自身素质有利于子女社会化。在家庭中，儿童社会教化的内容丰富、任务繁重。儿童社会教化执行者(亦称施教者)主要是父母。父母作为孩子的监护人和最初的施育者，在儿童社会化过程中起着主导、引导、示范、监督等作用，向子女传递怎样的社会文化、采取怎样的方法实施教化、自身对社会规范和社会角色的认同与履行等都是教育因素。因此，父母的素质在很大程度上决定子女社会化的成败。同时，为人父母的任何一个人在自身的社会化历程中也有角色转变和继续社会化的问题，尤其要对如何提升自身素质予以重视。

其次，激发孩子的能动性是社会化的关键。在儿童社会化过程中，父母在社会教化中的作用固然重要，但必须建立在以儿童为本的基础上，适合孩子的发展规律和发展程度。谈到社会教化，就存在与社会化主体的关系问题。人们担心强调社会教化抑制儿童个体的能动性，事实上，社会教化的施教者与社会化主体是社会化过程中的一对矛盾，成功的社会教化是促使个人把社会化过程中的受动性转化为主动性，最终自觉地接受社会教化。另外，这一矛盾也促使施教者不断修正教化方案，使教化的内容和方式更加适应社会化主体的生理、心理和社会性特征，以取得社会化的最佳效果。就个体社会化的社会意义而言，社会正是在社会教化和个体内化的相互作用中进步的。在家庭中，父母对孩子的教化是必需的，但不是让孩子被动地听大人的话，而是依据孩子的特点做出适合其发展的选择，激发孩子社会化过程中的能动性。

再次，重视多种因素对儿童社会化的协同作用。儿童社会化受到各种环境的影响，家庭、学校、大众传媒、同龄群体等有不同的作用。一方面这些因素的积极互动能够实现优势互补，另一方面其不利因素给家庭教化带来困难。比如，近年来现代传媒快速发展，儿童接触各种社会信息的机会大大增加，给家庭教育带来巨大冲击。尤其是社会规范的多元化和不确定性、新旧价值标准的矛盾对立，使父母们陷入前所未有的困境，弱化了父母对子女的影响力度，加大了实施社会教化的难度。如何多方协同地为儿童创造良好的社会化环境是需要社会各界共同面对、亟须解决的问题。

3. 个体在家庭中获得内化的主要方式

在社会化的过程中，社会教化和个体内化同时构成社会互动的两个方面。社会教化是个体社会化的外部动因，外因必须通过内因起作用。个体接受社会影响，并把外部现实转化为内部现实，这个过程称为个体内化。儿童属于社会化不成熟的个体，社会教化的成分多于成年人，但他们不是完全被动的，社会教化的效果如何取决于个体内化的程度以及个体的能动作用。模仿学习、角色扮演、主观认同与自我强化是个体内化的主要方式。

其一，模仿学习。儿童每天都有机会观察到成人或其他儿童表现出新的行为模式，去模仿学习。这种模仿表现为直接的模仿与反模仿：直接的模仿是个体在环境有利的情况下复制榜样的行为，通常是在观察到榜样行为受到肯定或奖励时发生；反模仿是当观察到榜样行为受到惩罚时发生的。比如，看到别人把手贴近火炉时被烫伤了，他就把这种榜样行为的结果当作教训接收下来，指导自己不去这样做。儿童看到兄长因听父母的话而受到表扬，不听父母的话而受到批评，虽然他观察到的是别人的具体行为，但他可能更自觉地按父母的要求去做，这便是模仿效应与反模仿效应。儿时的机械性模仿往往是个人主动社会化的开始。孩子通常学习基本生活技能、学习语言等都借助于模仿。随着年龄的增长，孩子模仿的范围逐渐扩大，从穿着打扮、时尚礼节，到性格风度、生活方式等，都是模仿的内容。模仿学习从层次上分为盲目模仿和合理模仿：盲目的模仿学习是对榜样不做分析、不加思考、不进行选择，简单地仿照他人，只是一种直接的、表面的学习过程，容易导致人格发展障碍，如有的孩子崇拜歌星的同时也模仿偶像的玩世不恭；合理的模仿是经过对模仿对象分析思考后，有选择性地模仿学习，这种模仿学习对社会化有积极作用。

其二，角色扮演。角色扮演是指个人在对社会的角色期待和自己所扮演的角色有所认识的基础上，完成角色行为的过程。一般情况下，个体在社会中总是按一定的社会期望和自我期望行动，因为期望不是单一的，所以个体在不断地扮演各种角色。一个孩子在家里是儿子，在学校里是学生，在与同龄孩子游戏中是玩伴，在不同的场合角色规范是不同的。比如，作为一个学生，在学校老师面前就不能像在家里面对父母那样撒娇，在课堂上就不能像在玩耍中那样随意。对儿童而言，角色扮演是一个综合的学习过程，是在人与人相互作用中进行的。

社会化过程中的角色扮演主要有两种情况：一是扮演真实的角色，即与自身所处的社会位置相一致，这是角色扮演的主要形式；二是扮演假想角色，即把想象或假设中的角色作为个人扮演的对象，比如儿童在游戏中扮演爸爸、妈妈、医生、老师、售货员等，从而掌握一定的社会规则和知识技能，这是儿童社会化中个体内化的重要形式。此外，有时儿童也会在自己心中扮演某种角色，比如在日常生活中我们常听到的"假如我是谁，我会怎么样""如果是我，我会这样做"等。这种假想角色虽不是实际扮演，但对儿童社会化也有重大促进作用，关键在于正面引导。

儿童社会化的结果是儿童对正确的社会价值观和社会行为规则的内化，模仿学习、主观认同、角色扮演、自我强化是儿童社会化的基本形式，还有对施教者的顺从、自身生活经验中产生的内化效应等，在个体内化过程中相互渗透，与社会教化相辅相成，共同实现个体的社会化。随着人的年龄的增长、知识增多、心理发展水平的提高，以及社会生活领域的拓展、经验的丰富，社会化的外在教化方式的作用逐渐减弱，自身对社会的认识和自我的经验等内在因素逐渐增强，在更大程度上影响个体的行为。

其三，主观认同与自我强化。一般来说，当儿童理解了模仿对象的内在意义，并再现他人的行为时，就发展成为主观认同。主观认同主要表现在行为模式的内化上，是个体主观上把自己类属于某一个体或群体，并在行为模式上向其看齐的过程，被认同的个人称作"重要他人"。在儿童社会化过程中，父母往往首先成为认同对象，孩子会把父母看成自己的榜样，有意识地效仿父母的行为。认同父母是婴幼儿的一种重要内化方式，随着年龄的增长和交往范围的扩大，认同对象也会发生变化，除了父母、家人，与儿童一起学习、玩耍的同伴、朋友以及崇拜的偶像可能成为他的重要他人，而且越来越重要，甚至逐渐超过对父母、长辈的认同。

在儿童社会化过程中，同龄群体是一个重要的环境因素，不仅充实他们的社交生活，也往往是他们了解社会的窗口，并对其价值观和人格形成起到导向作用。这种主观认同作用又很容易导致行为上的追随，甚至"为朋友两肋插刀"或"朋友义气"。除了对他人的主观认同，个人在某种活动中达到了自己的目标，而给自己以满意的评价或特定的享受这就是自我强化，也称为自我奖赏，是一种较高层次的内化形式，往往是个人凭借理智而形成观点、信念的过程。

（三）"反向社会化"：当代家庭的全新教育功能

长期以来，亲子之间的互动普遍被视为父母向下哺育与抚养孩子，并塑造孩子行为的过程。谈到社会化，人们想到的只是上一代人作为施教者对下一代人的教化，普遍把社会化过程看作一个单向过程。父母影响子女，却很少有人认识到儿童在成长发展过程中并不是完全被动的，他也可以影响父母的行为。随着社会的变迁，年轻一代视野的拓宽，尤其是后辈不再是单纯的受教育者了，他们在越来越多的领域、在越来越大的程度上影响着父辈。年轻一代不仅被社会化，也在社会化着他人。他们既是被社会化者，又是上一代人社会化的因素，在家庭中父辈的权威地位受到严峻挑战。在人的社会化研究中，有学者把这种传统的受教育者对施教者反过来施加影响，向他们传授社会变化知识、价值观念和行为规范的社会化过程，称为"反向社会化"或"文化反哺"[①]。

1. "反向社会化"的概念与内涵

我国从20世纪70年代末开始的改革开放浪潮使社会从封闭走向开放，在对各种新观念、新思潮、新知识、新的生活方式的引进和接受中，年轻一代扮演了"先行者"的角色。在急速的社会文化变迁中，很快出现了传统的施教者和受教育者的位置变得模糊甚至颠倒的现象。周晓虹教授指出，第二次世界大战以后，在社会化过程中出现

---

① 周晓虹. 现代社会心理学——社会学、心理学和文化人类学的综合探索[M]. 南京：江苏人民出版社，1991：143.

了传统的受教育者(晚辈)反过来对施教者(长辈)施加影响的现象。体现了新型的价值观和行为模式的青年一代无可非议地由传统的受教育者成为教育者,由社会化的客体成为社会化的主体,将新知识、新文化传递给他们生活在世的前辈的现象,社会学家称之为"反向社会化"。这一反向文化现象的出现足以证明,在急速的社会变迁下,文化传承的内容不仅已发生极大变化,亘古不变的文化传承的方向和形式也在发生变化①。而从文化传递的角度来看,则是一个和"嗷嗷林乌,受哺于子"的生物现象十分相似的文化现象。周晓虹首次以"文化反哺"一词来概括这种由年轻一代将知识、文化传递给他们生活在世的前辈的现象,指出文化反哺"是在急速的文化变迁时代所发生的年长一代向年轻一代进行广泛的文化吸收的过程"②。

美国著名的人类学家玛格丽特·米德(Margaret Mead)在20世纪70年代美国青年"大造反"运动结束之后所著的《文化与承诺：一项有关代沟问题的研究》一书中提出：纷呈于当今世界的代与代之间的矛盾与冲突,既不能归咎于社会和政治方面的差异,更不能归咎于生物学方面的差异,而主要导源于文化传递方面的差异。她从文化传递的角度将人类社会由古及今的文化分为三种基本形式：前喻文化、并喻文化和后喻文化。前喻文化是指晚辈主要向长辈学习；并喻文化是指晚辈和长辈的学习都发生在同辈人之间；而后喻文化则是指长辈反过来向晚辈学习。通过对三种文化模式,尤其是后喻文化模式的深入分析,米德论证了在急速的社会变迁的巨大推动之下,新的文化传承模式出现的历史必然性,即原先处于被教化者地位的晚辈之所以能够"反客为主",充当教化者的角色,是因为古往今来没有任何一代能够像他们一样经历如此巨大而急速的变化,也没有任何一代能够像他们这样"了解、经历和吸收在他们眼前发生的如此迅猛的社会变革"③。

无论是米德提出的"后喻文化",还是周晓虹提出的"文化反哺",都是基于社会化进程中的社会背景的变化,说明在社会发展中"反向社会化"这一理论命题的现实性也越发突出地表现出来。尽管他们所指的"年轻一代"更多的是接近成年和已成年的青年人,但不能否认如今未成年的少年儿童在"反向社会化"中具有同样的作用。

中国青少年研究中心少年儿童研究所主持的"少年儿童社会化过程中对成人世界的影响"一项研究的基本结论认为,孩子对成人世界的积极影响主要包括两个方面：一方面属于孩子的童真,孩子原生命形态中尚未受到污染的美好品质；另一方面是孩

---

① 孙云晓,康丽颖.向孩子学习[M].昆明：晨光出版社,1998：3.
② 周晓虹.试论当代中国青年文化的反哺意义[J].青年研究,1988(11)：22-26.
③ 玛格丽特·米德.文化与承诺：一项有关代沟问题的研究[M].周晓虹,等译.石家庄：河北人民出版社,1987：85-86.

子正在发展的社会性,特别是那些符合时代精神的社会性。此项研究以大量现实资料为基础,最后得出,孩子身上表现出来的许多品质是成年人所不具备的,对成年人存在着不同程度的影响。尽管在多数成年人看来某些属于孩子原生态的品质是一种幼稚和不成熟,但是不成熟并不等于不可取。成年人在为之感动并受到启迪的同时,不可避免地会接受其中的某些影响,主要包括以下几个方面:乐于接受新事物、新思想;主体性增强;平等意识和批判精神增强;法律意识和自我保护意识增强;公民意识增强,热心于参与社会活动;环保意识增强;等等[1]。

2. "反向社会化"在家庭中的双向互动与其现实意义

新一代人身上展现时代特征的社会性是社会变迁的产物。在社会变迁异常迅速的今天,成人世界和儿童世界都在变化中发展。与成人世界相比,儿童世界的变化更是日新月异。这是因为儿童自出生就进入了现代社会,没有先入为主的观念束缚,正所谓"初生牛犊不怕虎"。孩子们涉猎了许多领域,其中包括成人极力限制和回避的领域。他们在全方位地接受现代社会影响的过程中逐渐形成的某些社会性品质,诸如新的价值观念、生活态度、交往方式等,也在影响着成人世界。

这种"反向社会化"理念的强化对父辈的意义表现为以下几点:第一,这种"反向社会化"是更新传统的社会价值观和行为准则的有力杠杆。中国传统社会的亲子关系是尊崇"孝道",以子辈对长辈绝对服从的权威主义为基本特征,亲子之间没有平等可言。而在现代社会,这种亲子关系模式已失去存在的社会基础,中国家庭中的亲子关系趋向平等化已是不争的事实。认识这种变化,不断调整自身的观念和行为,是现代人适应社会发展的大势所趋。第二,这种"反向社会化"是弥合代际隔阂的有效途径。"反向社会化"理念提示人们认识这样的现实:孩子是独立的人,有不同于父辈的自身的特点和对社会、对家庭各种事物的看法,甚至与父辈在生活态度、价值观念、情感倾向、行为方式等方面存在对立和冲突。父辈在对子辈教化的同时,通过各种渠道的沟通交流,了解子辈的所思所想,接纳其中合理的成分,便能缩小两代人之间的差异,形成亲子互动的良性循环,促进家庭和谐。第三,有利于增强孩子的自信和责任感。面对急剧变化的社会现实,父辈传统的思想观念及行为方式明显地暴露出其滞后性以及对自身的束缚,父辈对新事物、新观念的接受和适应能力有时甚至不如子辈。在亲子互动中,父辈对子辈的正确思想、行为的接纳和认同,向子辈学习自己不懂的知识、技能,会让子辈由衷地感到自己对父母的价值和作用,从而激发其在家中的自信和责任感,更乐于为父母付出,并从中得到更多的快乐。第四,促进父辈提高自身素质。随着社会的进步,父辈对子辈的影响力不断削弱,这就要求父辈主动从

---

[1] 孙云晓,康丽颖.向孩子学习[M].昆明:晨光出版社,1998:1.

孩子身上吸收有益的养分,并通过广泛的社会学习弥补自身的缺陷,创造亲子共同面对困境的氛围,有利于促进两代人共同成长。

由前述可知,尽管在儿童社会化过程中父辈依然对子辈扮演着施化者的角色,孩子依然要向父母学习如何做人,但两代人之间的影响绝不是单向的,而是双向的,并且双向影响的趋向越来越明显,即成年人要向孩子学习,孩子将自己的兴趣、爱好、知识、经验、观念等"反哺"给成年人,这是历史的必然。因此,实现双向互动,两代人共同成长,是现代社会家庭教育应当强化的新理念。

我们首先应当看到,我国正处于现代化进程中,新旧体制的交替、东西方文化的撞击、道德取向多元化、信息传播渠道多样化等,由此而产生的生活方式的变革、思想观念的更新等,在很大程度上改变了儿童社会化的环境,呈现与父辈儿时生活环境的明显不同。尽管父母与孩子居住在相同的空间,却生活在不同的时间中,对相同事物的认识不尽相同。在这种情况下,父母依然用传统的单向社会教化方式和内容已经难以适应急剧变化的社会现实。其次应当承认,现在的孩子,尤其是中小学生,虽然阅历不深,缺少实际生活经验,但开放的社会使他们接受各种社会因素教化的成分加大,他们通过各种途径,尤其是快速发展的电子媒介接受了许多并非来自父母的新知识、新观念。他们见识广,开化早,少有陈腐观念束缚,接受新事物快,在观念和行为上的某些优势往往是父母所不具备的。在孩子心目中,父母已经不再是绝对的权威,父母因循祖辈的遗训去影响和教育当今的孩子遇到了前所未有的困难。事实证明,孩子有能力影响成人世界[①]。面对这种情况,父母究竟如何认识今天的孩子,是否接受孩子对全新的社会现实所做出的选择,如何接受孩子的影响,是给当今家庭中的教育提出的新课题。

当我们步入一个以媒介信息为主导的全新时代,儿童身上蕴藏着巨大的发展潜能。在信息时代,儿童获取信息的能力空前增强。他们在许多方面具有明显的发展优势,特别是在计算机领域。有学者指出:一个新的媒体出现了,当我们还不太了解它的时候,孩子走在了我们的前面,这种情况将给我们的生活带来许多深刻的变化。它将改变我们的教育观念,改变儿童的学习方法,改变家庭文化及代际关系。当然,最需要改变的是我们自己。我们需要学习,同孩子一起成长。社会化与反向社会化,在人的社会化过程中互为补充。家庭中的这种父辈与子辈的双向互动,是人类社会文化传承、不断发展和创新的不竭动力。向孩子学习,两代人共同成长,也是家庭教育适应社会发展、走出误区的明智选择。强化"反向社会化"在家庭中实现双向互动的新理念与其现实意义,有助于为儿童和父母在家庭中实现社会化提供积极影响。

---

① 孙云晓,康丽颖. 向孩子学习[M]. 昆明:晨光出版社,1998:194-216.

研究讨论

1. 从多元视角，思考新时代家庭教育的新内容、新特点。
2. 从家庭结构角度，探究当代家庭教育母职中心化的利弊。
3. 举例说明，当代家庭对个体社会化以及反社会化的功能。

拓展阅读

1. 李希贵. 家庭教育指南[M]. 北京：新星出版社，2022.
2. 陈鹤琴. 家庭教育[M]. 上海：华东师范大学出版社，2018.
3. 洪伟，李娟. 家庭教育指导手册[M]. 北京：机械工业出版社，2023.
4. 丁敬耘. 社会发展与家庭教育[M]. 上海：上海远东出版社，2021.
5. 张波，丁金宏. 家庭结构、代际关系与婚姻稳定性——费孝通"基本三角理论"的现代性扩展及其应用[J]. 浙江社会科学，2023(10)：77-84.
6. 杜薇，容中逵. 家庭"个体成人"教育的困境及其化解——基于家庭结构、功能与内部关系演变的考察[J]. 教育科学，2023(3)：90-96.
7. 郭志英. 父母教养方式与流动儿童自我控制的关系：家庭功能与自尊的链式中介作用[J]. 心理与行为研究，2023(4)：503-509.
8. 王秋英，黄巧敏，刘晓凤，等. 家庭功能对青少年早期外化问题行为的影响：心理韧性的中介作用和性别的调节作用[J]. 心理与行为研究，2020(5)：659-665.

第三章
家庭教育的发展历程与当代需求

📖 内容提要

家庭教育何以重要？它在发展演进中与学校有何种关系？此类问题尚未从历史变迁角度获得澄清。本章宏观上以全球化进程中与历史演进中的家庭教育发展为思考起点，以点带面，主要从家校关系发展形态审视家庭教育的发展特征，反思现代家校关系建构中存在的"学校中心主义""家长参与中的被动地位""弱势家长的边缘化"等问题，阐释了家庭教育内含的代际间文化传承基因，探寻了其内在的文化回应逻辑，并从当代家庭教育发展的任务与使命角度，探讨了家庭教育发展的未来走向。

⚙ 学习目标

1. 认识当代世界与中国家庭教育发展的演变历程，关心中国教育发展过程中的文化回应问题，理解文化传承与家庭教育的内在关系，激发学生热爱祖国、担当历史使命的内在动力。

2. 认识家校关系内涵的系统性、复杂性，理解家校实践不仅包含具体的行动纲领，而且需要构建家庭友好的、支持性的环境，主张家庭教育中逐渐"去母职化"和积极参与、关怀型的父亲角色。

3. 认识家庭教育在家校关系演进中的不同发展形态，理解家校合作过程不仅有意见一致，还存在意见不一致，不排斥多样性，明晰家庭教育的独特价值。

4. 认识家庭教育发展受到社会、文化、国家等诸多力量的作用和影响，反思家庭教育发展对于个体、教育、国家、社会等的价值，审视学校教育、社会、国家等主体对于家庭教育发展的责任与支持体系建构。

第一节　始于家庭：最持久的一种教育形式

一、家庭教育的起源与演进

"家庭教育"是"家庭"和"教育"的复合，因此，目前学界对家庭教育的界定，往往基于对"家庭"的"教育"的理解，在此基础上来定义"家庭教育"。"家庭"是一个历史范畴，是宏观社会的一个缩影与基本构成单元。原始社会是血缘共同体时代，实行群婚制、儿童公有和共育。在以自然经济为基础的国家中，家庭多遵循三纲五常，家庭教育具有单一主体性、等级性等特征。到18世纪中叶，随着工业文明的到来，传统的联合家庭或大家庭被核心家庭和单亲家庭取代，形成了多元的家庭形态。

在诸多学科形成的研究视域中，在观照家庭系统与社会其他系统的有机关联中，自柏拉图以来，哲学界遵循的惯例是考察家庭对于构建理想国家所能起到的支持作用[1]。伦理学倾向认为，社会要通过关怀取向增强社会成员作为家庭建设者的责任感和能力来促进其成员的幸福生活。社会学研究一方面将家庭作为社会制度，侧重研究家庭功能及其变迁；另一方面将家庭作为社会组织，侧重研究家庭关系。家庭史研究致力于考察不同时期家庭样态及其对生活的影响，并将内部权力结构、主体关系等维度的具体变革作为研究家庭教育的重要突破口。人类学家认为关于中国家庭，目前存在着4种理论模式：中国家庭是一种经济合作组织；家庭内部人际关系和与国家之间的关系的政治家庭模式；儒家伦理对家庭生活有深远影响的文化家庭模式[2]；家庭中个人以及个人的人生经历的私人家庭生活模式。自20世纪80年代以来，家庭教育、影响因素、留守儿童、对策研究是我国有关家庭研究的重要主题。

在人类历史中，家庭教育是最为持久的一种教育形式[3]。社会变迁引起家庭结构、家庭关系和家庭功能的改变和分化，家庭在历史变迁中保留下来的最有力的功能是情感和教育功能[4]，这种教育功能具备学校和社会教育无法替代的教育价值，集中体现在人的生物学属性及家庭的独特结构[5]。随着社会的发展，当前的家庭结构出现

---

[1] 内尔·诺尔斯.始于家庭：关怀与社会政策[M].北京：教育科学出版社，2011：1.
[2] 阎云翔.私人生活的变革：一个中国村庄里的爱情，家庭与亲密[M].龚小夏，译.上海：上海书店出版社，2006：9-12.
[3] 威廉·菲尔定·奥格本.社会变迁——关于文化和先天的本质[M].王晓毅，陈育国，译.杭州：浙江人民出版社，1989：69.
[4] 伊凡.家庭教育中的中国式问题[J].现代教育管理，2014(10)：33-37.
[5] 罗爽.我国家庭教育立法的基本框架及其配套制度设计[J].首都师范大学学报(社会科学版)，2018(1)：182-188.

小型化倾向和家庭责任无限放大的风险,由此会产生过分溺爱、"大包大揽"、青少年独立性不强、情感教育缺失等一系列家庭教育问题,在一定程度上增加了社会治理的成本。纵观历史长河,家庭教育可以笼统地划分为4个阶段,分别是前农业社会的"唯家庭教育是教"的第一阶段,进入农业社会之后的"家庭教育为主、学校教育为辅"的第二阶段,进入工业化社会之后的"学校教育为主、家庭教育为辅"甚至"唯学校教育是教"的第三阶段,以及当前正在经历的"学校教育、家庭教育与社会教育共同发展、共建共育"的家庭教育现代化阶段[①](见图3-1)。

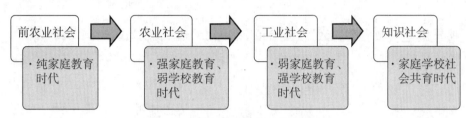

图3-1　家庭教育地位与功能的演变

在工业社会早期,大约从18世纪开始,伴随着工业化、城镇化、人口增长以及社会秩序重构,以及学校教育的发展,国家从人口发展与社会管理的角度出发,开始注重并开发家庭及家庭教育的作用,并将家庭作为现代政治以及社会发展体系的重要场域。因为家庭内部的教育价值观念在一定程度上会带来国家认同并抵抗文化消解,因此社会改革者们重视这种作用,并将家庭视为教育治理的历史场所,制度化家校合作正是这一过程中的产物。新中国成立70多年来,随着社会变迁,家校合作政策在我国经历了初步萌芽、正式推进、规范提升与战略发展4个阶段[②]。在目前,我国在大力推进家长参与家校合作,并从顶层设计上强调"办好教育事业,家庭、学校、政府、社会都有责任",健全学校家庭社会协同育人机制,家庭教育在家校合作的推动下进一步从私人领域向公共事务转变。

当然,"家庭教育促进"被认为不仅是建设高质量教育体系的要求,更是构建服务全民终身学习的教育体系的题中之义。由于家庭教育存在一定的盲目或随意性,儿童不良行为突出、亲子关系紧张等问题日益受到关注,家庭教育促进问题已经成为备受社会各界关注的社会问题。相关研究主要聚焦于家庭教育指导模式、方式等层面的内容维度,在"双减"的背景下,相关研究除了聚焦"双减"引发的家长焦虑主题,还从数字化背景、智能技术赋能的角度阐释构建家校社协同育人环境,提倡通过促进

---

① 张东燕,高书国. 现代家庭教育的功能演进与价值提升——兼论家庭教育现代化[J]. 中国教育学刊,2020(1):66-71.
② 边玉芳,周欣然. 我国70年家校合作:政策视角下的发展历程与未来展望[J]. 中国教育学刊,2021(3):1-6.

深度互联、加强资源的明晰共享、形成协同治理的线上平台、推动学习赋能协同育人，探索在智能背景下家校社协同育人机制。对于家庭教育和国家介入的关系，国内研究大多从法学角度考察家庭教育中的违法失当行为、探寻国家介入儿童监护的生成机理与生成条件、预设国家介入的条件和限度。现有的家庭与学生学业负担的关联性研究主要关注家庭背景、教养方式、家庭教育观念等对学生学业负担的影响。

二、家庭教育的研究历程变化

我国家庭教育研究兴起于20世纪80年代，近年来研究数量呈现递增趋势，其中主要从留守儿童、家校合作、心理健康等角度进行研究。家庭教育的研究历程在发展中体现为三类内容的研究变化，即在不同立场下理解家庭教育"是什么"的基础上，阐释"为什么"和"怎样做"，这三类内容在不同的历史时期有不同的理解。

第一类是本体论层面，主要指"是什么"，围绕家庭教育内涵意蕴而衍生出对其内容、功能、方法等经验性问题的探讨。

关于其内涵，当前学界主要从主体间的"知识复制"和"教育交往"的角度定义家庭教育，强调家长对儿童的教育影响与作用[1]。1987年，全美家庭关系委员会制定并颁布了终身家庭生活教育框架，托马斯等(1992)强调家庭教育的根本目的在于促进个体与家庭幸福，米勒等(2011)认为将家庭生活教育与社会工作、人类发展服务职业平行统筹规划。至此，从个体终身教育视域下反思家庭教育成为重要主题。国内家庭教育概念的演变划分为三大阶段：长辈—晚辈单向关系、长辈—晚辈双向关系与家庭—社会多向关系[2]。总之，其内涵发展在时空维度上呈现从封闭向开放时空的转变，在人际关系维度上呈现从单向点线关系向多向立体关系的转变。

从家庭教育内容及其价值取向来看，17世纪末到18世纪末，西方家庭教育强调自然教育、快乐教育、宗教教育的价值取向，如卢梭的《爱弥儿》强调教育要适应自然。19世纪，开始以科学的方法来研究儿童发展，强调家庭养育的重要价值。20世纪30年代后，受到弗洛伊德心理分析学说影响，儿童心理需求和亲子关系受到关注。20世纪60年代，布鲁姆、皮亚杰进一步将儿童早期学习与家庭环境间的复杂关系进行科学化论证。20世纪80年代以来，家庭教育注重生理健康及智力发展，重视学习及人格发展，家长职责及决定权备受关注，家庭与专业人员间的互助关系因而显得更为重要。1978年以来，我国家庭教育研究视角由单一走向多元，注重通过借鉴教育学的学

---

[1] 程豪，吕珂漪，李家成，等. 我国家庭教育的内涵反思与时代重构——基于"构建服务全民终身学习的教育体系"的视域[J]. 现代远距离教育，2021(6): 3-12.
[2] 杨宇孛. 我国家庭教育指导师培养研究[D]. 重庆：西南大学，2018.

科体系、研究方法和思维方式分析家庭教育现象，探寻家庭教育规律，亲子关系、家庭教育功能、内容等方面均受到关注，研究方法科学化一直是学者的努力方向。

第二类是价值论层面，涉及"为什么"这一原理性知识，主要围绕家庭教育现象的原因和规律而展开，具有理论性特点。

家庭教育内含的影响力、作用力及其重要性一直以来备受关注，家庭教育被认为会"左右孩子一生的命运"，在社会和文化心理结构中占据"总体性位置"。家庭教育中的伦理规范影响着"国家的特性"，其中存在"教育科学的出发点"[①]。

就其价值意蕴而言，家庭教育是"社会教育力"的重要构成，内含"个体教育力"和"系统教育力"两个层次。前者将家庭教育的价值指向个体生命的发展成长，为终极目标；后者从家庭系统层面强调其内在的教育影响力，以及对于整体社会系统的教育影响力，可以视其为动力源[②]。因此，家庭教育除了对于个体发展的"教育影响力"之外，其重要性与内涵至少还具有两个层次的探讨空间，即家庭系统、社会整体系统。

近年来，我国对家庭教育的介入以及治理更为系统，大体体现在三方面。第一，家庭教育被列入教育发展总体发展框架中，直面家庭教育的立德树人根本任务，以及家校间的有机关联、整体融通、综合渗透关系。第二，当前家庭教育工作以治理的思路进行有机化、内在化和整体化的改进，家庭教育工作和家庭教育指导已经上升为国家战略高度，并被纳入基本公共服务范畴。第三，国家促进家庭教育的法理逻辑从关注家庭的教育权利与责任(或义务)，转向家庭教育能力的提升，并将之作为形成家庭教育立法的基础。

第三类是方法论层面，主要涉及国家、学校、家庭等主体"怎样做"，具有实践性特点。

首先，在国家实践方面，国外对家长教养行为的塑造以及治理介入更为深入。其一，国家通过普及、完善学校教育来分担教养孩子的责任；其二，通过教育机构和干预项目引导、规范家长教育行为；其三，强调家长对孩子的行为负责任，亲子关系以及家长责任的构建朝着强调终生性的、捆绑式的、基于生物学上的方向发展；其四，通过塑造"好父母"强调家庭教育的社会意义。国内研究大多从法学角度考察家庭教育中的违法失当行为、探寻国家介入儿童监护的生成机理与生成条件、预设国家介入的条件和限度，鲜有从教育学视角探讨家庭教育政策在地方转化中国家介入、家庭实践和地方性知识的法理，实践中可能遇到的问题及化解策略，更缺少儿童家庭教育发

---

① 杨汉麟，周采. 外国幼儿教育史[M]. 2版. 桂林：广西教育出版社，1993：1-5.
② 叶澜. 社会教育力：概念、现状与未来指向[J]. 课程·教材·教法，2016(10)：3-10.

展机制研究。

其次,在学校参与家庭教育指导方面,家校合作被作为重要内容。在我国,对该话题的讨论受到国际上制度化家校合作的影响,在一定程度上存在"学校中心主义"的倾向:不平等的家校关系和附属型家校互动[1];对于家长与教师间非积极性依赖的竞争及个体化的排斥[2];忽视家庭教育的独立性。国外研究指出,此种单向性介入或者说对父母有目的的、科学的、带有预设性的"再教育",在一定程度上支持了"家长的教育学化"以及对他们的工具化理解[3]。相关研究还指出真正的合作会为对话和协商创造机会与空间,强调日常微观教育实践中的民主导向[4]。

最后,近年来,密集型教养、脑神经育儿学等理论的传播推动了家庭教育的"科学化"发展与育儿焦虑的扩散。"家长育儿焦虑"和"家庭教育质量"之间的耦合关系被广泛探究,家长的育儿焦虑愈加成为热点话题。"协商型""权威型"家长教养类型被认为是好的教养行为;家庭教养的"去母职化"、关怀型父亲角色、共享育儿受到推崇。

但是,何为"好的"家长教养行为?针对这一问题,学界并没有形成共识性的理论知识体系。回答路径之一是从冲突与问题的角度论证什么因素对家庭教育质量会产生消极影响,以此推论"好的"教养行为应该避免什么。其中,家长的育儿焦虑被认为在损害家长情感内心世界的基础上对其教养能力产生消极影响,同时是探究青少年出现心理与行为问题的重要源头。回答路径之二是通过剖析教养内容与类型的复杂性反思何为"好的"教养行为。家长的教养行为被认为是一个高度复杂且具有情境性和相对性的领域,涉及三个基本方面:为儿童提供使其免受伤害的照护,包括为儿童和他人的安全设定界限;提倡发展性、具备情感支持和身心健康的亲子互动;通过帮助家长学习促进其内化儿童有效成长和发展的教育策略,提高儿童的潜力[5]。在"接受—介入""心理自主—授予"和"行为严格—监督"三种家庭教养的类型框架下[6],"接受—介入"的教养类型被认为更有利于儿童抗逆力发展[7]。回答路径之三

---

[1] 程肇基. 附属型家校互动的文化困境及其突破[J]. 四川师范大学学报(社会科学版), 2019(6): 10.
[2] 李清臣,岳定权. 家校合作基本结构的建构与应用[J]. 中国教育学刊, 2018(12): 5.
[3] Popkewitz T. Pacts/partnerships and governing the parent and child[J]. Current issues in comparative education, 2002(2): 122-130.
[4] Moss P, Vandenbroeck M. Why contest early childhood?[M]. London: Routledge, 2016: 2-8.
[5] Vance A J, Brandon D H. Delineating among parenting confidence, parenting self-efficacy, and competence[J]. Advances in nursing science, 2017: 1.
[6] Steinberg L, Lamborn S, Dornbusch S. Impact of parenting practices on adolescent achievement: Authoritative parenting, school involvement, and encouragement to succeed[J]. Child development, 1992(63): 1266-1281.
[7] Hamidreza Zakeri, et al. Parenting styles and resilience[J]. Procedia social and behavioral sciences, 2010(5): 1067-1070.

是通过科学建模与理论建构推论什么是"科学的"教养行为。发展家庭教育的经济学模型认为，家庭的教养决定应从效用功能最大化角度根据实际情境做出，以使其理性的、有目的的投入行为对儿童最为有利，因此，对孩子产生直接影响的家长教养行为、家长对儿童生活环境的选择、家长对早期教育的态度与行为等方面都会影响家庭教育效果与儿童成长的"产出"[1]。基于儿童发展、精神分析、心理治疗等理论的"反思性"教养模式被认为是家长可以学习的一套工具和指导原则，家长的教养反思能力对儿童健康成长至关重要。

近年来，对家长教养行为的关注催生了家庭教育的完美主义发展倾向，表现为家长过高的自我标准、来自重要他人的教养要求，以及对他人完美主义行为的期望[2]。备受推崇的权威型教养方式在一定程度上蕴含着教养完美主义的追求，呈现"具有对自我、对社会、对育儿参与者的规定性的完美育儿信念，交织着对育儿错误和对其育儿活动的怀疑的关注"的特征[3]。更在意教养行为的家长更倾向于调整自身，其行为更可能呈现对完美主义的适应性特征。

在上述家庭教育复杂性与完美主义发展倾向的作用下，家长的育儿焦虑在上升。而且，各国依然存在一定的问题，如家长教师间交流频率低、质量低，当孩子在学校出现学习问题或者问题行为时，教师才会主动联系家长，缺乏国家层面的家长教师交流沟通的实施方案，国家并没有为教师提供充分的关于关系建构的学习课程等。我国自古有尊师重教的传统，在此之下的传统教育体系倾向于家校分离的模式，教师及学校在教育体系中占据主导地位，随着新中国成立、社会发展全面转型以及现代教育思潮的涌入，国家愈加重视家庭与学校协同育人机制的建立。在我国的家校关系处理中，注重让家长参与到一系列的家校合作活动中，如让家长参与孩子的家庭作业、家长参与学校组织的各类活动，但对于家长参与过程中的真实状态、权力关系等问题较少关注，相关主体对于基本概念、作用机制的理解等问题也缺少研究。而且，我国的家长参与家校合作存在群体差异，对于弱势家长群体参与并未形成系统支持，社会力量的介入不足，相关主体间关系建构的样态处于探索阶段，一些常见的家长参与形式，如家长学校、家长讲座等，对于弱势家长群体而言不具有针对性。除了基于社会、国家发展与教育关系这一层面思考外，更为根本的是回到教育本身去思考孩子成长问题，这需要从两者关系本身内涵着手，思考问题成因，基于不同区域的情境与发

---

[1] Matthias D, Sorrenti G, Zilibotti F. The economics of parenting[J]. Annuanl review of economics, 2019(11): 55-84.
[2] Hewitt P L, Flett G L. The multidimensional perfectionism scale: Development and validation[J]. Canadian Psychology, 2004(30): 339.
[3] Snell W E, Overbey G A, Brewer A L. Parenting perfectionism and the parenting role[M]. Personality & individual differences, 2005: 613-624.

展背景，对参与目标、参与结构与内容、参与组织与实施、参与评价、参与管理结构等逐步做出调整，形成基于地方情境的参与模式。

第二节　走向治理：现代家庭教育发展的逻辑

自从国家产生以来，国家、家庭、教育的关系成为家庭教育发展演进中的重要问题，家庭教育在家校关系的演变中由于国家介入而呈现不同的发展形态。但是，家校实践的发生机制是多主体综合作用的结果，忽视主体间的相互作用与其他主体的参与会出现种种问题。

一、家庭教育在家校治理中凸显为教育发展的重要话语

(一)"家校合作"符合教育治理的核心要义和价值追求

在实践中，各国基于不同的历史背景和社会状况，通常会存在不同的政策指向。在强调现代性与国家建设的传统话语体系中，国家通过统一的政策形成关于社会的普遍准则，并在这个过程中促成发起、组织与管理事件的秩序统一，人们在参与符合社会秩序的活动中建构自己的经验[1]。在20世纪后期，为了应对出现的管理危机，逐渐强调政府的治理取向。

在实践中，治理的一个核心要义是"重视多元主体的参与和责任"。多元主体的参与倾向于通过赋权的过程、自下而上的组织原则呼吁政府机构以及当地社区与家庭多边协商和共同治理来实现[2]，这反映了国家管理在认识上的转向，更为强调个体参与，将国家建构视为持续的、复杂的过程，并在管理上呈现分散取向[3]。这一方面意味着个体积极参与国家治理在一定程度上就是在参与社会建设，在履行自身的社会责任；另一方面意味着个体自觉参与公共事务就是在塑造个体的社会生活，且在自我内化公民身份。在多元文化与多种族的社会背景下，个体参与也被视为社会融入的过程。治理的另一个核心要义是"强调主体间的合作"，合作可以理解为参与的一种形式与理念。在这种以公民身份建构为旨趣的过程中，十分关注"主体间关系是如何建

---

[1] Rose N. Governing advanced liberal democracies[C]. //Barry, a., Osborne, T. and Roes, N. (eds). Foucault and political reason: Liberalism, Neo-liberalism and the rationalities of government. Chicago IL University of Chicago Press, 1996: 37-64.
[2] 张惠敏. 亲师关系与儿童社会适应的相关研究[D]. 上海：上海师范大学, 2015.
[3] Premfors R. Den starka demokratin[M]. Stockholm: Atlas, 2000: 5-24.

构的""个体遭遇是如何形成的"等问题,不仅仅因为这些问题涉及多元主体间的相互影响性与关系的复杂性,还因为这些问题背后涉及社会结构力量、权力机制导向、治理理念取向等问题。在教育领域,基于人与人之间的关系性,更为关注人们的共同生活以及教育领域内主体的公共生活是如何被塑造的,强调家长参与、伙伴关系或家校合作理念是国家治理在教育领域内被倡导的体现之一①。

从理论上来说,"家校合作"符合教育治理的核心要义和价值追求,是教育治理变革的趋势②。家长被认为负有帮助孩子成长为合格公民的责任,且应该成为活跃的教育参与主体③。在我国,家校合作已经成为重要的政策话语④。《中华人民共和国家庭教育促进法》明确规定,家长应当树立家庭是第一个课堂、家长是第一任老师的责任意识,承担对未成年人实施家庭教育的主体责任,使家庭教育、学校教育、社会教育紧密结合、协调一致,家长被认为是现代教育治理体系的重要组成部分。强调家长的教育责任以及履行教育责任在一定程度上就是履行公民的社会责任的过程,家庭、孩子与政府的关系正逐步发生改变。总体来说,家校关系与亲子关系问题受到越来越多的关注,教养孩子、强调家长的责任,逐渐成为各国的政策特征与实践取向,倾向于将家长参与孩子的学校教育作为提高教育质量、增进家庭幸福和社会和谐的重要方式。

(二) 教育治理下家长参与学校教育生成的中西两种模式

在西方,对于家长教育参与的考量不仅仅局限于孩子学业成绩、现代教育管理体制等方面,"家校合作"更代表着社会投资范式的转向,亦被视为塑造思想意识形态的工具。教育治理下对家长参与的推进,在一定程度上是国家在社会投资转向的要求下做出的系统性介入与制度化实践。人们发现贫困、社会排斥等社会问题的根源并不在于市场经济,而在很大程度上归于家庭不能发挥其正常功能⑤。因此,社会投资国家的社会政策以生产主义与投资人力为导向,以增加个体参与社会和自我实现的机会、就业选择的可能性,其目的是使个人为不确定性未来做好准备;鼓励家庭教育决策适应市场需求,强调家庭参与学校教育,支持家庭与学校共同促进个体终身学习。在有些国家,教育改革政策中带有明显的支持家庭的视角。

---

① Popkewitz T. Pacts/partnerships and governing the parent and child[J]. Current Issues in comparative education, 2002(2): 122-130.
② 江平,李春玲. 教育治理体系现代化视角下家校合作创新实践[J]. 上海教育科研,2020(2): 58-62.
③ Jensen T. Warmth and wealth: Re-imagining social class in taxonomies of good parenting[J]. Studies in the maternal, 2010(1): 1-13.
④ 褚宏启. 自治与共治:教育治理背景下的中小学管理改革[J]. 中小学管理,2014(11): 16-18.
⑤ Briar-Lawson K, et al. Family-centered policies and practices: international implications [M]. New York: Columbia University Press, 2001: 88-92.

来自政策方面的对孩子及家庭的持续性关注，并把他们与社会发展与国家进步等更外围的世界联系起来①，将孩子看作通过投资可以增值的财富，将家长看作投资这一过程的支持性的、工具化的力量。家长通过参与政府倡导的保育与教育成为有责任的公民，"好的家长"要把重要的社会价值观及准则传递给孩子们以促成社会的有序稳定发展，将家庭责任的践行和建设社会的目的实现沟通起来，在一定程度上是在践行"第三条道路"的政治哲学②。家庭与家长的实践在大的社会背景下从政策层面被作为一种思想意识形态的工具，国家通过普遍化家长参与的一系列技术或准则，来形塑人们的集体性与个人的主观性，无形中构成一种区分家长的标准，在包容部分家长的同时排斥了弱势家长。

在我国，家长以孩子为中心的参与观与公共教育、社会发展、教育传统具有内在价值的一致性，家校合作或许可以成为探索中国社会文化价值特点以及实现与外部对话的独特视角。中国人不能割断中国传统文化，不能割裂"家国天下"的文化意识。中国文化的实践性主要在家庭中完成，文化的"人化"与"教化"功能必须要以家庭作为载体③。国家层面通过"家校合作"促成孩子成长以保障教育发展与社会进步，和家长个体层面通过孩子成长适应社会并促进代际流动的指向，具有内在的一致性。孩子成长被放置在家长个体、教育发展与社会进步关注的共同核心位置，《国家中长期教育改革和发展规划纲要(2010—2020年)》指出，教育是民族振兴、社会进步的基石，是提高国民素质、促进人的全面发展的根本途径，寄托着亿万家庭对美好生活的期盼。

而西方国家尝试通过强化家长责任实现国家与家庭关系的建构是基于个人主义的立场的，在这种情况下，无法参与的弱势群体被看作受害者，同时他们身处的弱势处境又被看作他们无法参与的原因，即使国家对于被边缘化家庭的关注与支持在一定程度上附有道德关怀与伦理驱动，但是这在一定程度上有悖于公共教育全民性的使命，这就使参与模式在排斥处境不利家长群体的过程中从根本上带有分类与排斥的功能，并指向精英主义。

(三) 家长的养育行为在家校合作的推动下备受关注

学校教育的发展不仅是建设高质量教育体系的要求，更关系到每个家庭的教育投

---

① Lister R. Investing in the citizen-workers of the future: Transformations in citizenship and the state under New Labour [J]. Social policy and administration, 2003(37)：427-443.
② Gillies V. Meeting parents' needs? Discourses of 'support'and 'inclusion'in family policy[J]. Critical social policy, 2005(1): 70-90.
③ 王润平. 当代中国家庭变迁中的文化传承问题[D]. 长春：吉林大学，2004.

入。但是，在许多国家采取制度化措施来促进家校合作的国际背景下，在健全家庭、学校、社会协同育人机制的国内背景下，学校教育发展与质量提升不能在真空的环境中讨论①，亦不能仅仅从学校教育层面厘清解决路径与建设支持体系，理解这个问题或许应基于一个前提性问题——学校教育机构为谁服务？对这一问题的澄清依赖于对其本身属性、发展与质量提升过程，以及与家庭的关系的反思与审视。

首先，从学校教育的本身属性而言，由于人类及其社会通过教育朝着某个方向发展，学校教育过程不可避免地带有政治性与社会性②。受到新自由主义的影响，西方国家由福利国家转向社会投资国家，作为未来公民的儿童的发展以及与发展相关的风险预防和干预被放在了国家计划中的优先位置，家长被定位为负有帮助孩子成长为合格公民的责任，且应该成为活跃的教育参与主体③。其次，从学校教育发展与质量提升过程而言，家校合作被作为解决教育公平和质量突出问题的一种战略手段而发展起来④。国外相关研究与实践持一种注重互动的、过程的、系统的教育发展观，强调相关利益主体的对话与协商，主张学校教育不能预先设定，要在参与的过程中获得教育质量持续改进。最后，从家庭因素进入教育发展后的话语讨论来看，关于学校教育质量的讨论愈加呈现跨学科、多主体的趋势，并内嵌于家庭投入与社会公平的关系讨论中。可以看出，无论是从学校教育的内涵与属性而言，还是从学校教育发展与质量提升的过程来看，或从家庭因素进入教育发展后的讨论话语来审视，家长的养育行为在制度化家校合作的推动下正走向公共领域，家校合作的价值备受关注。从时间上来看，在1977年，《监管家庭》一书就分析了公共介入如何以合法的方式影响家庭私人领域事务⑤，国家对学校教育的介入、在家庭支持项目中对家庭培训以及对贫困家庭的关注，将宏观战略中对教育机构的强调转变为对家庭教育及家长个体层面教养行为的强调。

在政策与实践中，对家长的认识依附于对儿童的认识⑥。分析诸如"孩子是谁""想要孩子成为什么"等哲学价值观层面的问题，我们会发现：虽然儿童事实上是一个生物体，但是，儿童生活在多元化的社会环境中，儿童发展受到诸多私人与公

---

① Vandenbroeck M. Beyond anti-bias education: changing conceptions of diversity and equity in European early childhood education[J]. European early childhood education research journal, 2007(1): 21-35.
② 黄志成. 试论弗莱雷解放教育理论的现实意义[J]. 外国教育研究, 2003(7): 1-6.
③ Jensen T. Warmth and wealth: Re-imagining social class in taxonomies of good parenting[J]. Studies in the Maternal, 2010(1): 1-13.
④ 吴重涵, 张俊. 制度化家校合作的国际比较：政策、学校行动与研究支撑[J]. 中国教育学刊, 2019(11): 31-38.
⑤ Pestaña J L M. Jacques Donzelot's the policing of families (1977) in context[C]. // Foucault, the family and politics. Palgrave Macmillan, London, 2012: 121-141.
⑥ Jensen T. Warmth and wealth: Re-imagining social class in taxonomies of good parenting[J]. Studies in the maternal, 2010(1): 1-13.

共组织机构的影响,因此对儿童的理解建构在与他人、社会互动的基础上,其实质是社会建设的过程,是社会创造的产物,是具体的社会与政治作用下的结果[①]。相关专业人员及政策制定者将儿童发展的重要性与国家的政治、经济、教育、社会等的未来发展相联系,家长的责任变得尤为重要,教育成为政治策略的一部分。在一定时期下采取的对家长的态度以及背后反映的对家长的认识与当时的社会背景及孩子表现不可分离。有相关研究得出结论:强调家长教育一方面是因为孩子表现欠佳,另一方面是因为社会失业问题的加剧促使国家将家庭教育作为策略,来提升家长再就业能力,改善儿童生活处境。

从微观来看,提高孩子学习成绩被认为是推行家长参与教育的主要目标,从个体层面来说,提高学习成绩被认为是一条基本的努力路径,其原因在于学习成绩与后续教育机会、职业选择乃至高质量的生活密切相关;从学校层面来说,学习成绩的提高与学校质量评估、教师专业发展息息相关;从家庭层面来说,学习成绩提升又与减弱或摆脱其被赋予的"阶层差异"标签、实现阶层跨越不无联系,还可以改善孩子在社区中的行为表现以及与同伴的关系,增加自身的安全感;从国家层面来说,考虑到孩子学术技能的提高与技术、科学、教育等领域发展的相关性,孩子学习成绩的提高被认为有利于国家进步与社会的有序运转。孩子的学习成绩作为一项量化指标成为众多研究的验证与确认家长教养行为合理性的前提。

二、家庭教育在家校关系演进中呈现不同的阶段发展形态

在强调家长的教育责任,以及履行教育责任在一定程度上就是履行公民的社会责任的过程中,家庭、孩子与政府的关系正逐步发生改变,家庭教育逐渐在走向公共领域,其过程呈现三种表现形态。

(一) 学校教育和"每个家庭"关联中的系统普及

这一阶段主要发生于工业革命后,近现代学校大量建立,家庭教育已经无法满足社会发展的需要,在普及义务教育的发展中,国家介入,强制每个家庭的儿童都要进入学校接受正规学校教育,学校教育在和每个家庭的关联中获得系统普及。在国家介入中,强调学校教育的活动形式(涉及师生关系、课程内容选择等)与发展目标(如增加女性就业、降低教育差距、为每一个孩子提供高质量的学校教育机会等)不仅与每个家

---

① Lawler S. Children need but mothers only want: The power of "Needs Talk" in the constitution of Childhood[M]//in J. Seymour and P. Bagguley (eds). Relating intimacies: Power and resistance. Basingstoke: Macmillan, 1999:64-99.

庭的日常生活相关，还指向政治领域、经济政策、社会政策等。学校教育在沟通公私领域的互动中带有典型的社会属性与公共属性，尤其对处境不利人群的包容与欢迎，在一定程度上可以纳入"社会工作"的范畴。学校教育通过对"每个家庭"的纳入来促成孩子成长，并把国家、社会、家庭与学校沟通串联起来，通过以"普及"为目的的制度化手段在微观的教育实践中强调其公共性。

在美国，从20世纪60年代起，家长的参与就被作为教育发展的基本内容，通过确立家长问责框架、家长参与能力建构以及家校合作方式建模和普及化等路径，不断强化家长参与学校教育是一种"好的儿童养育"形式，以此促使家长"专业化"履行养育职责。在芬兰，对子女的学校教育负有重要责任一直是芬兰家长的文化共识，教师与家长、社区人员的合作被视为教师发展的重要内容，其基于"学校无法为孩子的教育结果担负全部责任"，来构建良好的教育生态系统。当我们把学校教育与"每个家庭"联系起来时，就需要更为系统化的、制度性的介入，而这种结构性、政治性的介入更多是从国家整体层面而展开的。

【实践案例 3.1】

美国"普及学前教育"是一种由公共财政支持的针对3岁和4岁幼儿的免费、非强制教育。在美国，政府对3岁和4岁幼儿教育的大规模、持续性的投入早在1965年联邦政府制订并实施"国家开端计划"（National Head Start Program，简称"开端计划"）时便开始了。1998年咎迪·摩尔斯（Jodie Morse）用这样一段话概括了"普及学前教育"："今天有39个州为至少一种的学前教育方案埋单。虽然公立、免费的学前教育的规模受经费限制，但许多州已经打算普及学前教育了，之所以称之为'普及'，是因为这些州要帮助每位希望子女接受学前教育的家长实现梦想。"

【资料来源：严冷，冯晓霞. 美国"普及学前教育"运动的研究与思考[J]. 全球教育展望，2008(5)：10.】

(二) "家校合作"和学校教育发展质量联姻中的广泛推进

从20世纪60年代开始，以美国为代表对"家校合作"领域的研究逐渐丰富，以一种多视角、多学科和多层面的发展态势，涵盖家校关系相关的理论建构、实践推进以及政策策略等领域[①]。家长作为孩子的首要教育者被纳入了学校改进过程，学校教育发展质量和"家校合作"在关联建构中走向"联姻"。如"家校合作"成为欧盟各国的关注重点与教育原则，并将"家校合作"定位为保障教育持续发展的"基本因

---

① 李艳. 国外关于"家长参与"研究的问题域分析[J]. 比较教育研究，2019(4)：83-90.

素"[1]。英国依托于确保开端儿童中心,为包括贫困家庭在内的所有家庭提供广泛的综合服务,并通过工作收入税费抵免和子女税收补贴分担家庭的育儿成本[2]。欧洲七国(比利时佛兰德社区、希腊、意大利、拉脱维亚、葡萄牙、斯洛文尼亚以及瑞典)开发了通过"家长参与"提高幼儿教育质量项目,该项目意在欧洲范围内落实"家长参与",家长被作为重要的主体以及参与者纳入衡量学校教育质量的指标内。

【实践案例 3.2】

《学前教育质量框架》(key principles of a Quality Framework for Early Childhood Education and Care)报告指出学前教育的质量提高依赖相关利益主体的参与过程,孩子的成绩不能成为决定学校教育质量的标准。该报告清晰地将"家长参与"定位为保障学前教育持续发展的"基本因素",在认同欧洲家庭构成具有多样性的基础上,明确指出学前教育机构应该与每个家庭建立互相信任、互相尊重的伙伴关系,这些机构应以积极回应家长需要、协调工作与家庭时间等方式支持家长的参与,学前教育机构要为每一个家庭提供支持与帮助,创造有利于孩子发展的机会。除此之外,欧洲委员会将家长参与作为衡量学校教育质量指标的重要内容,且作为缩小由于家庭间社会经济地位的差异带来的教育差距的手段。欧洲议会以及理事会已经向其成员国明确建议将家长参与作为欧洲学校教育质量评估的合作内容。

近年来,我国教育发展在保障学校教育资源满足孩子"可获得"的同时,提高了硬件设施、教师资质、师生比例等为内容的"结构性质量"[3],由聚焦师生互动拓展至关注以"家校合作"为枢纽的亲子互动、亲师互动等"过程性要素",并明确提出办好教育事业,家庭、学校、政府、社会都有责任,还要健全家庭、学校、社会协同育人机制。我国的延迟退休政策、以家庭为基础的养老服务,以及生育政策调整推动了关于家庭重要性在公共政策中的讨论,我国施行的《家庭教育促进法》为家长参与学校教育提供了明确的法律保障、国家支持、社会协同以及具体的家庭责任,这与社会发展变迁过程中国家、家庭、教育的关系转变相关,也与愈益强调家庭在落实社会主义核心价值观、和谐社会的构建以及脱贫攻坚实践中的重要性存在关联,更与中华民族重视家庭教育的传统有关系。

---

[1] European Commission. Proposal for key principles of a quality framework for early childhood education and care. Report of the working group on early childhood education and care under the auspices of the European Commission[EB/OL]. (2019-04-22)[2023-12-12]. http://ec. europa. eu /assets/eac/education/policy/strategic-framework/archive/documents/ecec-quality-framework_en. pdf

[2] 刘磊, 毕钰. 英国近20年学前教育政策中的家庭视角解析[J]. 学前教育研究, 2017(6): 3-12.

[3] 黄晓婷, 宋映泉. 学前教育的质量与表现性评价——以幼儿园过程性质量评价为例[J]. 北京大学教育评论, 2013(1): 2-10+189.

(三) 教育公平和"家庭投入"关系讨论中的公共干预

詹姆斯·科尔曼(James Coleman)在1966年的《科尔曼报告》的结论中强调了家庭背景特征对于不同族裔的美国学生的学校表现的差异性,以此来强调家庭背景对于孩子学业成绩的重要性,将儿童的家庭背景与学业成绩之间的相关性问题正式提了出来,并成为一个较多人关注的研究维度。这个维度的研究关注家庭环境对于孩子学习的支持程度,家长的教育期望与孩子成长的关系,家长是否积极参与并支持学校的活动,家庭养育方式对孩子的影响等。相关研究调查得出,良好的家庭学习环境,如学习书籍数量较多和安静的学习环境,有利于孩子读写能力以及计算能力的提高;家长积极参与到学校教育中以及对孩子有较高的教育期待与孩子的阅读和数学成绩有积极影响,还利于孩子适应学校生活;其中,母亲的教育参与尤为重要[1]。关于这一主题的研究多是依据家庭背景,如经济条件、文化水平以及社会资本的多样性,来检验其价值。自此,家庭因素在教育讨论中备受关注。

拉鲁(Annette Lareau)从阶层的角度分析了中产阶级在时间、金钱、文化资源以及社交资源方面的优势,得出这些阶层优势会使家长与教师间的交流、合作更为成功与高效,其在家庭中的介入倾向于让孩子参与成人组织的课后活动;而工人阶层所带有的文化易造成家庭与学校间的隔离,降低家长参与的质量,孩子较少参与成人组织的课后活动[2]。杰茜卡·麦克罗里·卡拉尔科(Jessica McCrory Calarco)探究发现,中产阶级的家长通过参与学校教育可以帮助他们更符合学校的期待,同时他们的孩子也会成为更积极的行动者[3]。这与米歇尔·拉蒙特(Michèle Lamont)发现的"不平等的社会结构在代际延续中累积,并自我强化着这种不平等性"[4]存在对话的空间。菲利普·布朗(Philip Brown)提出"家长主义",意指教育在个体选择自由、家长自主择校、教育效能等自由市场话语裹挟之下开启的私有化重建,使得个体教育结果的原因探寻更趋向于家庭背景、家长意愿等,学生能力以及个体努力等因素往往被忽视[5]。

这一维度的讨论在确认"家长参与中的阶层差异"的同时,为"谁投资教育"中的公共干预留有讨论空间。因为公共干预涉及教育资源及利益的分配,是国家治理中平衡差异性的重要方式,且以公共性及公益性为其逻辑起点及行为归宿,可能会直

---

[1] 李艳. 国外关于"家长参与"研究的问题域分析[J]. 比较教育研究,2019(4):83-90.
[2] Lareau A. Unequal childhoods: Class, race, and family life[M]. Univ of California Press, 2011:20.
[3] Calarco J M. Negotiating opportunities: How the middle class secures advantages in school[M]. New York: Oxford University Press, 2018:205.
[4] Lamont M, Pierson P. Inequality generation & persistence as multidimensional processes: An interdisciplinary agenda[J]. Daedalus, 2019(3):5-18.
[5] 程豪,吕珂漪,李家成. 我国家庭教育的内涵反思与时代重构——基于"构建服务全民终身学习的教育体系"的视域[J]. 现代远距离教育,2021(6):3-12.

接影响家庭在个人微观层面的教育决策。在研究中，该方面的结论具有一致性：低社会经济地位的家长的教育参与水平较低，且他们的孩子学习表现较差。这些非主流群体或弱势群体在家长参与中的缺失致使他们被贴上"不关心孩子教育""难以合作"的标签，这些家长被认为应进行"家长教育"，以使他们融入主流群体。因此，教育政策及研究愈益趋向于通过"家长教育"增加家长学习的途径，"家校合作"和"家长教育"被教师作为向家长传授教育知识与技能的主要方式，以保证孩子的学习及发展。

事实上，家长对家长教育或者其他家长支持项目呈现三种认识模型：分配模型(孩子被视为难题，家长需要从别人那里获取相关的知识或者技能)、关联模型(有利于家长自身的发展，家长的需要被放在了重要位置)、反思模型(亲子关系具有相互性，专业人员被认为是关键的伙伴，能够提出问题)[1]。从家长自身的认知中可以看出，家长的多样性，以及他们对于教育性活动的认识。实际上，家长不是消极的信息接收者，每一位家长都是丰富的个体，具有教育的力量，他们在日常教育实践中，在与儿童与其他成人的交往中，在完整的生活系统中，能够促成自己及孩子的学习，彰显生命的多样性。

三、现代家校关系建构中值得反思的突出问题

现代家校关系的建构一方面受到家长层面影响，因为家长参与决定与行为实践均受到家长自身情境因素和心理层面的影响；另一方面，现代家校关系的建构具有社会建构性，受到学校、社会等诸多因素的复杂影响。教育实践中强调单一主体的作用，已出现种种值得反思的问题。

(一)"学校中心主义"的实践倾向

从家校合作的立场来看，对其讨论存在"学校中心主义"的倾向。表现之一是在家长参与中形成的不平等关系，家校合作的常态表现为附属型家校互动，不论是个体的家长，还是作为组织的家委会，均在不同程度上表现出附属于学校的特征[2]。表现之二是对于家长、教师间非积极性依赖的竞争及个体化的排斥[3]，从当前对家长参与的理解来看，大多家长将参与仅仅视为具有积极互赖意义的家庭与教育机构的相互配合、协调，这在一定程度上消解了家长参与的发生过程。表现之三是忽视家庭教

---

[1] Miller S, Sambell K. What do parents feel they need? Implications of parents' perspectives for the facilitation of parenting programmes [J]. Children & society, 2003(6): 32-44.
[2] 程肇基.附属型家校互动的文化困境及其突破[J]. 四川师范大学学报(社会科学版)，2019(6)：105-114.
[3] 李清臣，岳定权.家校合作基本结构的建构与应用[J]. 中国教育学刊，2018(12)：38-42.

育在家长参与中的独立性、教育机构中存在的家长立场的缺失、对家长教育力量的忽视等问题,可能加剧"家长在家庭活动上的参与度显著高于学校活动"这一现象①。在此单一立场下,家长发起的参与活动被排除在外,家长群体被学校认为是"拿来可用"的教育资源,不需要与家长协商。这种从学校立场出发的、缺失家长声音的、单一的定义方式被有的研究称为"家长的无权"②。关于"家长参与"的内容范围倾向于根据"家长能做什么"以及"是否符合学校关于孩子成长的目标"这两条学校标准而规定。学校与社会定义了"好的"以及"可接受的"家长参与范式以及"孩子应该如何成长",对家长的认识呈现工具化趋势。

从学校中心主义的立场出发,"形式单一""参与水平低""参与能力差异大""训话式"沟通等问题凸显于实践。从方法论出发,为寻求破解之"道",有较少研究聚焦于基本观念、思想与立场的更新,也有小部分研究从"法"的层面专注于对自身规律、原理与机制的探寻,较多研究就具体情境开发参与的内容、方法与形式以丰富家校合作的"技术"。就实践领域而言,对于"技术"的推广存在两条互动逻辑,其一遵循以经验调查路径改进实践,其二依照相关性就已有分析框架或内容中的误区、矛盾、冲突进行反思。从已有研究涉及的方法论层面和实践领域的"技术"推广而言,存在家校合作技术开发过程中缺少对相关主体在观念、思想、立场与规律、原理、机制上的关照与互动,造成实践主体认知与行为上的失衡现象。因此,有研究称家长参与家校合作为"脚本化实践"③,以此来形容实践过程中对情境的忽略和过分预设现象,以及对参与主体的工具化认识。

(二) 参与过程中家长角色的被动地位

在实践中,家长通过采纳公认的教养行为参与相关公共话语的构建,家长在协调孩子、自己及学校、社会期待的过程中,进入社会层面的参与活动。但是,这一参与过程并不总是以平等的或合作的方式进行的,如家长、教师间存在"讨好式"的不平等关系、"亲密式"的人情关系、"威胁式"的强硬关系、"教训式"的疏离关系等④。如移民家长因为文化差异、语言障碍或认同缺失、较低的社会经济地位以及缺乏学校要求的基本能力致使他们不能与学校建立平等的关系,这些家长在参与合作的

---

① 刘丽伟,李敏谊. 在家努力还是参与学校:家长参与幼小衔接情况调查[J]. 学前教育研究,2015(6):31-39.

② Mendez J L. How can parents get involved in preschool? Barriers and engagement in education by ethnic minority parents of children attending Head Start[J]. Cultural diversity and ethnic minority psychology, 2010(1): 26-36.

③ Doucet F. Parent involvement as ritualized practice[J]. Anthropology & education quarterly, 2011(4): 404-421.

④ 张惠敏. 亲师关系与儿童社会适应的相关研究[D]. 上海:上海师范大学,2015.

过程中以及与社会建立关系的过程中常常处于缺失状态或被边缘化,学校为家长参与建构的社会空间也是有限的,且在建构的过程中维护教师的专业权威,强调家长的顺从[1],这在一定程度上可以说,学校通过隐形的控制方式将家长纳入学校的教育计划中。再如,学校教育针对来自弱势家庭的儿童实施预防项目,但是没有证据证明潜在的危险因素的预防与孩子未来发展间的必然联系,预防项目实施的前提是假设问题会发生[2],这在一定程度上会加强对某类家庭的刻板印象,如贫困家长或者少数族裔的家庭。

现代化的家长参与研究与实践在我国起步于20世纪90年代,更受国家治理下制度化家长参与的影响。在家校合作共同行动的过程中,片面地把重心放在了用什么样的方式去让家或校达至某种外显行为,较为忽略用什么样的途径去让家或校理解家校合作的共同行动[3]。而且,在制度化推进中,对于处于较低社会地位的家长而言,他们虽意识到他们对于孩子的重要影响,虽有意愿去改变亲子关系,并想要用自身行动影响孩子,但是很难做到,不得不在工作和参与孩子教育中徘徊。

根据社会性格分类理论以及不同历史时期人口变化,家长教育行为在不同历史时期会呈现典型的"社会性格"或"共享的性格"特征,家庭教育的"顺承性来源于对他人期望和喜爱的敏感",家庭教育的准则不能在家长行为中获得澄清,学校、同伴群体、大众媒体以及科学研究群体成为重要影响因素。有众多外部力量作用下的家庭教育在一定程度上会造成家长行为的"彼此效仿",这有一定程度上根植于"无处不在的焦虑",导致家长将更多的精力投入家庭教育。除此之外,家长的教育行为投入还会受到国家导向的重要影响。例如,欧洲发达国家近年来越来越关注个体在自我生活中风险管理的责任,强调个体权利义务的均衡,国家津贴与福利的提供不再被认为是公民应该享有的权利,支持利用公共资源采用更具生产性的社会政策,促进社会包容和保持经济竞争力,具体到教育领域,更为关注个体教育的家庭投入状况,强调"称职的"家长角色建构,以高质量的家庭教育投入促进个人成长与能力获得,以促进个体在未来满足劳动力市场的需求,并预防社会排斥。

反思已有的对家长的认识,会发现这些认识一方面主张认同家长优势,认为家长能够通过自身力量以及周围可用的、优势的环境资源自觉践行其责任;另一方面认为家长需要接受"再教育",他们需要被教"什么是好的教养行为"以及"什么对于孩

---

[1] Authority for School Development. Mångfald och likvärdighet[M]. Stockholm:Authority for School Development, 2004:16.
[2] Vandenbroeck M, Boonaert T, Van Der Mespel S. Dialogical spaces to reconceptualize parent support in the social investment state[J]. Contemporary Issues in Early Childhood, 2009(1):66-77.
[3] 柴江. 家校合作的本质属性、困境根源与破解思路[J]. 南京师大学报(社会科学版), 2021(3):62-72.

子是好的"。实际上,家长的重要性、行为规范都处于"被定义"的状态,他们没有参与到关于孩子以及自身教育行为的话语讨论中。在这样的背景下,处于弱势地位或者边缘地位的儿童及家长常被描述为需要帮助的人群①,通过使他们进入托儿所或其他机构,促使他们脱离原来的处境,以融入社会。

这需要回到问题提出的源头:家长的责任问题是如何被提出并加以强调的?什么是真正的问题所在?如何界定问题是社会性质的、经济性质的或者教育性质的②?也需要回到微观的、具体的日常实践:家长与孩子及教师的互动是怎样的?家长需要哪些支持?还需要反思:治理的价值取向是什么?如何保障社会的民主参与?

(三) 弱势家长群体的参与困境

家长群体具有多样性,除了经济状态、教育水平、种族差异外,近年来,移民、难民、流动人口等问题进一步加剧了家长群体多样性的复杂化。为了使复杂的、多样化的人群融入社会,也为了追求社会稳定,有些国家倾向于从学校教育开始,通过将每一位家长的参与纳入学校教育机构的使命,促成家长群体的社会融入,降低弱势群体孩子与主流社会孩子的教育差距,在保证教育质量的同时保持社会的包容与稳定。联合国主张注重对儿童投资和让每个儿童在没有暴力和剥削的环境中成长,构建一个公正、公平、容忍、开放、有社会包容性和弱势群体的需求得到满足的世界,并强调"所有人都应该可以获得终身学习的机会"。近年来,我国对农村地区、边远山区以及特殊儿童学校教育质量予以持续性关注,例如在听障儿童随园就读融合教育的基础上就家庭教育补偿模式的探讨、基于贫困山区幼儿家长的需求对精准扶教的研究,体现着在社会发展的过程中对教育包容性、社会公平、家长需求等问题的倾斜。

从整体上来说,教育正逐渐向追求多元化发展转型,由追求同质的国家建设(如移民孩子需要学习主流的语言)转向建构多元文化社会(如双语、多语教育越来越普遍)③。在多元、包容的社会建构过程中,家校关系领域因其指涉较为私人的家庭生活和公共领域及其向两领域的过渡,而且其日常教育实践中的微观事件交织着个人信念与多元视角,都促使家校关系成为研究"多样性、教育机会平等、社会公平关系"的重要场域。在这样的背景下,我国农村学校教育以及对家长的认识需要更多的关注。

---

① Moss P, Dillon J, Statham J. The 'child in need' and 'the rich child': Discourses, constructions and practice[J]. Critical social policy, 2000(2): 233-254.
② Geinger F, Vandenbroeck M, Roets G. Parenting as a performance: Parents as consumers and (de) constructors of mythic parenting and childhood ideals[J]. Childhood, 2014(4): 488-501.
③ Peeters J, Boudry C. Lullaby for Hamza: Child care as a meeting place[M]. Ghent: DECET. VBJK, 2004: 5.

家长参与家校合作以家庭为单位，在当代农村家庭关系以及家庭结构不稳定的社会变化下，在离婚、父亲缺失、贫困、隔代教育、留守儿童等问题成为较为严峻的社会问题的情况下，传统的关于家庭的价值观，如义务与责任，在逐渐淡化，这些弱化了孩子成长的稳定的家庭环境基础，使家庭的教养问题以及家长参与问题在一定程度上变得更为困难与复杂。就家庭与学校关系的建构而言，我国关于家长参与研究建构的研究脉络更加注重微观，注重分析参与现状、解决实践问题与开发参与策略。相关研究多集中探讨家长参与学校的管理、教学、评价与课程改革等过程中的问题与策略；也有部分研究致力于调查农村地区或者进城务工随迁的家长参与水平，尝试寻找来自家庭方面影响孩子成长或学习的证据，并从制度上呼吁保障这些人群家校关系的良好运行，开发更合适的家长参与策略；也有研究团队在实验的基础上，在整合融通各种教育资源的同时，创生了家校合育的新机制(如上海汽轮小学的"紫马甲行动"、育苗小学的"亲子作业"、开元小学的"学校家文化"理念)，通过暑假作业与寒假作业的形式将家长参与的教育价值延伸至孩子日常的生活。总体来说，国内的相关研究大多停留在"如何做"或者"如何更好地推进"这一实践层面，属于面向改进实践的研究范式。

在政策讨论与研究话语中，出现了新的关于教育治理的理念或者视角，如教育松绑、教育市场化与家长选择。在这些新的理念中，存在两种相异的社会价值立场，一种强调这些新的治理方式在构建更为公平的、更富敏感性与高效的教育体系，以及抵抗社会排斥、促进社会融入等方面的积极作用；另一种认为这些新的理念会加深教育隔离，降低教育质量，不利于教育公平与社会公平的实现，会加剧社会排斥现象。在一些研究中，能够寻找到从不同角度对上述两种立场的支持性的、碎片化的证据。实质上，在研究与实践中，存在将教育实践作为解决社会问题以及实现政治目标的现实趋向，同时在一定程度上将社会与政治问题转化为教育问题的趋向，在人口多样性与社会融合的关系问题上这一趋势尤为突出。在尊重人口多样性的基础上寻求教育结果、社会公平的统一，这在无形中会加剧教育及家长的责任探讨。

家长真正的参与不是一蹴而就的事情，需要花费时间，经历一定的过程，是家长、教师在中立基础上互相理解、互相认同以及学习的过程。教师要真正地对家长的观点与立场感兴趣，建立信任的关系，沟通相关信息。这个关系建立的过程需要教师专业性的投入，教师要意识到家长一方面想要保持自己养育孩子的自主性；另一方面需要社会支持的系统开发及保障，以促进与教师的合作能够持续长久，并建立家长立场下合乎教育规律的、有意义的家长参与行为。

第三节　文化回应：全球化时代家庭教育需求

从宏观上来说，我国在完善教育体系的过程中，无论主动或被动，均与世界其他国家紧密相连，并处于世界教育体系之中。文化回应，是全球化进程中的家庭教育发展需要直面的问题，也是回应时代的重要需求。

一、他国经验与本土语境下的反思

从国际视域看，学校教育发展与质量提升一直是政策议程中的热点问题。政策的关注重点由增加个人核心竞争力、促进就业以及解决老年人口的挑战等社会经济层面，向关切每个孩子都有接受优质教育权利、减少贫穷与歧视、促进社会融合等社会公正方面扩展。目前，我国学校教育发展与质量提升在整个教育体系中仍有短板，发展不平衡和不充分问题十分突出。如何监测和评价我国学校教育的发展质量，如何在推动外延式规模总量扩充的同时实现内涵式质量水平提升，正成为教育高质量发展的时代诉求。

作为教育研究工作者，在选择与建构教育实践的道路时，必然会涉及道路根基的问题，即需要对"什么是美好童年""我们应为孩子们提供什么"等核心问题做出价值判断。在做出判断之前，直面社会文化背景的影响、厘清基于何种背景做出判断成为前提。我国在完善教育公共服务体系的过程中，无论是主动或是被动，均与世界其他国家紧密相连，并处于世界教育体系之中[①]。因此，他国教育实践或多或少地影响我国学校教育的发展方向，我国教育发展需要研究他国的发展趋势以及这种趋势对我国的要求及其发展的适切性。也就是说，全球化进程中的学校教育发展是讨论我国社会发展与教育改革无法脱离的世界语境，且从近代开始我国教育改革难以摆脱西方的影响。

当前，国际教育发展与质量提升主要存在两条路径：一是通过增加学校教育机构、降低学校教育早退的数量等途径普及义务(或更高层次的)教育；二是通过提高工作人员的准入资格与能力、提供合适的师生比例等为每个孩子提供高质量的学校教育。此外，国外研究与实践强调"家校合作"对孩子成长、学校改革、教育质量提高乃至整个社会的作用。经济合作与发展组织将家校合作作为提高教育质量的重要政策工具，并将其纳入教师质量检测的主要内容。欧盟清晰地将家校合作定位为保障教育

---

① 李政涛，文娟. 教育学中国话语体系的世界贡献与国际认同[J]. 北京大学教育评论，2018(3)：62-72+188.

持续发展的"基本因素";美国在开端计划中确立了家长参与执行标准以提高贫困家庭儿童的教育质量。在确认家校合作和学校教育质量提升间关系的宏观国际背景下,从政策上建构起家长与教育机构间的制度化合作关系,将家长作为提升教育质量的重要参与主体,同时在社会实践中深化家庭与教育机构的关系,在这个过程中赋予家长参与的社会意义,且家校合作能力提高、家校合作普及化受到诸多国家及社会层面的重视。

可以说,在教育领域,没有什么比"家长积极参与孩子教育的必要性"所达成的共识更为广泛[①]。近年来,我国正处于急速发展与变迁之中,如何在教育发展与质量提升场域下实现现代与传统、中国与世界的对话成为安身立命式的问题,也是更好适应对社会发展探索需要的内在机理。伴随教育全球化的大背景,我国学校教育发展与质量提升可以在何种程度上借鉴他国在家校合作方面的经验,该如何借鉴,以及对他国所构建的学校教育机构发展和家校合作的关系背后所依托的理论逻辑和文化理路该持以何种应对方式,在借鉴过程中如何适应我国教育传统及社会文化因素的影响,同时为学校教育质量的提升实践中的多样化表现形态提供怎样的空间,这些都需要关注与讨论。

二、家庭教育内含的代际间文化传承基因

讨论家长参与无法脱离家庭语境,家庭又是研究文化绕不开的场所,家庭与文化的关系往往是社会学、文化学以及人类学研究领域的重点话题,这或许是因为家庭本身的存在以及延续就是文化传承的存在形态。家庭这一视角由于其自身携带着显著的文化特征成为中西文化与教育交流的重要切入点与话题。家庭依靠生育与繁衍及参与孩子的成长在代际间获得延续,但是家庭无法在自我封闭的生物循环中建立存在的价值,更无法建构社会的存在过程以及体系,家庭与外部世界互动并将形成的基本规定与规则通过内部互动的形式转化为家庭的建构形式。家庭就在紧密的亲子互动过程中实现了文明的纵向传递,促成并见证着生命成长,在家庭延续中传承着文化基因,个人在社会化的过程中书写着个体的生命历程。

家庭教育表现为家长与孩子的互动,这种互动过程隐含着家长的观念、对孩子社会角色的期待以及家长内化的客观的社会标准。家长在参与孩子教育、孩子向家长学习的过程,在一定程度上内化着家长的认知方式、情感方式与行为方式。因此,孩子成长表现出连续性与稳定性的传承特征,社会文明在一代又一代人的延展中形成秩

---

① 周文叶. 家长参与:概念框架与测量指标[J]. 外国教育研究,2015(12):113-122.

序，中国家庭有着极大的韧性与适应性，在其独特的变迁过程中，"传统"与"现代"并未对立，更不是单一地从"传统"转向"现代"的线性过程，当前的家庭政策理应引导两者进一步相互融合、相互补充①。

家长在家庭内的参与更具主动性，家庭作为中国文化的根，是传统文化与社会秩序传承的重要载体。家庭伦理与道德以一定的形式与结构在代际间传递，并影响着孩子的思想观念与行动指向，形成承载社会秩序的家庭文化和代际文化。家庭就在这种成员间、以关怀为基础的关系性道德中延续，并发挥着教育下一代的功能，这种关怀是从家庭开始的一种关系性道德，与西方注重个人与团体生活的"个人本位的社会"不同，"中国人却从中间就家庭关系推广发挥，以伦理组织社会，消融了个体与团体两端"②，呈现"伦理本位"的社会结构，孝本身是一种家庭代际关系的伦理规约，并维持着家庭的有序运转与教育功能③。

家庭通过代际伦理将家庭道德与社会规则传递给孩子，并在这一过程中维系着人与人之间的和谐局面。中国是重人情的社会，重情面，主张以和为贵；喜欢群居，与他人相守，倾向集体行动④。家长将这种人际伦理从家庭延伸至社会，这在一定程度上几乎避免了家长与教师间冲突的发生。这些伦理规范在家庭中逐渐地传递给孩子，并维系着社会秩序的稳定。这种人际规范是家庭伦理在社会领域的逻辑延伸，或许正是由于家庭对人与人之间秩序的重视与教化，从而使"和为贵"与秩序成为中国传统文化的核心价值目标，使中国家庭变迁、政治变迁必须在不同于以西方主流价值为基础的现代话语和逻辑体系中加以理解⑤。

家庭教育指向的是文化传承的横向建构过程，并承接着纵向延续。或许不理解家庭中家长与孩子的互动关系，就不能真正理解社会的内在指向。当社会面临转型或者巨大变革时，家庭内部尤其是子代与父辈的互动形态往往是社会中内含的危机、冲突、矛盾在家庭内部的映射，同时是社会实现自我演变与超越的缩影，并成为社会发展的潜在力量。家庭教育如何与特定的文化传统相呼应，在这一过程中如何完成家庭延续与社会变迁的平衡与协调，如何从整体上更新与建构社会文化结构，并对传承文化中的稳定价值做出怎样的坚守，这些都是值得深入探讨的主题。家长的生存困境与参与教育的冲突、在家庭与学校间面临着种种矛盾与忧虑，这些冲突及隐含的教育焦虑，可能映射着中国社会在发展过程中、在走向世界的过程中需要解决的困境。当

---

① 彭希哲，胡湛.当代中国家庭变迁与家庭政策重构[J].中国社会科学，2015(12)：113-132.
② 中国文化学术委员会.梁漱溟全集：第二卷[M].济南：山东人民出版社，1990：79.
③ 黄一帆.家庭教育中关怀道德的代际传承研究[D].南昌：南昌大学，2018.
④ 董梁，王燕红.家校合作中家长沉默现象探析[J].教学与管理，2015(5)：6-9.
⑤ 王丽萍.从伦理精神到政治价值——"天人合一"与"重义轻利"观念对国民政治心理的影响[J].清华大学学报(哲学社会科学版)，2010(5)：132-141+160.

然，困境解决的方向和途径与自身发展有关、与回应人们的要求有关，或许就是在回应人们要求的过程中促进自身发展与文化基因延续。

三、探索家庭教育中的文化回应逻辑

教育无时无刻不在传播文化、创造文化，这种传播与创造在符合社会要求与需要中将文化传统加以选择与改造①。但是，中国传统文化在教育中的传承不断经历着西方话语的挑战，经由外部切入的"现代性"不断成长，成为中国教育现代化进程的一个主要特征②。从一定程度上来说，对于学校教育中家校合作的引进与重视、对家校合作和孩子成长间的量化分析的愈益注重就是其在实践与研究中的直接体现。我国家校合作和教育改革的独特性不可能在传统文化的框架内自动生成，也不会在外部推动下自觉彰显，而依赖于人们以文化回应思路去探索家校关系与家庭教育中的事实以及内在的文化逻辑。

那么，文化回应思路具体包含什么？首先，需要清晰的是"中国人"绝不是地域性的普通概念，甚至也不只是"国家公民"的概念，而是历史文化的概念、生活实践的概念③。换言之，中国人不能割断中国传统文化，不能割裂"家国天下"的文化意识。中国文化的实践性主要在家庭中完成，文化的"人化"与"教化"功能必须要以家庭作为载体④。只有在认识自己的文化、理解所接触到的多种文化的基础上，才有条件在这个正在形成中的多元文化的世界里确立自己的位置，然后经过自主的适应，和其他文化一起，取长补短，共同建立一个有共同认可的基本秩序和一套各种文化都能和平共处、各抒所长、联手发展的共处守则⑤。

其次，需要基于家长与孩子、学校、社会的关系的传统，在传统家庭教育向现代家庭教育变迁的过程中，在构建学习型社会成为人类社会发展的主旋律的当代背景下，在终身教育从理念层面被逐渐落实为行动的进程中，关于教育与知识的认识不是亘古不变的，而是日新月异的，且更新周期在日益缩短。考虑到家庭内部的代际更新与社会发展的呼应，家庭及家长的责任及使命更为凸显。在主流文化中，孩子被自然地认为是传统的继承者以及未来的希望，此处的传统指的是家长认为孩子应该承续的已经被创造出来的行为规范、生活方式以及文化心理。这种家庭教育传统维系着人类

---

① 顾明远. 文化研究与比较教育[J]. 比较教育研究，2000(4)：1-4.
② 王润平. 当代中国家庭变迁中的文化传承问题[D]. 长春：吉林大学，2004.
③ 李慎之，何家栋. 中国的道路[M]. 广州：南方日报出版社，2000.
④ 王润平. 当代中国家庭变迁中的文化传承问题[D]. 长春：吉林大学，2004.
⑤ 费孝通. 论文化与文化自觉[M]. 北京：群言出版社，2007：190.

文化的根，使人类在发展中不至迷失自我以及陷入不可预料的危险中。

最后，需要考虑家庭教育的实现形式，即代际互动，这或许为我们提供了一个考察中国家庭代际互动变迁的独特介入视角。代际关系自人类社会产生就存在，并构成一种基本的社会关系，因其涉及两代或多代人成为社会结构的重要构成，孩子幼年时期的代际关系主要由家长将当时的伦理、规则、精神传递给孩子。但是，在社会变迁、价值多元等背景下的社会化方式和内容等的变化，必然带来不同代家长在价值观、行为方式、生活状态等的变化和差异。延续的家庭为社会的细胞，为社会的有机构成部分，亲子之间伦理关系的变迁可以说全息地反映着社会领域代际伦理的基本状况以及力量结构，从这个意义上讲家庭代际伦理是社会代际伦理的微观领域，并具有文化传承的力量[1]。

在亲子关系中，冲突与矛盾也时常发生，伦理纽带的介入具有调节冲突与矛盾的功能。亲子伦理在家庭延续中起着重要作用，不同的文化可能会有不同的伦理指向。中国传统的亲子关系强调"父慈子孝"的伦理规范，父子关系的伦理规范被视为中国家庭的核心关系。亲子关系的核心地位一方面是由个体、家、国的一体关系及自然经济决定的；另一方面与家庭的宗法特性相关；而且，中国文化自家族生活衍生，而非出自集团，亲子关系为家族关系中的核心[2]。虽然，社会发展的过程中家庭结构发生了变化，但是亲子关系的伦理基础没有被改变。家长与自己孩子的伦理关系是父母爱孩子，孩子孝顺父母，这在社会发展过程中基本没有变化。

亲子间的伦理性使家长参与具有超越功利的性质，亲子间爱的情感使家长自觉参与到孩子的生命成长历程中。由此可见，这种情感是一种双向互动关系，不仅具有伦理性，还具有道德意味。家长参与在这种情感的纽带作用下，往往过程更恒久，且充满温情，对社会延续与发展也具有重要意义。这种伦理和道德情感使亲子关系形成了一种典型的"反馈模式"，这种反馈模式就是费孝通先生所说的"甲代抚养乙代、乙代赡养甲代，乙代抚养丙代、丙代又赡养乙代"的模式[3]。这种双向的代际反馈模式在一定程度上解释着家长对于子女教育参与的自觉性，并从代际角度演绎着中国传统家庭伦理的循环，或者说家庭伦理具有代际传递性。社会转型之下，亲代对子代的教育义务增大，子代赡养亲代义务减轻。但是，亲子间的、双向的代际功能关系在家庭延续与社会发展中一直存在，一些功能形式存在着强弱变动，这一点在制度变迁、人们生存方式发生深度改变的时代最为突出[4]。

---

[1] 廖小平. 伦理的代际之维——伦理分析的一个新视角[D]. 长沙：湖南师范大学，2003.
[2] 廖小平. 伦理的代际之维——伦理分析的一个新视角[D]. 长沙：湖南师范大学，2003.
[3] 费孝通. 社会学的探索[M]. 天津：天津人民出版社，1985：86.
[4] 王跃生. 中国家庭代际功能关系及其新变动[J]. 人口研究，2016(5)：33-49.

家庭教育或许可以成为探索中国社会文化价值特点以及实现与外部对话的独特视角，在扎根中国社会现实中，寻求中国问题的解决答案的过程中，为世界教育做出中国贡献[①]，以坚定的文化自信为力量和源泉，深入扎根到我国的历史、文化以及教育实践中，并在世界范围内开展具有中国特色的现代学校教育[②]，以期能够在回应学校教育发展的同时探索家校关系建构和文化回应的独特路径。

第四节　面向未来：当代家庭教育发展的使命

当代家庭教育发展在家校关系变革中应关注家校社整体教育生态环境的改善，实现多主体间的对话，促进个体、家庭、学校、社会共同担负起培养儿童的责任，实现全员、全程、全方位育人。同时，探寻我国家校关系建构的自我发展与世界融合之路，呼吁家庭立场的确立，消解生活化文化形态的影响。

一、探寻我国家校关系建构的自我发展与世界融合之路

我国教育发展与质量提升过程，在一定程度上书写的是中国逐渐开放、接受世界影响、主动参与世界、探索中国特色发展道路的过程。在这一过程中，有关文化传承、教育平等与社会公平的讨论逐渐显现在家庭与学校关系的领域当中。这些讨论伴随着全球化与现代化的进程成为一种社会追求，趋向发展为一种意识形态、一种教育研究的重要话语，并逐渐成为一种分析框架，愈益受到研究与实践的双重重视。但是，针对我国内部的家长参与、家长的教育观念、家长与教师冲突、家庭内部资本以及代际流动、进城务工家长的社会融入等研究，在一定程度上都受到了西方话语分析框架、多元文化主义兴起的影响。国家与国家间的学业对比、家长参与和孩子成长间的量化分析在一定程度上反映的是国际上注重测量与比较的学校教育发展特征。

为此，在我国学校教育发展和家长参与实施中应警惕出现文化遮蔽、情境忽视、对多样性的排斥等问题，教育差异中的文化探寻、发展中对社会情境的关注、家校关系建构中对多样性人群的包容或许应该成为拓展内容。从学校教育发展的视角，以现代性为支点，或许能够为人们指明一条自我探寻与世界融合之路，体现"全球本土化"的发展路径。并且，讨论社会发展与转型乃至世界变迁都不可回避的是全球

[①] 周海涛，乔刚等. 提升一流人才培养与创新能力——基于《中国教育现代化2035》的解读[J]. 中国电化教育，2019(8)：9-17.
[②] 周光礼. 坚持扎根中国大地办教育[J]. 中国高等教育，2019(6)：10-12.

化发展的趋势,因为全球化是现代社会中个体面临的生存现状,或者说它本质上也属于现代性的范畴。

二、"家庭立场"在学校教育中的缺失与时代呼唤

就国际上学校教育呈现的话语特征而言,对第三世界国家来说,教育走向世界或者说全球化更多地意味着单向引进、吸收、学习西方发达国家的教育经验和教育模式,而本国的发展境况、教育传统和文化传承在这种现代化的历史进程中容易被忽视,那就将遭遇多重挑战。随着多元文化主义在学校教育中逐渐受到重视,家长与孩子、国家、学校教育相关的组织机构间的"协商"在国际教育发展中正被普遍接受为"正确的教育范式"。就国家层面已达成的共识而言,除去对教育机构的规模与质量、教师群体的准入与持续发展等的讨论,家庭与教育机构的合作已经进入发展议题之中。但在强调家庭、学校与社会融合教育的背景下,家庭这一视角并未脱离研究学校发展的背景,其自身内在的教育价值及话语表达并未受到真正重视,尤其在考虑中国家庭、国家与社会层层相扣的以孩子成长为核心的教育传统以及家庭在孩子成长中的重要作用的前提下。我国"养儿防老"的传统强化了一代又一代国民把儿童视为家庭"私有财产"的思想,加之国家主义的治理逻辑,我国社会政策长期形成的减轻国家、社会及企业负担的"家庭化"养育责任分配的路径依赖,使得为父母提供育儿支持的家庭视角在我国教育政策中明显缺失[①]。这需要从家庭视角出发为家校合作提供支持条件,为解决家长面临的难题与困境提供社会保障,关注家长参与在家庭场域内的价值取向与实践重点,在减轻家庭教育负担的同时促进家庭教育立德树人目标的实现。

三、网络信息时代家庭教育消解生活化文化形态的影响

随着全球化的飞速发展,回顾日常生活中对人们观念形成影响的因素,电视、新闻等媒体资源以及网络资源已经悄然席卷人们生活的每个角落,这些资源因其消遣性迅速成为当代人不能脱离的生存背景,成为影响人们道德观念形成以及人际关系建构的资源途径。对社会而言,这种生活化的文化形态在消解传统文化在日常生活与教育中的影响力的同时,在符合现代性与全球化发展趋势的社会情境的保护下,对社会文化结构有着变迁性的意义。在复杂化的社会环境的作用下,这种力量充当着一种新的

---
① 刘磊,毕钰.英国近20年学前教育政策中的家庭视角解析[J].学前教育研究,2017(6):3-12.

话语霸权,分化着文化教化的作用,处于边缘地位的国家往往在经济、政治、文化等方面表现为依附性的特征,冲淡着文化演变的基本规律和民族性。信息技术的发展使这种生活化的文化形态的影响渗透在生活的各个方面,家庭教育或许能在一定程度上消解这种文化形态的影响,不仅仅因为家长一直参与孩子的生命成长历程,也因为代际互动本身内含的文化基因,这就需要构建情景化的文化回应思路。

研究讨论

1. 家庭教育在教育演变发展中何以成为最为持久的一种教育形式?
2. 家校合作与教育治理存在怎样的关系?
3. 家庭教育在家校关系演进中呈现何种特征与发展形态?
4. 家校合作实践中存在哪些问题?
5. 在全球化时代,如何积极处理我国家庭教育实情与他国家庭教育经验之间的关系?

拓展阅读

1. 内尔·诺尔斯. 始于家庭:关怀与社会政策[M]. 北京:教育科学出版社,2011.

2. 费孝通. 论文化与文化自觉[M]. 北京:群言出版社,2007.

3. 阎云翔. 私人生活的变革:一个中国村庄里的爱情,家庭与亲密关系[M]. 龚晓夏,译. 上海:上海书店出版社,2006.

4. 叶澜. 社会教育力:概念,现状与未来指向[J]. 课程·教材·教法,2016(10):3-10.

5. 吴重涵,张俊. 制度化家校合作的国际比较:政策、学校行动与研究支撑[J]. 中国教育学刊,2019(11):31-38.

6. 彭希哲,胡湛. 当代中国家庭变迁与家庭政策重构[J]. 中国社会科学,2015(12):113-132.

7. Briar-Lawson K, et al. Family-centered policies and practices: international implications[M]. New York: Columbia University Press, 2001:88-92.

8. Popkewitz T. Pacts/partnerships and governing the parent and child[J]. Current issues in comparative education, 2002(2):122-130.

第四章
亲子关系与当代家庭教育策略

📄 内容提要

亲子关系是孩子与抚育者间的情感关系,具有不可选择性、永久性、亲密性、权利义务的特殊性等特点。受经济发展水平提高、生育政策调整、科学技术发展等因素影响,当代中国亲子关系逐步呈现平等趋势,体现出情感联结更加密切、物质保障更加充分、沟通手段更加丰富等新特征。作为儿童社会关系中联系最紧密、最持久的关系,良好的亲子互动对儿童发展和家庭和谐具有深刻的影响力,可以融合爱、自由与平等、理解与尊重、信任与包容等要素推动亲子关系进入良性互动循环,达成彼此相倚的理想互动模式。

⚙ 学习目标

1. 了解新时代社会转型期间亲子关系的特征,树立科学的亲子教育观。
2. 理解亲子关系的内涵与特征,感受构建良好亲子关系的意义。
3. 知道影响亲子关系的因素,掌握促进有效亲子互动的基本要素,能多角度分析家庭亲子现象。

第一节 亲子关系的内涵、特征与家庭教育意义

家庭教育主要是在亲子互动中进行的,亲子关系的质量直接决定着家庭的教养水平,影响孩子的成长。

一、亲子关系的内涵与特征

(一) 亲子关系的内涵

亲子关系是最基本的家庭关系，指的是"以血缘关系和共同生活为基础，以抚养、教养和赡养为基本内容的自然关系和社会关系的统一"[①]。根据《中华人民共和国民法典》(以下简称《民法典》)婚姻家庭编的规定，亲子关系包含自然血亲的父母子女关系和拟制血亲的父母子女关系两大类[②]。前者是基于子女出生的法律事实而发生的，指向亲代和子代间的生物血缘关系，包括生父母和婚生父母的关系、生父母和非婚生子女的关系；后者为社会学意义上的亲子关系，基于收养或再婚的法律行为以及事实上的抚养关系的形成，由法律认可而人为设定，包括养父母和养子女的关系、继父母和受其抚养教育的继子女的关系。

具体来说，亲子关系具有三方面的性质[③]。

首先，亲子关系具有亲缘性质。亲子关系的血缘性质是与生俱来的，是一种天然的存在，不可选择，也无法更改。与收养关系相比，亲缘关系经历了父母与子女之间的"亲和期"，即孕妇可以通过胎儿在腹中的萌动感受胎儿的发育进程，建立其与子女之间的亲和感，同时父母也可通过胎教与胎儿"对话"，建立积极的情感交流。

其次，亲子关系具有情感属性。亲子关系往往伴随着深刻的情感体验，亲子关系和谐、父母与子女间相互信任，能加深孩子对父母爱的感知，不自觉地喜欢并主动模仿父母的某些行为。可见，正向的情感体验不仅是亲子关系健康发展的强大动力，也是孩子成长的重大推力。

最后，亲子关系具有法律属性。亲子关系从法的意义上规定了亲子间的权利与义务，如我国宪法规定父母有管教和保护未成年子女的权利与义务，子女有赡养老人的义务等。

(二) 亲子关系的特征

亲子关系的本质属性决定了其不同于其他家庭人际关系和社会人际关系，具有不可选择性、永久性、亲密性及权利义务的特殊性。

1. 不可选择性

亲子关系有着天然的无可选择的生物血缘关系。人可以随自身意愿选择朋友、伴侣，但没办法自由选择自己的父母，父母也一样无法选择谁当自己的孩子。母亲受孕

[①] 关颖. 社会学视野中的家庭教育[M]. 天津：天津社会科学院出版社，2000：75.
[②] 郑秀丽. 家庭教育必读：初级[M]. 北京：中华工商联合出版社，2022：73.
[③] 缪建东. 家庭教育学[M]. 北京：高等教育出版社，2015：104-105.

之时就是为人母之时，即使父母未能陪伴和教育子女，父母也无法回避与子女间的亲子关系，无法改变以血缘为纽带的亲子关系存在的客观事实。

2. 永久性

永久性，也可理解为不可解除性。"亲子关系与生俱来，至死无终，任何外力都无法改变，并且受到一定的法律确认和保护"[①]。我国《民法典》第一千零八十四条明确规定："父母与子女间的关系，不因父母离婚而消除。离婚后，子女无论由父或母直接抚养，仍是父母双方的子女。离婚后，父母对于子女仍有抚养、教育、保护的权利和义务。"婚姻关系的解除，只是夫妻双方基于婚姻而存在的人身关系和财产关系归于消灭，但父母与子女之间存有的血亲关系不会因父母离婚而解除。

3. 亲密性

亲子之间有着天然的骨肉联系，并通过亲子互动有了更强的相互影响性。父辈在抚养子女的过程中体验到为人父母的神圣职责，子辈在父母的抚养下获得成为"社会人"的基本条件。作为幼儿最初的社会关系，亲子间在衣食住行等物质条件上共同分享，在精神、感情上相互依存，体现了亲子关系的核心特征，即"关系持续长久，即使亲子分离但关系仍在延续有强烈的情感投入和承诺等"[②]。

4. 权利义务的特殊性

父母是子女的监护人，是子女成长过程中的主要支持者，承担的义务会比子女赡养父母的义务更多；同时因父母思想已经成熟，人生阅历更加丰富，所处的人生阶段也决定了其比孩子拥有更多的选择权和决定权，亲子关系具有不对称性和不对等性。而且，亲子之间的权利义务并非可有可无或能随意放弃，"父母抚养、教育子女，不仅是法律上所规定的义务，也是社会伦理道德上的义务。不管是否打算养儿防老，都必须无条件地担负起抚育子女的义务，否则将会受到社会舆论的谴责"[③]。

二、亲子关系的主要类型

亲子关系是一种复杂的人际关系，受诸多因素制约，存在着多种以不同维度划分的类型。

(一) 从亲子关系的内涵上看

亲子关系具有生物意义、社会意义及心理意义，据此可以作如下划分(见表4-1)。

---

① 郑秀丽. 家庭教育必读：初级[M]. 北京：中华工商联合出版社，2022：77.
② 高闰青. 家庭教育理论研究与实践[M]. 郑州：郑州大学出版社，2022：139.
③ 孟育群. 少年亲子关系研究[M]. 北京：教育科学出版社，1998：6.

表4-1　亲子关系的类型

类型	生物的	社会的	心理的	说明
A	√	√	√	通常的血缘之亲子关系
B	√	√	×	真实的亲子，却无心理沟通，如忤逆的子女、从不过问子女的父母
C	√	×	√	有血缘关系，也有心理沟通，因某种理由未入籍者，如非婚生子女的亲子关系
D	×	√	√	收养关系，如养父母与养子女关系
E	√	×	×	只有血缘关系，无社会、心理的关联，如私生子
F	×	√	×	名义上的亲子关系，如名义上的过继子女、承嗣子女
G	×	×	√	当事人间的约诺而表明亲子关系者，如干爹妈与干儿女

【资料来源：台湾教育学会. 亲职教育研究 [M]. 台北：华欣文化事业中心，1983.】

(二) 从父母的教养态度上看

日本东京学芸大学名誉教授品川石二郎和品川孝子公共编制、经由华东师范大学心理学系周步成、方真主修的《亲子关系诊断测验(PCRT)手册》，以父母对孩子管教态度中的问题类型和程度来衡量亲子关系，将父母的教养态度分为拒绝的态度、支配的态度、保护的态度、服从的态度、矛盾不一致的态度五大类，其中每大类还包含两个亚类(见表4-2)。

表4-2　《亲子关系诊断测验(PCRT)手册》中亲子关系的类型

类型	说明	亚类型	表现
拒绝的态度	父母在感情上或态度上对孩子表现出拒绝倾向	消极的拒绝型	父母对子女的言语不理、忽视、放任、不关心、不信任等
		积极的拒绝型	父母对子女有体罚、虐待、恐吓、威胁、苛求、放弃养育的责任等态度
支配的态度	父母对孩子支配过头，把孩子当作父母所有物，用绝对的权利去统制子女	严格型	父母对子女虽有感情，但常以严厉、顽固、强迫的态度或禁止、命令的方式来监督子女
		期待型	父母把自己的野心或希望投射在子女身上，忽视子女的天赋能力与性向，希望子女完全遵从父母的要求或标准去做
保护的态度	父母经常想用过分保护孩子的方式去消除对子女的担心和不安情绪	干涉型	父母为了使子女更好，细心地去照顾孩子，尽量给予帮助和嘱咐
		不安型	父母对子女的日常生活、学业、健康、交友、未来职业等，具有完全不必要的担心和不安，因而对孩子过分负责，给予过分的帮助和保护
服从的态度	父母对子女的要求和意见，不管是什么都无条件接受，并为此感到满足	盲从型	让孩子持有一切权利，父母不管付出多大牺牲也要接受孩子的要求
		溺爱型	无条件接受子女的要求和主张，过分喜爱孩子，即使子女做了坏事也替孩子申辩

(续表)

类型	说明	亚类型	表现
矛盾、不一致的态度	父母某一方，在不同时间和不同场合对孩子的教育和态度前后有矛盾，或者父与母的态度不一致	矛盾型	父母对于子女的同一行为，有时斥责禁止它，有时却宽恕勉励它
		不一致型	父亲与母亲的管教态度不一致，例如父亲严厉，母亲放纵，或父亲斥责子女时，母亲却来阻止

【资料来源：李强. 当前中小学生亲子关系的问题分析 [J]. 天津市教科院学报，2003(6)：69-73.】

(三) 从父母的教养方式上看

美国心理学家戴安娜·鲍姆林德(Diana Baumrind)认为父母的教养方式应该包括两方面：一方面是父母对儿童所作要求的数量和种类；另一方面是父母对儿童行为的反馈[①]。基于此，她从父母行为的控制和温情程度出发，把父母教养方式分为三种：权威型、专制型和放任型。后期麦科比和马丁(Maccoby & Martin)在其基础上将父母教养方式划分为以下4种类型[②]。

1. 权威型

该类父母对儿童有较多的温情、较明确的要求和较为一致的反应。父母常以积极肯定的态度对待儿童，及时热情地对儿童的需要、行为做出反应，尊重并鼓励儿童表达自己的意见和观点。同时父母能够在亲子间相互理解、尊重的基础上完成对儿童的约束，对儿童的不同行为表现奖惩分明。

2. 专制型

专制型父母对儿童的成熟行为有较高的要求，但对儿童反应较少，对儿童缺乏热情，用较为绝对的标准来塑造、控制和评价儿童的行为，强调儿童要无条件顺从，崇尚权威和传统，不鼓励亲子间相互迁就，对儿童的奖励和表扬较少，对儿童的控制严厉、不妥协，且带有强制性。

3. 放纵型

这类父母对儿童有较多的温情和较高的接受度，经常对儿童让步，较少利用权威控制儿童，对儿童的成熟行为要求较少，主张让儿童自我管理。如不要求孩子做家务事，也不要求他们学习良好的行为举止，对儿童违反规定的行为采取忽视或纵容的态度，很少发怒或训斥儿童。

4. 忽视型

这类父母对儿童要求和反应都比较少，不指导儿童的行为，也不支持儿童的兴

---

① Baumrind D. The influence of parenting style on adolescent competence and substance use[J]. Journal of early adolescence，1991，11(1)：56-95.
② 章苏静，金科. 亲子关系与儿童网瘾防治策略[M]. 济南：山东教育出版社，2014：112-113.

趣，他们沉溺于自己的事情而忽略做父母的责任，容易流露厌烦、不愿搭理的态度。如果儿童提出诸如物质等方面易于满足的要求，父母可能会对此做出应答，然而对于那些耗费时间和精力的长期目标，如培养儿童良好的学习习惯等，父母则很少去完成。

(四) 从关系的疏离程度上看

根据疏离程度，可以将亲子关系分为良性亲子关系和不良亲子关系。

亲子亲和是良性亲子关系的主要表现，指"父母与儿童亲密、温暖的情感联结，既可以体现在双方积极的行为互动中，也可以体现在双方对彼此的亲密情感里"[①]。在日常生活中，良性亲子关系主要表现为父母与子女之间和睦、融洽、亲密相处，彼此之间能够建立起充分的信任和理解，并且子女能够拥有积极的情绪体验，表现出较多的亲社会行为。

不良亲子关系包括亲子关系隔阂、亲子关系疏离、亲子关系冲突。亲子关系隔阂是指亲子间情意不通，彼此在思想和心理上有距离；亲子关系疏离是指"亲子互动少、亲子专属时间少"[②]，是亲子关系隔阂的进一步表现；而亲子关系冲突又是亲子关系疏离的进一步表现，指的是"父母和儿童间因双方在认知、情感、行为、态度上的不相容而产生的内隐或外显行为的对抗状态"[③]，表现为情绪对立、情感疏离、言语冲突等。情绪对立表现为父母和孩子对同一件事的看法持相反意见，彼此心理产生抗拒，情绪不满；情感疏离表现为父母和孩子之间信任度低，情感交流减少，不愿向彼此表露心声；言语冲突有争辩之意，具体表现为亲子双方在进行信息传递、接收和反馈时发生的口角争执，甚至是发生肢体冲突。

学界对亲子关系的分类是相对的，现实生活中亲子关系很少仅具有某一类型的特征，而是多种类型混合在一起。同时，随着亲子双方年龄的增长、经验的积累、环境的变化和某些事件的影响，亲子关系的类型也会发生转变。理想的亲子关系是建立在民主平等的亲情基础之上，且以父母的权威为前提的亲密合作的关系。

三、影响亲子关系的主要因素

影响亲子关系的因素是多方面的，这些因素大致可以归纳为三类[④]：一是社会因

---

① 高闰青. 家庭教育理论研究与实践[M]. 郑州：郑州大学出版社，2022：144.
② 陆洋，风笑天. 家庭结构对亲子关系的影响——基于中国教育追踪调查(CEPS)数据分析[J]. 青年探索，2022(6)：31-40.
③ 高闰青. 家庭教育理论研究与实践[M]. 郑州：郑州大学出版社，2022：143.
④ 吴奇程，袁元. 家庭教育学[M]. 广州：广东高等教育出版社，2002，97.

素，包括民族文化、社会形态、社会阶层、宗教、社区等；二是家庭因素，包括家庭的一般氛围、父母的夫妻关系、父母的育儿态度和理念等；三是父母、子女的个人因素，包括父母性格特质、父母的受教育水平、父母的生活经验、子女的智能性格、个体创伤等。

在当代社会变革转型时期，社会发展与科技进步、家庭结构变化、家庭成员角色运作、夫妻关系、孩子成长过程中的特殊时期等因素对亲子关系的影响尤为突出。

(一) 社会发展与科技进步

社会发展和现代科学技术的进步改变了传统的生活方式，手机、平板电脑等电子产品在现代家庭中的普遍应用，对当下亲子交往方式与内容产生了影响与制约。一方面，它们将家庭与广阔的外部世界连接起来，文化结构日益丰富，价值观念日益多元化，子女接触家庭生活以外的机会大大增加，对新生事物的敏感度与掌握能力先于成人，父母有时也要向子女学习请教，因此"亲子交往中逐渐增加了亲子之间的相互尊重、相互理解、相互促进、相互指导和共同发展"[①]。另一方面，社会发展速度加快，成人的生存压力加重，忙于工作而无暇顾及孩子，亲子之间缺乏情感交流。在空闲之余，现代科技产品还侵占了孩子与父母在家庭中的时间与空间，在家庭生活中经常可以看到父母与孩子各自捧着手机、平板电脑看小视频、玩游戏的场景，这在一定程度上加剧了亲子关系的淡漠。

(二) 家庭结构的变化

家庭结构反映了家庭组成中代际与人口的主要形式，影响了不同风格的亲子关系形成。在独生子女家庭中，子女没有与兄弟姐妹争宠的烦恼，在父母面前有较多表现自我的机会，得到父母相对专一的经济投入和精力投入。但随着二三孩政策的全面放开，越来越多的独生子女家庭增添了新成员。对于子女来说，他们不仅要学会如何与父母相处，还要学会如何与兄弟姐妹相处；对于父母来说，需要投入更多的时间、金钱与精力，有时还需缓和子女之间的争宠行为，如果父母没有平衡好对子女的关爱，子女与父母、兄弟姐妹之间的关系也会变得紧张，亲子关系和家庭氛围也会受到影响。

同时也有一些研究表明，在不同的家庭结构中，"核心家庭亲子关系亲近程度最高，联合家庭结构下的亲子关系较为复杂，单亲家庭结构下的亲子关系表现出的问题最多，亲子疏离感相对较强，产生的社会问题也较多"[②]。重组家庭中，无血缘关系

---

① 李燕.亲子关系的教育哲学分析[D].苏州：苏州大学，2005.
② 雷雳，王争艳，刘红云，等.初中生的亲子沟通及其与家庭环境系统和社会适应关系的研究[J].应用心理学，2002(1)：14-20.

的继父(母)和继子女之间很容易产生感情隔阂，影响良好亲子关系的建立。

(三) 家庭成员的角色运作

理想亲子关系的建立有赖于每个家庭成员扮演好自己的角色。父母是影响下一代成长与发展的关键人物，因此父母在家庭中的角色定位与运作对亲子关系的构建、孩子的成长带来一定影响。

1. 母亲角色

传统的中国社会历来有"男主外、女主内"的家庭成员分工，社会对女性的角色期待是"贤妻良母"，母亲在家庭中要承担繁衍和教育下一代的任务。随着社会的发展与进步，女性解放，受教育水平提高，女性已经能够参与到社会的各个领域中，参加更多的社会活动，通过收入和资源在家庭中获得更多的权利，从某种角度来看，家庭教育中的母亲角色开始更加多样化。

首先，母亲是子女健康情感的培育者。母亲与婴儿之间的情感交流最为丰富，微笑、抚摸、亲吻、逗乐、拥抱婴儿，满足婴儿的生理和心理需求，给足婴儿安全感，长久以往也从中习得了爱他人的样式；其次，母亲是子女习惯养成的引导者。亲子交往中，作为观察模仿的行为榜样，母亲对子女的行为习惯要求最多，在具体实践中给予具体帮助、鼓励和指导，据此子女习得了大量的社会行为规范，形成许多良好的社会行为[1]；再次，母亲是子女文化教育的启蒙者。子女正是在与母亲大量、频繁、持久的接触和交往中，从无到有、从不会到会地习得了大量的日常生活知识，包括语言、数概念、图形和色彩等；最后，母亲是子女基本价值观念生成的推动者。在孩子成长过程中，母亲对子女的叮咛嘱咐会随时间积累而逐渐内化，并渗透着符合社会规范的价值体系。

在母子关系建立上，母亲的抚养压力会影响亲子行为的发生。有研究表明，母亲抚养压力越大，对儿童的支持行为越少、不支持行为越多。可能的原因包括以下几种：第一，抚养压力较大的母亲，对儿童的关注和兴趣相对较弱，影响了母亲与儿童之间的交流，增加了母亲对儿童的限制；第二，抚养压力较大的母亲，自我效能感相对较低，当面对儿童的请求或问题时，常常感到力不从心或缺乏耐心；第三，抚养压力较大的母亲，心理健康水平和心理调节能力较低，当其处于焦虑、紧张、抑郁等消极情绪状态中，往往不能很好地加以调控，容易迁怒于儿童；第四，抚养压力较大的母亲，往往没有更多的时间与精力和儿童一起游戏、外出或从事其他活动[2]。

---

[1] 魏晨明，曲振国. 今天，我们如何做父母[M]. 北京：中国社会科学出版社，2016，146-147.
[2] 刘海娟. 家庭教育心理学[M]. 北京：知识产权出版社，2020，124.

2. 父亲角色

心理学家格尔迪说："父亲是一种独特的存在，对培养孩子有一种特别的力量。"父亲同母亲一样是不可缺少的重要他人，已有研究表明亲子交往中父亲角色呈现如下特点[①]。

交往时间方面，父亲与子女接触交往的时间明显少于母亲。交往内容上父亲多与子女进行游戏。调查发现，亲子互动中，父亲会把75%的时间用在和孩子的游戏性互动上，且以身体游戏活动居多，将25%的时间用在照料性互动上；而母亲与孩子照料性互动和游戏性互动的时间各占50%，母亲与孩子的游戏也更多的是认知游戏，而非身体的游戏[②]。交往方式上，父亲多采用游戏与言传身教的方式影响子女。交往作用上，父亲不仅是孩子的供养者、引领者和性别榜样，也是孩子生活的参与者，承担着对孩子进行养育、沟通、支持、鼓励、回应等责任，对孩子的人格形成、认知发展、社交行为、成年后的亲密关系等都有着密切的影响。

具体而言，父亲在亲子关系中参与程度高，能量正面，首先能促进孩子形成独立、自信、自主、坚毅、勇敢、果断、坚强等良好个性品质，能提高孩子的认知技能、成就动机和自信心，培养动手操作能力，丰富想象力，发展求知欲和探索精神[③]。其次，父亲的亲子参与程度与孩子的心理健康呈现正相关关系。"在抑郁症的发病率上，在完整的家庭中成长但父亲参与程度较低的孩子，其抑郁症发病率高于单身母亲抚养的孩子，是和父亲关系较好的孩子的三倍，是和父亲关系在平均水平的孩子的两倍；与得到父亲正常关注与控制的孩子相比，父亲关注少的孩子出现酒精、物质滥用等成瘾障碍、破坏性行为、冲动和品行障碍的概率都会增加"[④]。最后，父亲参与家庭生活能帮助孩子形成良好的性别角色认同。男孩可以从父亲身上懂得男性应该如何待人接物，获得男性角色概念；女孩可以通过父亲了解成年异性特征，建立起与异性相处的初步认知。

3. 祖父母的角色

现代家庭的结构正在趋向小型化、简单化的核心家庭。但在我国社会，亲子同(外)祖父母三代人组成的主干家庭仍占相当多的数量，祖辈参与家庭教育活动，是我国过去、现在和未来家庭教育的一个重要特点。因此，祖父母的角色扮演在一定程度上也会影响亲子关系。

国内学者研究认为祖父母在家庭中的角色主要有以下5种类型[⑤]：①正统型。祖父

---

① 李燕. 亲子关系的教育哲学分析[D]. 苏州：苏州大学，2006.
② 庞丽娟，李辉. 婴儿心理学[M]. 杭州：浙江教育出版社，1999：338-348.
③ 徐文怀. 亲子教育概论0～3岁[M]. 北京：中国人口出版社，2004：17.
④ 刘海娟. 家庭教育心理学[M]. 北京：知识产权出版社，2020：129.
⑤ 徐虹. 老年人在家庭中扮演的角色[J]. 中老年保健，2001(11)：19.

母严格尊重传统的角色类型，常常溺爱孙辈，但在抚养孙辈时不干涉子女对孙辈的教育问题。②快乐型。祖孙关系是基于平等而不基于家庭权威的传统次序，双方都能从中寻找到真正的感情寄托。③代理型。祖父母在家庭生活中比较重视家庭成员之间的权威次序，特别注重自己的权威，对子女及孙辈的一切事务都要干预，要求家庭成员应当服从他们的意志。④智慧型。祖父母常为家庭成员提供各种意见，但并不代替子女或孙辈作出选择，仅仅起参谋作用，但同时也要求子女及孙辈应充分征求和听取长辈的意见。⑤生疏型。祖父母一般不参加家庭活动，与子女及孙辈的关系较为冷漠，对家庭事务也不发表意见。以上几种类型的角色，在不同老人身上的表现程度和方式是不同的，也存在一个老人同时具备这五种类型的角色特征的可能性。

通常来说，祖辈有丰富的人生经验和育儿经验，在客观上有时间与精力，他们参与家庭教育有利于对孩子的照料、管教，有利于孩子社会化，有一定的积极作用。但祖辈容易在教育观念上倾向于保守，习惯于按老传统、老经验办事；在教养态度上容易展现溺爱纵容；在教育作风上倾向于主观专断，要求子女和孙辈完全服从；等等。如祖辈不当参与家庭教育则会为亲子关系和孙辈的人格发展产生消极影响。由此，作为教育者的亲辈、祖辈两代人之间在教育问题或其他生活问题上难免会产生矛盾冲突，甚至当着孙辈的面争执不休，造成不利的影响。

(四) 夫妻关系

通常来说，一个家庭的核心是夫妻关系，其次才是亲子关系。亲子关系是建立在婚姻基础上的，即由夫妻关系衍生出来的最直接的血缘关系。夫妻婚姻关系的质量是影响家庭团结和睦、构建和谐亲子关系的核心因素，能直接影响家庭教育的质量和孩子完整人格、情感体系的形成。拥有健康和谐的夫妻关系，父母对待孩子会更有耐心，孩子也容易与父母产生安全型依恋，形成良好的亲子关系，同时孩子的性格也会更加平和、开朗，对亲密关系也会产生美好的感觉和向往。如果父母关系不好，家庭环境恶劣，孩子长期生活在充斥吵架、暴力的家庭氛围中，容易不安、恐惧，心理健康水平较低，对未来亲密关系也可能不抱有期待。

(五) 孩子成长过程中的特殊时期

孩子的成长过程中有一些特殊时期，因受到生理激素、认知发展、心理因素等影响，在生理、心理特别是情绪方面会明显发生一些变化。如果父母没有正确的认知，也会对亲子关系造成一定的冲击。

2~4岁时，孩子进入人生第一个叛逆期，自我意识开始觉醒，喜欢说"我不"，毫无理由地顶嘴。此时父母应当尊重孩子的人格，在保证安全的情况下，逐步放手，让孩子既感受到自我的存在，也能感受到父母对其的接纳与爱护。7岁左右，孩子进入人生第二个叛逆期，开始对世界有懵懂的概念，逐渐形成自己的主见和主张，能以自己的道理进行反驳。此时父母应当学会多倾听和尊重孩子，避免过度反应，避免用强制命令的方式与孩子沟通。12~18岁时，孩子进入青春期，思维的独立性和批判性显著发展，青少年开始意识到亲子关系的维护依赖于亲子双方，这种变化在行为中主要表现为"青少年开始经常以审视和质疑的目光看待甚至公开反抗曾经盲目遵从的父母权威，从而导致原有的亲子关系格局被打破，进入一个需要从父母居于支配地位的单向权威向亲子双方居于相对平等地位的双向权威转变的时期"①。此时父母对孩子要有充分的尊重和理解，让孩子感受到父母是"懂"他们的。

四、亲子关系的重要作用

建立良好的亲子关系，对于孩子成长、家庭稳定、社会和谐均具有一定的重要作用。

(一) 亲子关系对孩子成长的作用

美国心理学家罗伯特·西尔斯(Robert Sears)说过："儿童的发展与其说是在个体心理范围内产生的单一体系，不如说是在亲子相互关系的双维行为体系中发生的。"②亲子关系是父母与子女双方双向活动、共同体验的过程，亲子之间的互动质量会直接或间接地影响孩子各方面的成长发育。

其一，亲子关系是孩子情商发展的原始土壤。家庭是养育人、培养人和塑造人的场所，亲子关系中的血缘关系是萌生孝伦理的根源，对孩子先天的情商有启蒙作用。当孩子呱呱落地时，他们用哭和笑来表达自己，并在成长过程中通过父母的行为反应，渐渐学习到该如何通过表达情绪来达到自己的目的，也通过察言观色来识别父母的情绪，进而发展了自己的情商。也就是说，亲密且积极的亲子关系有助于个体情感功能和适应能力的提高。

其二，亲子关系能影响孩子的性格养成。亲子关系中父母对孩子的养育方式、关爱方式和关心程度以及父母本身的文化素质会在不同程度上影响着孩子的进步和成长，父母的举止言谈、一颦一笑、人格结构也会潜移默化地影响孩子性格的养成。美国心理学家西蒙兹(Symonds)在研究中发现："被父母接受的孩子一般都表现出社会

---

① Fuligni A J. Authority, autonomy, and parent-adolescent conflict and cohesion: A study of adolescents from Mexican, Chinese, Filipno, and European backgrounds[J]. Developmental psychology, 1998(34): 782-792.
② 刘晓梅，李康. 亲子关系研究浅识[J]. 贵州师范大学学报(社会科学版), 1996 (3): 74-76.

所需要的行为，如情绪稳定、富有同情心等；被父母拒绝的孩子大都情绪不稳定、冷漠、倔强而逆反；受父母支配的孩子比较被动顺从、缺乏自信、依赖性强；让父母服从自己的孩子有很强的进攻性。"[1]父母和孩子因亲密互动形成的依恋关系，是孩子面临危机的强大社会支持，孩子能以足够的安全感面对挫折困惑，进而变得独立、坚强、乐观、自信。

其三，亲子关系能影响孩子的社会性发展。亲子关系和早期家庭教育是儿童社会化和人格发展的主要动因，对儿童的成长有决定性的影响。有研究表明，能够与父母建立高质量关系的儿童往往具有较高的社会能力，表现出良好的自主能力、社会情绪能力和同伴交往能力，而难以与父母建立高质量关系的儿童则往往表现出较差的社会能力[2]。孩子最为原始的人际交往技能来源于亲子互动及对父母行为的观察，如学习爸爸安慰苦恼中的妈妈，通过做家务让父母开心等，当孩子获得社交技能时，又将其置于亲子互动中进行练习和内化，以此检验这些人际技能是否有效。可见，拥有良好亲子关系的孩子在成长过程中也会拥有积极主动的人际交往能力。

【知识链接4.1】

哈利·哈洛的恒河猴实验

20世纪50年代末，美国威斯康辛大学比较心理学家哈利·哈洛将刚出生的小猴子和猴妈妈及同类隔离开，放到有两只假猴子(一只是胸前有24小时随时提供奶水的橡皮奶头装置的铁丝母猴，一只是没有奶水装置的绒布母猴)的笼子里单独养育。

刚开始婴猴多数时间都围在铁丝母猴身边，但没多久，婴猴只在饥饿的时候才到铁丝母猴那喝几口奶水，其他更多的时候都是和绒布母猴在一起。当婴猴遭到不熟悉的物体如木制大蜘蛛威胁时，会跑到绒布母猴身边紧紧抱住它，似乎绒布母猴能够给予更多安全感。后来，哈洛又将绒布母猴转移到另一间房间，用发条玩具熊打鼓刺激小猴，但婴猴即使害怕也不会到铁丝母猴那寻求安慰，而是隔着门缝眼巴巴地望着隔壁的绒布母猴。甚至，哈洛及其团队让绒布母猴发射铁钉、吹冷气来攻击小猴，但婴猴都不会离"妈妈"而去，反而紧紧抱住绒布母猴。没多久哈洛及其团队发现，跟绒布母猴生活在一起的猴子长大后性格极其孤僻，有些甚至有孤独症的症状。后面哈洛又改进实验，将绒布母猴升级为可以摇摆，且婴猴每天有半小时可以和真正的猴子玩耍，经此哺育的猴子则基本上正常。

可见，仅停留在生理满足的养育是不够的，通过视觉、听觉、触觉等多种感觉通

---

[1] 张丽华.父母的教养方式与儿童社会化发展研究综述 [J].辽宁师范大学学报，1997(3)：20-23.
[2] 张晓，陈会昌.关系因素与个体因素在儿童早期社会能力中的作用[J].心理发展与教育，2008(4)：19-24.

道加强与孩子的交流,建立安全的依恋关系,能帮助孩子体验愉快的情感,形成正向的性格。

【资料来源:360 百科. 哈洛的恒河猴实验. https://baike.so.com/doc/24249066-25259995.html.】

(二) 亲子关系对家庭稳定的作用

良好和谐的亲子关系能加强子女与父母之间的心理依恋,促进家庭氛围的和谐。亲子关系的质量直接影响孩子对父母的接纳程度。高质量的亲子关系能引起孩子对父母的热爱和崇拜,模仿父母的言行举止,促进情感发展;低质量的亲子关系则会引起孩子抵触父母,甚至讨厌父母。虽然孩子解决问题的思路和方法很多都来源于父母,但是因生活环境、时代背景和成长经历不同,亲子关系在世界观、人生观、价值观等方面存在着较大的差异,容易产生亲子矛盾与冲突。在观点分歧时,倘若亲子双方都本着互相尊重、就事论事的原则来解决问题,那么双方能在温和平等的氛围中感受到对方的情感流露,形成更加和谐的亲子关系,促进家庭变得更加和睦与稳定。

(三) 亲子关系对社会和谐的作用

亲子关系不仅是父母与子女之间的关系、家庭的稳定器,同时也是建立和谐社会、推动社会文明发展不可或缺的动力源。"社会是由一个个鲜活的人所组成的,人是社会活动的主体,只有人际关系和谐了社会才有可能实现和谐"[①]。"秩序是人类生存和发展所需要的基础性条件,亲子秩序是社会秩序的重要组成部分,良好的亲子关系会使家庭更加稳定,为社会培养有用之人,进而促进社会秩序稳定;而如果亲子关系无序,人们就会失去情感支撑与安全感"[②]。因此,和谐的亲子关系必然会促进人与人之间的和谐相处,而家庭成员之间相互关心和爱护,营造温馨和谐的家庭氛围也必然能促进社会和谐。

第二节　当代社会转型期亲子关系的特征与问题

社会变革往往以影响广泛而深远的政治事件发生为契机,一般指比较巨大的政治、经济和文化变革,在不同程度上对民众的就业和生活方式产生影响。大的社会变革会导致思想观念、政治结构发生变化。亲子代际关系作为最主要的家庭关系同样也

---

① 加里·斯坦利·贝克尔. 家庭论[M]. 王献生,王宇,译. 北京:商务印书馆,1998:3.
② 李庆南. 当代中国亲子关系研究[D]. 石家庄:河北经贸大学,2016.

会受到影响，与亲子代际关系相关的规则会被新的规定替代，进而显现新的特征，产生新的问题。

一、当代社会转型期亲子关系的特征

在我国传统社会家庭中，父权享有非常高的地位，亲子关系围绕"父慈子孝"展开。"父义""母慈"表现在养育和教育两方面，子女则要以养事亲、以敬顺悦亲，以孝为行事的基本准则。新中国成立后，我国居民家庭亲子关系呈现政策化倾向，生育政策影响家庭结构，进而改变亲子关系。非常典型的是受计划生育政策的影响，家庭规模趋向小型化，子女地位得到了极大的提升，溺爱现象更加明显。

当前我国已经进入改革开放发展的新时期，国家经济获得了极大的发展，国民生活水平得到前所未有的提高，社会不断走向民主文明，亲子关系的发展也呈现传统与现代不断融合发展的趋势。当代以和谐为主线的社会环境提倡自由、平等、民主、个性、创新等观念，因此当代亲子关系摆脱了人身依附关系，趋向代际公平、公正、平等，要求亲代与子代之间的权利义务相统一。整体来说，当代社会变革转型期的亲子关系主要呈现以下特点。

(一) 家庭结构趋向小型化，亲子关系更加密切

伴随着市场化和城镇化，传统的四世同堂大家庭逐渐减少，小型家庭开始成为主流的家庭结构。受20世纪80年代计划生育政策的实施影响，独生子女家庭增多，孩子在家庭中地位提升，成为家庭关系的核心，家长越来越重视孩子的教育和成长，倾尽所有给予孩子最大的支持，让子女获得足够的亲情关怀。虽然目前国家放开了二孩、三孩政策，各地也响应号召出台了一些生育鼓励政策，但是这些政策背后并没有解决当代社会"不愿生""不敢生"的心病，社会育儿支持的匮乏、社会竞争压力大以及教育资源不均衡等，使年轻人依旧倾向于单孩。少子化现象下，孩子的地位在家庭伦理关系中仍处于中心地位，父辈与祖辈的关注焦点依旧围绕在子辈身上，亲子关系更加密切。

(二) 生活水平提升，亲子关系物质保障更加充分

当前我国处于社会转型的关键期，城市发展水平显著提高，产业结构处于调整与升级阶段，这为亲子关系的发展变化提供了物质基础和保障。首先，经济基础决定了亲子制度和亲子关系的性质。为适应中国社会主义公有制，以亲子平等为核心内容的亲子制度逐渐形成，亲子关系表现得更加和谐。其次，经济基础支撑着亲子关系的发展，父母要有足够的经济收入才能为子女提供更好的生活环境和教育条件。在自给

自足的自然经济社会，父辈可以通过口传亲授向子代传递人类知识和生活经验，但当前我国经济发展迅速，人民群众的收入来源多样化，物质生活和精神生活水平不断提高，子代需要学习系统的、专业的技术知识才能跟上时代的人才需求，因此，拥有一定的物质基础才能为下一代提供更好的生活和教育条件。与此同时，成年子女也有义务为年迈父母提供更好的条件以满足其生存和养老需求。

(三) 信息化水平提高，亲子沟通模式更加多样

一方面，随着家庭生活信息化水平的提高，互联网改变了家庭人际关系模式，信息技术的便利与高效为家庭提供了保持亲密关系的新工具和方法，缩短了亲子间的距离。除了面对面交流外，亲子双方可使用信息、电话、视频等交际手段，"更直接、更亲密、更快速、更频繁地即时表达个人情感和状态"[①]，还能利用共通的网络世界，获取相同的信息进行分享与交流，增强家人间的认同感。另一方面，丰富多彩的网络生活为孩子与成人提供了无数可选择的、参与社会的机会，交际对象扩大，交际内容愈加贴近个人需求，父母在孩子社会化进程中的作用相对降低，不重视沟通与交流则会造成家庭内部的人际疏离和关系淡漠。

(四) "互联网+"教育兴起，父母文化权威动摇

在奉行"父为子纲"的家庭教育伦理下，父母是知识的权威代表，儿童只能被动依赖于从长辈那里获取知识和经验。随着"互联网+"时代的到来，亲子交往的方式开始发生了改变。一方面，知识不再是单一的上对下的教育形式，儿童可以尽情冲浪于网络中，感受资源共享带来的丰富内容和便利途径，丰富的网络资源、精彩的教育课堂、便捷的在线答疑逐渐代替了父母的教育，父母的文化权威被逐步削弱。另一方面，亲子交往的内容与方式发生变化，儿童不再懵懂地任父母摆布，而是"一边接受着成人的管教，一边又对父母指指点点，父母在感叹孩子越发难以管教的同时，又不得不在使用电脑网络、文化休闲、时尚娱乐等方面向孩子学习"[②]。"在这样新型的文化传递模式下，亲子间实现了思想共识、资源共享、教育共赢"[③]。

【实践案例 4.1】

用手机学习，可以"学会"！

放学回家后，一零一中学高一年级的张天成同学已经在书桌前冥思苦想1个小时

---

① 谢宏，盛晓明. 中国亲子文化新论[M]. 杭州：浙江大学出版社，2019：142.
② 章苏静，金科. 亲子关系与儿童网瘾防治策略[M]. 济南：山东教育出版社，2014：100.
③ 韦国芬. 后喻文化背景下良性亲子互动模式的建构[J]. 江苏教育研究，2019(10)：24-28.

了，面前的生物作业仍然没有进展。卷子中复杂的"氨基酸""肽链""脱水缩合"等生词令他头疼不已。期中考试将至，连基础的作业都不能顺利完成，这让张天成备感焦虑。但时间不多了，为了快速解决问题，他打开了一款搜题软件，简单拍下题目，这款软件就迅速罗列出了多种搜索结果。令他惊讶的是，这款软件不仅给出了这道题的答案，还提供了不同的方法。"搜题软件甚至会给一些老师没讲过的、自己不知道的方法，还能总结公式。"张天成说。在搜题软件的帮助下，张天成很快理解了"蛋白质的肽链数＝组成它的氨基酸数－肽链数＝脱水缩合数"这个公式。随后，在长期以来的"短板"——生物的期中考试中，张天成竟然取得了不错的成绩。他将此归功于这款搜题软件。可见，信息技术产品的开发与正确使用，在某种程度上能帮助孩子拓宽求学途径，不再单纯地依赖父母与教师。

【资料来源：中国青年报.用手机学习，到底是"学会"了还是"学废"了．[EB/OL].(2021-12-06)[2023-12-12].http://news.cyol.com/gb/articles/2021/12/06/content_jPXg0swP2.html.】

(五) 家庭观念民主化，亲子冲突出现新形态

现代亲子间的冲突不同于以往亲子间的争吵、摩擦和冲撞，强调在彼此尊重和民主的氛围中，就家庭、工作和生活中的不同观点进行交流和讨论。当然，这种冲突也存在着亲子互动不协调、亲子之间存在隔阂和矛盾的冲突现象，但总体上是一种理性、平等和民主的冲突，主要表现在三个方面：一是子女独立意识增强与父母约束管教过多形成的矛盾；二是父母与孩子因认知存在偏差导致的心理隔阂；三是父母与子女之间因生活经历、价值取向的差异而产生的对立与矛盾①。

同时，在亲子关系民主化和平等化趋势下，亲子亲和与亲子冲突并存现象较为突出，在不同年龄阶段呈现不同的特点：在子女出生后到上小学前，子女需要依赖父母的抚养，没有学习任务，在父母眼里他们年龄尚小，没有给予他们什么压力，亲子关系基本处于比较和睦、融洽阶段。当子女开始上学以后，特别在青少年时，因个体生理与心理的变化、学习任务量增多、学习难度加深等因素影响，亲子关系表现出亲子交往日益突出双向影响趋势、青少年渴求亲子之间平等交流等新的特点和变化。在此期间，亲子关系主要体现为亲子冲突的增加与亲子亲和度的降低。直到子女成人，特别是组建家庭为人父母后，对亲子关系有了许多亲力亲为的人生实践、理解与感悟，对父母更加感同身受，亲子冲突又逐渐减少。总体而言，"亲子冲突会随着年龄的增长而下降，但是亲子亲和不会随着年龄的增长而质变"②。

---

① 缪建东.家庭教育学[M].北京：高等教育出版社，2005：96.
② 李东.当前我国家庭亲子冲突对策研究[D].福州：福建师范大学，2008.

(六) 社会保障制度逐渐完善，亲代对子代依赖降低

亲代抚育未成年子代、成年子代赡养老年亲代是代际关系的主要功能，后一功能为历代法律、政策和民间宗规祖训等所强调，对父母不赡养或赡养不力则被视为不孝之行[1]。在社会转型期间，原有的养老保障模式日渐弱化，完全依赖子代赡养的状况发生改变，国家开始建立、完善社会养老保障制度以支持家庭养老模式。虽然现有的养老保障政策相对更加重视老年人经济需求和物质需求的满足，忽视了其他方面的保障，如家庭成员对老年人的时间支持和心理支持等[2]，但从某种程度上来说，老年人在晚年有了较为稳定的生活来源，生活不能自理后的照料也可以雇人照料，亲代对子代的养老依赖有所降低，子女的赡养义务由刚性变为弹性。

二、当代社会转型期亲子关系存在的问题

当代中国亲子关系虽以和谐为主流，但随着市场经济的不断深入发展，人们受利益因素的影响程度不断增加，更加习惯用经济价值来衡量各种问题，容易造成不赡养老人、"啃老"等不和谐亲子现象。社会工作节奏加快，社会竞争压力加大，家长越来越重视子女的教育问题，"功利化"亲子教育模式更加突出。此外，随着我国城市化的不断推进，外出务工人员日益增多，空巢老人、留守儿童群体都需要社会重视与关爱。在深化改革过程中，及时调整的人口政策虽然在一定程度上能对冲人口老龄化问题，但我国人口老龄化的惯性趋势依旧明显，孝敬老人、老年人的情感孤独等问题也亟待社会进一步关注。

(一) "亲子一体化"严重，亲代过分溺爱子代

独生子女是中国社会转型时期生育政策制约下形成的重要生育现象，以此形成的"四二一"家庭结构环境使得当今我国许多家庭"亲子一体化"现象严重，亲代过度履行对子代的责任和义务，在教育责任上付出较以往更多的精力。父母以爱为名义，对孩子提出的任何要求都无条件满足，导致子代常以自我为中心，对家长大呼小叫、对家长的管教置之不理，并没有将家长视为有威望的长辈。有的子代过于依赖亲代，心安理得进行"啃老"，走向社会后不能吃苦，缺乏责任感和同情心。

---

[1] 王跃生.社会变革中的家庭代际关系变动、问题与调适[J].中国特色社会主义研究，2019(3)：79-87.
[2] 龙玉其.家庭视角下我国养老保障政策的反思与重塑[J].社会保障评论，2022(6)：130-143.

(二) 功利化倾向明显，亲代过度期望子代

当今社会就业竞争加大，父母对子女教育的重视程度远超正常水平。不少父母从小给孩子安排课外补习、兴趣班学习，或倾尽所有购买学区房以便子女获取优质学校的入学资格，孩子从小被父母引入目标明确的升学轨道，学习兴趣被限定在与升学就业相关的范围内，教育呈现功利性。有些家长为了全方位照料孩子的生活和学习，甚至牺牲了自己的兴趣、爱好和事业，对孩子过度依赖。如果孩子没有达到期望，就会变本加厉管教孩子；如果孩子达到了期望，又会为孩子设置更高的目标，在不断提出期望和满足期望的反复过程中，父母与子女均有可能身心疲惫。

(三) 亲子沟通不畅，代际冲突加剧

社会加速转型的时代背景下，成人的生存和发展压力加重，不少父母忙于事业发展，挣钱养家，无暇顾及孩子，甚至出现父亲"淡出"家庭的现象，父母与孩子的空间距离成为亲子关系培养与维系的一道客观上的"鸿沟"。日常生活中，孩子得到的只是父母的电话问候，缺乏面对面的共同活动和亲密接触；亲子谈话话题有限，多围绕学习情况，长此以往，亲子之间情感交流减少，亲子关系淡漠。受城乡二元化趋势影响，一些贫困家庭的经济水平、文化素养限制了父母对孩子进行良好的教育与呵护，留守儿童、空巢老人等弱势群体的亲情缺失问题凸显；受多元价值观念冲击，有些年轻人盲目追求婚姻自由，家庭离婚率增长，相比完整家庭，离异家庭、重组家庭的儿童与其父母的沟通要更为困难，亲子疏离现象更为严重，容易产生并加剧亲子冲突。

(四) 社会观念影响，亲代的情感需求被忽视

就当代来看，中年和低龄老年亲代所对应的少年和青年子代多为独生子女或少子女。"在子女成长过程中，多数亲代对未成年子女在家庭亲子代际关系链条中的责任、义务、情感沟通等的灌输和引导是不够的，即子女缺少对父母回馈的意识"[①]。受到市场经济等价交换原则的意识渗透，人们把本来不应该按成本利益来权衡的事物功利化，这种倾向削弱了人们对传统孝德文化的认同，子代产生了以代际等价交换观念代替报恩父母的意识。即使当代社会福利制度完善，子代赡养亲代的压力、义务大大减轻，但多数子代对老年亲代的赡养成为形式，照料义务履行有限，子代忽视亲代特别是老年亲代的情感需求也非个别现象，有些年轻人甚至抱有"我每个月都已经按时转赡养费了"的想法，代际不平衡现象明显。

---

① 王跃生. 社会变革中的家庭代际关系变动、问题与调适[J]. 中国特色社会主义研究，2019(3)：79-87.

受经济发展水平提高、生育政策调整、家庭结构变化、多元文化冲击、科学技术影响、家庭教育观念改变等因素影响，当代中国亲子关系的特点与问题具有时代特色。面对社会转型的重大转折与变革，家庭亲子关系的发展应当主动适应社会发展的需要，实现转型与变革。对于中华民族孝敬父母、尊老爱幼的优良传统，和欧美父母对子女民主平等、重视培养子女独立性的基本精神，我们应当批判继承、合理借鉴吸收；对于亲子代际关系中存在的问题或困难，政府、社会组织、学校、社区应当共同努力，通过地方政府统筹规划、社会保障体系完善、家庭教育知识宣传培训、家校联合等，构建社会关爱网络，为良好亲子关系的建立与发展提供科学指导，为构建具有中国特色的民主平等、亲密和谐的亲子关系作出贡献。

第三节　家庭教育中的有效亲子互动的主要策略

亲子互动是实现家庭教育功能的重要方式之一，是指家庭中父母与子女之间通过交换资料、信息、观点、意见、情感和态度等，达到共同了解、信任与互相合作的过程[①]。亲子互动的不同状态和不同效果一方面折射出亲代所持有的家庭观、婚姻观、儿童观和家庭教育观，另一方面也呈现子代在不同年龄阶段的身心发展规律和情感心理需求。什么样的亲子互动是有效的？有哪些基本要素？有什么合适的策略？这都需要亲子双方在家庭生活中共同摸索改进。

一、有效亲子互动的基本要素

不同类型的亲子互动形成了不同风格的亲子关系，演绎出的家庭教育也各具特色。有效的亲子互动以积极的亲子互动认知为基础，受亲子互动频率、强度、深度影响，囊括广泛的互动内容，呈现多样化的互动形式，产生多维的互动作用。要使亲子互动的积极作用得到有效发挥，推动亲子关系进入良性互动循环，需要立足适度的爱、自由与平等、理解与尊重、信任与包容等基本要素进一步思考与实践。

(一) 适度的爱

爱是维系亲子关系的重要纽带。和其他人际关系相比，亲子关系更富有人情味和

---

① 侯利明，雷鸣. 社会资本与教育获得——基于亲子互动模式的潜在类别分析[J]. 西安交通大学学报(社会科学版)，2019(4)：114-125.

情感色彩。自生命之初，父母对子女的发育与成长便倾注了极大的关心与爱护，当孩子感受到了"你在乎我，你愿意和我在一起"的情感，知道自己是被人爱着时，会愿意和父母建立起健康、安全、亲密的依恋关系，更愿意将自己的想法、情绪、经历、困惑难题等与父母交流沟通，亲子互动的频率与质量将会得到大幅度的提升。但需要注意的是，不当的爱有可能会害了孩子，应避免溺爱、偏爱、单向的爱和扭曲的爱，建立起适度的、合理的、双向的、有温度的爱。

(二) 自由与平等

从女性主义心理学角度来说，亲子关系本质上也是权力关系。传统亲子关系中，亲代被天然赋予了掌控子代命运的权利，拥有绝对的权威，强制子代接受亲代的价值观，子女的人格得不到尊重。如今，自由与平等成为实现有效亲子互动的核心要素，是亲子良好互动开始的前提。家庭成员生活在平等的基础上，家长卸下居高临下的姿态，对子女既是监护人，又是朋友；既尊重子女的主动性和独立性，又对子女施以必要的教育和指导，给予孩子发展兴趣和爱好的自由。只有家长认识到儿童不是家长的附属品，不是家长的包袱或逗乐对象，认可并尊重儿童的发展权，积极有效的亲子互动才有可能建立，家长才有可能在日常生活中以平等的态度看待子女，耐心倾听并尊重子女的想法和感受，和子女进行平等对话。

(三) 理解与尊重

理解和尊重是形成良好互动的第一步。在家庭教育中，子女最为渴望父母能够理解他们的思想和情感，尊重他们的人格和权利，但许多父母不愿意接受或缺乏接收新观念的途径，总认为子女的判断力还没有发展完善，应该听自己的。可子女也有自己的想法，并经常与父母的观念大相径庭，导致父母与孩子之间的代沟问题越来越严重。在有效的亲子互动中，父母应该把孩子当成有独立意志、想法和感受的个体，对其独立人格予以尊重外，在互动行为上要克服唯我独尊的意识，鼓励孩子表达他们内在的想法、态度、情感和需求等。但这并不意味着刻意要求孩子按照大人的意愿做事，也不意味着要一味顺从孩子。相反，在互动中父母要认真倾听孩子心声，给予理解，并帮助孩子思考如何解决问题，尊重孩子的选择。

【实践案例 4.2】

当第一代玩电脑游戏的孩子成为父母，亲子关系能否有新的打开方式

近日，一个名为"退网一年，我妈把我的号干到了119级"的视频迅速登上了多

个平台的热搜榜。视频中的学生为了能更好地备战高考,戒掉手机一年,但是又舍不得荒废掉自己打了多年的游戏账号,妈妈主动提出帮忙照看孩子的游戏账号。高考结束后,孩子从妈妈手里拿回账号时惊喜地发现,自己的账号不仅还在,而且妈妈已经帮他把游戏的级别打到了第119级。有网友在视频下这样留言:"这是什么神仙妈妈!""科幻片,大家别信,与其信这个不如信我是秦始皇。"虽然这些评论带着调侃的意味,但是隔着屏幕仍能感受到网友的羡慕之情。

妈妈帮把游戏账号打到119级视频的火爆似乎让人们对亲子关系有了新的思考:不禁止,甚至跟孩子一起玩游戏是父母对孩子的放纵还是理解?父母与孩子的关系是否有了一种新的"打开方式"?教育的前提是理解和了解,游戏可以作为亲子交流的重要话题,家长爱玩游戏,与孩子一起玩游戏并不是一种纵容,而是一种理解。家长应该把网络游戏作为与孩子沟通交流的桥梁,作为打开孩子心灵的媒介,让游戏成为孩子成长的契机。

【资料来源:中国青年报.当第一代玩电脑游戏的孩子成为父母,亲子关系能否有新的打开方式.[EB/OL]. (2023-07-31)[2023-12-12]. http://zqb.cyol.com/html/2023-07/31/nw. D110000zgqnb_20230731_1-05.htm.】

(四) 信任与包容

和谐的亲子互动离不开信任与包容。信任是建立关系的起点。受亲情天然联结影响,子女对父母有特殊的信赖感,且认为只有父母的信任才是真实可靠的。包容是面对亲子冲突、矛盾和分歧时的积极应对方法和智慧,是父母在面对孩子的各种问题时对小我与狭隘自我中心的超越。亲子互动中,只有亲子彼此信任,愿意包容对方,双方才会选择毫无保留地分享自己的想法、情感和经历,才能在遇到冲突时基于共同的理解和尊重,缓解矛盾,化解争端,调和情绪。

二、有效亲子互动的主要策略

亲子互动是调节亲子关系的桥梁与纽带,在家庭教育中可以围绕夫妻关系、教养观念、互动机制、沟通技巧等方面着手进行改善。

(一) 构建和谐夫妻关系,营造良好的家庭氛围

夫妻关系是家庭关系的主体,在家庭关系中起主导作用,是家庭和谐的关键性因素。要提升亲子互动质量,父母就应当做亲密关系的积极建设者,为孩子提供美好和舒服的家庭氛围,让孩子在爱的环境中长大。

具体来说，首先夫妻双方在关注亲子关系的同时更要关注夫妻关系。在家庭生活中双方要相互帮助，为彼此提供足够的情感支持。面对生活中的磕磕碰碰，双方要彼此尊重、相互体谅，及时调整心态，切勿将问题和矛盾转嫁到孩子身上，在孩子面前抱怨或请孩子传达负面意见，这都会使孩子在亲子关系中感受到压力或左右为难。其次，夫妻双方应强化彼此在家庭中共同承担育儿责任的意识，知道父母双方在孩子的个体发展中各自发挥着不同的作用。"妈妈是情感的代表，爸爸是理性的代表，孩子靠情感来滋养内在的生命，靠理性来发展外在的世界"①。只有父母双方共同参与到孩子的教育中，亲子互动才能构成良性循环。最后，父母要做好情绪管理，为孩子提供和谐安全的家庭氛围。如果父母情绪稳定平和，能较好地处理冲突，那么家庭氛围就会融洽愉悦；相反，如果父母不能很好地面对和管理情绪，家庭气氛压抑，会使亲子互动受阻，影响两代人的亲子关系质量。

(二) 更新教养观念，探索适合的教养方式

家庭教养观念是一个动态的、不断发展更新的过程，父母持有什么样的教养观念，会反馈到教养行为上，并对亲子互动产生影响。父母应调整自己的认知方式，转变传统的教育观念，逐步树立符合现代社会要求的人才观、儿童观和亲子教育观，探索适合孩子个性特征的教养方式。

1. 合理期待

家长对孩子的期待经常自觉或不自觉地从家庭生活的方方面面表现出来，但并非所有的期望都能产生积极的效果。如果对子女的期望值过高，标准超过了子女的实际能力，会让成人失望、子女受伤。因此在亲子互动中，家长应该避免亲子一体化的联结，处理好亲子间的"家长关系"和"伙伴、朋友关系"；要客观认识孩子，正确评估孩子，了解孩子的个性特点、学习方式、生活习惯等，客观理性地提出合理的要求。当家长淡化期望情结，降低期望值时，既能还自己一颗平常心，也能还孩子快乐而轻松的心境，促进亲子间的温馨互动。

2. 适当管束

父母管教孩子是出于对孩子的爱和责任，不管孩子则是父母的失职。但是管教不等于束缚，父母对孩子行为过度干涉，或管得不当，只会适得其反，影响孩子的成长。孩子是发展中的人，他们在事物的认识和行为上，是非判定标准不够明晰，难免在言行上出现这样那样的缺点错误，因此要"管"。但"管"必须从子女身心特点出发，以爱引导，不能过严过狠，不能苛求，不能强制，要合理而适度，慈严结合。

---

① 郑秀丽.家庭教育必读：中级[M].北京：中华工商联合出版社，2022：69.

【实践案例 4.3】

把改进成长权交给孩子，亲子关系更融洽

"当时在上网课，我发现她1个月没认真上课，天天偷着跟同学线上聊天、看小说，我就跟她发了特别大的火。感觉那么信任她，结果她却没有那么自律、没有想象得那么好，就觉得自己一下子掉入万丈深渊，心很凉，特别失望。"与女儿爆发一次激烈冲突后，李娅(化名)反思："学习只是产生冲突的一个导火索，核心其实是沟通的问题。我认为很小的事，但她认为很重要；当她告诉我一些事的时候，我的处理方法不当，导致后面有些问题她不主动跟我说了。有时我就是通过同学问问她在学校的一些表现，她觉得我是在侵犯她的隐私。"

中国人民大学心理学系副教授韦庆旺认为，说教会带来逆反，因为它本身是一种权威式的压制，反映出不平等的亲子关系。在这种家庭中，孩子没有空间和机会表达自我，父母的唠叨让他们倍感压力。实际上在家庭之中，父母是长者，也是朋友，前者暗含权威，后者意味平等，看似矛盾的两者需要父母用爱和陪伴来调和。良好的亲子沟通应当是双向的，要给足孩子安全感，引导孩子交流，最终达成共同探讨的平等沟通效果。

【资料来源：光明日报. 把改进成长权交给孩子，亲子关系更融洽. [EB/OL]. (2022-12-27) [2023-12-25]. https://news.gmw.cn/2022-12/27/content_36259937.htm.】

(三) 善用巧妙的互动机制，丰富互动形式

良好亲子关系的建立需要父母经常性地与子女展开互动，互动形式很多，如亲子运动、亲子阅读、亲子游戏、亲子出游、家务劳动等。家长可以根据孩子的个性特征和教育需求，针对性地选择合适的互动形式。同时，创设巧妙的互动机制可以增加有效的亲子互动。通常来说，亲子互动的机制分为暗示、模仿、感染、撤回爱护和体验结果[1]。

1. 暗示

暗示是在无对抗条件下，人们对接收到的某种信息迅速无批判地加以接受，并依此作出行为反应的过程。暗示不同于说服、感染和模仿，其是一种能引起暗示者反应的刺激，能让对方接受某种观念，并按这种观念行事。通常来说，可将暗示分为直接暗示和间接暗示。直接暗示是由暗示者把某一事物的意义直接提供给受暗示者，使人迅速而有意识地加以接受的一种暗示，如家长常对孩子说的："慢吞吞的！作业都快做不完了还不着急！"间接暗示是暗示者凭借其他事物或行为为中介，将某一事物的

---

[1] 缪建东. 家庭教育学[M]. 北京：高等教育出版社，2005：139-143.

意义间接提供给受暗示者，使人迅速而无意识地加以接受的一种暗示，如家长的言传身教。家庭教育中有很多过程都是通过暗示来实现的，但相比来说，间接暗示一般不会使暗示者产生心理抗拒或其他问题，所以其效果往往大于直接暗示。

2. 模仿

模仿是有意或无意地对某种刺激做出类似反应的行为方式，可以分为自发的模仿(无意识地模仿他人)和自觉的模仿(有意识地模仿他人)。模仿的内容很广，可涵盖行为举止、思维方式、情感取向、风俗习惯以及个人性格等方面。

3. 感染

感染是人们相互影响的一种互动方式，是人们通过某种方式引起他人相同的情绪和行为。感染实质上是通过情绪的传递和交涉发生行为的改变。感染的条件包括三种：情境的相似性、态度价值观的相似性、社会地位的相同。

4. 撤回爱护

撤回爱护在家庭中是父母常用的方法。比如在日常生活中父母常使用"你不听话，妈妈就不喜欢你了"等类似言语来达到教育目的，代替大声呵斥、命令、强制等方式使孩子放弃一些无理要求。

6. 体验结果

情绪的感染有时需要通过对结果的体验来完成，家庭中情绪的经历是一个复杂的过程，强烈的情绪体验会给孩子和成人留下深刻的印象，因而体验结果也成为亲子互动中家长常用的方法。

(四) 掌握沟通技巧，学会角色置换

良好亲子关系的建立离不开沟通，亲子间的双向沟通能把家人彼此的态度、感受、情绪和想法等传递给对方，进而了解彼此的个性特征和心理需求，达到互相理解、谅解和支持。具体来说，父母可以在信息交换中观察和了解孩子的言行举止、情绪的变化，判断分析他们的行为和内心活动，及时了解他们的需求和愿望、对父母的意见和要求；孩子可以在信息交换中更好地了解父母的性格特点、工作情况，特别是父母对自己的深情厚爱和殷切期望，进而孝敬父母，尊敬长辈。

家庭生活中有一些不良的沟通现象，在不同程度上加大了亲子互动的压力，如有一些家长与孩子交流，一听到不同意见便无理压制，甚至简单粗暴地进行训斥；也有一些家长会挑剔孩子，甚至会不断唠叨孩子的不足。实际上，我们更倡导民主的沟通方式，即父母不是将孩子作为教诲与听话的对象，而是给孩子预留出说话、提问、反驳的机会，通过双方对话、交谈和讨论的方式摆事实、讲道理，提高认识。就算是对孩子进行管教，民主的家长也多是采用示范、协商、鼓励、表扬等方式，而不是批

评、攻击、指责、专制等以势压人的令儿童厌烦和抗拒的教育方式。因此，亲子双方有必要掌握一些沟通技巧，特别是家长学会在日常生活中进行有效沟通，可以使亲子互动更加顺畅、有力。

亲子间的有效沟通可以采取定时沟通、情感发泄与积极回应、角色互换与扮演等方法来实现。

1. 定时沟通

在家庭生活中，亲子间可共同确定每周固定的沟通时间，如每日进餐交流、孩子上下学时的接送交流、睡前交流或专门的交流时间。沟通内容可以涉及为了了解子女情况而事先计划好的话题，也可以随机随心交流以增进亲子间的情感。亲子双方应以民主、平等、稳定情绪的心态，本着互相了解内心想法的态度进行交流，父母要学习在沟通中称赞与欣赏孩子，激发孩子继续沟通的欲望，最终达到子女信任父母，父母信任子女，亲子间有困难、有想法、有表达意愿时都能想到与对方沟通的目的。

2. 情感宣泄与积极回应

情感宣泄是减少亲子冲突的有效途径之一。父母可以定期或不定期地让子女进行情绪发泄，做一个积极的倾听者，鼓励孩子以明确的语言表明自己的想法与感受，表达自己的不满、难过，帮助孩子形成良好的心理状态。在发泄情感时，父母要主动参与沟通过程，专心听孩子诉说，态度谦虚，目光亲切地注视孩子；要真诚地对待沟通过程，勿随便插话或打断，特别地不要边谈话边做其他事情。倾听过程中，家长要放弃固有的心态，放下自己的分析、判断、劝告和意见，感受非语言的沟通线索，从语调、表情、速度、姿势等角度捕捉沟通信息，必要时可以通过自己的体态语言、话语或其他方式给孩子以必要的反馈，如点头、微笑、拥抱等，向孩子传达其是有价值的人，认可孩子的想法和行为，创设条件引导孩子感受被接纳的乐趣，建立自信。

3. 角色互换与扮演

"由于亲子角色的固定性或界限分明的特征，亲子交往时往往站在各自角色的立场上去看待问题，这种方式很容易造成亲子的意见分歧，形成亲子冲突"[①]。此时在亲子交往中使用角色互换与角色扮演的方法是很有必要的。角色互换，即为了心意相通，理解对方的行为，站在对方的立场看待事件与问题，也就是换位思考；角色扮演，即必要时由父母扮演孩子的角色，孩子扮演父母的角色，以此相互理解，消除隔阂与冲突。

---

① 杨克. 新时期亲子关系研究：基于社会工作专业的视角[M]. 济南：山东人民出版社，2015：14.

三、有效亲子互动的理想模式

根据人际沟通的相关理论，互动中双方所形成的依赖(也叫做相倚)可以分为假相倚、非对称性相倚、反应性相倚和彼此相倚[1]。

假相倚指的是每个人只对自己做出反应，他的反应很少取决于他人的反应。"假"显示的是在这些情境中虽然有一种对别人做出反应的样子，但是反应是虚假的，是装出来的，坚持自己的立场才是互动者的真正目的。

"非对称性相倚指的是一方以对方的反应作出自己行为的根据，另一方则主要对自己的计划作出反应，这是一种不平等的相倚"[2]。做出反应的一方主动把握着互动的方向和速度，另一方则处于被动的地位，被牵着鼻子走。

反应性相倚指的是人们带入情境的计划被打乱，人们只对眼前发生的事或说的话做出反应，是无目的、无计划，或有目的有计划，但未发生作用的，是偶发的、随意的、即时的互动。

"彼此相倚是一种正式的社会互动模式，互动者既对自己的计划做出反应，又可以对他人作出反应，是主动控制自己又控制局势的反应"[3]。这类互动中，互动双方均能做到主动控制，主动反应，互为影响，彼此都是主动的互动者。

亲子互动作为家庭中主要的互动模式，较多地显现为非对称性相倚，孩子与父母依照不同的准则做出反应，父母对孩子、孩子对父母均寄予不同的期望：孩子从父母处期望即时回报，父母则希望孩子长期地努力；孩子希望得到父母的保护、肯定和支持，父母则希望孩子健康、愉快、和谐；孩子从父母处学到的是服从规则和权威，父母从孩子处得到的是对自由和平等的渴望以及不断地反抗与叛逆的印象。在社会转型期，由于主客观环境发生了变化，亲子互动的最佳模式也开始由非对称性相倚和彼此相倚并存向彼此相倚模式转化，该模式主要呈现以下特点。

(一) 亲子互动双主体能主动控制与反应

父母与子女间是以独立个体在进行交流互动，感受彼此的需求与支持，但不会有被替代的感觉。父母对子女的管辖权是暂时的、有限的，且可选择。父母不会将自己的意志强加给子女，不会随便帮助子女作决策；子女可以选择自己感兴趣的事情，子女的事情父母可以做参考和指导，但最后还是尊重子女个人的选择和决定，给予子女一定的自由空间。

---

[1] 缪建东. 家庭教育学[M]. 北京：高等教育出版社，2005：127-128.
[2] 张荣艳. 从非对称性相倚到彼此相倚——转型期核心家庭亲子互动模式探析[D]. 吉林：吉林大学，2004.
[3] 张荣艳. 从非对称性相倚到彼此相倚——转型期核心家庭亲子互动模式探析[D]. 吉林：吉林大学，2004.

(二) 亲子互动双主体能相互影响与学习

无论子女处于生命的哪个时期，父母影响孩子的同时，孩子也在影响父母；子女向父母学习的同时，父母也向子女学习。在数字媒体迅猛发展时代，亲子间获取知识的渠道与手段趋向平等化，且如今子代接受新事物的意识与能力相比亲代有时更强，父母向子女请教学习的频率增加。此时父母应该意识到这种现象，尊重孩子的人格尊严，尊重孩子的成长需要，尊重孩子的各项权利，尊重孩子的观点，在适当的时候，采纳孩子的建议，使其能参与到某些家庭决策中。

(三) 亲子互动双主体能彼此理解与沟通

亲子间在需求、情感、合作等方面的同质理解是平等互动的前提基础。在不同生长时期，子女的年龄特点不同，父母给予的关注也应当不同。特别地，父母应当承认孩子日益发展的思想水平和行为能力，本着理解、尊重、信任的态度，主动与子女沟通，鼓励他们能够同父母说心里话，必要的时候要重视、接纳他们的想法、感受和意见。同时子女也要从父母的角度考虑他们的感受，角色互换，站在对方的立场来考虑问题。在这个互动过程中，双方的人格是平等的，就算遇到分歧，双方都具有公平、互助、协商的意识，尝试用各种调适手段来达到双方都可以接受的局面。

(四) 亲子互动中追求纵向的亲子关系

在彼此相倚模式之下，父母与子女间的"朋友关系"并非是平行意义上的，仍旧有长幼辈分之分。虽然随着年龄增长，子女的身体机能与心智不断成熟，但在父母心中，孩子就是孩子，相比他们本身的人生阅历，孩子依旧缺乏人生经验和知识。同时在信息化时代影响下，孩子的成长环境愈加开放，获取知识的途径愈加丰富，社会大众传媒或同辈群体的影响有时会存在假象，倘若缺乏科学的价值观引领和德育引导，可能会导致孩子的发展良莠不分，以消极的亚文化甚至反文化塑造自我，迷失方向。所以应当注意，亲子互动中所提倡的"朋友"关系，仅是人格平等、彼此信任、互相诚信意义上的，亲子间依旧是纵向的关系，父母要在互动过程中作为把握主要方向的行为主体引领孩子。

将彼此相倚作为亲子互动的理想模式，是一种理性的追求，是一种趋势，也需要一个漫长的"实践"过程。应当将良好亲子关系的建立视为一项系统工程，通过社会、家庭、学校、子女自身等多方面的努力，达成和谐、健康的亲子良性互动。

研究讨论

1. 如何理解亲子关系的内涵、特征与意义？
2. 如何看待社会变革转型期间亲子关系的特征与存在的问题？
3. 如何促进亲子有效互动？当前中国家庭构建良好亲子关系可以采取哪些策略？

拓展阅读

1. 魏晨明，曲振国. 今天我们如何做父母[M]. 北京：中国社会科学出版社，2016.

2. 郑秀丽. 家庭教育必读[M]. 北京：中华工商联合出版社，2022.

3. 高闰青. 家庭教育理论研究与实践[M]. 郑州：郑州大学出版社，2022.

4. 王晓娟. 亲子教育理论与实践[M]. 北京：北京理工大学出版社，2020.

5. 杨克. 新时期亲子关系研究：基于社会工作专业的视角[M]. 济南：山东人民出版社，2016.

6. 王跃生. 社会转型及其对中国当代家庭的影响[J]. 中国高校社会科学，2017(5)：58-68+157.

7. 王跃生. 社会变革中的家庭代际关系变动、问题与调适[J]. 中国特色社会主义研究，2019(3)：79-87.

8. 王文琳. 后喻文化背景下良性亲子互动模式的建构[J]. 山东开放大学学报，2022(3)：56-59.

第五章
成长阶段与当代家庭教育主要内容

内容提要

家庭教育,伴随个体成长的完整阶段。随着心理学研究和教育学研究的与时俱进,我们更加深入地了解了孩子的身心发展规律和教育规律。在当代教育理念的更新以及学校教育的不断改革的大背景下,处于人生不同成长阶段的孩子们也出现了一些比较典型的新特征。本章主要以个体受教育的学段为依据,针对学龄前阶段、中小学阶段和大学阶段的学生身心发展特征,对家庭教育的主要内容展开思考。

学习目标

1. 了解孩子在主要成长阶段的身心发展特征与典型问题。
2. 理解主要成长阶段的家庭教育的重点内容。
3. 分析不同成长阶段家庭教育现象并提出相关对策。
4. 明晰成长阶段与家庭教育主要内容的关系及其当代特征。

第一节 学龄前儿童身心发展特征与家庭教育内容

学龄前阶段是一个人生长发育的最初和最迅速的时期,家庭教育对孩子一生的身心健康发展起着奠基作用。本节针对婴儿期和幼儿期的身心发展特征,重点从生长发育保障、母婴联系和安全感、关注教育适应等三方面阐述当代学龄前阶段家庭教育的主要内容。

一、学龄前儿童的身心发展特征

学龄前阶段主要是指儿童从出生到上小学前的成长阶段,从学段来看包括早教或托育阶段和幼儿园教育阶段；在心理学上主要对应婴幼儿期，年龄一般在0到6、7岁之间，具体又可以分为婴儿期(0～3岁)和幼儿期(3～6、7岁)两个阶段。

(一) 婴儿期身心发展特征

婴儿期主要是指0～3岁这个年龄段。3岁内的孩子有两个生长发育高峰期，分别是0～1岁、2～3岁。在0～1岁阶段，他们的动作发展速度惊人，几乎每个月都会习得一种新的动作技能，比如翻身、抬头、坐立、站立、爬行等，动作发展的同时，他们的心理也在发展。在2～3岁阶段，儿童进入了语言飞速发展时期，发音吐字日益清楚，语言交流能力迅速提升，他们已经可以用很有个性的方式表达自己的需求，随着动作和语言能力的提升，其基本生活自理能力越来越强，很多事情喜欢自己做主，社会性依恋逐步发展。可以说3岁以内儿童在动作发展、感知觉发展、语言发展、情绪情感发展等方面都有突飞猛进的进步。

(二) 幼儿期的身心发展特征

幼儿期主要是指3～6岁这个年龄段。3～6岁的儿童基本已经开始进入幼儿园教育阶段，他们的身心发展逐年变化，可以看到小班、中班、大班幼儿在身体和心理发展方面都有比较典型的年龄特征。

1. 动作和身体发展方面

小班幼儿一般年龄在3～4岁，在动作发展上比3岁前的速度趋缓，手和身体的动作比较自如，但是肌肉力量和耐力较差；平衡、躲闪能力不够，动作协调性较差；小肌肉动作得到发展并能独立完成一些比较精细的动作。

4～5岁的中班幼儿在神经系统的发展上进步较快，其兴奋和抑制的转换能力更强了，专注时间也更长了，加上动作的灵活性、稳定性的增加，幼儿的精细动作和手眼协调能力以及肌肉耐力都有较大进步，但动作的准确性和自控能力仍然较差。

大班幼儿一般年龄在5～6岁，他们的大脑抑制功能逐渐加强，自控能力加强，动作也更加协调灵敏，这个时期的孩子在日常的游戏和生活中对具有一定难度挑战甚至带有冒险性的动作越来越有兴趣，并且很喜欢参加一些需要团队协同完成的活动。

2. 心理发展方面

小班幼儿从直觉行动思维发展为具体形象思维，无意记忆较强；生活和学习中喜欢模仿和从众；在语言发展方面，词汇量和表达能力都大有进步，输出的句子结构日益完善，说话时常常运用短句并辅以动作和表情。

3～4岁的中班幼儿自我意识初步形成，他们主要通过亲身经历、重要他人、环境等渠道获得自我意识，对他人的评价和看法主要依赖于家长或密切接触到的成人的评价。中班幼儿仍然处于具体形象思维阶段，容易识记较为直观的具体形象材料，注意力、记忆力、想象力的有意性都比小班显著提高。随着思维概括性的提升，该阶段幼儿参与活动的有意性更强了，开始能够接受一定的任务，同伴交往能力日益进步，在游戏中表现出一定的社会性发展水平。此外他们的词汇量增长迅速，输出的句子复杂程度提高，语言表达能力有了飞速发展，能够独立地讲述故事或各种事情，但是说话的连续性还不够。幼儿在自我评价方面仍然处于由主观到客观、由笼统到具体、由完全从属于成人到逐步自我认识的发展阶段，同时自我调控、自我体验得到发展。

大班幼儿的心理活动表现为更高的有意性和概括性，抽象思维开始萌芽，会进行一些简单的逻辑推理。该阶段幼儿在语言发展中的进步主要表现在语法上，自我中心语言越来越少，语言的社会化水平提高。由于幼儿已经开始有了独立思考能力，对成人的评价开始提出疑问和申辩，其评价能力也逐步趋向细致、全面和客观，而且大班幼儿已经具备一定的情绪控制能力。

二、当代学龄前阶段家庭教育的主要内容

学龄前阶段是为个人全面发展打基础的时期，根据幼儿身心特征，涉及幼儿大脑(学习)和身体发展、健康和安全发展、认知与情绪情感的发展、社会性和个性发展、艺术和审美发展、道德和公民性发展等具体维度。一方面，任何一个幼儿的全面发展都涵盖这些内容；另一方面，每个不同年龄段的幼儿所呈现的个体差异和发展速率都不同，在当代学龄前儿童的家庭教育中应重点关注以下内容。

(一) 更加重视对生长发育的保障

生长发育是从受精卵到成人的成熟过程。学龄前儿童的生长发育包括生长和发育两部分。生长是指儿童身体各器官、系统和身体形态上的变化，以身高、体重、头围、胸围等体格测量表示，是量的增加。发育是指细胞、组织和器官的分化和功能成熟，主要指一系列生理、心理和社会功能发育，重点涉及儿童感知发育、思维发育、语言发育、人格发育和学习能力的发育等，是质的改变[①]。儿童与成人的根本区别在于他们处于快速的不间断的生长发育过程中，这个过程中任一时期出现异常，都可能会影响其生长发育，使儿童出现异常情况(如孤独症、脑瘫、多动症、阅读障碍等)。

影响孩子生长发育的因素很多，包括先天的遗传因素和后天的环境因素。遗传因素一般是指先天因素，主要通过基因由上一代传给下一代，这在孩子的高矮胖瘦、肤

---

① 周建华. 慢性肾脏病对儿童生长发育的影响[J]. 中国实用儿科杂志，2011(6)：422-424.

色、身体形态方面，甚至一些疾病影响上能够表现出来。环境因素包括自然环境和精神环境两方面的因素，主要是后天因素。此外，精神因素是影响生长发育的重要因素之一，特别是家庭是否有健康的生活方式，是否能提供和谐亲密的亲子关系，祖辈与父辈之间交流互动的氛围，都是关系到孩子成长的精神因素。在一个轻松愉悦、充满安全感的家庭精神环境中长大的孩子，其身体和心理健康程度普遍较高。

学龄前阶段是个体生长发育速度最快的时期，而身高和体重比较直观地反映了孩子的喂养质量，是衡量他们生长发育的两个重要指标。家长们也特别容易关注自家孩子的发育水平，并以此为依据进行饮食营养以及运动监控等方面的调整。当今家庭物质生活水平普遍较好，保证孩子的生长发育正常备受家长关注，而且已经成为家庭教育指导的重点内容之一，因此在各方保障之下，孩子各项生长发育指标普遍得到提高。

我们知道，一个人的身高是先天遗传、出生体重、身长、后期营养、机体健康状况等综合因素相互作用的共同结果。其中，遗传因素特别重要，科学研究表明，父母双方的身高对孩子的身高都会产生影响。对孩子来说，有了爸爸妈妈的身高做先天基础，再排除其他先天因素和疾病因素的影响，后天的喂养条件(主要包括营养、睡眠、运动习惯、心理因素等)对身高和体重具有至关重要的影响，为了保障儿童身高体重方面的正常生长发育，当前的家庭都很重视儿童的营养、运动与睡眠。

首先，重视营养。一方面要为孩子生长发育提供充足均衡的膳食营养，另一方面要注意营养供给量的适度。我们知道3岁前婴幼儿的身高增长与营养状况关系很大，很多家庭在日常饮食上就特别注意提供新鲜丰富的肉、蛋、奶、蔬菜、水果等营养食材，并且讲究各类营养素的均衡摄入。但是家庭饮食中营养素的提供如果超标，而孩子们消化能力和活动量有限，就很容易体重超重，这种营养过剩能导致骨龄增长过快及各种与肥胖相关的疾病，反而不易长个子。

其次，重视运动。运动对生长发育的帮助已经得到了广泛的认可，运动中的幼儿生长激素的分泌得到有效刺激，同时体内多巴胺的分泌，能让他们保持愉悦的心情，而且在运动中他们的走、跑、跳、钻爬、攀登、平衡等基本动作得到锻炼，身体素质得到提高。大量的案例已经证明了热爱运动的孩子在身高体重等生长发育具体指标方面，均显著优于不爱运动或不经常参加户外活动的孩子。在幼儿期，良好的运动习惯养成是重点，没有统一标准，运动贵在坚持，习惯贵在养成。为了有效保证幼儿健康，越来越多的当代家庭重视孩子运动习惯的养成。

最后，重视睡眠。高质量的睡眠有利于孩子身高增长、身体机能的恢复、心理健康的保持，是促进孩子生长发育的重要措施。身高的增长需要生长激素的支持，而生长激素的分泌跟高质量的睡眠有关。由于生长激素分泌高峰在夜间，呈脉冲式分泌，并且在进入深睡眠时分泌量最大。因此，家长要注意让小朋友"睡一个能长个子的觉",把睡眠作为一件很有仪式感的生活内容:为孩子提供安静舒适的睡眠环境,睡前控制孩子喝水,避免孩子过于兴奋并保证每天10小时左右的充足睡眠。

(二) 更加重视母婴联系和安全感

在婴幼儿期建立正常的母婴联系是构建良好亲子关系和安全感的基础,婴儿出生后的亲子关系主要是母子关系。最初,母亲在给婴儿哺乳、换衣和洗澡等方面的照料过程中建立起初步的亲子依赖。在6个月以后,随着断乳、排泄等方面的训练,孩子的动作和行为逐渐活跃起来,他们也就有了管教和约束的需要。在亲子之间的人际联系中,情感上的接触至为重要。

1. 婴幼儿的情感接触与母婴联系

所谓情感接触,可以从两方面去理解:一是个体感受到别人对自己的关心和同情;二是个体与周围人是协调的,能感受到他们的悲伤与欢乐[①]。

波兰心理学家奥布霍夫斯基的研究表明,儿童从出生到3岁左右的情感接触的需要具有如下特点。

(1) 这种需要是由孩子与一个熟人(往往是其母亲)的关系来满足的。如孩子进托儿所后,可能会接连哭几天,这是对与母亲分离做出的绝望的反应;也可能冷漠地服从管理人员的要求,对与母亲分离做出"呆若木鸡般的"反应。

(2) 这种需要是十分特殊的,与以后的年龄阶段内的情感需求表现不同,它可能会成为影响孩子适应托儿所生活的关键因素。

(3) 这种需要和其他需要一样,可能由于不利的教育条件而受到压抑。

奥地利心理学家洛伦茨的研究针对了"认母"的关键期,认为母亲与儿童之间关键性的"联系"过程,发生在出生后第一个小时。曾有学者对美国一些医院把婴儿放在隔离室里,只是在需要喂奶时才被带到母亲那里的做法进行了尖锐的批评。他们认为,这种做法妨碍了产后第一小时里母婴之间感情的建立。

对新生儿来说,母爱是非常珍贵的精神营养,这不仅是因为孩子生活环境有巨大变化,更重要的是他已经是个懂得母爱,并能用哭声和微笑来呼唤母亲爱抚的具有初步智慧和情感的人了。母亲应利用一切机会用亲切和柔和的语调与新生儿说话,如"吃奶吧!""渴了吗?""睡得真香啊!""宝宝真漂亮!""妈妈来了!"等,这种爱抚性的谈话,不仅能促进孩子对语言的感知,还能使他享受母爱,与母亲进行情感交流;所以,母亲要经常抚摸新生儿前额和全身皮肤,经常搂抱孩子,平时多用充满感情的目光注视孩子,以满足婴儿心理需求,加深母子的相互信赖和感情。

---

① 高军. 儿童人格智能培养的策略[J]. 太原大学教育学院学报,2008(3):34-36.

【知识链接 5.1】

陌生情境测验

陌生情境测验(strange situation test)亦称"陌生情境技术",它是测量婴儿依恋的方法。

陌生情境测验由美国心理学家安斯沃思和威特1969年提出,适用于2岁以下儿童。具体做法是,实验时将被测试的儿童与其抚养者和一个陌生人以多种组合安排在实验室中(见图5-1),来观察儿童在该情境下的情绪行为反应,以确定儿童的依恋类型[①]。

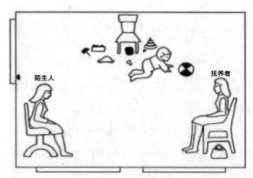

图5-1　实验室情境

操作程序有7步。

(1) 实验者将婴儿和抚养者安排在实验的房间里,随后离开。当婴儿探索房间的时候,抚养者什么都不做。

(2) 进来一个陌生人,前一分钟什么都不说,之后开始和抚养者说话。再过一分钟,陌生人开始接近婴儿。

(3) 然后,抚养者尽量小心地离开房间,这时候,房间里只有婴儿和陌生人。

(4) 抚养者回来安抚婴儿,然后离开。

(5) 婴儿一个人在房间里。

(6) 陌生人进来,开始和婴儿玩。

(7) 抚养者回来,陌生人离开。

随着实验的进行,这些情境对于婴儿来说,越来越陌生。最开始,婴儿只是在一个陌生的房间里,然后陌生人进来了,然后陌生人开始和他们说话,最后连抚养者也看不到了。婴儿的压力也越来越大。

研究人员根据在抚养者回来后婴儿的反应,分析得出三种不同的依恋类型。

第一种安全型依恋。这类婴儿对母亲的依恋很有安全感,在抚养者离开的时候会有些沮丧,但当他们回来的时候就会很开心而且很快平静。深入的研究显示70%的婴儿属于这个类型。

第二种回避型依恋。这类婴儿对抚养者不太关心,但当抚养者离开房间的时候会大哭。奇怪的是,当抚养者回来的时候他们也不觉得高兴,总是转过身哭着就爬开了。大约20%的婴儿属于这种类型。

第三种抗拒型依恋。这类婴儿最开始不想离开抚养者去探索新环境。之后,当抚

---

① 林崇德,杨治良,黄希庭.心理学大辞典[M].上海:上海教育出版社,2003:836-837.

养者离开的时候他们会大哭,抚养者回来并想靠近的时候,他们又开始抗拒,看起来很生气。大约10%的婴儿属于这种类型。

此外,还有一种特殊的类型,我们称之为混乱型依恋。这类婴儿没有固定的表现模式,他们看起来总是害怕抚养者,并对其感到困惑。这种依恋类型与抚养者抑郁或者儿童受虐待有关。

分析思考:

为什么婴儿会形成不同的依恋类型?安全型依恋的孩子往往更自信、有更多朋友、成人阶段的人际关系更健康。安全依恋的建立不是一次性的行为,在这种关系中,孩子感觉到被听见、被看见、被理解,在遇到问题的时候,自然地向抚养者倾诉寻求帮助。因为抚养者就是他/她的安全基地。儿童只有把抚养者当作安全基地才能有效地探索其周围环境。这给我们的提醒是:我们对孩子未来发展的各种期望不是靠向家庭外寻找而达到的,而是建立在我们家庭内安全基地之上的。当然,也不是说没有"家庭安全基地"的孩子长大后就一定不幸福,但他会付出比常人更多的努力才能收获幸福,那些没有通过原生家庭获得温暖与安全感的人,最清楚自己的安全感有多么来之不易。

【资料来源:林崇德,杨治良,黄希庭.心理学大辞典(上)[M].上海:上海教育出版社,2003:836-837。】

2. 婴幼儿安全感建立的三个阶段

童年的安全感决定孩子一生的幸福。婴幼儿安全感的建立大体可以分为0～3个月、3个月～3周岁、4～5周岁三个阶段,与父母功能的发挥紧密联系。

阶段一:0～3个月

新生儿从子宫环境中进入自然环境,就改变了依赖母体环境通过脐带输送营养的生存状态。这个时候生理营养和心理营养两个方面能否得到满足关系到个体是否能够存活。生理营养即各种生理需要的满足,而心理营养主要源于母婴关系,能否被无条件地接纳并被看成最重要的人是安全感形成的最初基础。但是,影响母亲养育孩子的家庭因素比较复杂,年轻父母的工作压力与抚育孩子占用的时间精力可能引发的冲突、夫妻之间的生活磨合与相处模式的影响、母亲角色的适应和胜任程度都会直接影响母亲育儿心理,母亲可能偶尔会在情感上不够接纳孩子,导致在照顾孩子的过程中会不自觉地流露出负面情绪,一旦孩子在"无条件接纳"和"重要感"两个方面得不到满足,孩子的安全感就会出现问题,占有欲强,爱妒忌,长大后就会特别"粘人",表现为在幼儿园和上小学时特别黏着老师,中学时代过早谈恋爱。

阶段二:3个月～3岁

这个时期孩子开始体验分离和独立,并逐渐会为自己的行为负责。从4个月开始,婴儿就开始认生,自我意识萌芽,也开始学会一些自我安抚的方法;1～2岁,孩子有自己的"脾气",总是迫切地想要自己尝试;2~3岁的孩子独立能力大大进步,一部分孩子已经进入托幼园所接受集体教育。在这一阶段,孩子会经历更多的分离,尝试独立,如果他通过多次的尝试认识到,想要帮助的时候妈妈就能来帮助,想要自己玩自己做事情的时候,妈妈也会同意并在一旁关注,那么这个孩子会表现出比较稳定的情绪,有安全感,看不到妈妈时也不用担心失去妈妈,有时候妈妈虽然不在身边,但是他认为妈妈的爱还在心里,这样的孩子就不会有分离焦虑,上幼儿园也不会哭太久,长大后失恋、亲人去世、遭遇挫折都不会承受不住。

阶段三:4~5岁

从4岁开始,孩子的自我意识逐渐加强,他们开始有"我"的概念了,随着生活内容的日益丰富,接触的人也越来越多,父亲的影响也开始越来越大甚至超过母亲。但是这个年龄段的孩子正处于道德发展的他律阶段,是非观念尚未确立,表现在自我认知和评价方面就是依赖他人,他们总是在他人的赞美、肯定和认同中获得自信和满足。所以父亲欣赏、肯定自己的孩子,对孩子的自我价值感、性别认同都是十分关键的。但是在现实生活中,传统的男主外女主内,以及大男子主义观念,往往容易造成"父亲缺位",无法发挥父亲在安全感建立中的重要作用。当然在家庭教育中,一方面需要父亲有意识地参与到孩子的成长过程中,另一方面需要母亲对父亲持有欣赏和尊重的态度,以帮助孩子建立适度的"父亲权威",这些都会直接影响到父亲做怎样的"父亲",用什么样的状态去做好"父亲"。

当然,对孩子安全感影响最大的就是父母之间的关系,由于幼儿无法区分自己的行为和环境的关系,他们很容易把父母间的矛盾冲突归因于自己不好、不乖,从而产生很大的不安和负疚感。因此美好的婚姻、和谐的家庭对于孩子安全感的建立以及孩子社会化发展有直接影响。在孩子3岁之前,因为日常生活中母亲照顾孩子较多,所以对孩子而言母亲比父亲重要得多。现代年轻人都很有思想,个性也强,大部分都受过良好教育并有能力实现经济独立,他们普遍认为如果没有幸福的婚姻,宁可选择友好和平的离婚,并共同抚养孩子。但是也有相当一部分年轻的父母离婚后彼此记恨,甚至用孩子作为筹码继续伤害对方,比如禁止对方探视、在孩子面前说前任坏话、责骂孩子挂念对方等等,种种行为都在破坏孩子的安全感,甚至影响到孩子未来的恋爱观婚姻观和家庭观。也正是在这个意义上,我们认同最好的家庭教育就是"夫妻恩爱",孩子的安全感和自信心也正是以此为基础的。

【知识链接 5.2】

第一反抗期

第一反抗期在2~3岁时出现。在这个时期,孩子对母亲用命令的语调提出的要求往往报之以"不"！穿衣、吃饭时，也常常不愿接受大人帮助。孩子会对你的绝大多数行为予以否定，他们会毫无理由地拒绝或反对你，跟你"对着干"，这是主动性得到正常发展的孩子的表现。国外家长把2岁以后的孩子称为"terrible two"（可怕的两岁）。宝宝的自我意识觉醒常常有以下表现：不喜欢别人随便碰"我"；"我"的东西不许别人拿；其他人都要听"我"的；"我"的事情"我"自己决定；"我"只吃"我"喜欢吃的东西；"我"自己能做的事情不要别人帮忙；玩具不能离开"我"的视线，走路也要拿着。

对于这个阶段的孩子，父母最好让孩子用自己的力量去做这样或那样的尝试。当孩子获得成功时候，必然在增长才干，同时增强了自信心；父母如果和孩子共享成功的喜悦，适当地给予夸奖，还能加深亲子间的感情。如果孩子没有成功，父母也不要加以责难。培养孩子的自信心，把他们失败的体验转变为成功的体验是至关重要的。应以"再努力试试看"这类话来鼓励孩子，给孩子创造再尝试的机会，培养其去克服困难的欲望。担心孩子失败，事事抢先替孩子干好，或者用"看，你不行吧，要听大人的话"这类话来责难孩子，使孩子听从父母安排，只能使孩子从小养成过强的依赖心理，干什么都离不开大人的帮助。

【资料来源：施健.家庭教育中家长的角色[J].中小学心理健康教育，2020(1)：13.】

(三) 更加关注教育适应问题

教育适应是指教育对已经出现、正在进行或将要发生变化的社会环境和教育对象所做出的反应，是教育不断满足社会发展和人的发展需求的过程。教育适应包括消极适应和积极适应两类。消极的教育适应是指教育被动地去顺应社会环境和教育对象的发展变化；积极的教育适应指教育主动地促进社会环境和教育对象的发展变化，充分发挥教育的先导作用。能否适应社会环境和教育对象的发展变化以及适应程度如何，是衡量教育作用的大小、教育是否存在危机以及危机大小的基本标准。学龄前阶段的教育适应问题主要反映在"分离焦虑"和"入学准备"两个方面。

1. 新入园时期的"分离焦虑"

在学前阶段的教育适应问题集中反映在"分离焦虑"问题上。托班幼儿和小班幼儿因为要离开家庭去托儿所或幼儿园上学，他们对环境变化的敏感以及新环境新生活的常规尚未建立起来，幼儿会非常害怕与亲人分离。他们会用比较剧烈的哭闹来表达自己的反抗，拒绝睡眠、拒绝参加活动、不吃不喝不与老师和同伴交流互动。

因为分离焦虑的存在，孩子对新环境本身及新环境中的同伴或老师会产生一定的情绪障碍，影响了他们在托幼机构正常的学习和生活，仅仅依靠老师在幼儿园进行疏导效果有限，所以家园共育中家长的配合很重要。这里举一个比较极端的案例：冰冰是一位新入园的孩子，每天入园时都是又哭又闹的，紧紧抱住父母的腿不愿离开。老师迎上去接他，他就用脚踹老师，等到父母一离开，他就挣开老师的手，跑到窗前大叫："爸爸救我！""爸爸救我！"父母一听到孩子的叫喊声，就又心痛得立即返回，围着儿子百般地哄劝。多次反复，冰冰仍哭闹不休。最后勉强与父母分离了，但可以哭上一整天，吃饭时出现恶心、呕吐，中午不愿睡午觉，频繁小便，肚子疼。冰冰的吵闹不仅影响了自己的健康，也影响了其他小朋友正常的生活学习，于是他成了幼儿园里不受欢迎的小朋友。班上老师也因此特别关注冰冰，各种沟通，各种安抚，但一个月过去了还是没有什么效果。在一次活动中，老师专门跟家长进行交流后才发现，孩子每次接回家全家都在关心并询问"今天上学有没有哭？有没有被老师批评？有没有被小朋友欺负？幼儿园的点心有没有奶奶做的好吃？"这样的关心非但没有巩固上学的"愉悦感"，而是在不断唤醒"幼儿园不如家里"的消极情绪，所以孩子教育适应的进展很慢。

2. 入学准备中的教育适应

学前期幼儿园教育的任务之一是为上小学做准备，这样的教育适应也表现在"幼小衔接"上。幼小衔接就是从幼儿园教育转向小学教育的过程。由于幼儿园与小学之间的教育条件、生活环境都存在较大的差异，初入小学的幼儿必然会面临许多新的问题，需要学会适应。如果在上小学前幼儿进行了适宜的幼小衔接工作，他们的入学适应过程会更加顺利，幼儿今后的学习、生活、健康、社交等方面也就会发展得更好。当然，幼小衔接从孩子的入园之际就开始了。幼儿园重点是"培养习惯"，把习惯养成的教育内容从小班、中班和大班贯穿始终。小班孩子学会自己收拾、整理自己的物品；自己的小储物柜衣物折叠好，油画棒、彩笔等物品摆放整齐，认识自己的水杯、毛巾，午睡时鞋子、衣物摆放到指定位置等。中班孩子帮助班级做一些力所能及的事情，如帮助老师收拾玩具、材料，自己会制作收纳摆放的标记并尝试进行归类摆放，餐点时能够自主取餐用餐，做好值日生等。大班孩子尝试探索如何整理书包、认识时钟等[①]。这样，孩子在园三年内就能够养成良好的生活自理习惯，进入小学后也能自主地管理自己的学习物品并自觉管理自己的学习活动。但是一个孩子在生活自理能力、学习习惯养成、入学心理准备等方面的适应能力的培养需要家庭教育的配合和补充。

幼小衔接中的"入学前的心理准备"工作需要家庭教育的配合完成，升入小学前的幼儿即将由熟悉的以游戏为主的生活转变为以课堂学习为主的生活，还要适应预习、复习、作业、考试，如何让孩子对小学生活感兴趣是个关键问题，家长可以在家和孩子们多聊聊关于小学的话题，创造机会让孩子们与小学生交朋友，回忆自己上小学的趣事琐事，让他们能够对上小学产生心理向往。但是，有些家长总是喜欢用幼儿在幼儿园的表现来预判他们，用"这么简单都不会，进入小学怎么办""上了小学考

---

① 王海英. 双向衔接：搭建幼小过渡的合理阶梯[J]. 早期教育，2021(44)：14-15.

不及格就会留级"等负面语言来刺激甚至吓唬孩子,这样的做法更容易使"上小学"成为孩子的心理负担。

当然,孩子发展越全面,学习能力越强,教育适应就会越顺利,家庭教育在与幼儿园教育的合作共育中加强阅读习惯教育和社会性教育,对帮助孩子入学适应具有积极意义。在阅读习惯教育方面,小学生的阅读和书写能力愈加重要,家庭中应能够为孩子创设良好的阅读环境并在时间上予以保障,积极地开展多种形式的亲子共读,会帮助孩子养成良好的阅读习惯,在理解学习内容以及上课积极发言方面更快地适应。在社会性教育方面,家长们还应逐步培养孩子与老师和同学交往的能力,除了要遵守纪律认真听讲之外,还应教育孩子积极应对自己的不足之处,对于没有听懂的内容要虚心请教,不耻下问。在家长的观念中应肯定入学适应是一个过程,不过分用"标准孩子"来要求自己的孩子,在宽容和理解中关注他们的精神变化与心理需要,培养孩子在集体学习生活中的自尊自信,让他们有良好的入学心理。

第二节 中小学生身心发展特征与家庭教育内容

随着年龄的增长,孩子们不论是在身心发展上,还是在学业需求上都有了新的进步和特征。中小学时期,学生年龄跨度大,个体差异大,家庭教育内容需要有更强的针对性。本节分析小学生、初中生和高中生的身心发展特征,重点选择习惯养成、亲子沟通、"网络成瘾"等典型问题阐述当代中小学阶段家庭教育的主要内容。

一、中小学生的身心发展特征

(一) 小学生的身心发展特征

一般来说,小学阶段可以分成低年级、中年级、高年级三个阶段。随着年龄的不同,三个阶段孩子的身心发展特征各有不同。

1. 小学低年级学生的身心发展特征

低年级指小学一、二年级,年龄主要在6、7岁。低年级孩子身体发育处于平稳时期,身高每年大约增长7厘米,体重每年增加5~6斤。心率、血压、肺活量及其他生理指标都处于不稳定状态,骨骼易弯曲,肌肉力量较小,大肌肉动作的协调性较幼儿期有很大发展,但小肌肉动作的协调性还较差[①]。我们常常发现一年级孩子小肌肉不发

---

① 李慧,秦昕,张雪靖. 如何提高低年级学生的识字能力[J]. 吉林教育:教研,2011(34):150.

达，写字很慢而且字迹不工整，也无法坚持高强度的运动。他们的大脑正处于快速发育期，神经活动兴奋水平较高，经常出现跳跃性思维、话多、坐不住等情形，同时注意力保持时间短，而且独立性和自觉性较差，在生活、学习、活动等各方面都需要成人的监护和具体指导[①]。

2. 小学中年级学生的身心发展特征

中年级指小学三、四年级。中年级孩子的各项生理指标比一、二年级有所提高，仍处于平稳发展之中。但大脑的神经活动进一步增强，特别是中枢神经系统的抑制功能有所发展，使心理活动更趋稳定。此阶段的孩子更容易集中注意力听课。三、四年级是孩子逻辑思维发展的关键阶段。此时，孩子的思维慢慢从具体形象思维向抽象逻辑思维过渡，思维发展出现了"质变"。在生活中，父母可以发现孩子对"好的与坏的""重要的与不重要的"等抽象概念已经有了初步认识。处在此阶段的孩子自我意识逐渐增强，他们对外界事物产生了认识态度，并试着做出判断。不少女生从三年级下学期开始关注自己和他人的穿着打扮，也开始评价他人的穿着打扮风格。同时，他们不仅开始关注别人，还开始在意别人对他们的看法。因此，这个时期是帮助孩子明辨是非、完善认知体系的重要时期。

3. 小学高年级学生的身心发展特征

高年级指小学五、六年级。高年级孩子的身体发育出现第二高峰，女生表现更为明显。高年级孩子不仅身高体重明显增长，肌肉和骨骼力量也迅速增强，是速度、柔韧性、耐力素质发展的关键时期。女孩在这个时期的发育速度比男孩更快，女孩的发育加速期一般开始于10.5岁，12岁时月经初潮，男孩的发育加速期一般开始于13岁左右，比女孩晚2年左右。与此同时，孩子的脑重量已接近成年人的水平，大脑活动机能也显著提高。在这个阶段，孩子的创造思维也有了很大发展，他们往往对新奇事物表现出极大兴趣，表现为喜欢收集物品、制作玩具、学习某种技能或艺术等。这个时期的孩子独立意识进一步发展，常常认为自己已经长大成人，因此爱自作主张，顶撞老师和家长[②]，即将步入青春期。

(二) 中学生的身心发展特征

1. 初中生的身心发展特征

初中阶段主要是七年级、八年级和九年级，也就是我们常说的初一、初二和初三。学生在每一年级都有典型的身心发展特征。

(1) 七年级学生的身心发展特征。七年级(初一)学生刚从小学升到初中，主要面

---

① 张玉宏. 小学低段写话初探[J]. 青少年日记：教育教学研究, 2011(5)：2.
② 沈惠芬. 小学4~6年级学生体育课"随意性"行为原因分析与对策研究——以小学研究为例[J]. 精武, 2012(3)：81-82.

临初入中学的适应问题。他们在身高、体重、体形等方面变化很大，女生的第二性征开始出现。青春期特征进一步增强，逻辑思维能力增强，创造性和批判性更加明显。自我意识和独立意识大大提升，成人感和自尊心明显增强；在学习和生活上要求"断奶"，想摆脱限制和约束，但自我控制能力不强，容易出现出固执和偏激，仍需成人的引导和监督。这个时期学生的兴趣更为广泛，喜欢探索，热衷于各种集体活动。但是，他们与父母和教师开始变得有距离，更加在意同伴关系，更易受同龄人和周围环境的影响，而且开始欣赏并关注异性。

(2) 八年级学生的身心发展特征。八年级(初二)学生的青春期特征最为明显，性器官和第二性征急速发育，初步具备了成人的体貌特征。在这一时期，大部分学生尤其是女生的生理发育基本完成，但是男生的生理发育完成时间比女生晚；孩子的批判性思维发展很快，对事物有自己的思考，喜欢质疑；叛逆与挑战权威是八年级学生的典型特征。这个时期的孩子在情绪上容易冲动，看问题比较片面，女生可能表现得更敏感，比以前更加在意他人，特别是同伴对自己的评价和看法；开始改变过去对家长和教师的顺从态度，他们总是通过挑战权威的方式显示自己长大，因此师生关系、亲子关系和异性关系都有了新的变化。

(3) 九年级学生的身心发展特征。九年级(初三)学生在生理、心理上更为成熟，有意注意发展显著，能有意识地调节和控制自己的注意；由于逻辑思维能力得到充分发展，他们对问题的看法也更加全面和客观，自主学习能力更强了，会积极为自己未来的生活和学习做准备，并思考适合自己的学习策略；他们能够更加理性地自我管理，开始能够集思广益，听取家长和老师的意见建议，但每个学生的个人风格、兴趣爱好都更为明显和突出。在自我意识方面，初三学生更加独立成熟，盲目冲动表现减少，理智感急剧提高；自我评价能力提高，自我控制、自我调节和辨别能力迅速提高。

2. 高中生的身心发展特征

高中阶段年龄一般在15~18岁，孩子在经过初中阶段青春期的急骤发育后，进入了发育成熟和定型阶段，大脑成熟程度已经接近成人。在心理发展上出现了以下特点。

在认知发展方面，孩子在该阶段初步完成从具体思维为主到抽象思维为主的过渡，思考问题较为理性；注意的稳定性加强了，能较长时间地专注于感兴趣的事物，也能进行合理的分配，观察的目的性、系统性、全面性加强了但仍然不够精确[①]。总体上，该阶段的孩子思维活跃，爱提问爱评论爱争论，能独立地判断是非善恶，不轻信别人的言论，但看问题容易片面偏激。

在社会性发展方面，孩子在该阶段情绪体验比初中阶段强烈，情感丰富，常常对

---

① 袁敏. 培养高中生创造性思维和发散性思维的优秀平台——通用技术课程实施中的点滴感受[J]. 新课程(教研版), 2010(7): 67-68.

活动充满热情，易振奋、易波动，也会感情用事，有时会出现盲目的狂热和急躁，以致不计后果的冲动；遇到挫折会有种种消极情绪。由于在该阶段孩子的思维独立性和自我意识进一步发展，内心世界活跃，他们会掩饰情感，情感的外部表现常与内心体验不一致。在该阶段，孩子的意志动机的主动性、目的性增强，能掌握自己的行为，自制力和自我调节能力比初中时有提高；兴趣范围扩大，稳定性加强，性格特征趋向稳定、成熟，外向与内向类型明显，性格差异初步显示。高中生比初中生更加关注社会，但对权利的需求多于对自身的义务、责任和实际行动的需求。随着学生自我意识进一步增强，更在意别人对自己的理解和尊重，但也容易因自尊心过强，自我中心突出，遇到挫折容易出现自卑心理。高中生在这个阶段的一个典型表现就是对异性关注度上升，部分高中生开始谈恋爱。虽然高中生独立生活能力和社会适应能力增强，但由于社会阅历不足，辨别力不如成人，容易出现求知欲强与识别力有限之间的矛盾。由于面临选科和高考，开始进入职业选择预备期，高中生能结合自己的兴趣、能力、社会价值取向以及切身利益的需求，为高考志愿选择做准备。

二、当代中小学阶段家庭教育的主要内容

当前普遍存在教育内卷现象，孩子们进入小学一年级以后就开始面临课业负担繁重的学习生活，接触各种作业、测验、素质教育等学业内容，一直持续到中考或高考结束。随着学业竞争日益激烈，学校和家庭对学生们的成绩和升学倍加重视，造成了当代中小学生普遍存在体质健康、考试焦虑、人际交往等问题。其中小学生的学习习惯养成、初中生的心理发育以及因中考高考带来的学业压力和考试焦虑最值得关注，而且"网络成瘾""游戏成瘾"问题也长期困扰着老师和家长们。因此，中小学阶段的家庭教育中应重点针对以下几个方面进行。

(一) 小学阶段：关注习惯养成，尊重认知特征

进入小学是儿童生活中的一次重大转折，对他们身心发展具有重大意义。

1. 重视小学生的入学适应性问题

有了幼儿园阶段的幼小衔接工作，孩子们在心理上对于新的学校环境以及学习生活都有了一定心理期盼。但是小学生活和幼儿园生活有着实质性的区别：每天都有必须完成的作业，上学放学必须严格遵守学校的规章制度，班级里有不能违反的硬性规定，如准点到校上学，上课不许随便说话，发言要举手，课内活动要遵守规则。这些"不自由"对于曾经没有学习要求的孩子来说可能是一种挑战。家长们在这个时期的教育重点就是帮助孩子适应这些变化，但这并不是一蹴而就的过程，一些孩子会在约

束自己的过程中逐渐养成遵守纪律的习惯，一些孩子可能一直表现出冲动散漫；有时候他们可能很听从老师的教导，但是有的时候因为自控力较弱，表现为不愿意听老师讲道理，对老师态度粗野；有的孩子喜欢结交新朋友，很快融入班级集体，有的孩子可能始终无法顺利适应小学生活，置身于集体之外，甚至厌学、逃学。这个时候家长更需要留心观察，了解孩子上学中的忧虑和苦恼，从学习习惯入手，针对学习和集体生活中存在的问题，及时进行心理疏导和学习指导，帮助他们尽早适应小学生活。

2. 尊重孩子学习中的认知特征

进入小学后，孩子开始进入以"知识逻辑"为主的学校教育阶段，整个小学阶段的知识体系是遵循小学生身心发展特征构建的，是适应其认知发展特征的。这个阶段孩子思维的变化主要表现为：从以具体形象思维为主向以抽象逻辑思维为主过渡，但从总体上来说，具体形象思维仍是小学生的主导性思维形式，孩子在学习中往往要借助具体事物来帮助理解。由于孩子在学前教育阶段以"游戏"和"玩耍"为主要学习形式，刚入小学就可能被"作业"和"考试"难住了。如今"内卷"时代，家长焦虑日盛，各类媒体报道的家长辅导小学生作业"鸡飞狗跳"的现象屡见不鲜，究其原因，还是家长不理解、不尊重孩子的认知发展规律。以低年级数学学习为例，在学习10以内的加减运算时，孩子往往会依靠手指来进行。这个时候父母不必阻止孩子，可以引导孩子先进行心算，再用手指来验证自己的心算是否正确；也可以和孩子讨论用手指计算的好处和坏处，鼓励孩子进行心算。进入中高年级之后，学校的教学内容难度逐渐加大，孩子们需要更多地运用抽象概念进行思考，促使他们的思维水平从以具体形象思维为主向以抽象逻辑思维为主进一步过渡，这个关键年龄一般是10～11岁即小学四年级左右。在抽象逻辑思维阶段，孩子开始掌握一些抽象概念并能运用概念、判断、推理进行独立思考，正是由于小学阶段的孩子同时拥有具体形象和抽象概括两种思维方式，家长需要了解这个特点，尊重孩子认知发展规律，思考和探寻适合自己孩子认知特征的学习方法和教育策略。

3. 客观看待孩子的学业成绩

当孩子上小学以后，多数家长会把关注点放在孩子的学业以及影响学业的相关行为上，他们更在意孩子是否喜欢上学？会不会做作业？上课能不能认真听讲？发言是否积极？考试成绩如何？有没有得到老师表扬？等等。一些家长比较容易忽视孩子在对待班集体的态度、与同学之间的人际关系方面的表现。而且还有很多家长为了不让孩子落后，会额外给孩子补课，要求孩子考100分或前几名。尽管他们知道分数高低与真正的智力水平关系不大，也无法预示孩子未来的成就，但在以"升学"为指挥棒的现实下，很多家长也表示重视孩子的考试成绩与班级排名实属无奈，因为最初的学习体验如果不能帮助孩子获得成就感，可能会挫伤孩子学习信心，后果会更严重。到小学二三年级时，孩子开始察觉父母的话并非完全正确，而且父母可能会有言行不一、表里不一的缺点，当父母批评教育他们时，他们会拿"你不也是这样的吗"来顶撞。这就是心理学上常说的"中间反抗期"。孩子顶撞父母、批评父母现象的出现，正说明其批判能力已经产生，是儿童心理发展的重要标志之一。面对这样的年龄特征，父母们应保持理性，从自我心态调整入手，从多方观察并发现孩子的学习兴趣，鼓励他们寻求适宜的学习方法，避免考试分数对他们造成过大的精神压力，提高孩子学习的内驱力。

4. 正确看待"标准儿童"

家长们习惯用"别人家的孩子"做自己孩子的参照，这就是传统观念中的"标准儿童"。一般来说，这样的儿童是教师所喜欢的，也是父母经常在孩子面前有意树立的榜样，但事实上这种"标准儿童"观念总是会激起孩子的反感和抗拒等过分防卫心理。再加上生活和学习上过度顺从大人的指挥，孩子们不自觉地形成了依赖心理，缺乏独立见解和独立适应环境的能力，最终影响心理健康，造成人格缺陷，也可能会限制他们的智力发展。因此，家长们应秉承无条件养育的理念，客观认识小学生各个阶段的身心发展特征，尊重孩子的个性和要求，保护他们的独立要求，宽容他们的各种淘气不听话行为，把身心健康、习惯良好、性格乐观等作为教育的重点。

(二) 初中阶段：重视亲子沟通，维护教师权威

初中生无论学业还是心理发展都处在一个重要的转折期，家庭教育在这个阶段的作用十分重要。

1. 积极沟通有效应对"心理断乳"现象

初中生生理心理的变化比较典型，"第二反抗期"就是这个阶段的孩子在青春发育期因为自我意识萌动而出现的以"反抗"为特点的特殊年龄段。随着心智的日益成熟，目睹的社会现象也越来越多，他们对父母、老师或者他人所说的话不再盲从，总要自己检验一下是否真有道理；他们在有心事或遇到困难时不找父母或老师，而喜欢向同龄伙伴倾诉。在这样的反抗过程中，他们逐渐清理了自己心中的矛盾与混乱，并逐渐摆脱父母思维方式的束缚，学会独立思考，出现了实现精神"断乳"的强烈愿望。这是处于身心发展中的孩子们自我觉醒的典型表现，虽然总是让很多父母感到种种不适应，但是他们依然应该把子女出现"反抗"视为正常现象，保持一贯的轻松悦纳和期待，把孩子放在与自己平等的地位上，像对待成人那样，给予应有的尊重、信任，避免把自己的意志和愿望强加在孩子身上。在良好的亲子关系基础上展开沟通交流，及时了解孩子所想所做，对于合理的想法和行为给予肯定、支持，对于不合理的想法和行为则心平气和地与孩子讨论并说服。青春期孩子身心快速发育，他们要求独立的同时又特别渴望得到别人谅解、关怀、指导，父母一旦能够成为孩子的知心朋友

就更容易走近孩子的心灵,掌握他们的想法与行为动态,及时施以援手,帮助他们破解困境。发育中的孩子生理变化大,心理上又容易冲动,不喜欢被说教,因此在家庭亲子沟通中适时向孩子输出一些青春期的生理心理知识,是行之有效的方法。就算一些孩子出现"早恋"倾向,家长只要用冷静的态度,以朋友的身份给予理解和体谅,耐心倾听当事人述说过程,然后循循善诱,启发引导他们正确的应对策略,孩子们就会顺利地走出情感迷茫状态。

2. 家校合作注意维护"教师权威"

初中生面临中考带来的学业压力,学校也格外重视中考成绩。而且,在这个时期亲子冲突、同学冲突、师生冲突出现得特别多,更加需要家庭与学校、家长与老师在教育孩子方面密切沟通配合。家长如何在教育孩子过程中维护老师的权威,对处于身心发展和学业发展关键期的初中生来说,具有十分重要的意义。每个老师都是普通人,他们的职责就是教书育人,但是年轻一代的老师个性特征也很鲜明,教学风格班级管理风格差异很大,再优秀的老师也无法让所有家长和每一位学生都满意。但是,家长重视引导孩子尊重并信任老师,才会让孩子更愿意接受老师的教育,让他们更加热爱学习。我们常常听到老师抱怨和家长谈起孩子学习情况被兴师问罪,也常常听到一些家长抱怨老师不认真负责,导致孩子考试成绩不理想,这就是一种双方没有互相理解的表现。如果家长平时只相信自己孩子说的话,不相信老师说的话,那么说明在他心目中,对孩子的信任远远高于对老师的信任,长此以往,也容易影响老师在孩子心中的地位。

总体来说,青春期的初中生生理心理发育不健全,他们所说的话、所描述情境难免带有一些幼稚和情绪化,家长要客观识别。和家长一样,老师也都普遍希望自己班上的孩子健康成长、品行端正、学有所成,这与家长的教育目标是一致的,如果家长信任老师,更容易感受并理解老师的责任与敬业,感受到他们对自己孩子的关爱。明智的家长都很注意把老师当作"自己人",拉近自己和老师的心理距离,在孩子面前保护老师的权威。至少,家长在孩子面前对老师更多地持有积极的肯定的评论,甚至有意地要把老师的优点放大、缺点缩小,维护孩子心目中的"教师形象",正如孔子说:"亲其师信其道。"家长信任老师,维护老师的权威是促进学校教育效果的重要前提之一。

(三) 高中阶段:有的放矢,克服"网络成瘾"行为

时代发展到今天,科技进步给人们的工作与生活带来了很多快捷便利,但是网络的普及也是一把双刃剑。网络成瘾是指由于过度使用网络而导致个体明显的心理损害的一种现象,是在无成瘾物质作用下的上网行为失控[①]。美国精神医师戈德博格

---

① 张红. 关于大学生沉迷网络问题的原因与对策研究——以贵州亚泰职业学院为例[J]. 科技信息, 2013(20): 10.

(Goldberg)于1995年首先将此现象命名为"互联网成瘾症"(internet addiction disorder，IAD)，在临床上称之为"病理性网络使用"。手机成瘾、网络成瘾在当今初中生和高中生中占有相当比例，而且男生居多，现实中15～45岁也是网络心理障碍者的高发年龄段。

1. 理性分析高中生网络成瘾的原因

许多"00后"从小生长在信息化网络化时代，比"80后""90后"更早接触网络。步入高中阶段，他们脱离了初中生的幼稚，但其心智又与成年还有一定距离，心智发育仍然不够成熟。学生时代本应安安静静地学习，准备高考，但是高中生好奇心强，自制、自律能力还不完善，难以抵御手机诱惑，一旦拥有手机，就无法控制自己，许多高中生与父母冲突高发的主要原因就是过于依赖手机和网络，而且玩起手机无法自控，扰乱了正常的作息时间，也影响了学业成绩。高中生处于高考备战的关键期，现实中也确实有很多人因为"玩手机"荒废了学业，影响了身体健康，影响了一生的发展。为了应对这种情况，家长们首先要先了解"网络成瘾"产生的主要原因。

首先，高中生处于人格发展的青春期，面临自我同一性和角色混乱的冲突。不可否认，高中生面临各类考试的压力，他们中有很多人对自身的学业有较高的期待，而且家长和老师也对他们的学业发展抱有一定期待，这样难免产生学业期待和学业压力的矛盾，如果个人形象与社会期待的形象产生冲突，青少年就会陷入角色混乱的状态，而功能强大的手机就成为排解矛盾和压力的重要工具。许多学生之所以迷恋手机，是因为可以在手机提供的网络世界中实现自我同一性，手机世界的一切都在自己的掌控中，可以自由选择一切。

其次，高中阶段孩子们的内心充满成长过程中的冲突和不安，对未来发展无法明确，在现实中有诸多不安，手机给予学生情感上的满足，特别是那些因为对社会交往的渴望与实际水平的差距而产生孤独感的学生。他们在现实生活中性格内向，不敢面对面交流，而网络可以保护自己，与人交往没有负担；他们在看朋友圈、刷短视频的过程中可以轻松"窥探"他人生活，产生"强大的社会联系"的错觉，感觉自己有很多朋友。

再次，高中时期是自我意识觉醒的时期，高中生情绪波动大。学生不信任家长和老师的劝告，迫切渴望得到尊重，渴望有更多的自由做出选择。网络世界让他们可以逃避现实世界中父母和老师的控制和教导，让他们感受被认可，在网络世界找到归属感，找到一个不需要时时提醒复习考试也不被成绩排名比较的世界。

2. 科学引导孩子克服网络成瘾

在当今时代，人们的生活、工作和休闲都越来越离不开网络和电子产品，用简单粗暴禁止杜绝的方式干预网络成瘾是不现实的，家长可以尝试从以下四方面有的放矢地帮助孩子克服网络成瘾,把主要精力放到学业上。第一,了解孩子使用网络的目的、冷静沟通。学生痴迷网络的目的各不相同,有的学生喜欢看小说,这可能表示孩子感受不到现实生活的意义,希望通过小说人物的经历来寻求意义感;有的学生喜欢打游戏,这可能表示孩子在生活中缺乏成就感,享受打游戏通关时带来的成就感;有的学生喜欢聊天,这可能表示孩子现实中朋友较少,希望通过网络聊天来获得更多的人际支持,建议家长冷静与孩子沟通,用科学的适合孩子的方法来引导他。第二,自我反思,树立榜样。孩子希望通过网络获取什么,很大程度上说明他在生活中就缺乏什么。一个不被父母理解的人、感受不到父母的爱的人,一个从小被父母严厉管教的人,会更加渴望从虚拟世界得到更多的关注、包容与爱。另外,家长平时在一旁刷视频,玩游戏,有时还指责孩子成绩差,做作业效率低,这样孩子内心会产生不公平的感觉,建议家长可以陪着孩子一起看看书,给孩子做一个终身学习的榜样。第三,约定手机使用时间,严格遵守。如果家长和孩子约定上网时间,在达成约定的过程中,要尽量吸取孩子的意见,千万不能把"约定"变成父母单方向的"命令"①。双方可以在形成约定之后严格按照约定执行并互相监督,家长在孩子正常娱乐时间就不必再干预或者表露出对孩子玩手机的不满,逐步把玩手机转变成一种健康有序的生活方式。第四,用好学校对学生使用手机的相关规定,严格遵守。普通高中一般都是禁止学生携带手机进校的,那么家长就要跟孩子讲清楚,严格遵守纪律,绝不携带手机进校。

第三节　大学生身心发展特征与家庭教育内容

从年龄上来看,大部分大学生已经成年,在身心发展上表现得更加独立更加成熟,但是由于尚未进入社会,他们仍然需要家庭教育的积极影响。本节针对大学生的认知发展和社会性发展特征,重点从理解与放手、学业与职业影响、婚恋教育等三方面阐述当代大学生家庭教育的主要内容。

一、大学生的身心发展特征

18~24岁的大学生处于青年后期,即霍尔(Hall)提出的由"疾风怒涛"状态向"相对平稳"状态的过渡时期,是人的"第二次诞生"。在这一时期,大学生的人格基本形成,自我意识蓬勃发展,社会生活领域迅速扩大。大学生虽然脱离了孩子的群体,

---

① 齐越.中小学生合理使用电子产品及网络的家庭教育建议[J].中小学心理健康教育,2023(14):78-80.

但暂不能履行成人的责任和义务，处于"边缘人"状态[①]。因此，这一时期又被称为"心理的延续偿付期"，即大学生可以暂时合法地延缓偿付必须承担的社会责任和义务。基于此，大学生的身心发展特征可以从以下几方面分析。

(一) 认知发展

大学生的智力发展已经进入人生的高峰期。韦克斯勒智力量表的得分显示智力发展的顶点在20～25岁，处于该年龄段的个体能够从更广、更深的角度去观察事物，且思维更加敏锐、主动、多维、系统、谨慎；记忆力处于鼎盛时期，记得多，记忆方法也更为灵活多样，有意记忆逐渐占据主要地位，且抽象记忆水平不断升高；富于幻想，但想象中的合理成分及创造性成分明显增加；已从经验型思维转向理论型逻辑思维，抽象思维和推理能力获得了发展，并具有独立性和批判性。

但是，大学生的抽象思维水平并没有达到完全成熟的程度，主要表现为思维品质发展不平衡，思维的广阔性、深刻性和敏感性发展比较慢。由于个人阅历浅、社会经验不足，大学生看问题时容易钻"牛角尖"，并且掺杂了个人感情色彩，做事情时缺乏深思熟虑，往往带有偏激、过分自信和固执己见的倾向，主要受到理论型抽象思维的影响，所以他们常常把社会问题看得过于简单而陷入主观、片面和"想当然"的境地[②]。因为有了相对成熟的认知能力，大学生具备了较强的学习能力，他们在学习过程中的自主性、目的性更强。在当前高校招生改革与社会就业形势严峻的背景下，大类招生的专业选择、专业学习中的创新创业实践、大学后继续深造的准备都在一定程度上促使大学生们认真思考并积极审视现实，自觉地把未来的职业理想与眼前的学业规划联系起来，普遍出现了更为积极的学习状态，当代大学生在专业学习、思想进步、社会实践、团队竞赛等体验中获得了更多的成长。

(二) 社会性发展

随着校园生活的深入展开，大学生的社会性需要增多，社会性情感(道德感、理智感和美感)也得到了充分发展。道德感的发展主要表现为产生了社会的使命感、责任感和义务感；理智感的发展主要表现为对真理的强烈追求，对所学知识充满兴趣和好奇心，并能充分体验到获得知识的乐趣和充实感；美感的发展主要表现为对美的感受更加丰富，审美能力大大提高，审美体验日益深刻，不仅能体验到事物的外在美，也能

---

① 张巍，安力彬，高玉霞，等. 护理本科生心理压力与心理亚健康关系研究[J]. 护理研究(上旬版)，2010(3)：588-589.
② 王国凡. 针对大学生心理特点进行思想政治教育[J]. 赤峰学院学报(汉文哲学社会科学版)，2005(3)：90-91.

体验到事物的内在美,创造美的能力不断增强,审美观念日趋完善,懂得了美与丑、善与恶的区别,理解了形式美和内在美的统一。虽然大学生控制情绪的能力在不断由弱变强,大多数同学的内心体验逐渐趋于平稳,但是,如果受到内心需要和外界环境的强烈刺激,他们的情绪仍然会产生较大波动而表现出两极性,从一个极端走向另一个极端,深陷理智与情感的冲突之中①。加之大学生的生活经验匮乏,且其情绪还存在着外显性与内隐性的矛盾,这样就加大了大学生情绪适应和调节的困难程度,常常令他们陷入挫折与焦虑。

随着大学生独立性和社会性的发展以及自我意识的增强,多数大学生都具有了较好的意志品质。他们能逐步确定富有社会意义的理想或者个人奋斗目标,并根据理想目标制订并实施计划,克服困难,朝着目标迈进,其意志的自觉性、独立性、坚韧性、自制性和果断性都有了较大发展,但仍表现出一定的惰性、依赖性、冲动性和持久力不足②。此外情绪波动和任务性质,也会影响到他们的意志行为。大学是一个小社会,然而"麻雀虽小,五脏俱全",在校生活的各个方面无不反映或暴露出个体社会性发展中存在的问题,有些学生学业优秀但缺乏团队协作能力,有些学生选择不健康的生活方式,有些学生过于追求功名总想着走捷径,大学阶段正是一个体验结果寻求自我修复纠错的好时机,给学生提供认清自己的弱点与不足的各种机会,良好的教育能够使学生在毕业前得到锻炼,改善不足,以更好的状态投入社会,接受检验。

二、当代大学阶段家庭教育的主要内容

当代大学生在校期间的主要问题有生活问题、经济问题、人际交往问题、学习问题等。从大一到大三对学习问题最为关注,一方面学习方式与中学时期有了较大改变,另一方面人际环境也与中学时期相差很多,很多学生不懂得处理班级和宿舍的人际关系,不能适应大学生活,甚至出现各种极端的行为;到了大四面临毕业,大学生们更多地产生就业困扰、自我认识困扰和感情困扰问题等。因此,大学阶段家庭教育的重点内容主要有三个方面。

(一) 理解孩子,把握放手与不放手的"度"

上大学后的孩子已经是相对自立的成年人,但是家长仍然对孩子持有两种典型的态度。一方面,很多家长认为孩子的独立能力已经很强了,只要提供物质支持,无

---

① 孙红梅. 试论当代大学生心理发展状况及对策[J]. 攀枝花学院学报(综合版),2004(4): 28-30.
② 王国凡. 针对大学生心理特点进行思想政治教育[J]. 赤峰学院学报(汉文哲学社会科学版),2005(3): 90-91.

须过多地过问他们在校的具体学习和生活，直到某一天接到辅导员电话反映，才知道孩子与舍友长期关系紧张，经常无故缺课，多门课程成绩不合格，已面临留级甚至退学等情况。这时候家长们又陷入复杂的心情，开始后悔没有关心他们的"大孩子"。另一方面，很多家长认为自己孩子从小没有离开家不放心他们独立住校生活，事无巨细，保持与辅导员甚至大学老师的密切联系，从生活用具到饮食起居，从学业绩点到入党竞选，从社团选择到保研规划，都步步紧跟。

在校大学生的年龄为18~23周岁，即青春后期。这一特定年龄段的年轻人，是身体发育成熟、完全定型的关键时期。大学生活经历和学习经历能够为他们将来走上社会适应各种环境的变化以及心理的发展打下基础。但他们终究还是没有独立经济能力的群体，仍然需要父母的支持，父母对他们成长的各个方面都产生着客观影响。伴随着身体发育和学习认知的渐渐成熟，大学生的自我意识也越来越强烈，并且具备了一定的自我成长能力。他们中有相当一部分人追求绝对的精神自由，认为父母不能理解自己，跟不上时代潮流。这种独立性既来自生理上日益成熟带来的成长变化，也来自心理成长的独特感受，在某种意义上是一种成长与进步，毕竟涉世未深，他们会肤浅地认为这就是自强独立的表现。而且，尽管大学生的生理年龄达到成人标准，但心理上还远远达不到成熟状态，特别在遇到有关是非曲直、与自己利益相关的人际交往问题时，他们总是会主观臆断、意气行事，一旦遭受挫折打击又容易陷入焦虑烦躁，所以，他们在某些时候会更加需要来自家庭和父母力量的支持引导和帮助。

时代的进步，给大学生的成长带来了大量积极信息和成长契机，同时也产生了一些心理方面的问题。他们的在校学习与生活存在一些特殊的需要，如果家长没有及时给予重视，会失去很多帮助孩子的机会，甚至造成不可挽回的损失。当前"00后"大学生已经是在校生的主力军，他们从小都备受父母关注，甚至受到过度照顾和保护，从上幼儿园开始直到考上大学，都是生活在家长们的焦虑和同学的内卷之中，一方面聪明又懂事，一方面懒惰又自私，上大学后还继续要操心考分与绩点，就业升学等现实问题，家长们自然陷入了"管"与"不管"的矛盾中。这样的矛盾恰恰从侧面反映出如今家长们的教育素养在与时俱进，只有及时做好亲子沟通，掌握一定的教育方法，才能使当代大学生顺利成长。

(二) 发挥专业学习与职业规划中的家长影响

进入大学生活，大学生们就需要思考未来职业选择的方向，明确"我毕业后想从事什么工作""我能在社会上找到什么样的工作""我要做好哪些准备去找到想要的工作"。进行职业规划，一方面是对自己学习方向的认识，另一方面要对当今社会发展现实进行思考。每个人都有自己的兴趣爱好、专业理想以及性格特征，但并非每个人都能一步到位地精准地找到未来职业的发展方向。除了在大学里要加强职业规划教育之外，家长影响在职业规划中也有着不可忽略的作用。

如今，家庭规模普遍较小，3个以上的多子女家庭也不多，父母与子女的生活接触和思想交流比以往时代更为密切。大学生虽然独立求学在外，但家庭中父母的态度、家庭氛围、经济基础等诸多因素都会直接或间接地影响学生对职业的规划和选择。首先，家庭中父母对子女的态度能够直接影响子女对外界的事物的感知，父母要传递出对选择专业的积极态度，在精神上提供的支持使子女在选择未来发展方向上没有后顾之忧，从而更愿意在学习中主动探索。其次，家庭成员之间的关心、理解与支持能够营造和谐的氛围，能够给予子女更多的选择权利和选择意见，孩子也更愿意在专业选择与学习状况上分享自己真实的内心想法，这样父母能够在了解孩子思想的基础上，为他们深入分析并提出具有参考价值的建议，从而引导孩子自主选择最适合自己的专业。最后，父母可以在自身职业经验基础上，为孩子提出就业选择的建议。现实中，很多大学生是在父母的帮助下寻找到自己未来的就业与发展方向，并在自己的专业学习中做好规划，不断加强对自身学习的要求，进一步认知与了解所学专业。

在当今教育内卷时代出现了一种所谓的"新型啃老"，大学毕业生们找不到满意的工作，以要"继续考试"为由，行啃老之实，向父母要生活费用，而他们享受着父母服务与资助的同时，却并没有付出相应的努力，只是把其当作不劳动的借口。针对这样的情况，父母应该发挥家庭教育的影响，尽可能早地引导孩子理解专业、职业、就业之间的关系，让他们在大学时代就对职业进行合理规划，避免因缺乏竞争力而逃避现实的心理。

(三) 有针对性地进行恋爱婚姻教育

在当今时代，大学生恋爱问题一直被家长关注，大学生同居现象也不少见，但是在思想观念更加开放的同时，他们似乎比父母想象得更加理性，更懂得自我保护。今天的家长首先应该改变"谈恋爱影响学习""谈恋爱影响发展前途"等传统观念，充分认识到大学生谈恋爱是发现自我、认识他人的重要途径。家长要适时进行健康的恋爱心理和恋爱安全教育，帮助他们树立正确的恋爱观和婚姻观，避免因恋爱引发的精神障碍以及各种人际交往和学业发展上的干扰及负面影响。此外，家长以身作则是给孩子恋爱婚姻的最好的教育方式。父母都在孩子面前维护彼此的形象，让孩子跟父母都保持良好的亲子关系。即使父母离婚，也要让孩子感受到父母对他(她)的爱永远不会改变。在择偶方面父母不唯利是图，不虚荣攀比，孩子就不容易选错对象。此外，如果父母能够认识到自己婚姻不和谐的根源，也可以作为经验告诉成年子女，提醒他们在恋爱时如何选择适合自己的人。

当然，如今大学生的恋爱消费方式较多，一部分大学生没有经济来源，每个月却多了一大笔恋爱花费，难免遭遇"财务危机"。在家庭经济条件允许的情况下，家长们不妨在生活费中适当给孩子配备一笔"恋爱基金"，支持孩子安全、自信并有尊严地谈恋爱。即便恋爱失败或感情受挫，可以以此为案例，及时对他们进行心理疏导并帮助孩子客观分析问题。

研究讨论

1. 结合个体成长中主要"反抗期"的特征，思考不同成长阶段家庭教育内容的更新依据。
2. 结合家长辅导"小学生作业"中的案例，谈谈对家长"教育焦虑"的理解。
3. 联系实际，思考中考阶段和高考阶段家庭教育的主要内容各有侧重。
4. 联系个人经历，谈谈你对大学生家庭教育的理解，并对大学生家长提出相关建议。

拓展阅读

1. 王妍稳，张海成，张彦彦. 大学生不同发展阶段的特点及其教育体系构建[J]. 高校辅导员，2016(2)：71-75.
2. 江一城. 做好这3点，宝宝长更高[J]. 人人健康，2021(10)：34.
3. 詹姆斯·O. 卢格. 人生发展心理学[M]. 陈德民，周国强，罗汉，等译. 上海：学林出版社，1996：327-460.
4. 国家卫生健康委. 3岁以下婴幼儿健康养育照护指南(试行) [S]. 2022：11.
5. 杨玉凤. 儿童发育行为心理评定量表[M]. 2版. 北京：人民卫生出版社. 2023：102-103.
6. 罗佩. 6~12岁孩子的正面管教[M]. 北京：中国妇女出版社，2019：8.
7. 朱旭东，李秀云. 幼儿全面发展的基本维度[J]. 人民教育，2021(23)：56-57.
8. 阎燕燕. 多元视域下青少年成长的时代特征及发展趋势[J]. 教育理论与实践，2018(27)：43-45.

第六章
当代家庭教育问题与家庭治疗

内容摘要

家庭作为个人成长环境中的重要部分,对个人的成长发展有着举足轻重的作用。正确分析把握家庭教育问题是解决家庭教育问题的基础与前提,了解当代家庭教育问题及其成因是十分必要的。随着对家庭教育问题的关注,家庭治疗的理论和模式在不断发展。基于对家庭教育问题的理解和分析,要采用适当、有效的家庭治疗模式来解决不同的家庭教育问题,从而促进家庭和谐。

学习目标

1. 学习和传承中华民族的优良家风,培养对家庭问题的关注与责任感。
2. 认识和理解常见的家庭问题,以及这些问题对家庭成员和家庭整体的影响。
3. 掌握系统式家庭治疗的理论和技术,能够运用系统性思维和技术进行家庭治疗。

第一节 当代家庭的要素与个体成长影响

家庭是不断发展的统一体,是一个有组织的整体。相关家庭要素与个人的成长息息相关,如家庭环境、亲职角色、教养方式等。本节主要介绍当代家庭环境的主要因素及其与个人成长的关系。

一、家庭环境因素

(一) 家庭经济基础

家庭经济基础是指一个家庭的经济状况和资源，包括家庭的收入、储蓄、投资和负债等方面。它反映了一个家庭的财务稳定性和可持续发展的能力。家庭经济基础深刻影响着下一代的教育与成长[①]。

1. 家庭的经济状况可以直接影响到子女接受教育的机会和资源

富裕的家庭能够为子女提供更好的学校和教育机会，例如私立学校或国际学校，这些学校通常拥有更好的师资力量和教育设施。此外，富裕的家庭还能够提供更多的教育资源，如辅导班、培训课程和教育旅行等，以帮助孩子更好地学习和发展。家庭的经济状况对子女接受高等教育有一定的影响。高等教育的费用通常较高，对于经济困难的家庭来说可能是一个巨大的负担。而富裕的家庭可以更容易地支付子女的高等教育费用，并为子女提供更好的学习条件和生活环境。这种差异导致经济困难家庭的子女在进入高等教育阶段时面临更多的挑战和障碍。

2. 家庭的经济状况还会影响到子女在教育过程中的心理状态和动机

经济困难的家庭往往面临着更多的压力和焦虑，父母可能会为了生计而忽略对孩子的关注和支持，甚至会对他们施加过多的期望和压力。这种家庭环境可能会导致子女感到沮丧、无助和失望，他们可能会对学习失去兴趣，甚至出现心理健康问题。相反，一个经济稳定的家庭通常能够为子女提供更好的情感支持和关怀，从而促进个人的积极心态。家庭经济状况还会影响子女在教育过程中的动机。一个经济困难的家庭可能需要子女提前参加工作，以减轻家庭负担或支持家庭经济。在这种情况下，子女可能会面临时间和精力上的压力，无法充分投入学习。此外，子女可能会因为经济困难而对未来的就业前景感到担忧，从而降低他们对学习的动机和努力程度。相比之下，一个经济稳定的家庭能够为子女提供更好的经济保障，子女可以更加专注于学习，无须过早地投入到工作中，使得他们会更有动力和积极性去追求更高的学术成就和职业发展。

随着经济的发展，我国家庭年均收入不断增加，对下一代教育与发展产生巨大的影响。虽然家庭为子女提供更好的学习环境、教育资源和教育机会，有助于提高子女的学习成绩和发展潜力，但是过于优越的家庭经济条件会带来一系列潜在的教育问题。第一，缺乏自主性和自律性。在过于优越的家庭环境中成长的孩子，可能缺乏自我管理能力。他们通常习惯于依赖家庭资源和服务，而不愿意主动去解决问题或承担

[①] 郭丛斌，闵维方. 家庭经济和文化资本对子女教育机会获得的影响[J]. 高等教育研究，2006(11)：24-31.

责任，这会影响他们在学校和生活中的表现。第二，适应能力和坚韧性欠缺。过于优越的家庭环境可能使子女缺乏应对挑战和逆境的能力。因为他们没有经历过困难和挫折，缺乏适应能力和坚韧性。当他们面临困难时，可能会感到无助和无能为力。第三，以自我为中心和缺乏同理心。过于优越的家庭环境可能导致子女过度关注自己的需求和利益，缺乏对他人的关心和同理心。他们可能没有机会与来自不同背景和经历的人交往，缺乏对世界的多元化认知。第四，价值观混淆。过于优越的家庭环境可能导致子女过于追求金钱和物质，忽视其他重要的价值观，如责任感、道德观念和社会责任感。他们可能缺乏对社会问题的关注和参与，过于关注自己的个人利益。

(二) 家风文化建设

家风文化是指家庭中形成的一种特定的价值观念、行为准则和传统习俗的总和。它是一种家庭内部的文化传承和家族精神的体现，代表了一个家庭的特色和风格。家风文化包括家庭成员之间的相互关系、家庭成员对待事物的态度、家庭成员的行为规范、家庭的传统习俗以及家族的价值观念等[1]。家风文化能够为家庭成员提供明确的行为准则和价值观念，促进家庭和睦、和谐，增强家族凝聚力，传承家族的优秀传统。家风文化通过家庭成员的言行举止、家庭活动和家庭教育等方面得到传承和表达，在一个家庭中具有重要的作用，影响着个人的长远发展。

1. 家风文化是个人道德品质塑造的重要影响因素

家庭是个人最早接触社会的地方，家庭的价值观念和行为准则会在个人的成长过程中潜移默化地影响个人的道德观念和行为准则。如果家庭注重诚信、宽容、尊重、责任等价值观念的培养，那么个人在成长中也会受到这些正面价值观念的影响，形成良好的道德品质。相反，如果家庭缺乏这些正面价值观念的培养，那么个人很容易受到负面价值观念的影响，形成不良的品行。

2. 家风文化对个人的自我认同和人格塑造有着重要的影响

家庭是个人形成自我认同和塑造人格的重要环境。家庭的文化和价值观念能够为个人提供明确的行为准则和价值取向，帮助个人形成人格特点和价值观念。如果家庭注重培养个人的自信、坚强、勇敢等品质，那么个人在成长中也会受到这些积极品质的影响，形成积极向上的人格特点。相反，如果家庭缺乏对个人人格的塑造和培养，那么个人容易迷失自我，形成消极的人格特点。

3. 家风文化对个人的教育和学习有着重要的影响

家庭是个人最早接受教育的地方，家庭的文化和教育观念会对个人的学习态度

---

[1] 刘先春，柳宝军. 家训家风：培育和涵养社会主义核心价值观的道德根基与有效载体[J]. 思想教育研究，2016(1)：30-34.

和学习习惯产生深远的影响。如果家庭注重培养个人的学习兴趣、学习方法和学习习惯，那么个人在学习中也会受到这些积极因素的影响，形成良好的学习态度和学习习惯。相反，如果家庭缺乏对个人学习的重视，那么个人容易对学习失去兴趣，形成不良的学习态度和习惯。

家庭的文化和价值观念能够塑造个人的道德品质、自我认同和人格特点，影响个人的教育和学习。家庭成员应该积极传承和发展好家风文化，从而为家庭的和谐发展和个人的成长提供良好的支持和指导。中国传统家风文化强调家庭成员之间的亲情、互助和尊重，以及对社会和谐的关注，注重培养个人的品德和道德观念，使个人具备诚信、正直、尊重和关爱他人的品质。这些品质对于个人的人际关系和社会交往至关重要。除此之外，中国传统家风文化注重教育，为个人提供了良好的成长环境和教育资源。家庭成员会关注个人的学习和成长，鼓励个人追求知识和发展自己的才能。中国传统家风文化还强调家庭成员对社会的责任感和奉献精神，注重培养个人的社会意识和公民意识。个人通过参与社会公益活动，为社会做出贡献，进一步提升自我修养，培养个人的品德、知识和责任感，使个人成为一个有正确价值观和社会责任感的人。

二、亲职角色

亲职角色是指父母在家庭中扮演的角色。它涉及父母在育儿过程中的行为、态度和责任，以及他们对孩子的教育、照顾和引导。亲职角色包括父母在家庭中的不同职责和角色，例如提供物质和经济支持、提供情感支持、教育和培养孩子的价值观和道德观念、提供安全和稳定的环境等。父母在亲职角色中扮演的角色可以根据家庭的需求和文化背景而有所不同。

(一) 亲职角色对个人发展的影响

亲职角色对孩子的成长和发展至关重要，家庭是孩子最早接触到的社会环境，父母作为孩子的第一任教师和引导者，在孩子的成长过程中起着重要的作用。良好的亲职角色可以提供孩子所需的支持和指导，帮助他们建立健康的自我认同感、发展良好的社交技能，并培养积极的价值观和道德观念。同时，亲职角色还可以为孩子提供安全、稳定和温暖的家庭环境，有助于他们建立信任和情感依附。

1. 亲职角色影响孩子的心理发展

父母是孩子最亲近的人，他们的言行举止对孩子的情感和认知产生深远影响。父母的关爱和支持能够满足孩子的情感需求，帮助他们建立健康的自我认同感，培养自尊自信的良好品格。比如，当孩子在学校遭遇挫折时，父母的鼓励和安慰能够帮助孩子调整情绪，增强自信心，从而促进他们的心理成长。

2. 亲职角色影响孩子的社交发展

父母在孩子的社交发展过程中扮演着重要的角色，他们不仅是孩子的榜样，也是孩子最重要的社交伙伴。父母的行为和价值观对孩子的社交技能和人际关系的形成具有示范作用。例如，父母注重与他人沟通与合作，孩子也会受到影响，学会与人相处和解决冲突。另外，父母在孩子社交圈中的参与和引导也对孩子的社交发展至关重要。比如，父母可以鼓励孩子参加团队活动，培养其良好的团队合作精神。

3. 亲职角色影响孩子的道德发展

父母是孩子的道德教育的第一任老师，他们的言传身教对孩子的价值观和道德观念的形成具有决定性的影响。父母的行为和言语可以成为孩子学习的榜样。例如，父母注重诚实守信，孩子也会受到影响，学会诚实和守信。此外，父母还可以通过故事、游戏等方式向孩子传递道德价值观，培养他们的道德意识和责任感。

(二) 家庭教育中的母亲角色

母亲在子女教育中扮演着重要的角色。母亲通常是孩子情感支持的主要来源，她们倾听孩子的问题和困惑，给予安慰和鼓励。母亲的温暖和关怀可以帮助孩子建立安全感和自信心。母亲通常负责教授孩子基本的生活技能，如穿衣、洗漱、烹饪等，她们会教导孩子如何照顾自己，培养孩子的独立和自理能力。母亲在传递家庭价值观方面扮演着重要的角色，她们通过言传身教，教导孩子诚实、正直、尊重他人。母亲的行为和态度对孩子的价值观形成有着深远的影响。母亲通常会积极参与孩子的学习和教育，她们关注孩子的学习进展，与老师保持沟通，帮助孩子制订学习计划和完成作业。母亲的监督和指导有助于孩子的学业成就。母亲在教育过程中经常面对孩子的情绪问题和冲突，她们通过倾听、理解和引导，帮助孩子学会管理情绪和解决问题。母亲的支持和引导有助于培养孩子良好的情绪调节和解决冲突的能力。随着中国经济文化的不断发展，母亲角色也在悄然发生着变化，主要表现为以下几点[①]。

1. 女性投入职场中影响了母亲角色的转变

随着经济的发展和城市化进程的加快，越来越多的女性加入职场。这使得许多母亲不再是家庭的经济依赖者，而是成为职业女性。她们需要兼顾工作和家庭，扮演着双重角色。这种变化使得母亲的时间和精力被分配到了更多的领域，对她们的自我管理和时间管理能力提出了更高的要求。

2. 社会观念的变化推动母亲角色的转变

以前，母亲被视为家庭的核心，她们的责任主要是照顾孩子和处理家务。然而，

---

① 陶艳兰.塑造理想母亲：变迁社会中育儿知识的建构[J]. 妇女研究论丛，2016(5)：25-37.

随着社会观念的开放和性别平等意识的提高，人们对母亲角色的期望也发生了变化。如今，母亲不仅要关注孩子的生活和教育，还要注重自己的职业发展和个人成长。她们被鼓励追求自己的梦想和独立思考，成为积极参与社会的个体。

3. 现代科技的发展对母亲角色的变化起到了推动作用

通过互联网和社交媒体，母亲能够获取更多的育儿知识和信息，与其他母亲进行交流和分享经验。这使得她们更有能力和自信去面对育儿挑战，更加注重孩子的全面发展和个性培养。

(三) 家庭教育中的父亲参与

当今社会中，越来越多的父亲开始重视和参与子女的教育。他们意识到自己在孩子成长中的重要性，并积极寻求方式与孩子建立更紧密的关系。许多父亲开始参与日常生活中的家务和育儿工作，积极参与孩子的学习和成长。这种积极的变化对于孩子的成长和发展非常有益。父亲在儿童教育与发展中扮演着不可替代的角色。他们对孩子的性别认同、自信心、社交能力、价值观和道德观念的培养，以及提供稳定和安全感等方面都具有重要影响。父亲的参与可以帮助孩子建立健康的性别认同，从而培养孩子的自尊心和自信心。父亲的陪伴和引导也能够帮助孩子发展良好的社交能力，使孩子学会与他人合作和沟通。此外，父亲在传递价值观和道德观念方面起着重要作用，通过他们的示范和引导，孩子能够建立正确的价值观和道德观念。父亲的存在也为孩子创造了一个稳定、安全的成长环境，通过提供物质和情感上的支持，帮助他们建立自信、探索世界，并克服困难。

三、教养方式

教养方式是指家长在养育孩子过程中所采用的方法和策略。它涉及家长对孩子的教育理念、价值观、行为规范和教育方法等方面的选择和实践。教养方式可以影响孩子的个性发展、行为习惯、情绪管理、社交能力和学习成绩等方面。不同的教养方式会对孩子产生不同的影响，因此选择适合自己和孩子的教养方式是非常重要的。很多学者提出了不同的教养方式的理论模型，其中较为经典的模型主要有以下几个。

鲍姆林德的教养方式模型——心理学家戴安娜·鲍姆林德(Diana Baumrind)开发了这个模型，从父母行为的控制和温情两个维度将教养方式分为四类：权威型、专制型和放任型。麦科比和马丁的教养方式模型——埃莉诺·麦科比(Eleanor Maccoby)和约翰·马丁(John Martin)在鲍姆林德的教养方式模型基础上进行了扩展，提出了两个育儿维度：要求性和回应性。基于这些维度，他们确定了4种教养方式：权威型、专制型、纵容型和忽视型。南希·达令(Nancy Darling)和劳伦斯·斯坦伯格(Laurence Steinberg)的教养方式模型——达令和斯坦伯格引入了一个三维的育儿风格模型。他们在鲍姆林德的控制和温情两个维度上增加了心理控制维度。该模型将教养方式分为权威型、专制型、溺爱型和忽视型。兰博恩等人的教养方式模型——苏茜·兰博恩(Susie Lamborn)等人提出了一个模型，包括控制和温暖两个维度，以及自主授权的维度。他们确定了4种育儿风格：权威型、专制型、纵容型和冷漠型。总结不同学者的教养方式模型，我们将教养方式分为权威型、专制型、溺爱型与忽视型四类。

(一) 权威型教养方式与个体发展

权威型教养方式是一种注重平等、尊重和参与的教养方式。在这种方式下，父母或教养者会给予孩子更多的自主权和决策权，鼓励他们表达意见和参与决策过程，同时尊重孩子的权利和需求。权威型教养方式对个人发展有以下积极影响。

1. 自主性和自信心提升

自主性和自信心在个体成长发展的过程中起着举足轻重的作用。权威型父母在养育过程中能在限制孩子及给予其自由中找到一个平衡点[①]。通过给予孩子自主权和决策权，权威型教养方式鼓励孩子独立思考、主动解决问题，为孩子提供建立自信心的机会。权威型教养方式在提供标准和纪律的同时，也为孩子提供必要的支持，让孩子感受到被接纳，从而培养他们的自主性和自信心。

2. 社交能力和沟通技巧提升

权威型父母以合理、温和的态度对待孩子，在制定合理标准的同时，又将道理解释清楚。在这种教养方式成长的孩子，不仅尊重父母，能与父母和睦相处，也乐于与同伴交往，在交往的过程中能较好地控制自己的情绪。除此之外，权威型教养方式鼓励孩子表达意见和参与决策，培养他们的沟通技巧和社交能力，使他们能够更好地与他人合作、协调和解决问题。

3. 自我管理意识和责任感培养

权威型教养方式给予孩子更多的自主权，父母不会包揽孩子的所有事情，同时他们会告知孩子需要承担自主决策和自主行为的后果。在这种教养方式下，孩子有更多学习自我管理和承担责任的机会，更能在自主决策的过程中明白"三思而后行"，从而培养他们的自律性和责任感。

4. 创造性和批判性思维发展

权威型父母总是以一种理性、问题导向的态度指导孩子，他们能在家庭内部分歧中持有明确的立场，但又不会让孩子感受到过度的压力。父母在制定规则时，不仅能

---

① 李德. 中国家庭教养方式与青少年发展[M]. 北京：社会科学文献出版社，2018：48.

充分考虑到规则的合理性,还会耐心地向孩子解释制定规则的理由,允许孩子发表自己的意见。权威型教养方式鼓励孩子独立思考和表达意见,培养他们的创造性和批判性思维,使他们能够独立思考问题、提出解决方案。

(二) 专制型教养方式与个体发展

专制型教养方式是一种以家长为中心、强调权威和控制的教养方式。在这种方式下,家长对孩子的行为、决策和思想有绝对的控制权,孩子的意见和需求往往被忽视或压抑。家长通常要求孩子服从、听从和按照自己的意愿行事,而不给予孩子自主权和自由发展的空间。专制型教养方式对个人发展可能产生一系列负面影响。

1. 自主性和决策能力受限

专制型父母对孩子严格控制,不允许孩子跳脱出父母为其制定的规则框架自行做出决定。一方面,在专制型教养环境中的孩子很少有机会做出自主决策,这可能导致他们缺乏独立思考和解决问题的能力;另一方面,孩子在进行自主决策的过程中往往遭到父母的干涉,这可能导致他们在做决定时容易受到他人的影响,难以客观、理性地做出决策。

2. 自尊心受损

当看到孩子的言行举止"出格"或者犯错误时,专制型父母往往对孩子表现出消极的情绪反应,对孩子进行呵斥、辱骂,更有甚者以暴力的方式惩罚孩子。长此以往,由于缺乏被尊重和认可的机会,孩子可能对自己的能力和价值产生怀疑,自尊心受损。

3. 社交技能和人际关系受限

专制型父母往往希望孩子按照自己为其计划的路线成长,对孩子施加许多限制。大多数在这种教养方式下成长的孩子胆小且畏首畏尾,怯懦且缺乏自主性和自信心。在社交中,他们不擅长与人交往,情绪不稳定,容易受他人影响,难以与他人建立健康且积极的人际关系。专制型教养方式可能限制孩子与他人的交往和沟通,影响他们人际交往和人际关系的发展。

4. 压力和焦虑增加

专制型教养方式常常伴随着严格的要求和较高的期望。一方面,专制型父母对孩子的生活过度干涉,制定许多条条框框,使孩子犹如一只被困在笼子里的鸟,缺少自由;另一方面,孩子的所作所为难以达到专制型父母的高期待,他们往往不被赏识和认可,这可能对孩子的心理健康产生负面影响,增加焦虑和压力。

(三) 溺爱型教养方式与个体发展

溺爱型教养方式是指父母或监护人对孩子过度关注和溺爱，过度满足孩子的需求，缺乏适当的指导和边界。这种教养方式常常出现在父母过分宠爱孩子、过度保护孩子、不给孩子适当的自主权和责任感等情况下。溺爱型教养方式对个人发展可能产生以下几种影响。

1. 缺乏自主性和责任感

在溺爱环境下成长的孩子，他们可以按照自己的意愿行事，没有过多的限制，惹出麻烦家长会为其善后。溺爱型父母往往会过度地帮孩子包办事情，使孩子缺乏构建生活的参与感。溺爱型教养方式常常导致孩子过度依赖父母，缺乏自主性和责任感。他们可能会变得无法自主决策、独立解决问题，对面临的挑战感到无力应对。

2. 存在自尊心问题

在溺爱型教养方式下成长的孩子，他们很少听到反对、否定的声音，但随着与外界的接触，孩子会发现他人的观点和要求与自己有出入，并且当自己无法胜任一些任务时，自尊心会大大受挫。溺爱型教养方式可能导致孩子对自己的能力和价值产生怀疑。

3. 存在社交问题

被溺爱的孩子很少会受到父母充分的行为指导和规矩要求，因此他们通常缺乏纪律性。在同伴交往的过程中，容易以自我为中心，若同伴行为未能符合意愿，他们可能会出现攻击性行为。溺爱型教养方式可能使孩子无法与他人建立健康的互动和关系。他们可能缺乏合作和沟通的能力，对待他人会表现出自私和不尊重的行为。

(四) 忽视型教养方式与个体发展

忽视型教养方式是指父母对于孩子的需求和情感不重视，缺乏关注和陪伴。这种教养方式对儿童的发展有着深远的负面影响，可能导致儿童情感发展问题、自尊心低下、社交能力障碍以及行为问题的出现。

1. 存在情感发展问题

忽视型父母对孩子既没有支持，也没有要求，这对个体成长发展的伤害无疑是巨大的。忽视型育儿容易导致儿童情感上的缺失和不安全。孩子在成长过程中需要父母的关注和爱护，缺乏这种关怀会使他们感到被忽视和不被重视。这种情感缺失会导致孩子在日后的人际关系中出现问题，例如难以建立稳定的亲密关系、情绪不稳定等。

2. 自尊心低下

忽视型父母缺乏与孩子的情感沟通，对孩子的所作所为也处于一种漠视状态。

忽视型教养方式会对孩子的自尊心产生负面影响。孩子在成长过程中需要得到父母的认可和鼓励，缺乏这种正向的反馈会使他们对自己的价值产生怀疑，感到自己不被重视，从而导致自尊心低下。这种低自尊心会影响他们的学业成绩、社交能力和心理健康。

3. 社交能力障碍

忽视型教养方式会对孩子的社交能力产生负面影响。父母的陪伴和关注对于儿童的社交发展至关重要。忽视型教养方式会使孩子在社交互动中缺乏安全感和信任感，他们可能会变得内向、孤僻，过于退缩，不愿主动，难以与他人建立良好的关系。同时，孩子可能也会像家长一样对人缺乏关心和热情，不能良好地管理情绪，这可能导致他们在学校和其他社交场合中遭受排斥和孤立。

4. 存在行为问题

忽视型教养方式会增加孩子出现行为问题的风险。缺乏父母的指导和监督，孩子可能会表现出攻击性、反抗性、违法犯罪等问题行为。在这些问题出现后，父母未能及时且有效地干预，则会进一步增加这些问题行为的发生，长此以往，形成恶性循环。这些行为问题可能会对孩子的学业、家庭和社交生活产生长期的负面影响，对孩子的成长发展极为不利。

第二节　当代家庭教育问题的类型与成因

当代家庭教育问题的严重性不容忽视。随着社会的变迁和家庭结构的多样化，家庭教育的重要性愈发凸显。现代家庭教育普遍存在一些共性问题，本节将简要介绍当代家庭教育问题的几大主要类型及其成因。

一、家庭应激

"应激"(stress)一词源于物理学，是指张力或压力，目前应激的概念已扩展到生理、心理、社会等领域，其含义也有所不同[①]。汉斯·塞里(Hans Selye)将引起全身多系统反应的伤害刺激或需求称为应激，后来将其称为"应激源"(stressor)，并把具有应激源持续存在引起机体产生的症状与体征称为"一般适应综合征"(general adaptation syndrome，GAS)。这种变化的生理基础是垂体-肾上腺皮质轴的激活和耗

---

① 贾福军，胡宪章.精神医学与神经病学[M].郑州：河南医科大学出版社，2000：24.

竭过程。他认为，这是一种体内的非特异性反应，可以分为三期。早期是警觉期，出现休克时相与抗休克时相(英文为phase，为周期或周期性变化之意)，休克时相可致急性骤死；中期是抵抗期，垂体促肾上腺皮质激素与肾上腺皮质激素分泌增加，合成代谢占优势，机体对各刺激的抵抗力均有增加；若刺激超强而持续存在，机体应激反应进入衰竭期，出现各种营养不良症状和慢性疾病，机体应激源消耗殆尽，最终可能导致死亡[1]。对于同样的应激源，不同的个体产生不同的反应。这主要有两个原因：一是心理方面，表现为个体对应激源的认知评价不同，而自身对这个情境能力的估计与个体的人格特征及行为类型有关；二是生理方面，表现为个体对应激源的生理反应不同，而个体的生理反应与个体的遗传素质(各器官、组织的易感性与易损性)、神经内分泌、免疫系统反应性有关。

家庭应激(family stress)指的是家庭中出现的各种压力和应对困难的情况。这些压力和困难可以来自内部或外部，对家庭成员的生活和关系产生影响[2]。家庭应激源可以包括经济困难、失业、婚姻冲突、亲密关系问题、疾病或残疾、家庭成员的离世、家庭成员的精神健康问题、子女教育问题等。这些应激源可能会导致家庭成员的紧张、焦虑、沮丧、冲突等情绪反应，并对家庭内部的亲密关系和家庭功能产生负面影响。家庭应激对家庭成员的影响因人而异，不同的家庭成员可能以不同的方式应对应激。一些家庭成员可能会采取积极的应对方式，如寻求支持、调整期望、寻找解决问题的方法。而另一些家庭成员可能会采取消极的应对方式，如回避问题、使用不健康的应对机制(如滥用药物或酗酒)等。有效的家庭支持可以帮助家庭成员应对家庭应激，增强家庭的韧性(resilience)，包括建立良好的沟通和解决问题的技能，提供情感支持和理解，寻求专业帮助，以及培养积极的家庭氛围和家庭价值观。

(一) 家庭应激模式

家庭应激模式最早由鲁本·希尔(Reuben Hill)提出，称为ABC-X模型。在这一模式中，变量A是造成困境的应激源或引发事件。变量B是用来应对应激的家庭优势(family strength)或家庭资源。变量C是指家庭对于应激事件的严重性的主观看法，它决定了家庭如何应对以及应激事件对于家庭的应激性到底有多强。以上三点共同构成了影响家庭抵御应激带来的改变的因素。应激强的疾病引发的改变就会导致危机，也就是变量X。变量X指的就是家庭系统的无能或瓦解程度。之后，家庭理论家汉密尔顿·麦卡宾(Hamilton McCubbin)和琼·帕特森(Joan Patterson)发展了鲁本·希尔的理

---

[1] Selye H. Stress and the general adaptation syndrome[J]. British medical journal, 1950, 1(4667): 1383.
[2] Masarik A S, Conger R D. Stress and child development: A review of the Family Stress Model[J]. Current opinion in psychology, 2017, 13: 85-90.

论，添加了危机后期的部分，其模式称为双ABC-X模式，他们对鲁本·希尔的每一个变量都进行了修改，插入了应对想法(notion of coping)作为家庭适应过程的主要预测指标[①]。

家庭优势(family strength)是指当家庭受到内外改变的刺激(如慢性病或残疾)时，动员各种备选模式以适应改变的能力。进行家庭评估后，应找出家庭本身的优点，以了解家庭所具备的能力，提高家庭的信心，引导他们向健康的方向努力。麦克马斯特大学(Mcmaster University)研究团队在1982年提出下列家庭优势在危机或改变中对于健康的影响最大：①问题解决能力可以满足基本生活需要；②沟通清楚，表述直接，意见一致；③角色的分配使得家庭成员能够相互依附并允许角色互补；④在情感涉入中，家庭成员对于相互的需求都很敏感；⑤在情感反应中，家庭成员可以自由、正确地表达看法并能被接受；⑥以灵活可变的原则及反馈机制进行行为控制。

(二) 影响家庭应激的主要原因

1. 家庭对应激源的认知评价

家庭对于应激源事件的看法决定了他们如何应对家庭的应激强度。这是因为家庭成员对于家庭中的应激源的认知评价会直接影响他们对应激事件的应对方式和情绪反应。具体来说，家庭成员对于应激事件的认知评价主要包括对应激源的解释、评估和情感反应等方面。

(1) 家庭成员对于应激源的解释会影响他们对应激事件的理解和解读。不同的解释会导致不同的认知评价，进而影响他们对应激事件的情绪反应和应对方式。如果家庭成员将某个事件解释为威胁或危险，他们可能会出现更强烈的负面情绪反应，如恐惧、焦虑等。相反，如果他们将同样的事件解释为挑战或机会，可能会出现积极的情绪反应，如兴奋、乐观等。

(2) 家庭成员对于应激源的评估会影响他们对应激事件的重要性和影响程度的认知。评估的结果将决定他们对应激事件的情绪反应和应对方式。如果家庭成员认为应激事件具有重要性和严重性，他们可能会出现更强烈的情绪反应和应激反应。相反，如果他们认为应激事件并不重要或对他们的生活影响不大，可能会采取轻松或冷静的态度来应对。

(3) 家庭成员的情感反应也会受到对应激源的认知评价的影响。不同的认知评价会导致不同的情感反应，如愤怒、悲伤、失望等。如果家庭成员对应激源的评估结果是负面的，他们可能会出现消极的情感反应，如愤怒、悲伤等。相反，如果他们对应激

---

① McCubbin H I, Patterson J M. The family stress process: The double ABC-X model of adjustment and adaptation[M]. Social stress and the family. Routledge, 2014: 7-37.

源的评估结果是积极的,可能会出现积极的情感反应,如喜悦、满足等。

2. 家庭应对

家庭应对是指家庭成员在面对压力和应激事件时所采取的行为和策略。家庭应对的方式和效果对家庭应激有着重要的影响。采取积极应对的家庭可能会更好地应对应激事件,减轻应激事件的影响,并促进家庭的适应和恢复。相反,采取消极应对的家庭可能会延长应激事件的持续时间,加剧家庭成员之间的紧张和矛盾,并影响家庭成员的个体适应和幸福感。家庭应对方式的选择和培养对于家庭的健康和幸福至关重要。

(1) 家庭应对方式会影响家庭应激的程度和持续时间。不同的家庭应对方式可能会对应激事件的影响产生不同的效果。例如,采取积极应对的家庭会主动地解决问题,寻求支持和资源,以及调整自身的认知和情绪状态。这种应对方式可能会减轻应激事件对家庭的影响,并帮助家庭更快地适应和恢复。相反,采取消极应对的家庭会回避、逃避、否认某个问题。这种应对方式可能会延长应激事件的持续时间,增加家庭成员的负担,并导致更严重的心理和情感问题。

(2) 家庭应对方式会影响家庭成员之间的互动和关系。家庭应对方式会对家庭成员之间的沟通、支持和合作产生影响。采取积极应对的家庭可能会鼓励家庭成员之间的开放和诚实的沟通,促进彼此之间的支持和理解,以共同应对应激事件。这种积极的互动和关系会增强家庭成员的凝聚力和归属感,有助于家庭的适应和恢复。相反,采取消极应对的家庭可能会出现沟通不畅、互相指责和冲突等问题。这种负面的互动和关系会加剧家庭成员之间的紧张和矛盾,进一步增加应激事件的负面影响。

(3) 家庭应对方式会影响家庭成员的个体适应和幸福感。家庭成员的个体适应和幸福感是家庭整体适应和幸福感的重要组成部分。采取积极应对的家庭成员可能会更好地应对应激事件,保持积极的情绪和心理健康,并找到解决问题的途径和资源。这种积极的个体适应和幸福感可能会传递到整个家庭,促进家庭的整体适应和幸福感。相反,采取消极应对的家庭成员可能会面临更多的心理压力、情绪问题和适应困难。这种负面的个体适应和幸福感会影响家庭的整体适应和幸福感。

3. 家庭支持

家庭支持是指家庭成员之间提供互助和支持的能力和资源。它是家庭内部的一种情感支持和实质性支持,可以通过情感交流、共同解决问题、提供资源和信息等方式来表现[①]。家庭支持对家庭应激有着重要的影响。它可以缓解家庭应激,增强家庭成员的心理健康和适应能力,促进家庭内部的和谐和凝聚力,提供家庭成员之间的资源

---

① Thoits P A. Stress, coping, and social support processes: Where are we? What next?[M]. Journal of health and social behavior, 1995: 53-79.

和信息。因此，家庭成员之间应该积极地提供互助和支持，加强家庭的社会支持，以应对家庭生活中的各种应激源，维护家庭的稳定和幸福。

(1) 家庭支持可以缓解家庭应激。家庭生活中常常会遇到各种各样的应激源，例如工作压力、经济困难、子女教育问题等。这些应激源可能会对家庭成员的心理和情感产生负面影响，引发家庭内部的紧张和冲突。然而，当家庭成员之间能够提供情感支持和实质性支持时，家庭的社会支持可以缓解这些应激源带来的负面影响。例如，家庭成员之间的情感交流和理解可以减轻个体的心理压力，家庭成员之间的经济支持和资源共享可以减轻经济困难的压力，家庭成员之间的共同解决问题和提供信息可以减轻子女教育问题的压力。因此，家庭的社会支持可以帮助家庭成员更好地应对应激，缓解家庭应激带来的负面影响。

(2) 家庭支持可以增强家庭成员的心理健康和适应能力。家庭成员之间的互助和支持可以提供情感上的安慰和支持，增强个体的心理韧性和应对能力。当个体面临应激时，家庭的社会支持可以帮助个体更好地应对挑战，减少负面情绪和心理困扰。例如，当一个家庭成员失业时，家庭的其他成员可以提供情感上的支持和鼓励，帮助失业者保持积极的心态和寻找新的就业机会。这种支持可以帮助个体更好地适应变化和应对挑战，减少应激对个体心理健康的负面影响。

(3) 家庭支持可以促进家庭内部的和谐和凝聚力。家庭成员之间的互助和支持可以增加家庭内部的联系和亲密感，促进家庭成员之间形成归属感和认同感。当家庭成员面临应激时，家庭的社会支持可以让家庭成员感到他们不是孤单的，有家庭成员与他们一起面对困难。这种彼此支持和互助的氛围可以增强家庭的凝聚力和和谐感，使家庭成员更加团结和协作，共同应对应激源。

(4) 家庭支持可以提供家庭成员之间的资源和信息。家庭成员之间的经济支持和资源共享可以帮助家庭成员更好地应对经济困难和生活压力。家庭成员之间的信息交流和共享可以提供有关应激源的信息和解决问题的方法，帮助家庭成员更好地应对应激。例如，当一个家庭成员面临健康问题时，家庭的其他成员可以提供健康知识和医疗资源，帮助患者更好地了解疾病和治疗方法，选择合适的医疗服务。这种资源和信息的共享可以增强家庭成员应对应激的能力和效果。

【实践案例6.1】

专制教育下的家庭沟通困境

案例：某校初三年级的小萱和姐姐从小在乡下跟爷爷奶奶长大，通常只有在逢年过节时才能见到爸爸妈妈。小萱父母采用的是专制型教养方式，两个孩子对父母都极不满意，总是和他们唱反调。一家人几乎没有正常交流的时候，交谈时常常因为某个家庭成员的情绪爆发而导致大家不欢而散。为此，小萱父母很是苦恼。

评析：子女教育问题是一种常见的家庭应激。在此案例中，小萱父母未能正确地处理好家庭教育问题，不仅影响亲子关系，还对孩子的心理产生不良的影响。在日常生活中，家庭各个成员也缺乏正向、有效的沟通，导致家庭关系进入一个恶性循环，无法有效应对家庭应激。

建议：首先，建立良好的沟通渠道。家长应主动与孩子们进行沟通交流，询问、倾听和理解孩子的感受和想法，表达对孩子的关心和支持，积极自然地表达对孩子的爱意；其次，共同积极地解决家庭矛盾。父母应当主动反思在家庭教育中的不足并及时改进，孩子也应积极主动地与父母进行沟通，双方相互理解、相互包容。最后，寻求外部支持。如果家庭内部无法解决问题，家长可以考虑寻求专业的家庭咨询师或教育机构的帮助。这些专业人士可以提供针对家庭问题的专业建议和指导。

(三) 家庭应激事件对个体发展的影响

家庭应激对于儿童发展的影响是一个复杂而广泛的话题。家庭应激指各种各样的事件和情境，包括家庭冲突、家庭矛盾、亲密关系的破裂、亲人的离世、家庭暴力、家庭经济困难等。这些应激对儿童的身心健康、情绪发展、认知能力和社会适应产生深远的影响。

1. 身心健康

家庭应激事件对儿童的身心健康产生负面影响。研究表明，儿童在经历家庭应激事件后，容易出现焦虑、抑郁、压力反应等心理问题，甚至可能出现身体疾病，如头痛、胃痛等。长期的家庭应激事件可能导致儿童心理健康问题的持续存在，对他们的正常成长和发展造成阻碍。

2. 情绪发展

家庭应激事件对儿童的情绪发展产生重要影响。家庭冲突、亲人离世等事件会给儿童带来强烈的情绪体验，如悲伤、愤怒、恐惧等。这些情绪体验可能会对儿童的情绪调节能力产生负面影响，使他们难以应对日常生活中的情绪问题。同时，儿童在家庭应激事件中所经历的情绪体验也会影响他们对情绪的认知和表达能力。

3. 认知能力

家庭应激事件对儿童的认知能力产生影响。研究发现，家庭应激事件会干扰儿童的学习和记忆能力，降低他们的注意力和集中力。长期的家庭应激事件可能导致儿童的认知发展滞后，影响他们的学业表现和智力发展。

4. 社会适应

家庭应激事件对儿童的社会适应能力产生重要影响。儿童在家庭应激事件中所经历的负面经历可能使他们对他人和社会产生不信任感，使他们难以建立健康的人际关系。同时，家庭应激事件还可能导致儿童的社会行为问题，如攻击性行为、退缩行为等。

二、父亲缺位

父亲缺位(father absence)指由于父亲忙于工作或是分居、离婚、死亡等而导致的儿童缺少父亲的关怀与爱护的现象。父亲缺位对儿童心理发展的影响，有过较长的研究历史：第二次世界大战结束后关注由于战争导致的父子分离、父亲缺位对儿童的影响，20世纪六七十年代关注由于妇女解放潮流导致大量单身母亲的产生以及当前女性的经济和社会地位大幅度提升背景下亲子关系的研究。这些研究给出了许多有价值的结论，值得我们借鉴和参考。当前，父亲缺位现象已经成为世界性的社会问题。

2010年以来，根据美国政府的数据，超过25%的美国儿童在成长过程中没有与生父同住。这些儿童更容易面临学业困难、行为问题和青少年犯罪等挑战。根据英国政府的数据，超过20%的英国儿童在成长过程中没有与生父同住。这些儿童更容易在学校表现不佳、缺乏自信心和面临身体健康等问题。这些数据表明，父亲缺位现象在全球范围内普遍存在，并且对儿童的发展产生了负面影响。因此，各国政府和社会应该重视这一问题，并采取相应的措施来支持父亲的参与，增强父亲的家庭责任感，以促进儿童的健康成长。

(一) 影响父亲缺位的主要原因

造成父亲缺位的原因多种多样，但可以总结为缺少时间参与、受传统观念影响、缺乏教育意识和知识、面临社会压力和期望等方面。这些因素使得父亲在家庭中的角色和责任被忽视或轻视，导致了父亲缺位现象的出现。

1. **缺少时间参与**

由于工作压力和职业要求，一些父亲缺乏时间参与子女的教育。他们可能需要长时间工作，或者经常出差，无法在日常生活中花费足够的时间与孩子互动和参与他们的学习。

2. **受传统观念的影响**

一些社会和文化因素可能导致父亲在子女教育中扮演较被动的角色。在传统观念中，母亲通常被认为是子女的主要照顾者和教育者，而父亲更多地与经济支持和家庭权威有关。这种观念可能会导致父亲在子女教育中的参与度较低。

3. **缺乏教育意识和知识**

有的父亲可能缺乏对子女教育的意识和知识。他们可能没有接受过相关的教育或培训，不清楚如何更好地参与孩子的学习和成长。这可能导致他们在子女教育中的角色不够明确或不够积极。

4. 面临社会压力和期望

一些父亲可能面临来自社会的压力和期望，要求他们在事业和经济上取得成功，而忽视了在子女教育中的作用。他们可能被迫将更多的时间和精力投入工作和职业发展，以满足社会对男性的期望。

(二) 父亲缺位对个体发展的影响

父亲缺位对儿童发展有着广泛而深远的影响。缺乏父亲的陪伴和指导，儿童可能在社会情感发展、性别认同和性别角色、教育和学业表现，以及社会适应能力和行为发展方面受到负面影响。父亲积极参与家庭生活，重视父亲的作用和责任，对于促进儿童的全面发展至关重要。

1. 社会情感发展方面

父亲在家庭中具有重要的情感支持和榜样的作用。缺乏父亲的陪伴和指导，儿童会感到情感上的空虚和不安全。父亲经常参与子女的游戏、生活，有助于扩大儿童的社会活动范围和社交内容。父亲的缺位可能导致儿童社交能力的发展受到限制，对未来的人际关系和情感健康产生负面影响。

2. 性别认同和性别角色方面

父亲在儿童的性别认同和性别角色发展中起到重要的作用。父亲的缺位可能导致儿童对自身性别的认同和角色的模仿受到影响。父亲是男性角色的代表，他的存在可以帮助儿童了解和接受自己的性别角色并学会相应的行为和价值观。缺乏父亲的陪伴和指导，儿童可能会出现性别认同混淆、性别角色模糊等问题，对性别身份的形成产生困扰。

3. 教育和学业表现方面

父亲在儿童的学习和教育中起到重要的支持和指导作用。父亲的缺位可能导致儿童在学业表现方面受到影响。父亲通常会给予儿童更多的学习动力和目标设定，提供学习上的支持和鼓励，有助于培养儿童的学习兴趣和自律能力。缺乏父亲的参与和指导，儿童可能在学业上缺乏动力和目标，学习成绩可能受到影响，甚至出现学习问题和辍学的风险。

4. 社会适应能力和行为发展方面

父亲经常参与子女的生活、游戏，有助于儿童建立积极的行为规范和道德观念，学会自律和责任心。父亲的缺位可能导致儿童在行为发展和社会适应能力方面出现问题，容易受到负面影响，如行为问题、犯罪倾向等。

【实践案例 6.2】

父亲缺位下的青少年成长困境

案例： 小宇是一个 14 岁的初中生，他的父亲长期在外地工作，很少回家陪伴他和他的母亲。小宇从小就缺乏父爱的陪伴，经常感到孤单和无助。他在学校的成绩一直不理想，还经常与同学发生冲突，情绪很不稳定。

评析： 由于种种原因，小宇父亲在小宇的成长过程中处于缺位状态，对小宇的学业、心理、社交等方面产生了负面影响。

建议： 第一，增加父亲与小宇的互动机会。小宇与父亲可以通过电话、视频通话等方式保持联系，父亲也可以定期回家探望小宇。第二，父母应积极参加亲子活动和家庭教育培训，提升自己的教育水平和育儿技能，更好地理解和应对小宇存在的问题，给予他更好的支持和教育。第三，父母与小宇进行深入的沟通，了解他的内心需求和情感状态，鼓励小宇表达自己的情感，并尽量理解和支持他。第四，母亲应主动与学校老师和辅导员沟通，寻求他们的帮助和支持，力求老师提供学习上的指导和帮助。第五，对小宇进行心理辅导，帮助他处理情绪问题和人际关系。

三、知能短板

知能短板是指个体在某一方面的知识、技能或能力相对较弱或不足的情况。它意味着在某个特定领域或方面，个体的表现不如其他方面或其他人。知能短板可能是由于天赋、学习经历、环境因素或其他因素造成的。知能短板可以出现在各个领域，如学术知识、技能、社交能力、情绪管理等。举例来说，一个人可能在数学方面有知能短板，意味着他在数学方面的理解和应用能力相对较弱。同样地，一个人可能在社交能力方面有知能短板，意味着他在与他人交流、建立人际关系和解决冲突方面相对较弱。发现自己的知能短板可以帮助个体认识到自己的弱点，并采取相应的措施来补救。这可以包括寻求教育、培训或指导，与他人合作或寻求专业帮助。重要的是，个体要认识到自己的优势和短板，并且通过努力和支持改善自己的知能短板。

(一) 影响个体知能的家庭因素

家庭教育可以影响孩子的知能发展，而儿童的知能短板也可能给家庭教育带来挑战。为了最大程度地促进孩子的知能发展，家庭成员需要共同努力，提供支持和资源，并创造积极的学习环境。

1. 父母的文化水平

父母的文化水平越高,他们在知识和学习方面的经验和知识储备也就越多。他们能够更好地向孩子传递知识,提供更广泛的学习机会和资源,从而促进孩子的知能发展。除此之外,父母的文化水平高,通常对教育有更深入的理解和认识,更有可能使用更科学有效的教育方法,如启发式教育、探究式学习等,帮助孩子培养批判性思维、问题解决能力和创造力等重要的知能。

2. 家庭环境

家庭环境对孩子的知能发展也有重要影响。一个温暖、支持和激励的家庭环境可以促进孩子的学习和发展,而一个不稳定、冷漠或有暴力倾向的家庭环境可能对孩子的知能发展产生负面影响。经济状况是影响家庭环境的重要因素之一。经济条件良好的家庭通常能够提供更好的学习资源,如图书、教育培训等。此外,经济条件良好的家庭还能够提供更稳定的生活环境,减少孩子在生活上的焦虑和压力,有利于孩子专注和深入学习知识与技能。

3. 家庭支持

家庭支持是孩子克服知能短板的重要因素。家庭支持可以激发个体的学习动机。家庭环境中的鼓励、赞赏和支持可以增强孩子对学习的兴趣和动力,使他们更加积极主动地参与学习活动。与此相反,缺乏家庭支持可能导致孩子学习动机的下降,甚至出现学习厌倦和抵触情绪。家庭支持可以提供个体所需的学习资源,包括学习材料、参与学习的机会和活动、适当的学习环境等。通过提供这些资源,家庭可以帮助孩子更好地掌握知识和技能,促进他们的学习进步。家庭支持可以提高孩子的自信心和情绪管理能力。家庭环境中的支持和鼓励可以增强孩子对自己能力的信心,使他们更有勇气面对学习中的困难和挑战。

4. 家庭价值观

家庭的价值观也会影响孩子的知能发展。一方面,如果家庭强调重视教育,将其视为发展的重要途径,孩子会更加重视学习,努力提高自己的知能水平。相反,如果家庭对教育不重视或者有消极的态度,孩子可能会缺乏学习的动力和目标,影响其知能发展。另一方面,家庭价值观对孩子的价值取向产生影响。家庭价值观是否注重知识、智力和学习等方面的发展,会影响孩子对学习的态度和行为。如果家庭注重知识的获取和智力的培养,孩子会更加积极主动地学习,提高自己的知能水平。相反,如果家庭价值观偏向消极、懒散或者对学习没有明确的要求,孩子可能会缺乏学习的动力,影响其知能发展。

(二) 应对知能短板的方法与策略

父母在应对孩子的知能短板时,应该以理解、支持和鼓励为基础,为孩子提供适当的资源和帮助,同时培养他们的学习技巧和自信心。这样,孩子能够更好地克服自己的短板,取得进步和成功。父母应该理解每个孩子都有自己的优势和短板,不要对孩子的短板过于苛求或指责。相反,要接纳孩子的不足,并帮助他们建立自信心。父母可以提供适当的支持和资源,帮助孩子克服他们的知能短板。这可以包括提供额外的学习材料、参加辅导班或请家教,以及提供合适的学习环境。父母应创造积极的学习氛围,鼓励孩子主动学习和尝试新事物。父母可以通过赞扬和奖励来激励孩子,让他们感到学习是有趣和有价值的。父母可以帮助孩子学习和培养一些有效的学习技巧,如制订学习计划、记笔记、总结归纳等。这些技巧可以帮助孩子更好地理解和应用知识。父母可以鼓励孩子尝试不同的学习方式,例如通过视觉、听觉或动手操作等方式学习。这样可以让孩子找到适合自己的学习方式,并更好地理解和掌握知识。

如果孩子的知能短板严重影响到他们的学习和发展,父母可以寻求专业帮助,如咨询心理学家或专业教育机构。这些专业人士可以提供更具体和个性化的建议和指导。第一,个体通过自我反思、接受他人的反馈或进行专业测试等方式,明确自己的知能短板是什么。第二,根据自己的知能短板,制定明确的目标,这个目标应该具体、可衡量,并设定适当的时间框架。个体可以通过学习和练习来改善知能短板,如阅读相关书籍、参加培训课程、观看教育视频、参加学习小组等;还可以主动寻求专业人士的帮助和支持,如寻求教育专家、辅导员、导师或其他专业人士的帮助。第三,建立良好的学习习惯,这对改善知能短板非常重要,如制订学习计划、保持专注、养成复习和总结的习惯等。不同的人有不同的学习风格和方法,个体要尝试不同的学习方法,找到适合自己的方式。改善知能短板需要坚持不懈的努力,不要气馁,尽量保持积极的心态,并相信自己能够不断进步,要有耐心和恒心,并为自己设定合理的目标。

四、隔代教养

隔代教养是指由祖父母或其他长辈代替父母来照顾和抚养孙辈的现象。这种教养方式在许多文化中都存在,尤其在现代社会中越来越普遍。

(一) 隔代教养的情况

在中国,隔代教养问题日益突出,主要体现为以下几种情况。

1. 农村留守儿童

由于父母外出打工，很多农村孩子被留在家乡由祖父母或其他亲戚照顾。在这种情况下，孩子与父母的亲密关系得不到充分建立，可能导致情感上的缺失和心理问题。

2. 城市单亲家庭

由于离异、丧偶等原因，很多城市家庭存在单亲家庭的情况。在这种情况下，父亲或母亲可能需要将孩子寄放在祖父母家或其他亲戚家，以便自己工作或追求个人发展。这样一来，孩子与父母的亲密关系将受到影响。

3. 城市家庭生活压力

在城市中，父母的工作压力和生活压力往往较大，他们可能需要把孩子送到祖父母家或其他亲戚家生活。这样一来，孩子与父母的共同生活时间减少，亲密关系难以建立。

(二) 隔代教养的不良影响

尽管隔代教养可以带来一些积极的影响，如传承文化价值观、学习生活技能、建立家庭纽带等，但同样会对孩子和家庭产生多种不可忽视的不良影响，具体体现为以下几方面。

1. 隔代教养影响儿童情绪情感发展

隔代教养对儿童情绪情感发展有着重要的影响。一方面，隔代教养可能导致儿童情感认知方面的困扰。他们面临来自不同代际的情感期待和价值观的冲突，难以理解和适应。另一方面，隔代教养也可能影响儿童的情绪调节能力。由于祖辈与儿童之间的代际差异，儿童无法获得有效的情绪支持和教导，导致情绪调节困难。此外，隔代教养也影响儿童的安全依恋。缺乏安全依恋将导致将情感上的不安全感、不信任他人、依赖问题等。

2. 隔代教养影响儿童社交和人际关系发展

隔代教养对儿童社交和人际关系发展带来一些不良影响。祖辈和父母之间的教养观念和方式存在差异，这将导致儿童在不同环境中接受到不一致的教育和规范。这种不一致使儿童感到困惑和不安，影响他们的社交行为和人际关系。此外，祖辈的年龄和身体状况限制了他们与儿童的互动和活动范围，使儿童在社交和人际关系中面临一定的限制。

3. 隔代教养影响儿童学习和认知发展

隔代教养影响儿童的学习和认知能力。首先，祖辈不熟悉当代的语言和沟通方式，这限制了儿童的语言发展。其次，祖辈往往依赖于传统的教育方法，与现代教育理念和实践存在差异,这会影响儿童的学习效果和适应能力。与此同时,祖辈只能传授他们所熟悉的文化和历史知识,而无法涵盖当代社会和全球化的多元文化,限制了儿童的视野和理解力。最后,祖辈不熟悉现代科技和数字化工具,使儿童在技术方面落后于同龄人,错失了现代学习和信息获取的机会。

4. 隔代教养影响儿童身心健康问题

隔代教养会对儿童的身心健康产生负面影响。长期与父母分离和缺乏关爱将导致儿童产生压力、焦虑和抑郁等心理问题。在这种情况下,儿童会感到孤独和不安全,因为他们缺乏亲密的情感支持和指导。此外,隔代教养还会影响儿童的饮食习惯和生活习惯。祖辈有不同的价值观和生活方式,这将导致儿童在饮食方面接受不健康的习惯。例如,祖辈倾向于给孩子提供高糖和高脂肪的食物,而忽视健康饮食的重要性,这将增加儿童患肥胖、糖尿病和心血管疾病的风险。此外,隔代教养会导致儿童的生活习惯受到影响。祖辈有不同的规则和期望,这将导致儿童在日常生活中遇到困惑和挑战。

第三节 当代家庭治疗的主要机制与模式

随着社会的需要以及相关学科的发展,家庭治疗的有关理论与实践得到不断完善。本节将关注当代家庭治疗的主要机制模式,介绍有关家庭治疗的发展过程、主要心理机制以及主要模式等内容。

一、家庭治疗的发展过程

(一) 西方家庭治疗的发展

1. 萌芽阶段(20世纪40—50年代)

(1) 系统论的兴起。该时期,系统论开始在家庭治疗领域中得到广泛应用。系统论强调家庭成员之间的相互关系和互动,认为家庭是一个相互影响的系统,而不是单独的个体的集合。这一理论的发展为家庭治疗提供了新的思考方式和方法。

(2) 系统治疗的实践。20世纪50年代,家庭治疗开始以系统治疗的形式进行实践。系统治疗强调家庭成员之间的相互作用和互动,注重观察和介入家庭系统中的模式和动态。家庭治疗师通过观察和干预家庭系统中的互动,帮助家庭成员改变不健康的互动模式,促进家庭的健康和发展。

(3) 家庭动力学理论的发展。家庭动力学理论是20世纪50年代家庭治疗的另一个重要发展。该理论认为家庭中的成员之间存在着一种动力平衡，当这种平衡被打破时，家庭成员会出现问题。家庭动力学理论提供了一种理解家庭问题的框架，并提出了一些解决问题的方法。

20世纪50年代，家庭治疗领域的研究和实践取得了一些重要的成果。研究者开始关注家庭系统中的互动和亲密关系，发现家庭成员之间的关系对个人和家庭的健康具有重要影响，开始将家庭治疗应用于各种不同的问题和疾病，取得了一些显著的效果。

2. 发展阶段(20世纪60—70年代)

20世纪60—70年代是家庭治疗膨胀的时期，在专业会议上，这一模式越来越被认可。这一时期还出现了具有明显家庭治疗特点的理论和流派，包括心理动力模型、认知行为模型、结构模型等。

尽管心理动力模型起源于精神分析，但经过几十年的发展，其重点已经从分析单纯的个体心理动力转移到分析家庭内的人际关系与个体经验间的关系，其代表人物有纳森·阿克曼、斯卡夫夫妇(David Scharff & Jill Savege Scharff)、詹姆斯·弗洛姆(James L. Framo)等。心理动力模型突破了传统精神分析理论只关注个体内心现象忽视人际间交互作用的局限，将治疗对象扩展至人际关系层面。治疗中，它强调治疗师在咨询过程中的中立作用，同时也延续使用了移情、投射等经典的精神分析概念，主要应用于婚姻家庭关系的治疗。

家庭治疗的认知行为模型主要是将学习理论的一些原理用于家庭治疗实践当中，其代表人物有罗伯特·维斯(Robert Weiss)、理查德·斯图亚特(Richard Stuart)、尼尔·杰克森(Neil Jackbson)等。认知行为流派家庭治疗的贡献主要集中在研究和评估方面，尽管行为流派是家庭治疗领域的新兴学派，但是，它的很多原理如条件反射、强化、塑造和消退等都是其他流派的重要组成元素。

结构流派对自己的治疗模型描述得非常清晰明了，因此相对来说更容易学习和实践。结构流派家庭治疗可以说是主导了整个20世纪70年代的家庭治疗领域，成为家庭治疗领域中最具影响力的模式，有很多学习者。

3. 整合阶段(20世纪80—90年代)

进入20世纪80年代后，信奉不同流派和观点的家庭治疗师开始彼此接纳和使用对方的观念和方法，家庭治疗各流派间的界限在消融，越来越少的治疗师声称自己是哪个具体学派或固执地只使用一个流派的技术。同时随着折中主义、选择式借鉴和模式整合等模式的流行，许多新的概念和治疗技术开始涌现。尤其是在后现代主义和社会建构论的影响下，这一时期出现了叙事家庭治疗、问题解决中心的治疗两种后现代疗法，而代表整合趋势的心理教育家庭治疗和积极家庭治疗也越来越受到广泛关注。

澳大利亚临床心理学家迈克尔·怀特(Michael White)夫妇及新西兰的大卫·艾皮斯特(David Epston)等于20世纪80年代在家庭治疗的基础上提出了叙事心理治疗理论，治疗师通过倾听来访者的生命故事，帮助来访者组织和重建故事，唤起来访者内在力量。

问题解决中心的治疗是一种基于来访者自身资源的疗法，起源于20世纪80年代初的美国，强调实用主义、认知和易于传授，深受某些治疗师的喜爱。

心理教育家庭治疗是一种折中主义的治疗方法，是以经验和其所处的情境为依据，综合应用家庭系统理论、认知行为治疗、教育心理学和结构治疗等原理和方法。

积极家庭治疗缘于积极心理治疗，它是精神动力学与行为治疗出色的结合，是一种跨越文化差异、以冲突为中心的心理疗法。

(二) 我国家庭治疗的发展

我国家庭治疗的发展历程可以追溯到20世纪80年代，当时国内开始引入西方心理学和心理治疗的理论和技术。以下是我国家庭治疗的发展历程的主要阶段[1]。

1. 初期阶段(20世纪80年代末—90年代初)

在这个阶段，国内开始引进家庭治疗的概念和理论，包括系统家庭治疗、结构家庭治疗等。一些国内的心理学家、心理治疗师开始学习和实践家庭治疗，并逐渐形成了一些家庭治疗的理论和实践经验。

2. 推广阶段(20世纪90年代中期—21世纪初)

在这个阶段，家庭治疗开始在国内得到更多的推广和应用。一些大学和研究机构开始设立家庭治疗的课程和研究项目。同时，家庭治疗师也逐渐增多，一些专业机构开始提供家庭治疗的培训和咨询服务。

3. 发展阶段(21世纪初至今)

在这个阶段，家庭治疗在国内得到了更广泛的应用和认可。一些心理健康机构、医院和社区开始开设家庭治疗的诊疗服务。同时，家庭治疗的理论和技术也在不断发展和完善，涌现一批国内的家庭治疗专家和学者。此外，一些国际性的家庭治疗组织和大会开始在中国举办，促进了国内外家庭治疗的交流与合作。

二、家庭治疗的主要心理机制

家庭治疗的心理机制涉及家庭成员之间的冲突和互动、无意识冲突、防御机制和内

---

[1] 李灵.论家庭治疗在中国的文化适应性——从传统家庭文化的转变看家庭治疗在中国的应用[J]. 教育科学，2004(2)：57-60.

化过程。通过解析和干预这些心理机制，家庭治疗可以促进家庭系统的健康和发展。

(一) 冲突和互动

家庭成员之间存在的冲突和互动是家庭治疗的重要焦点。冲突是指家庭成员之间的意见、需求或期望的不一致。冲突源自不同的价值观、沟通问题、角色冲突、权力分配不均等。这些冲突将导致家庭成员之间的紧张和矛盾，甚至导致家庭成员之间的隔离和敌对。家庭治疗的目标之一是帮助家庭成员识别和解决冲突，以促进更健康的家庭互动。互动是指家庭成员之间的相互作用和交流。家庭成员之间的互动方式可能是积极的、支持性的，也可能是消极的、冲突的。互动方式受到各种因素的影响，包括个人特质、家庭传统、文化背景等。家庭治疗师通过观察和分析家庭成员之间的互动方式，帮助他们发展更健康、更有效的沟通和互动模式。

家庭治疗的核心任务之一是解决冲突和改善互动。家庭治疗师通过帮助家庭成员增强解决冲突的技能，如倾听、表达感受、妥协和寻求共识，来促进家庭成员之间的合作和理解。家庭治疗师还可以通过指导家庭成员改变消极的互动模式，如批评、指责、退缩等，来促进更积极、支持性的互动。家庭成员之间的冲突可能是显性的，如争吵和冲突；也可能是隐性的，如沉默和回避。家庭治疗师通过观察和分析家庭成员之间的互动模式，揭示出互动中的隐藏冲突，并帮助家庭成员解决冲突。

(二) 无意识冲突

家庭系统中存在着许多无意识层面的冲突。无意识冲突是指个体内部存在着不同的欲望、需求和价值观之间的冲突，但这些冲突并不为个体所察觉。在家庭治疗中，无意识冲突可以显现为家庭成员之间的紧张关系、不协调的互动和冲突。这些冲突可能源自家庭成员的个体心理和情感需求之间的冲突，也可能是代际传递的冲突。无意识冲突在家庭治疗中的影响有以下几个：第一，无意识冲突可以引发家庭成员之间的紧张和冲突，家庭成员因为无法理解对方的行为和情绪而感到困惑和不满。这种困惑和不满源于个体内部的无意识冲突，而在家庭治疗中可以通过探索和解决这些冲突来减轻紧张和冲突。第二，无意识冲突可以影响家庭成员的情绪和行为。无意识冲突将导致家庭成员感到焦虑、愤怒、沮丧等负面情绪，并表现出相应的行为，如回避、逃避、攻击等。这些负面情绪和行为会进一步加剧家庭成员之间的冲突和紧张，影响家庭的和谐和幸福。第三，无意识冲突是家庭成员个体内部心理发展的重要驱动力，个体内部的无意识冲突反映了个体内部不同需求和欲望之间的竞争和矛盾。在家庭治疗中，家庭治疗师可以通过帮助家庭成员认识和理解自己的无意识冲突，促进个体的发展和成长。

(三) 防御机制

在家庭治疗中，防御机制是一种重要的心理机制，它可以帮助家庭成员应对和处理各种心理冲突和压力。这些防御机制可以是无意识的，如投射、否认和回避；也可以是有意识的，如幽默和转移注意力。防御机制是一种自我保护的策略，通过改变、扭曲或忽视现实来减轻内心的痛苦和不适。以下是几种常见的防御机制在家庭治疗中的应用。

1. 否认

否认是最基本的防御机制，它使个体能够拒绝接受或承认不愉快的事实或情绪。在家庭治疗中，家庭成员会否认问题或冲突的存在，这可能是因为他们害怕面对真相或不愿意承认自己的责任。

2. 投射

投射防御机制是指个体将自己的不适感和负面情绪归咎于他人或外部环境。在家庭治疗中，家庭成员会把自己的问题和责任归咎于其他家庭成员，而不是面对自己的内心冲突和问题。

3. 转移

转移是一种将情感或冲突从一个对象或情境转移到另一个对象或情境的防御机制。在家庭治疗中，家庭成员会将自己的情绪和压力转移到其他家庭成员身上，从而转移注意力和责任。

4. 合理化

合理化是一种通过寻找合理的解释来减轻内心的不适的防御机制。在家庭治疗中，家庭成员会用各种理由和解释来合理化自己的行为或决策，以减轻内心的痛苦和自责。

5. 退行

退行是一种回到更原始、幼稚的心理状态来应对压力和冲突的防御机制。在家庭治疗中，家庭成员会表现出儿童般的行为和情绪，以逃避现实的困难和责任。

(四) 内化过程

家庭治疗心理机制的内化过程是指家庭成员在治疗过程中逐渐领会和接受新的心理机制，并将其内化为自己的方式来应对困境和解决问题。这些内化的模式对个体的思维、情感和行为产生重要影响，并在家庭治疗中得到重点关注。治疗师的角色是引导家庭成员意识到他们当前使用的防御机制并了解其影响。治疗师可以通过观察家庭成员的言语和行为模式，以及他们在家庭治疗中的互动方式来帮助他们认识到自己的防御机制。例如,家庭成员可能会使用否认、回避或投射等防御机制来避免面对现实的困难和责任。治疗师会与家庭成员一起探索这些防御机制的根源和功能。通过分析家庭成员的个人历史、家庭动态和家庭文化背景,治疗师可以帮助家庭成员理解他们为什么会选择特定的防御机制,并了解这些机制对他们自己和家庭的影响。治疗师会与家庭成员一起探索新的健康应对方式,鼓励他们尝试并内化这些新的心理机制。治疗师可能会提供一些技巧和工具,例如情绪调节技巧、沟通技巧和问题解决策略,以帮助家庭成员更好地应对困境和解决问题。

三、家庭治疗的主要模式

家庭治疗模式可以应用于各种不同的家庭问题和困扰,包括婚姻冲突、亲子关系问题、青少年问题、家庭暴力等。它可以帮助家庭成员改善彼此之间的沟通、理解和支持,从而促进家庭的健康和幸福。家庭治疗模式有多种不同的方法和技术,常见的包括结构式家庭治疗、系统式家庭治疗、策略式家庭治疗、经验式家庭治疗、社会建构主义家庭治疗等。每种模式都有其独特的理论基础和方法,但它们的共同目标是促进家庭成员之间的理解、支持和合作,以达到家庭的健康和幸福。

(一)结构式家庭治疗

结构式家庭治疗是一种常用的家庭治疗模式,代表人物为萨尔瓦多·米纽钦(Salvador Minuchin),他的著作《家庭的心理治疗》是结构家庭治疗领域的经典之作[①]。结构治疗的目标是帮助家庭成员重新调整和重建家庭的结构,以实现更健康的、平衡和功能良好的家庭关系。在结构治疗中,治疗师关注家庭的组织结构、权力分配、角色和边界。治疗师通过观察家庭成员之间的互动和沟通模式,识别出家庭中存在的问题和困境。他们会帮助家庭成员了解彼此的需求、期望和角色,并提供解决问题的策略和技巧。结构治疗通常采用一系列的技术和策略来实现治疗目标,包括家庭重组、边界重建、角色扮演、家庭规则的制定等。治疗师会指导家庭成员改变他们的互动模式,重建健康的边界和角色,以促进家庭成员之间的理解、支持和合作。结构治疗强调家庭成员之间的平等和互惠关系,鼓励家庭成员参与治疗过程。治疗师会与家庭成员合作制定治疗目标,并共同努力实现这些目标。通过增强家庭成员之间的沟通和合作能力,结构治疗可以帮助家庭建立更健康、稳定和有意义的关系。

---

① Minuchin S. Families and family therapy[M]. Routledge, 2018: 35.

(二) 系统式家庭治疗

系统式家庭治疗模式强调家庭是一个互相影响和相互作用的系统。它关注家庭成员之间的关系、沟通和互动模式，并通过改变家庭系统中的动态来解决问题和改善家庭关系[①]。系统式家庭治疗的代表人物有美国心理学家弗里德里希·佩尔斯(Friedrich Perls)、弗里茨·佩尔斯(Fritz Perls)和维吉尼亚·萨提亚(Virginia Satir)，以及奥地利心理学家萨尔瓦多·明乌切尔(Salvador Minuchin)和米歇尔·沃尔特·博尔顿(Michel Walter Bolton)。这种治疗模式认为，家庭成员之间的互动和关系是问题的根源，并且通过改变这些关系，可以改善家庭的整体功能和健康。在系统家庭治疗中，治疗师会观察和分析家庭成员之间的互动模式和动力，寻找家庭系统中的模式和循环，并帮助家庭成员意识到这些模式对他们的问题和挑战产生的影响。治疗师还会鼓励家庭成员尝试新的互动方式和解决问题的方法，以改变不健康的互动模式。在治疗过程中，治疗师还会提供支持和指导，以确保治疗目标的达成。治疗师可以教授家庭成员冲突管理和解决问题的技巧，以帮助他们更好地处理日常的挑战和困难。治疗师还可以促进家庭成员之间的沟通，帮助他们更好地理解彼此的需求和期望。通过系统家庭治疗，家庭成员可以逐渐改善互动方式，解决问题，并建立更健康的家庭结构和功能，从而改善家庭成员的心理健康和整体家庭关系。此外，系统家庭治疗还可以减少家庭成员之间的冲突和紧张，增强家庭的凝聚力和支持系统。

萨提亚治疗模式是由著名家庭治疗专家维吉尼亚·萨提亚女士在20世纪50年代初创立的一种心理咨询和治疗技术。该模式将家庭视为一个系统，通过采用各种技术方法来干预家庭成员之间的互动模式，从而提高成员的自我价值，帮助他们发掘潜在资源，有效促进个人成长和应对问题。萨提亚提出，人们对世界的感知方式可以分为等级模式和成长模式两种：等级模式即威胁—奖赏模型，成长模式即种子模型。这两种模式在对关系、个体、事件和改变的态度上有所不同。在威胁—奖赏模型中，关系的定义只存在支配—服从的关系，例如老师与学生、父亲与孩子、老板与员工、师傅与徒弟等，这些关系常常隐藏在角色之下。这些角色给个体带来形式上的优越感，使得个体在关系中难以区分对自己的定义和所扮演的角色，并且习惯于用各种标签来代表自己，从而忽视了个人独特性。在威胁—奖赏模型下，个体对事件的解释通常是线性的，认为存在的方式和原因是唯一的，喜欢保持现状和维持目前的秩序。在种子模型中，人与人之间的关系是平等的，只有在特定关系中角色才发挥作用。每个人都能感受到自己的独特性，人们可以自由地表达自己的感受，对事情的解决不再局限于一种

[①] 李文权，李辉，刘春燕. 系统式团体心理辅导改善儿童同伴关系的研究[J]. 心理发展与教育，2003(1)：76-79.

方法，追求创新和期待改变。种子模型是萨提亚所倡导的一种健康的成长模式。

【实践案例 6.3】

案例：小涵是一个14岁的初中生，他有一个比他小三岁的妹妹。父母共同经营一家饭店，平时工作繁忙，容易忽视兄妹两人，同时由于父母受教育程度不高，在学业上对兄妹二人抱有高期待、高要求。兄妹二人常常觉得自己被忽视，同时又被父母的高要求压得喘不过气，导致小涵和妹妹在生活和学业上遇到问题不敢也不想和父母沟通，亲子关系一度闹得很僵。

评析：一方面，由于父母工作繁忙而忽视孩子的需求；另一方面，由于父母文化程度不高，所以将希望寄托在孩子身上，但亲子间缺乏必要且有效的沟通。同时孩子和父母之间的互动和关系并非平等，父母和孩子都未意识到当前互动模式所带来的问题，所以难以建立健康且和谐的亲子关系。

建议：第一，观察和分析家庭成员之间的互动模式和动力。治疗师应深入了解和分析家庭当前不良的互动模式，并进一步制订计划以解决家庭问题。第二，意识到互动模式的危害。治疗师可以采取访谈或者让家庭成员通过角色扮演来认识到当前不良家庭互动模式的消极影响。第三，培训沟通技巧。治疗师教授家庭成员有效的沟通技巧，如积极倾听、表达感受和需求、解决冲突等。第四，布置家庭任务。治疗师给予家庭成员一些日常生活任务，促进家庭成员之间进行积极互动，同时建立起平等的亲子关系。

(三) 策略式家庭治疗

策略式家庭治疗是一种致力于解决家庭问题和改善家庭关系的治疗方法。它注重家庭成员之间的互动和行为，并通过教授具体的策略和技巧来帮助家庭成员实现变化和增强彼此之间的联系[1]。策略式家庭治疗的代表人物为杰伊·海利格(Jay Haley)。海利格是家庭治疗领域的重要人物，他与米尔顿·埃里克森(Milton H. Erickson)合作开创了策略式家庭治疗，强调家庭治疗师的主动介入和策略选择，以引导家庭成员改变他们的互动模式和问题解决方式。策略式家庭治疗认为，家庭问题是家庭系统中的互动和行为方式所导致的。因此，治疗师的目标是帮助家庭成员发现并改变这些不健康的互动模式，以达到家庭改善的目标。治疗师通常会与家庭成员一起制定治疗目标，并教授他们一些具体的策略和技巧，以实现这些目标。策略式家庭治疗使用了多种技术和工具来实现治疗目标。策略式家庭治疗的常见技术是家庭任务和行为实验。在家庭

---

[1] Haley J. Problem-solving therapy[M]. John Wiley & Sons, 1992: 47.

任务这种技术下，治疗师会给予家庭成员一些家庭任务，要求他们在日常生活中实践所学的策略和技巧，这样可以帮助家庭成员将治疗成果应用到实际生活中，并加强家庭成员之间的合作和互动。而在行为实验这种技术下，治疗师会引导家庭成员进行一些实验，以探索和验证不同的行为方式和互动模式。通过这些实验，家庭成员可以更好地了解彼此的行为和反应，并找到更健康和有效的互动方式。此外，策略式家庭治疗还可以使用角色扮演、情景模拟等技术，以帮助家庭成员在治疗过程中练习和巩固所学的策略和技巧。这些技术可以帮助家庭成员更好地理解彼此的立场和需求，并提供实际的解决方案。

(四) 经验式家庭治疗

经验式家庭治疗是一种以体验为基础的治疗方法，通过家庭成员在治疗过程中的互动和经验来促进变革和改善家庭关系①。经验式家庭治疗的代表人物为维吉尼亚·萨提亚(Virginia Satir)、卡尔·惠特克(Carl Whitaker)。维吉尼亚·萨提亚被誉为家庭治疗的奠基人之一，她提出了许多与家庭成员之间的情感表达和沟通相关的概念和技术；卡尔·惠特克强调家庭治疗中的情感体验和互动，主张治疗师与家庭成员建立真实、平等的关系，并通过身体动作、角色扮演等方式来促进家庭成员之间的情感表达。经验式家庭治疗强调家庭成员之间的情感交流和互动，并通过创造新的经验和改变旧的模式来实现家庭系统的健康发展。在经验式家庭治疗中，治疗师会鼓励家庭成员直接参与到治疗过程中，通过各种活动和练习来提高家庭成员的意识和理解。这些活动可能包括角色扮演、情感表达、家庭游戏和艺术创作等，旨在帮助家庭成员探索他们的感受、需求和期望，并促进彼此之间的理解和支持。经验式家庭治疗的核心理念认为，家庭成员之间的互动和共同体验对于家庭系统的改变至关重要。通过让家庭成员直接参与到治疗过程中，他们能够亲身体验到新的互动模式和解决问题的方法，并在实践中学习和改变。经验式家庭治疗的优势在于能够创造出真实的情境和体验，使家庭成员更容易理解和接受新的观念和技能。经验式家庭治疗还能够提供一个安全和支持性的环境，让家庭成员敢于表达自己的感受和需求，从而促进更深入的沟通和理解。

(五) 社会建构主义家庭治疗模式

社会建构主义家庭治疗模式是一种以社会建构主义理论为基础的家庭治疗方法。哈罗德·古里西安(Harold Goolishian)和哈琳·安德森(Harlene Anderson)是社会建构主

---

① Satir V. The new peoplemaking[M]. Ralo Alto: Science & Behavior Books, 1988：107.

义家庭治疗的代表人物。社会建构主义家庭治疗模式强调家庭成员之间的对话和互动,以及语言的重要性①,认为家庭是一个社会建构的实体,其成员通过语言和社会互动共同建构家庭的意义与现实。社会建构主义家庭治疗模式认为,家庭成员的行为和问题是通过社会互动和语言交流而产生的,因此,家庭治疗的目标是帮助家庭成员改变他们的互动模式和语言使用,以促进更健康的家庭关系。在社会建构主义家庭治疗模式中,治疗师与家庭成员合作,共同探索和理解他们的家庭故事及经验。治疗师鼓励家庭成员分享他们的观点和感受,并倾听和尊重每个人的声音。通过共同建构家庭的意义和目标,家庭成员可以更好地理解彼此,并找到解决问题的方式。社会建构主义家庭治疗模式也强调语言的重要性。治疗师鼓励家庭成员使用积极的语言来描述他们的问题和期望,以促进积极的变化。治疗师还可以教授家庭成员有效的沟通技巧,如倾听、表达情感和解决冲突,以帮助他们改善家庭关系。社会建构主义家庭治疗模式的优势在于将家庭问题视为社会建构的产物,并强调家庭成员之间的互动和语言交流。通过共同建构家庭的意义和目标,家庭成员可以更好地理解彼此,并找到解决问题的方式。这种治疗模式还强调积极语言的使用,用积极的语言促进家庭成员之间的支持和激励。

研究讨论

1. 当代家庭教育面临哪些常见问题?

2. 什么是家庭应激?影响家庭应激的主要原因是什么?

3. 家庭治疗的主要心理机制有哪些?

4. 家庭治疗在当代家庭教育中的重要性是什么?请提供几个例子来支持你的观点。

5. 以角色扮演或案例分析的方式,模拟一个家庭治疗场景,其中家庭成员面临一个具体的教育问题。你将采用哪种家庭治疗方法来解决这个问题?请详细描述你的操作步骤。

拓展阅读

1. 赵芳. 家庭治疗的发展:回顾与展望[J]. 南京师大学报(社会科学版), 2010(3): 93-98.

---

① Goolishian H, Anderson H. Human systems as linguistic systems: Preliminary and evolving ideas about the implications for clinical theory[J]. Family Process, 1988(4): 371-394.

2. 任静. 萨提亚家庭治疗模式介入亲子冲突家庭的实务研究[D]. 武汉：华中师范大学，2017.

3. 易春丽，钱铭怡，章晓云. Bowen系统家庭的理论及治疗要点简介[J]. 中国心理卫生杂志，2004(1)：53-55.

4. 易进. 心理咨询与治疗中的家庭理论[J]. 心理学动态，1998(1)：38-43.

5. 汪新建. 西方家庭治疗理论的新进展研究[M]. 天津：南开大学出版社，2009.

6. Goldenberg I，Goldenberg H. 家庭治疗概论[M]. 6版. 李正云，等译. 西安：陕西师范大学出版社，2005.

7. Minuchin S. 家庭与家庭治疗[M]. 谢晓健，译. 北京：商务印书馆，2009.

8. Peseschkian N. 积极家庭心理治疗：如何解决家庭冲突[M]. 杨华渝，等译. 北京：社会科学文献出版社，1998.

第七章
特殊群体与当代家庭教育重点

内容提要

从全球和历史的视角来看，将特殊类型儿童群体的教育作为国家社会治理的内容，不仅彰显全社会的进步与文明，也是教育公平和正义的基本理念。聚焦当代我国家庭中相对特殊的群体，如资优儿童、残障儿童以及特殊类型家庭儿童(离异家庭子女、重组家庭子女、独生子女、留守或随迁子女等)，需要构建针对性的家庭教育策略。在政府和社会提供宏观层面的支持体系外，家庭教育对于特殊学生群体而言至关重要。在家庭教育中，既要关注对该群体学生的关心和支持，也要避免标签化，还要积极寻找与学校等其他社会主体的合作。

学习目标

1. 认识我国当代社会转型发展中家庭面临的现实，树立关注特殊与弱势群体家庭的社会责任感。
2. 了解国家关于特殊儿童家庭的法律法规以及其他的基本支持政策体系。
3. 认识我国留守儿童、流动儿童、单亲家庭、独生子女等特殊家庭的儿童发展规律与家庭教育的主要难点。
4. 掌握针对特殊儿童群体的家庭教育策略和实践，积极应对特殊群体家庭教育中遇到的难题。

第一节　资优儿童与当代家庭教育重点

从令人喟然而叹的《伤仲永》到美国电视剧《小谢尔顿》(*Young Sheldon*)，以及极具影响力的中科大"少年班"引起的社会关注度，天才少年似乎自带光环。从全球来说，选拔和培养具有超常特质的青少年具有国际竞争的战略意义①。从本质上讲，天赋是一种基于大脑的差异，它为我们充满活力和"神经"多样性的世界做出了贡献。这种神经学上的差异意味着，极有天赋的学生会经历不同的智力、学术和社会情感发展轨迹②。

天才教育领袖吉姆·德莱尔(James R. Delisle)博士曾说过："天才是一种与生俱来的能力，使他们能够以与预期年龄标准显著不同的复杂方式发现和理解世界。"③重要的是，德莱尔指出，仅从学生的成绩来看，天赋并不总是显而易见的。当我们为那些在学校表现平平甚至低于平均水平的高天赋儿童进行宣传时，这通常会成为社会紧张和焦虑的根源④。

一、资优儿童的界定与成长特征

资优儿童是指在某一领域或多个领域展现出远远高于同龄儿童的智力、创造力和才能的儿童。这些儿童通常在认知、情感方面与其他儿童有明显的差异。下面将详细介绍资优儿童的概念界定以及相关的成长特征。

(一) 资优儿童的相关概念

资优儿童(gifted children)是指那些在智力、艺术、领导能力、创造力或学术方面表现出远超过同龄儿童的个体。他们的才能可能表现在某一特定领域，也可能跨越多个领域。这些儿童天生具备与众不同的智力和潜能，表现出快速学习、创造性思维和对复杂问题的深刻理解。西方的语言中，"资优"的英文是"gifted"，法文是"surdoué"，即"super gifted"。在中文中，与资优儿童对应的概念还有超常儿童、神童、天才儿童、早慧少年等。虽然概念不一，但是其覆盖群体是一致的。

资优儿童教育在全球范围内受到各国教育体系的关注和重视⑤。英才教育在一些国家已经成为一个成熟的学科领域，有国际性和国别性的专业组织、专业期刊、专业

---

① 姜晓燕，张永军. 如何发现与呵护"天才"——基于多国超常儿童教育的考察[N]. 光明日报，2022-09-22(14).
② Rutigliano A N. Quarshie. Policy approaches and initiatives for the inclusion of gifted students in OECD countries, OECD Education Working Papers, 262, OECD Publishing, Paris, 2021, https://doi.org/10.1787/c3f9ed87-en.
③ https://www.davidsongifted.org/prospective-families/gifted-traits-and-characteristics/.
④ 刘铁芳. 超常儿童的超常教育：是扩大公平还是制造不公平——与刘彭芝先生商榷[J]. 探索与争鸣，2010(2)：23-26.
⑤ 尚亚明，何忆捷. 21世纪的国际资优教育研究：进展、热点及走向[J]. 比较教育研究，2022(9)：101-112.

研究机构、专业研究人员,以及人才培养、培训机构与课程体系。不同国家在对资优儿童的教育方式和实践上有一些独特的做法和重点[1]。

德国在资优儿童教育方面采取了多样化的教育模式。他们强调个性化教育,为每个孩子提供符合其特点和需求的学习计划。资优儿童通常会在普通学校的基础上得到额外的教育资源和辅导,以满足其学习和发展的需求。德国还有专门的教育机构和学校,专门为资优儿童提供更有挑战性和深度的学习环境。

美国对资优儿童教育非常重视,各州和地区都有自己的教育政策和方案。在美国,资优儿童通常会接受特殊教育服务,包括高级课程、特殊项目和学术竞赛等。许多学校设有特殊的"资优班"或"天才班",为资优学生提供更具挑战性和个性化的学习经验。此外,美国也有许多非营利组织和学术机构致力于推动资优教育研究和实践。

资优儿童教育在日本也备受重视。在学校教育方面,日本的资优儿童通常会接受加速学习或跳级的机会,以满足他们的学习进度。此外,日本还有一些专门的教育机构和学校,专注于为资优儿童提供更深入、更广泛的学习内容,培养他们的创造力和才能。在家庭层面,家长也积极参与孩子的教育,提供额外的学习资源和支持。

中国也非常重视资优儿童教育。关注天才儿童的少年班是其中的典型。少年班招生始于1978年,后在美籍华裔物理学家李政道的建议下,中国多所高校招收少年大学生。根据相关数据显示,全国目前共有10所高校(如北京大学、清华大学、中国科学技术大学、西安交通大学、东南大学等)开设"少年班"。1995年,中国就成立了中国人才研究会超常人才专业委员会。为了回应著名的"钱学森之问",2009年教育部出台基础学科拔尖人才培养计划。按照国际一般人口前1%~10%的比例,我国大概有200万~2000万天才儿童需要纳入天才教育体系的服务范围。全国政协副主席、民进中央常务副主席朱永新就建议"建立国家英才教育体系"。因此,有学者建议"大中城市创办一批优质学校、英才学校,专门招收'超常'儿童、天才儿童,实施'超常'教育、英才教育"[2]。后续,国内有一些地方(如杭州)也成立了"天元拔尖创新人才(超常儿童)教育奖"。

(二) 资优儿童的成长特征

虽然资优儿童在各个方面表现出普通儿童所不及的特长,但他们在成长过程中面临着一些独特的挑战和特征。以下是资优儿童常见的成长特征。

---

[1] Heuser B L, Wang K, Shahid S. Global dimensions of gifted and talented education: The influence of national perceptions on policies and practices[J]. Global education review, 2017(1): 4-21.
[2] 杨德广. 加强"超常"教育的紧迫性及实施路径[J]. 教育发展研究, 2022(20): 1-7.

1. 内心过于敏感[①]

资优儿童通常对外界刺激和情感有着异常的敏感度。他们可能更容易受到环境变化、他人情绪和社会压力的影响。这种敏感性可能使他们在处理日常情境时感到压力和焦虑,并可能导致情绪上的波动。资优儿童通常能够更细致地观察和理解周围的事物和人,这使他们能够更容易察觉情感细微差别,从而更深刻地体验和表达自己的情感。

2. 兼具正义与同情

一些资优儿童可能在情感智力方面表现出色,能够更好地理解和管理自己的情感,这也可能导致他们更敏感地体验情感,但同时也能更好地处理情感。

资优儿童往往对公平和正义有强烈的追求,他们对不公平的事情会感到特别愤怒和不满。此外,他们通常对他人的情感和需求有着高度的理解和同情心,愿意帮助他人并对别人的困难处境产生共鸣。

3. 对于语言的理解可能与常人不一样

常人经常会调侃这些孩子可能"听不懂别人说的话"。这是因为,资优儿童可能在沟通和交流时遇到问题,因为他们的思维速度和理解能力远超过同龄人。这可能导致他们在表达自己的观点或与其他儿童交流时感到困扰,觉得其他人无法理解他们的真实想法。

4. 思维呈现网状:跳跃且发散

网状思维(Web thinking)是一个描述认知和思维方式的概念,强调思维的非线性、多维度和关联性。这种思维方式与传统的线性思维相对,线性思维通常是按照逻辑和时间顺序依次处理信息,而网状思维更注重信息之间的联系、关联和交叉。

资优儿童通常具有高度的网状思维,他们能够快速联想,产生大量创意和解决问题的不同方法。这种思维特点使他们在解决复杂问题和面对挑战时表现得出类拔萃,但有时也导致他们在专注力和持久性任务上面临困难。

二、关于资优儿童的家庭教育重点

对于资优儿童的教育和成长,理解他们的特征非常重要。为了更好地促进他们的发展,应该提供有针对性的教育和支持,鼓励他们追求自己的兴趣和天赋,并帮助他们学会有效应对挑战和情绪管理。此外,家长和教育者的支持和理解也是资优儿童健康成长的重要保障。

[①] Reis S M, McCoach D B. The underachievement of gifted students: What do we know and where do we go? [J]. Gifted child quarterly, 2000, 44(3): 152-170.

(一) 以开放的方式回应孩子

在家庭教育中,家长应该更尊重孩子的意见和感受,鼓励他们勇于表达自己的想法和意愿。就算是一些比较独特和新颖的想法,家长或家庭成员也不应该武断地进行回应或处理。家庭中应该建立良好的沟通机制,让孩子知道他们的发声被重视,可以信任父母或教育者。

家长应该鼓励孩子与其他人交往,培养他们的社交技能和合作能力。孩子在参与集体活动中,学会团队合作和相互尊重。

(二) 家庭规则的简约化

与其他孩子不同,对待资优儿童可以给予适当的自主权,让他们在安全的前提下有更多的选择权和决策权。这样可以在相对独立和宽松的环境中,培养他们的独立性和责任心。

在家庭中为资优儿童营造相对丰富的学习和探索空间,例如为他们提供广泛的学习资源,包括书籍、艺术品、科学实验、户外活动等,让他们能够在多个领域进行探索和学习,培养全面发展的素质和非认知能力。

(三) 让孩子学会与无聊相处

当你感到无聊或放空的时候,大脑有时会进入一种自由联想的状态,这有助于创造力的发展。许多有创造性思维的灵感都来自内心的反思和不受约束的想象。因此,发呆和无聊时可能会激发新的创意和创新。

在现代社会,孩子们的业余生活常常被各种课外活动、媒体内容、手机或网络信息填满,很少有时间去体验无聊。然而,有研究证实,无聊可能是创造力和想象力的滋养之地。所以,对于这些资优儿童而言,可以适当安排"发呆"时间,为他们自主思考和探索提供方便。

(四) 注意家长的言传身教

父母是孩子最好的榜样,他们的行为和态度会对孩子产生深远影响。父母要以身作则,展示积极的价值观和行为模范,帮助孩子形成健康的价值观和行为习惯。父母不应该以其他家庭的"别人家的孩子"打压子女,少做无意义的比较。

父母要相信科学研究的力量,发挥好家校合作的机制,多与教师进行沟通和交流。父母可以采用一些科学方式评估孩子的发展水平,并借助和咨询相关专家制订科学化的发展计划。

【研究案例 7.1】

一个为期四十五年的天才儿童研究及其对家庭教育的建议

1968年的一个夏日,朱利安·斯坦利教授遇到了一位聪明的12岁男孩约瑟夫·贝茨。这位学生在数学方面的表现远远领先于他的同学,以至于他的父母安排他在斯坦利任教的约翰·霍普金斯大学学习计算机科学课程。即便如此还不够,这个孩子在班上超越了大学生之后,就通过学习研究生课程让自己忙碌起来。

由于不确定如何对待贝茨,他的计算机老师将他介绍给了斯坦利——一位以心理测量学(认知表现研究)领域的研究而闻名的研究员。为了更多地了解这位神童的天赋,斯坦利给贝茨做了一系列测试,其中包括SAT(scholastic assessment test,学术能力评估测试)美国大学入学考试,该考试通常由美国16~18岁的大学毕业生参加。

贝茨的分数远远高于约翰霍普金斯大学的录取门槛,这促使斯坦利寻找当地一所高中,让孩子参加高等数学和科学课程。当该计划失败后,斯坦利说服约翰·霍普金斯大学的一位院长让当时13岁的贝茨入读本科生。

斯坦利亲切地将贝茨称为他的数学早熟青年研究(study of mathematically precocious youth,SMPY)计划的"零号学生",这将改变美国教育系统识别和支持天才儿童的方式。作为目前持续时间最长的智力天才儿童纵向调查,SMPY计划在多年来追踪了约5000人的职业和成就,其中许多人后来成为成就斐然的科学家。该研究不断增长的数据集已产生400多篇论文和多本书籍,并为如何发现和培养科学、技术、工程、数学等领域的人才提供了重要见解。斯坦利的"数学早熟青年研究计划"最终统计如图7-1所示。

如何培养一个有才华的孩子。田纳西州纳什维尔范德比尔特大学教育与人类发展学院院长卡米拉·本博表示:"我们最不建议任何家长做的就是培养天才。"她说,这个目标"可能会导致各种社会和情感问题"。本博和其他人才发展研究人员提供了以下建议,以鼓励聪明的孩子取得后续的成就和幸福:①让孩子接触不同的经历;②当孩子表现出强烈的兴趣或才能时,提供机会;③支持智力和情感需求;④通过赞扬努力而不是能力来帮助孩子培养"成长心态";⑤鼓励孩子承担智力风险,并对有助于他们学习的失败持开放态度;⑥谨防标签,因为被认为有天赋可能会成为一种情感负担;⑦与老师合作以满足您孩子的需求,聪明的学生通常需要更具挑战性的材料、额外的支持或按照自己的节奏学习的自由;⑧测试您孩子的能力,这可以帮助父母更好地去处理孩子身上更复杂的问题,并可以揭示诸如阅读障碍、注意力缺陷、多动症或社交和情感挑战等问题。

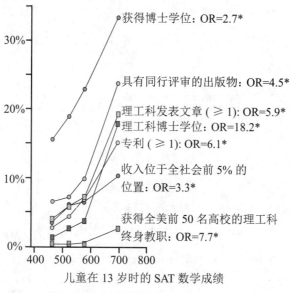

图7-1 斯坦利的"数学早熟青年研究计划"最终统计

注：(1) OR：指13岁时SAT数学成绩为第4分位的学生是同时期处于第1分位学生在完成某一项成就可能性的倍数。例如最高处的连线对应的OR值指的是13岁时数学成绩处于第4分位的学生在未来获得博士学位的概率是成绩处于第1分位学生的2.7倍。

(2)* 代表差距显著。

【资料来源: Clynes T. How to raise a genius: Lessons from a 45-year study of super-smart children? [J]. Nature, 2016：537+152-155.】

(五) 鼓励孩子冒险和尝试失败[①]

不同经历和阅历能够给孩子的早期成长带来诸多益处。作为资优儿童的家长，更应该支持孩子尝试各种新事物，鼓励他们去面对生活中的挑战和困难。更为重要的是，家长要鼓励孩子从失败中学习，培养他们的勇气、毅力和适应能力。

家长要尊重孩子的成长节奏，要理解并尊重孩子的个体差异，不要强迫他们过早地适应某种学习模式或兴趣爱好。

(六) 让阅读、音乐和艺术成为孩子生命中的一部分

阅读、音乐和艺术对于孩子的后天成长至关重要。父母要为天才儿童提供更为丰富的家庭教育内容和资源。家长要注重培养孩子对阅读、音乐和艺术的兴趣。阅读可以拓展孩子的知识面，提高他们的思维能力和创造力；音乐和艺术有助于发展孩子的耐心、情感和审美能力，也有助于认知和智力发展。

---

① Worrell F C, Subotnik R F, Olszewski-Kubilius P. Gifted students[J]. Annual review of psychology, 2019, 70：551-576.

通过这些兴趣活动，还可以培养孩子的健康生活习惯，间接教导孩子养成良好的生活习惯，包括饮食、睡眠、运动等方面，这对于身心健康和学习成绩都至关重要。

第二节　残障儿童与当代家庭教育重点

据联合国儿童基金会的统计，全球估计有2.4亿残障儿童。与所有儿童一样，残障儿童也有抱负和梦想，也需要优质教育来发展他们的技能并充分发挥他们的潜力。

2022年1月25日，国务院办公厅转发教育部等部门《"十四五"特殊教育发展提升行动计划》(以下简称《计划》)，部署各地加快推进特殊教育高质量发展。《计划》提出，到2025年适龄残疾儿童义务教育入学率达到97%。而家庭教育是支持残疾儿童教育的重要场所[1]，家长或监护人的理念和能力对于残疾儿童成长具有基础性作用。

一、残障儿童的界定与成长特征

(一) 残障儿童的界定

智障、视听缺陷和肢体障碍是常见的残障类型。

1. **智障儿童**(intellectual disability children)

智障是指在智力方面存在较为明显的发展迟缓或损害，导致个体在认知、学习和适应社会等方面表现较同龄人明显滞后。根据智力水平的评估，智障儿童通常被划分为轻度、中度、重度和极重度智障。轻度智障儿童通常在学习上有些困难，但可以在一般教育环境中接受教育。而极重度智障儿童通常需要特殊的教育和支持。

2. **视听缺陷儿童**(children with sensory impairments)

视听缺陷是指在视觉和听觉方面存在问题，导致个体无法正常感知和理解环境中的视觉和听觉信息。视听缺陷儿童可能是全盲、弱视、全聋或听力受损。这些儿童在学习和社交中需要额外的帮助和适配，例如使用助听器或盲文。

3. **肢体障碍儿童**(children with physical disabilities)

肢体障碍是指在肢体运动方面存在问题，导致个体的活动和动作能力受限。肢体障碍包括四肢瘫痪、脊柱侧弯、肢体畸形等。这些儿童需要特殊辅助设备、物理治疗或康复训练来帮助他们在日常生活中更好地适应和发展。

---

[1] Dubos L, Fromer J. A parents' guide to special education in New York city and the metropolitan area[M]. Teachers College Press, 2006.

(二) 残障儿童的成长特征

1. 心理特征

残障儿童在心理方面可能面临自尊心受损的问题，特别是当他们意识到自己与其他非残障儿童有所不同时，将导致他们产生自卑情绪，感觉不被接受或不被理解。适当的支持和关怀可以帮助他们建立积极的自我认知和自尊心。

2. 思维特征

残障儿童的思维能力将受到残疾类型和程度的影响。有的残障儿童可能在学习和理解方面有困难，有的残障儿童可能表现出智力上的反常表现。而智障儿童需要更多的时间和支持来掌握新知识和技能。

3. 情绪特征

残障儿童可能经历更多的情绪波动和挑战，特别是当他们意识到自己的残疾状态或感受到社交压力时，会感到愤怒、沮丧、焦虑或孤独。家人、老师和同龄人的支持和理解对于帮助他们处理情绪和情感方面的挑战非常重要。

4. 行为特征

残障儿童的行为表现受到残疾类型和个人经历的影响。有些残障儿童可能表现出更多的依赖性和求助行为，因为他们可能需要更多的帮助和支持。其他一些残疾儿童可能表现出有一定危险性的行为或情绪问题，这可能是因为他们感受到挫折或对外界的适应能力较弱。

二、关于残障儿童的教育重点

残障儿童的教育重点是确保他们得到平等的教育机会和支持，以充分发展其潜力，使其成为有价值的社会成员。关于残障儿童的教育重点有以下几个方面。

(一) 给予残障儿童充分的关心和爱护

当涉及残障儿童教育时，我们必须以个体差异为基础，为每个孩子提供量身定制的教育计划和全面的支持。这种教育方法远远超越了简单的教学，它关注每个孩子的独特需求、潜力和发展。这种方法的核心在于认识到每个孩子都是独特的，不同的背景、能力和兴趣都会影响他们的学习和成长。

在这个过程中，教育者扮演着至关重要的角色。他们需要倾听、观察和了解每个孩子，以便为他们设计个性化的教育计划。这包括调整教学方法、时间表和教材，以适应孩子们的学习风格和速度。这样的努力可以帮助孩子们克服障碍，根据自己的节奏发展，从而获得更大的成功。

我们还要给残障儿童提供适宜的资源，包括使用特殊的教育工具、技术设备以及辅助技术，以满足残障儿童的学习需求。通过这些资源，残障儿童可以更好地参与课堂活动，积极地参与互动和合作，从而获得更丰富的学习体验。

此外，我们不能忽视残障儿童的社交和情感发展。教育环境应该鼓励他们与同龄人互动，培养其积极的社交技能和自信心。对于残障儿童而言，情感方面的支持同样重要，我们需要帮助他们建立积极的自我形象，使其学会处理情绪和应对挑战。

(二) 为残障儿童提供专业支持

学校有足够的特殊教育教师、康复专家、心理辅导员等专业人员，为残障儿童提供专业支持和辅导。这些专业人员能够制订和实施适合儿童需求的教育计划和干预措施。

除了学校提供的专业支持，家庭在残障儿童的教育和发展过程中也扮演着不可或缺的角色。家庭对残障儿童的支持体现在以下几方面：①家庭应该为残障儿童提供情感上的支持和理解。面对生活中的挑战，残障儿童可能会遇到情感困扰，家庭可以鼓励他们表达情感，提供情感支持，帮助他们建立积极的自我形象。②家庭可以与学校的专业人员合作，共同制订适合孩子需求的个性化教育计划，积极参与教育决策，了解孩子在学校中的表现和进展，确保他们得到最佳的学习支持。③为残障儿童创造一个有益的家庭环境，鼓励他们发展自信心、自主性和积极态度。家庭可以提供机会，让孩子参与适合他们兴趣和能力的活动，促进全面的发展。④与特殊教育教师、康复专家和心理辅导员等专业人员保持沟通和合作，分享孩子在家庭环境中的表现、需求和挑战，以便专业人员能够更好地制订教育计划和支持策略。⑤通过家庭的积极参与和专业支持，残障儿童可以在学校和家庭的双重关怀下实现个人潜力。家庭的理解、支持和协助，将为孩子的成长之路增添更多的可能性和希望。

【知识链接 7.1】

《全国家庭教育指导大纲(修订)》关于残疾儿童教育的建议

1. 智力障碍儿童的家庭教育指导

指导家长树立医教结合的观念，引导儿童听从医生指导，拟订个别化医疗和教育训练计划；通过积极的早期干预措施改善障碍状况，并培养儿童社会适应能力；引导家长坚定信心、以身作则，重视儿童的日常生活规范训练，并循序渐进、持之以恒。

2. 听力障碍儿童的家庭教育指导

指导家长积极寻求早期干预，主动参与儿童语训，在专业人士协助下制定培养方案，充分利用游戏的价值，重视同伴交往的作用，发展儿童听力技能和语言交往技能，不断改善儿童社会交往环境，逐步提高儿童的社会适应能力；加强对儿童的认知训练、理解力训练、运动训练和情绪训练。

3. 视觉障碍儿童的家庭教育指导

指导家长及早干预，根据不同残障程度发展儿童的听觉和触觉，以耳代目、以手代目，提升缺陷补偿。对于低视力儿童，指导家长鼓励儿童运用余力学习和活动，提高有效视觉功能；对于全盲儿童，指导家长训练其定向行走能力，增加其与外界接触机会，增强其交往能力。

4. 肢体残障儿童的家庭教育指导

指导家长早期积极借助医学技术加强干预和矫正，使其降低残障程度，提高活动机能；营造良好家庭氛围，用乐观向上的心态感染儿童；鼓励儿童正视现实、积极面对困难；教育儿童通过自己的努力，积极寻求解决问题的方法，以获取信心。

5. 精神心理障碍儿童的家庭教育指导

引导家长营造良好家庭氛围，给予儿童足够的关爱；加强与儿童的沟通与交流，避免儿童遭受不良生活的刺激；支持、尊重和鼓励儿童，多向儿童表达积极情感；多给儿童创造与伙伴交往的机会，培养儿童集体意识，减少其心理不良因素；积极寻求专业帮助，通过早期干预改善疾病状况，提升儿童社会适应能力和生活自理能力，促进疾病康复。

【资料来源：https://www.zgggw.gov.cn/zhengcefagui/gzzd/zgggw/13792.html.】

(三) 培养其独立生活的综合能力

重点培养残障儿童的自理能力和独立生活技能。教育者和家长可以引导他们学习自主完成日常生活任务，如穿衣、洗漱、饮食等，以便更好地适应社会生活。这种培养不仅有助于他们在日常生活中更加自主，还能提升他们的自信和融入社会能力。

1. 日常生活任务训练

教育者和家长可以逐步引导残障儿童学习并独立完成日常生活任务，如穿衣、洗漱、刷牙、饮食等。通过分阶段的训练，残疾儿童可以逐渐掌握这些基本的自理技能。

2. 实际情境练习

将培养自理能力融入残障儿童实际生活情境，如在家庭、学校或社区环境中进行练习。这有助于将学到的技能应用到实际生活中，并增强残障儿童在真实环境中的信心。

3. 鼓励自主决策

教育者和家长可以鼓励残障儿童在日常生活中做出自主决策，如选择衣服、决定食物等。这有助于培养他们的自主性和判断力。

4. 提供适应性工具

根据孩子的残障类型，提供适当的辅助工具和技术，如使用特殊餐具、自助设备等，帮助他们更好地完成自理任务。

5. 社会交往技能培养

培养残障儿童的社会交往技能，包括与他人交流、合作、分享等。这些社交技能对于建立人际关系、融入社群和适应社会都至关重要。教育者和家长可以通过模拟社交场景、角色扮演和合作活动，帮助残障儿童学习有效的沟通、合作和解决冲突的技能，鼓励他们参与团队项目、交流活动，促进社交技能的发展，同时培养他们与他人互动的信心。

6. 建立目标和奖励体系

设定小目标，并为孩子实现这些目标设立奖励，以激励他们不断努力学习和提高自理能力。

通过培养残障儿童的自理能力和独立生活技能，帮助他们逐步摆脱对他人的依赖，增强他们的自信心和独立性。这不仅有助于提高他们的生活质量，还能为他们未来融入社会和自主生活打下坚实的基础。

(四) 积极参加学校教育的情况下，注重孩子的兴趣、特长的培养[①]

在残障儿童积极参与学校教育的过程中，注重发现和培养他们的兴趣和特长，是为他们打开更广阔发展空间的重要途径。通过关注他们的兴趣，能够激发他们的潜力，并为他们创造更丰富的学习体验。

首先，发现和培养残障儿童的兴趣爱好和特长是一项关键任务。了解每个孩子的兴趣所在，可以使教育者和家长更有针对性地为他们提供适当的学习和参与机会。无论是在绘画、音乐、体育、科学，还是在其他领域，注重培养他们的兴趣，将激发他们的热情，促进学习的积极性。

其次，为了支持兴趣的培养，给予残障儿童参与感兴趣活动的机会至关重要。学校可以提供丰富多样的课外活动、俱乐部和社团，让他们能够积极参与，并在自己感兴趣的领域展现才华。这将有助于增强他们的自信心和成就感，培养积极的学习态度。

(五) 了解孩子的心理动态

了解孩子的心理动态是帮助残障儿童获得积极学习和成长的关键。通过深入了解他们的情感、想法和需求，我们可以更好地支持他们的心理健康和全面发展。

---

① Huang B, Lu H, Zhu R. Disabled peers and student performance: Quasi-experimental evidence from China[J]. Economics of education review, 2021(82): 102-121.

首先，鼓励自我表达是培养残障儿童自信和自尊心的重要方法之一。教育者和家长应该鼓励他们积极表达自己的想法、感受和意愿，提供一个开放、支持性的环境，让他们感到安全，乐于分享自己的内心世界。这有助于建立他们的自尊和自信，让他们更加积极地参与学习和社交活动。

其次，促进学习动力是培养残障儿童学习兴趣和动力的重要途径。教育者和家长可以通过设计有趣、具有挑战性的学习任务，激发他们的好奇心和求知欲，提供正向的反馈和鼓励，帮助他们建立积极的学习态度及成就感。在创造积极的学习体验的同时，也能够提高他们的学习动力，促进他们的学术进步和自我发展。

此外，建立稳定的支持体系是了解孩子的心理动态的重要方面。教育者和家长可以定期与孩子沟通，了解他们的情绪变化、需求和挑战，倾听他们的想法和意见，为他们提供情感支持和解决问题的指导。这有助于建立亲近的关系，让孩子感受到自己在家庭和学校中的重要性。

(六) 创造对待残障儿童友善的多元环境

创造一个对待残障儿童友善的多元环境是促进包容和社会公正的重要一步。这需要学校和社会共同努力，以确保每个孩子都能够在一个无障碍、平等和尊重的环境中获得教育和成长。

首先，营造包容和友善的学习环境对于残障儿童的发展至关重要[1]。学校可以采取多种方式，如提供无障碍设施、适应性教育资源、特殊支持措施等，以确保残障儿童能够顺利参与学校活动。同时，鼓励同龄健康学生与残障儿童互动，培养健康学生友善和尊重的态度，有助于打破偏见和歧视。

其次，消除对残障儿童的歧视和偏见是创造友善环境的重要一步。教育者、家长和社会成员都需要共同努力，增强对残障儿童的理解和同理心[2]。教育活动和宣传可以帮助提高大众对残障儿童权利和需求的认识，从而减少对他们的歧视和偏见。

除此之外，积极推动无障碍社会建设也是创造友善环境的重要一环，包括提供无障碍的交通、建筑和公共场所，确保残障儿童能够方便地融入社会生活。通过提供适应性的设施和服务，为残障儿童创造一个更加包容和便利的环境；通过营造包容、友善和无障碍的学习环境，消除歧视和偏见，为残障儿童提供平等的机会和尊重，使其成为有价值的社会成员。

---

[1] Avramidis E, Bayliss P, Burden R. A survey into mainstream teachers' attitudes towards the inclusion of children with special educational needs in the ordinary school in one local education authority[J]. Educational psychology, 2000(2)：191-211.

[2] Hewett S. The family and the handicapped child: A study of cerebral palsied children in their homes[M]. Transaction Publishers, 2005.

第三节　特殊家庭与当代家庭教育重点

关注留守儿童、流动儿童、单亲家庭儿童以及独生子女与多子女家庭儿童，对于家庭、学校、国家和社会等各方面都具有重要意义。有关机构的报告指出，2020年，中国流动人口子女规模约1.3亿人，超过中国儿童总数的40%，其中流动儿童规模约7109万人[①]。关注特殊家庭的孩子，帮助他们解决成长中的问题，建立良好的亲子关系，有助于增强家庭凝聚力，促进家庭和谐与幸福，有助于增强国家人力资源的整体素质和社会稳定。

一、特殊类型儿童概念及其成长特点

(一) 特殊类型儿童的概念界定

在本章节中，把特殊类型的儿童分为以下几种：留守儿童(left-behind children)、流动儿童(随迁子女、农民工子女)(child of migrant families)、单亲家庭儿童(children of divorced parents)、独生子女与多子女家庭儿童。

1. 留守儿童

留守儿童是指父母或监护人因工作或其他原因长期离开家乡，由其他人照料的儿童。这种现象在农村地区尤其普遍，因为很多父母为了谋生而迁徙到城市工作，而留下子女由祖父母、其他亲属或邻居照料。留守儿童常面临家庭分离、亲情缺失、教育资源不足等问题。此种分离效应不仅短期影响儿童，还会影响儿童成年之后的成长与发展[②]，需要特别关注和支持。

2. 流动儿童

流动儿童(随迁子女)是指由于父母或监护人迁徙到其他地区(通常是城市)工作而随之搬迁的儿童[③]。他们通常出生在农村地区，但随着父母的工作，跟随他们迁居到城市。这些儿童常常面临教育转学的问题，需要适应新的生活环境和学校[④]。

---

① 数据来自"新公民计划"发布的《在一起！中国流动人口子女发展报告 2021》。
② Yang S, Wang Y, Lu Y. Long-term effects of the left-behind experience on health and its mechanisms: Empirical evidence from China[J]. Social science & medicine, 2023(7)：116315.
③ Graham E, Jordan L P. Migrant parents and the psychological well‐being of left‐behind children in Southeast Asia[J]. Journal of marriage and family, 2011(4)：763-787.
④ Wong F K D, Chang Y L, He X S. Correlates of psychological wellbeing of children of migrant workers in Shanghai, China[J]. Social psychiatry and psychiatric epidemiology, 2009(44)：815-824.

3. 单亲家庭儿童

单亲家庭是指仅有一个父母(通常是母亲或父亲)扶养和照顾儿童的家庭。单亲家庭中的儿童可能面临父母资源有限、情感支持缺失和社会压力等挑战，需要更多的支持和理解。

4. 独生子女与多子女家庭儿童

独生子女家庭是指只有一个孩子的家庭，而多子女家庭则是指有两个及以上孩子的家庭。在中国的独生子女政策实施期间，独生子女家庭普遍存在。独生子女面临更多的期望和责任，同时在社交方面存在一些挑战。多子女家庭中的孩子通常会在兄弟姐妹间建立紧密的关系，但也面临着资源分配和竞争的问题。其中的"80后"和"90后"曾经被称为"垮掉的一代""失落的一代"[①]。

既有研究发现，子女的出生顺序会影响后续的父母关注和学业成就。这也被称为"中间孩子综合征"(middle child syndrome)。家长的"老二"可能有以下特点：①有竞争意识。排行老二的孩子通常在家庭中会与排行老大的孩子竞争注意力和地位。②社交适应性较高。老二在家庭中通常是兄弟姐妹中的中间者，需要在兄弟姐妹间进行协调和妥协，这会促使他们在社交中表现出较强的适应性和沟通能力。③有叛逆倾向。为了获得自我认同和独立性，老二会表现出一些叛逆倾向，他们试图在家庭中找到自己的独特角色，与其他兄弟姐妹形成差异。

(二) 特殊类型儿童的成长特点

1. 自我教育期望普遍较高

特殊类型家庭的儿童通常面临特殊的成长环境和挑战，因此往往具有较高的自我教育期望。他们可能渴望通过学习和知识的积累改变自己的命运，从而获得更好的生活。对于留守儿童和流动儿童来说，家人的期望让他们产生更多的自我动力。

对于独生子女来说，由于家庭资源相对集中，他们更容易获得家长的关注和支持。这让他们对学习产生更高的兴趣和求知欲望。而在多子女家庭中，老二可能会通过学习来证明自己，以获得更多的认可和成就感。

从与我们最接近的东亚社会来看，在儒家文化圈中的青少年，无论是何种社会阶层，他们都有普遍较高的教育期望，而且这种高趋势依然保持高位运行[②]。研究者基于PISA2018的数据的分析，以"大学期望""成长型思维"作为抗逆力(resilience)的

---

① Cameron L, Erkal N, Gangadharan L. Little emperors: Behavioral impacts of China's One-Child Policy[J]. Science, 2019(6122): 953-957.
② 汪卫平, 董扣艳. 儒家文化圈国家青少年的大学期望依然偏高吗？——基于对韩国和新加坡PISA 2009—2018的分析[J]. 中国青年研究, 2020(12): 100-108.

代理变量,大学期望与成长型思维越高的国家或地区,15岁青少年学生的在校满意度和归属感也相对较差。该趋势在各国或地区底层群体(社会地位居于本地区底层20%)分析中也同样成立。换言之,弱势群体的抗逆力往往是以较高满意度和归属感为代价的。其中,可以看到在以读书氛围著称的儒家文化圈,呈现惊人的聚类特征。

2. 更容易受到网络信息技术的负面影响

由于现代社会的发展,数字技术和互联网在教育中起着越来越重要的作用,而留守儿童和流动儿童会更频繁地使用数字设备来补充学习资源和保持联系。有媒体将这种现象称为农村娃被"锁在手机里"。上海东方卫视推出的《人间世》纪录片中,就曾报道小孩子用父亲的手机购买1300多元的商品,而父母却失手打伤其头部的事件。

3. 容易受到不良氛围的影响

儿童缺乏相应的辨别能力以及自身的身心特点,他们很难对善恶是非有清晰认知。由于留守儿童和流动儿童在父母离家时可能缺乏监督,以及现代社会自媒体和网络的特点,他们容易受到周围环境的影响,包括亲友、同龄人和社会氛围。在某些情况下,不良的社会氛围很容易对他们产生负面影响,甚至走上违法犯罪的道路。

4. 心理敏感但也性格坚韧①

由于成长环境的不稳定性和压力,这些儿童会表现出心理上的敏感性。他们可能对家庭分离、家庭关系的不稳定性或家庭变故有更强的情感反应。然而,他们也性格坚韧,具有较强的适应能力,能够尽力适应新的环境和生活方式。

留守儿童和流动儿童因与父母或监护人的长期分离而需要更多地依靠自己,这也培养出他们较强的独立性和自我管理能力。

5. 家庭结构和氛围可能有独特性

在多子女家庭中,排行老二的孩子可能在家庭中承担着特殊的角色。他们通常不像老大那样负有家庭期望和责任,也不像老幺那样备受呵护,而是处于中间位置,需要平衡自己的需求与家庭期望。

而对于一些留守儿童而言,父母的缺位会造成隔代养育,即爷爷奶奶担负起照料子女的任务。但是因为老人年龄和教育程度的欠缺,对子孙的教养并不到位。也有一些家庭,年龄稍长的孩子还会扮演监护人的角色去照顾家中的年幼的孩子,成为家中的"小大人"。

二、特殊类型儿童的家庭教育应有辩证思维

面对特殊类型的孩子,家庭教育应该承担应尽的职责。更重要的是,家长或监护

---

① 邓安琦,程猛.过早成为照料者——家庭养育中的创伤与疗愈[J].少年儿童研究,2023(4):98-108.

人可以根据自身特点和实际来制定相应的家庭教育策略。然而与具体的实践相比，家庭对特殊类型儿童所持有的态度以及由此生发的价值判断，更应引起研究者、读者和与之切身相关的家庭的重视。其内在逻辑在于，这些隐含在行为背后的理念和价值观直接影响后续的相关行为与实践，如果无法对理念和态度进行转变和更新，具体层面的实践的变革几乎很难落地和得到切实执行。可以被预见的结果往往是与之相关的家庭常常会抱怨"道理都懂，但是执行很难"这样的现实怪圈。

首先，虽然我们从学术分类的角度探索群体异质性，但是绝对不能对某部分孩子进行特殊化、标签化、污名化。在日常生活中，父母要尤其重视这一点。

其次，关注学生的个体抗逆力，但也不能过分夸大韧性的作用。当前的研究者和实务工作者正在以一种"优势视角"看待特殊类型群体，具有一定的合理性，但要避免将"不幸"转化为动力。一定程度的努力、吃苦、勤奋和抗逆力等特质(见表7-1)，能够帮助我们越过困境，但极度夸大韧性也具有负面影响。例如，对于那些有幼时创伤经历的孩子，无论是鼓励其走出阴影，自我和解，还是外界干预，都不能过分苛求其对于痛苦的过度解读，甚至是赞美这种经历。

表7-1 中国语境中"反缺陷倾向与机制解释"的相关文献

学生类型	代表性文献	解释机制
农村学生	程猛，康永久(2016)；余秀兰，韩燕(2018)；许程姝，邬志辉(2021)	底层文化资本；懂事和吃苦；家庭语言力量；差异优势
家庭初代大学生	王兆鑫(2020)；曾东霞(2019)；田杰(2021)	代内帮扶
随迁子女	刘玉兰同，彭华民(2012)[①]；Gu & Wei (2020)	教育期望；抗逆力
留守儿童	吴重涵，戚务念(2020)	亲代在位
女性	闫晓庆，奔厦·泽米(2019)[②]	拼命读书
贫困家庭学生	于金申，吴晓蓉(2020)；熊和妮(2017)	望子成龙；自觉共情
民族贫困地区	杨慧等(2019)[③]	增能和优势视角

【资料来源：汪卫平，魏峰."缺陷思维"与"反缺陷思维"：教育研究中对弱势群体的两种立场论争[J].比较教育研究，2022(7)：58-65.】

再次，父母要减少家庭之间对孩子的社会比较，不要给孩子和家庭带来过多的压力和负担。焦虑也往往来自过分比较。

最后，家庭教育与专业的社会群体合作是必须的。因为政府和学校教师在特殊类

---

① 刘玉兰，彭华民.儿童抗逆力：一项关于流动儿童社会工作实务的探讨[J].华东理工大学学报(社会科学版)，2012(3)：7-14.
② 闫晓庆，奔厦·泽米."求你们让我去上学"——西南某偏远山区首批两个女大学生求学历程的个案研究[J].中国青年研究，2019(8)：76-82.
③ 杨慧，厉丽，黄若彤.民族地区困境青少年隐性"辍学"问题的社会工作介入研究——基于云南省N乡的调研[J].民族教育研究，2019(6)：41-50.

型孩子的成长过程中发挥着基础性和托底作用，尤其是在营造宽松社会环境和破除歧视等方面的作用。家庭教育要善于向社会寻找支持和帮助的专业机构，借助专业化机构的力量，发挥出合力优势。

三、关于特殊类型家庭中儿童的教育重点

与天才儿童、特殊需要儿童不同，特殊类型儿童的教育重点有一些共同点，但也需要在总体的策略下有一些特殊内容(如表7-2所示)。例如面对有童年创伤(自然灾害/家庭暴力等)经历的孩子，更应该有一些"走出创伤经历"的叙事疗法或心理辅导实践。但总体而言，面对特殊类型儿童的家庭教育，有以下几个方面是需要重点关注的。

表7-2 典型特殊儿童的家庭教育的教育难题及其应对实践

儿童类型	教育实践难题(重点)	相关应对实践(典型)
留守儿童	隔代抚育/负面环境	注重儿童的"远程沟通"；监护人与留守人的育儿合作；关注负面环境的影响
流动儿童	社会融入	立足与流入地社区合作；充分利用流入地教育和学校资源；寻求社会组织的帮助
独生子女	爱的限度	明晰对子女帮助的"界限"；避免成为"直升机式"父母
单亲家庭儿童	双亲分离/重组家庭	避免将父母之间的婚姻问题直接传递给子女；注重重组家庭的内部融合
有创伤经历	对待创伤的立场	"走出创伤"，淡化创伤带来的痛苦；"与创伤和解"，直面创伤，理解创伤

(一) 父母或日常监护人要树立科学的教育理念

父母或监护人在教育孩子时，应树立科学的教育理念，注重培养孩子的综合素质和个性发展，而不是过分强调功利主义或单一的学业成绩。父母或监护人要了解每个孩子的独特需求和兴趣，并根据他们的特点提供个性化的教育支持，这有助于激发他们的学习动力和自信心。

父母或监护人在孩子教育中的作用至关重要，他们的教育理念将直接影响孩子的成长和发展，树立科学的教育理念有助于培养出全面发展和自信的个体。

1. 更关注孩子的综合素质和个性发展

科学的教育理念应当强调培养孩子的综合素质，包括认知、情感、社交、体育等各个方面。父母应关注孩子的兴趣和潜能，提供多样化的学习体验，鼓励他们在不同

领域尝试和发展。

2. 对孩子的期待应该超越功利主义

过分强调功利主义，只追求学业成绩和考试分数，容易造成孩子焦虑和心理负担。父母应关注孩子的全面成长，培养他们的创造力、批判思维、问题解决能力等非学科技能。

3. 了解孩子的独特需求和兴趣

每个孩子都是独特的个体，有不同的需求和兴趣。父母要耐心倾听，了解孩子的情感、愿望和热情，从而为他们量身定制适合的学习和发展计划。

4. 激发孩子的学习动力和自信心

通过鼓励、认可和积极的反馈，激发孩子的学习动力和自信心，培养他们对学习的兴趣，帮助他们建立积极的学习态度，从而使其更好地面对挑战和困难。

(二) 积极与学校和社区加强联系

家长应积极与学校和社区建立联系，了解学校的教育计划和活动，并参与孩子的学习和成长过程。以下一些方法可以加强家长与学校和社区的联系。

1. 参加家长会和学校活动

家长可以定期参加学校组织的家长会、座谈会和其他相关活动。这些活动为家长提供了了解学校教育计划、教学方法和孩子表现的机会，同时也能够在活动时与其他家长交流经验和意见。

2. 建立良好的沟通渠道

家长要与孩子的班主任、任课老师和学校管理人员保持良好的沟通，定期了解孩子在学校的学习情况和表现。家长可以通过面谈、电话、电子邮件等方式与老师保持联系，及时交流孩子的需求和问题。

3. 参与学校志愿者活动

家长要积极参与学校和社区的志愿者活动，为孩子创造更丰富的学习和社交机会。参与活动不仅能够加深家长与学校、教育者以及其他家长之间的联系，还可以为孩子提供多样化的经验和学习机会。

4. 了解学校的课程和教学方法

家长要了解学校的课程设置和教学方法，与孩子讨论学习内容，帮助他们解决学习中的问题；多与孩子沟通在学校中发生的事情，注重回应和为其提供一些有益支持和帮助。

5. 关注学校和附近社区资源

除了学校，社区也提供许多有益的资源和活动，家长可以了解社区中的教育机构、图书馆、文化中心，为孩子参与丰富多样的学习和娱乐活动提供支持。

(三) 注重与孩子进行沟通交流

与留守儿童、流动儿童、单亲家庭子女，以及独生子女与多子女家庭的孩子进行积极的沟通交流是非常重要的。通过沟通交流，家长可以更好地了解孩子的内心世界，帮助他们排解压力，解决问题，并建立信任感。与孩子进行积极的沟通交流对于他们的心理健康和全面发展至关重要。以下一些方法可以帮助家长与孩子进行有效的沟通交流。

1. 给予孩子更多的倾听与尊重

家长要重视倾听孩子的想法、需求和感受，尊重他们的意见和选择。家长应当在交流中给予孩子充分的时间和空间，让他们感到自己的发声被重视。

2. 为孩子创造开放的环境

家长要鼓励孩子敞开心扉，通过鼓励孩子分享日常经历、情感体验，或者谈论一些关心的话题，创造出与孩子坦诚交流的机会，建立开放的家庭氛围。

3. 经常与孩子谈论他们的兴趣和问题

家长与孩子聊天时，应关注他们的兴趣爱好和学习情况，讨论有趣的话题，同时也要鼓励他们分享面临的问题和挑战，并提供帮助和支持。

4. 在家庭中设立定期交流时间

在家庭中设定定期的交流时间，可以是晚餐时、周末等，这样可以为家庭成员分享彼此生活和想法提供机会，加强亲子关系。

5. 可以与孩子们分享个人经验

家长可以与孩子分享自己的成长经历、挑战和故事，一方面有助于建立更紧密的联系；另一方面可以从自己经验出发引导孩子正确面对问题和困难。

6. 尊重孩子的隐私和界限

尽管重视沟通，但也要尊重孩子的隐私和个人界限。在交流时，避免过于追问私人问题，让孩子感到自己有选择权。

(四) 不要过分关注负面影响或标签

在教育中，避免过度强调孩子所处的特殊身份或家庭状况，比如把他们定义为留守儿童或流动儿童，而是应该注重发掘和培养他们的优势和潜力。给予孩子积极正面的教育环境和成长氛围，让他们感受到被理解、被尊重，这有助于激发他们的学习兴趣和自我价值感。以下一些方法可以帮助家长和教育者在教育中发掘和培养孩子的优势和潜力，营造积极的教育环境。

1. 强调个人特质和能力

将焦点放在孩子的个人特质、兴趣和能力上,而不是过于强调他们所处的特殊身份,这有助于培养孩子的自信心,让他们相信自己有能力克服困难,实现自己的目标。

2. 积极正面的反馈

提供积极正面的反馈和鼓励,强调孩子取得的进步和成就,这可以帮助他们建立积极的自我认知和自尊心,激发他们的学习兴趣和动力。

3. 营造支持性环境

营造一个支持性和包容的教育环境,让孩子感到被理解和尊重。教育者和家长可以与孩子建立亲近的关系,鼓励他们分享自己的想法和感受,从而帮助他们更好地应对困难和挑战。

4. 提供多样化的学习机会

为孩子提供丰富多样的学习机会,让他们在不同领域展现自己的才华和潜力,这可以帮助他们发现自己的兴趣,培养多样化的能力。

5. 鼓励孩子养成积极的思维

培养孩子积极的思维方式(如成长性思维),帮助他们看到问题的解决方案和积极的一面。教育者和家长可以引导他们采用积极的态度面对挑战,从而增强他们的逆境应对能力。

(五) 提供全面的支持和系统资源

教育者和社会应提供全面的支持和资源,以满足特殊家庭孩子的教育需求,包括提供适合他们特点的教育方案、心理辅导、社交技能培训等,同时应关注家庭教育和亲子关系,为家长提供教育指导和支持,帮助家长更好地教育孩子。以下一些方法可以帮助父母或相关利益主体提供适合这些孩子的支持和资源。

1. 根据孩子的特点和需求,制定个性化的教育方案

教育者可以采用不同的教学方法和资源,以满足孩子的学习风格和兴趣,促进他们的个人发展。

2. 为孩子提供可能的心理辅导和社交技能培训

提供心理辅导和社交技能培训,帮助孩子应对情感问题和社交挑战,这有助于提高他们的情绪调节能力、自信心和人际交往能力,促进其心理健康发展。

3. 为孩子提供学习资源和设施

确保孩子有可接触的学习资源和设施,包括图书馆、科技设备、艺术和体育设施等,这有助于丰富他们的学习体验,培养其多样化的兴趣。

4. 注重与所在社区的合作与资源整合

教育者和社会可以与社区合作，整合资源，为孩子提供更全面的支持，如社会组织、志愿者团体等都可以为这些孩子提供额外的学习和发展机会。

5. 对孩子的身心发展有定期评估和跟进的计划或方案

教育者应定期评估孩子的发展情况，及时调整教育方案和支持措施，以确保他们能够持续获得适合的帮助和指导。

(六) 培养孩子的积极心态和适应能力

在教育中，要培养留守儿童、流动儿童、单亲家庭子女，以及独生子女与多子女家庭儿童的积极心态和良好适应能力。面对困难和挑战，教育他们学会坚忍和乐观，培养应对问题的解决能力，为未来的生活和学习做好准备。以下一些方法可以帮助教育者和家长在教育中促进孩子的积极心态和适应能力。

1. 树立积极榜样

教育者和家长要以身作则，树立积极乐观的形象，通过自己的行为和态度，帮助孩子建立自信心和积极心态。

2. 培养解决问题的能力

教育者和家长要教育孩子如何分析问题、制定解决方案，以及从失败中学习，鼓励他们面对挑战时寻找多种解决办法，从而培养其坚忍和创新的品质。

3. 鼓励乐观思维

教育者和家长可以鼓励孩子从积极的角度看待事物，培养乐观的思维方式，教导他们将注意力集中在解决问题和取得进步的方面。

4. 提高情绪管理技能

教育者和家长要教育孩子识别和管理自己的情绪，学会在面对压力和情感困扰时寻找适当的应对方法，这有助于增强他们的情绪韧性和适应能力。

5. 鼓励自主学习

教育者和家长要培养孩子主动学习的意识和能力，如自主选择学习内容、制订学习计划，让他们成为自己学习和发展的主人。

6. 提供支持和认可

在孩子面临困难和挑战时，及时提供支持和鼓励，认可他们的努力和进步，让他们感到自己的付出是有价值的。

7. 培养适应力

教育者和家长要帮助孩子逐渐适应不同的环境和变化，引导他们逐步面对新的情境和挑战，从而逐渐适应变化并克服困难。

研究讨论

1. 天才儿童是"有问题的"孩子吗？你怎么看待这群超常儿童？政府或社会层面投入大量资源给予天才儿童的开发(如少年班)，你如何看待？

2. 对于"有特殊需要的儿童"(贫困、学困、单亲离异等)，父母应该抱有何种心态？

3. 面对处境不利的儿童，对于他们的教育的确需要发挥其主观能动性，但是这种理念和做法是否存在一些理论和社会层面的缺陷？我们应该如何看待？

4. 对特殊儿童的识别是一种特殊对待和标签化的做法吗？是否夸大其词了？对于他们的"额外"的关照是否有意料之外的负面影响？

5. 对于当前社会给予特殊类型儿童的教育策略和实践，你觉得有哪种不足？这种不足又会导致何种更深层次的社会问题？

拓展阅读

1. 冯文. 唯一的希望 [M]. 南京：江苏人民出版社，2018.

2. 景军. 喂养中国小皇帝：儿童、食品与社会变迁[M]. 上海：华东师范大学出版社，2016.

3. 张春泥. 离异家庭的孩子们[M]. 北京：社会科学文献出版社，2019.

4. 让娜·西奥-法金. 资优儿童[M]. 梅涛，译. 北京：生活·读书·新知三联书店，2017.

5. Delisle J R. Parenting gifted kids: Tips for raising happy and successful children[M]. Prufrock Press Inc, 2006.

6. Johnsen S K. Identifying gifted students: A practical guide. Routledge, 2007.

7. Wang L, Wu W, Qu G. The personality traits of left-behind children in China: A systematic review and meta-analysis[J]. Psychology, health & medicine, 2019(3)：253-268.

8. Fan F, Su L, Gill M K. Emotional and behavioral problems of Chinese left-behind children: A preliminary study[J]. Social psychiatry and psychiatric epidemiology, 2010(45)：655-664.

第八章
政府与当代家庭教育法律制度

📄 内容提要

作为构成社会基本单元的家庭,既具有私人属性,又具有社会属性。政府在加强家庭教育中肩负着重要责任,首要责任是为家庭教育提供政策支持与法治保障。家庭教育法律制度对于推进家庭教育健康发展、维护社会和谐稳定、促进社会公平正义具有重要意义。同时,家庭教育法律制度实施状况在一定程度上反映了政府的履职效能,进而形成政府和家庭相互促进和共生,共同推动社会良性发展。

✦ 学习目标

1. 树立依法治国理念,了解国家家庭教育法律规范的立法背景和精神实质,促进家庭和社会的公平正义。
2. 知悉我国当代家庭教育法规的主要内容与相关主体的主要职责。
3. 形成开阔的国际视野,理解当代西方主要国家的家庭与家庭教育社会政策。
4. 增强家庭教育的法制意识,提高家庭教育的科学素养,树立协同共育理念,共筑校家社协同育人的良好环境。

第一节 当代家庭教育中政府的责任

"天下之本在国,国之本在家。"家庭作为社会的细胞,其健康发展程度是影响社会有序、健康发展的重要因素,近年来愈发受到国家的高度重视。2015年,习近平总书记在春节团拜会上强调家庭、家教、家风建设的重要性。2022年1月,我国颁布《家庭教育促进法》,历史性地将家庭教育提升到国家层面,开启我国首次就家庭教育专门立法的进程,开创了家庭教育立法史上的里程碑。同时,这也是政府承担社会责任,为家庭教育提供指导、支持和服务的直接体现。在贯彻家庭教育促进法的同时，政府依法履行家庭教育工作职责，强化对家庭教育指导服务的供给、支持和管理，健全家庭教育工作管理体制和工作机制，以更加科学的方式建立健全校家社协同育人模式，完善家庭教育公共服务供给体系，健全家庭教育工作的保障要素，培育、监管家庭教育服务机构并积极支持和服务特殊困境儿童家庭。

家庭教育中的政府与家庭是相互依存、相互支持的。政府通过制定政策和法律，对家庭教育进行引导和规范，为家庭提供服务和支持，促进家庭教育的发展[①]。而家庭则作为社会的基本单位肩负起孩子成长第一所学校的使命，担负着落实立德树人根本任务，培养儿童品德、智力、体魄等多方面健康发展的重任。政府对于促进家庭教育高质量发展、健全校家社协同育人机制、提升家庭教育科学理念形成具有重要作用。

一、政府支持家庭教育政策的意义、特征与必要性

伴随社会快速发展，家庭教育已然成为国家稳定和社会发展的重要基石。为更好推进家庭教育事业发展，各国政府制定了包括教育、资金、技术、人才等方面的公共政策予以助推，以促进经济发展、提高人民生活水平、保障国家安全与利益，推动未来教育、经济、社会的发展。

(一) 政府支持家庭教育政策的意义

政府制定家庭教育政策的行为最早源于欧洲。具体而言，"家庭政策"最早出现在19世纪末20世纪初的法国和瑞典，是为应对人口变动和经济发展给家庭带来的负面影响，特别是生育率和家庭收入均过低的问题而制定的。政府支持家庭教育的政策是有效促进教育公平、提高家庭教育质量、增强国家软实力和综合实力的重要手段。

1. 促进教育公平

教育公平是社会公平的重要基础，国家政策具有促进教育公平的功能。习近平总书记指出："要不断促进教育发展成果更多更公平惠及全体人民，以教育公平促进社会公平正义。"政府政策支持可以缩小城乡、区域之间的家庭教育差距，让更多的儿童享受到优质的家庭教育资源。

近年来，国家持续将扶持视线落在老少边穷地区，政府还出台了一系列政策和措施来促进教育公平[②]。例如，实行义务教育免费制度、推行"两免一补"政策，为贫

---

① 李燕，张惠敏. 学前儿童家庭与社区教育[M]. 北京：高等教育出版社，2017：45-56.
② 祁占勇，余瑶瑶，等. 论家庭教育指导服务支持体系的供给主体及其行为选择[J]. 中国教育学刊，2021(6)：33-38.

困家庭学生提供助学金、资助贷款等，推进普及职业教育和技能培训，加强教师队伍建设，通过改革考试招生制度，推进素质教育，减轻应试压力，提高教育质量，促进教育公平，让每一个孩子都能够享有公平的教育机会和权利，促进学生全面发展。

2. 提升家庭教育质量

教育是国家的未来，建设高质量教育体系是当前和今后一个时期的国家战略。政府通过制定和实施一系列政策措施，为家庭教育明确责任主体、提供人力和资金等资源，推进建立覆盖城乡的家庭教育体系，宣传和普及家庭教育法规、先进家庭教育理念，可提高家庭、学校、社区的家庭教育指导水平，有效促进广大家长家教方式与内容的变革，提升广大家长家庭教育的能力和艺术，提升家庭教育质量。

3. 增强国家软实力

文化强国是提升国家文化软实力的重大举措，也是实现民族复兴伟大梦想的重要步骤。党的十九届五中全会提出了到2035年的远景目标，其中包括建成文化强国，国家文化软实力显著增强。政府支持家庭教育政策可以促进家庭教育的普及和发展，通过提高家长的教育水平，从而提升国家的教育水平；同时通过获取科学的家庭教育理念和方法，提升文化意识，促进家庭与社会的和谐发展，提高国民整体素质和国家竞争力，促进家庭、社会和国家的协同发展。

(二) 政府支持家庭教育政策的特征

1. 针对性

政府支持政策依据当前家庭教育发展的现状与需求而制定，政策的制定和实施基于当前经济社会发展中存在的问题和矛盾，以及未来发展方向和目标的深入分析和研究而进行，体现出强烈的针对性、实际性和利民性，在更好地满足人民群众需求的同时，促进经济社会的发展①。国家支持政策的针对性体现为两点：一是针对特定领域、行业的问题和需求，制定相应的政策措施，以推动该领域的发展和改革，我国为促进家庭教育高质量发展颁行的《家庭教育促进法》即为典型；二是针对不同地区发展不平衡问题，制定有区别的政策措施，以促进区域均衡发展，各地根据本地发展实际而制定的家庭教育政策即为例证。国家支持政策的强针对性特点，使政策措施能更加精准地破解家庭教育发展中的重点难点，推动家庭教育高质量发展。

2. 长期性

政府政策支持具有长期性、连续性，需要各级政府持续不断地投入人力、资金等资源，以确保教育事业稳步发展。长期性意味着政府政策的制定和实施需要进行持续

---

① 王东华.发现母亲：推动世界的手是摇摇篮的手[M].北京：中国妇女出版社，2014：10-13.

性的规划和执行。政府政策支持的长期性特点促使政策措施更加稳定而连续,能更好地满足人民群众的需求。具体来看,首先,政府长期性的政策支持针对特定领域或行业的问题与需求,主要表现为适用于长期性管理和实施的方针政策通常需要历经多年实践,在此过程中不断修订完善才能获得更佳效果。其次,政府政策的实施需要经过一定的周期和实践检验才能呈现效果,政策效果显现不是立竿见影的,而是在长时段内持续推进下的深化、优化过程。

3. 全面性

政府支持政策不仅包括资金投入,还包括制度建设、人力投入、资源整合等方面,旨在全面提升教育质量和水平[①]。政府家庭教育支持政策的全面性特点体现在政府家庭教育政策制定和实施涉及各个领域和方面。全面性特点使家庭教育政策更加系统,能够更好地满足家长家教方法与艺术提升、儿童身心健康与全面发展的需求,促进儿童健康成长与五育并举。

4. 协同性

政府政策支持需要各地区各部门之间协同配合形成合力,共同推动家庭教育事业发展。当国家制定政策时,通常要考虑多个部门与利益相关方的意见和需求。因此,政策的制定和实施需要各部门的协同配合,以达到最佳效果。国家政策支持的协同性主要体现在学校家庭社区之间、政府部门和群团组织之间的沟通、协作,不同利益诉求的表达、整合上。如在制定家庭教育政策时,政府需要考虑到学生、家长、教师、学校等各方的利益和需求,以制定出更加完善的政策措施。总之,国家政策支持的协同性使得部门之间能更好地协作和配合,从而实现政策的全面、有效实施。

(三) 政府支持家庭教育政策的必要性

1. 适应社会发展的必然需求

随着社会快速发展,人民群众对教育的需求呈现新特点。在教育类型上,从主要需求学校教育到并重需求学校教育、家庭教育和社会教育;在教育内容上,从主要需求智育到并重需求德智体美劳五育;在教育质量上,从主要追求"有学上"到更加追求"上好学"。

政府政策需要不断适应这些新变化、新特点,将着力点聚焦到当前人民群众需求的主要方面与经济社会发展的主要矛盾上,以切实助益人的发展和社会进步。

2. 提升国民素质的必然途径

家庭教育是提升国民素质的重要途径之一。政府家庭教育支持政策可以提高人们

---

① 全国妇联人才开发培训中心,中华女子学院. 家庭教育专业指导简明教程[M]. 北京:海洋出版社,2020:156-160.

的文化素质和科学素养，进而促进国民综合素质的提升。科学素质是国民素质的重要组成部分，是社会文明进步的基础。国民具备科学素质是指国民崇尚科学精神，树立科学思想，掌握基本科学方法，了解必要科技知识，并具有运用其分析判断事物和解决实际问题的能力[①]。现如今，我国已将综合素养、创新能力作为个人社会竞争新优势，并出台了一系列战略规划，开展面向国民综合素养提升的培训，着力提升人力资本水平。

3. 实现教育可持续发展的必然路径

教育是国家发展的基础工程，是实现社会可持续发展的关键所在。推动教育事业发展需要国家政策的大力支持和科学指引。例如，通过政府财政资金支持，用以改善学校基础设施设备，提高教职工待遇，助推教育教学质量跃升。又如，政府为学校提供办学资源，增加适龄青少年的教育机会，鼓励学校紧跟时代开展创新创业教育，促进学校高质量发展等。政府以持续不断的政策支持，促进教育得到持续发展，从而为国家的可持续发展做出贡献。

二、政府在家庭教育中的作用

1. 制定法律和政策，规范家庭教育行为，保障儿童合法权益

《中华人民共和国义务教育法》《中华人民共和国未成年人保护法》《中华人民共和国家庭教育促进法》等法律的施行，有力地保障了青少年儿童的合法权益，特别是接受学校教育和家庭教育的权利。对于家庭而言，国家制定法律规范，不仅意味着由其承担相关责任，也表明政府贯彻落实国家政策的一系列具体安排，在此安排中涵盖了政府对政策的理解和学习能力。

第一，政府通过政策理解和学习能力为民众选择有效的政策工具。政策理解及学习是政府洞察社会现象并为更好促进社会发展和转型而提出的治理思想及行动策略。对处于发展中国家的中国，因社会转型和社会福利变革，现代社会福利制度建立相对滞后，在探索过程中也遇到了一些挑战，直至2006年"社会政策"才正式被写入党的文件。因此，现实困境决定了我国在政策理解和学习能力方面还需继续深化和强化，但在现有理解和能力之下，政府尽力选择了有效性政策工具更好地服务人民。

第二，政府通过实践不断优化政策内容。政策内容的完备需要实践的不断检验，洞见问题并优化是一个持续改进的过程。因此，从政策文本总览性要求再到具体目标、手段的分解和优化，需要长时间的迭代，此过程也是提高政策执行能力的过程。

[①] 白鸽，夏婧. 基于社区的早期家庭教育指导服务模式：治理结果与运行机制[J]. 教育发展研究，2022(2)：55-62.

第三,政府在政策工具的选择和优化中带给人民福祉。树立和践行正确政绩观是政府的使命。政策工具是决策者为实现政策目标所采取的政策方式、手段及规则的总称。政策工具直接作用于政策对象,通过服务群众、造福人民,促使政策价值和目标的实现。然而,部分政策的制定和实施受制于诸多现实瓶颈,致使人民和家庭获取福祉的效果不尽如人意。例如,2015年实施的全面二孩政策以期引起育龄夫妻的回应,提升生育率,应对人口老龄化问题,但实施效果并不乐观,二孩出生率持续低迷。在一项生育意愿调查过程中,受访的未生育的育龄男女青年,有43.2%的男性表示只计划生育一个孩子或不生育孩子,而未婚女性中这一数据为42.4%,低于男性。质言之,养育、教育、经济、女性地位和职业发展以及城市化、家庭结构变化等诸多现实问题,是影响二孩政策实施效果的重要因素[①]。因此,政府制定政策需立足社会现实,充分发挥政策的引导作用,依靠政府的财政能力和政策执行能力进行全面落实。

2. 提供必要的服务和支持,引导家庭科学育儿

家庭是社会的基石,为培养和造就身心健康与全面发展的下一代发挥着重要作用。当前,大量家庭面临挑战,包括经济、职业与家庭平衡压力等。政府秉持以人为本原则,通过提供家庭教育指导、开展家庭教育培训等服务,体现了对家庭与儿童的关怀,致力于为家庭提供全方位支持。

第一,政府为家庭提供科学家教和保健服务。政府建立公共学前教育机构,提供普惠、优质学前教育资源,确保每个孩子都拥有公平的受教育机会。同时,政府持续关注家庭健康,提供儿童医疗保健服务和预防接种计划,确保每个孩子都能在健康的环境中茁壮成长。

第二,政府支持家庭的经济稳定和可持续发展。政府通过制定合理的税收政策和社会保障制度,切实减轻家庭经济负担,鼓励并支持家庭创造更好的生活条件,积极推动家庭友好的职业政策,提供灵活的工作安排和育儿假期,帮助父母更好地平衡工作与家庭责任。

第三,政府重视家庭的社会支持网络和辅导服务。政府通过建立家庭咨询中心和提供家庭教育指导活动,帮助家长掌握正确的育儿知识和技能。鼓励社会各界加强对家庭的支持,组织社区活动和亲子互动,提供家庭之间的交流合作平台,让家庭成为一个充满爱和温情的空间。政府为家庭提供必要服务和支持,旨在保障家庭科学育儿。政府通过提供教育、保健、经济和社会支持等多元政策,致力建设一个温馨和谐的家庭环境,促进下一代健康成长和全面发展。

3. 凭借政府平台,提升家长家庭教育的意识与能力

政府借助各类宣传教育平台,加大家庭教育宣传普及力度,对切实增强家长科学

---

① 岳经纶,张孟见.社会政策视域下的国家与家庭关系:一项实证分析[J].重庆社会科学,2019(3): 51-63.

养育教育子女具有重要意义。家庭教育是儿童成长过程中不可或缺的重要环节，对于培育优良思想品德、培养健全人格和全面发展的儿童至关重要。因此，依托政府的平台与媒介，汇聚家庭、学校、社会等各方合力，通过系列教育活动，广泛宣传家庭教育的科学理念和知识，营造全社会重视支持家庭教育的浓厚氛围，能极大地增强家长科学养育的意识和能力[①]。

第一，以大众传播媒介广泛宣传。政府可通过电视、广播、互联网等多种媒介手段，向广大家长传播有关家庭教育的知识和信息，提供家庭教育指导方针、育儿技巧和实践经验等，帮助家长了解和掌握科学的育儿方法，从而更好地认知和处理子女成长中出现的各种问题。

第二，以专业培训力量助推宣传。政府通过组织家长参与培训和讲座活动，邀请教育、心理等领域专家向家长传授家庭教育的理论知识和实践技艺，教育家长如何培养孩子良好的行为习惯、如何建立良好的家庭沟通和亲子关系等内容，在实践中提升家长的教育能力。

第三，在协同合作中实施宣传。政府通过加强与学校、社区的协同合作，通过家长会、家长学校等途径，向家长介绍和传递家庭教育相关讯息。政府通过学校提供家庭教育指导和支持，结合社区的合作，开展家庭教育主题座谈会、讲座和交流活动，为家长提供更加贴近生活、更加实用的家庭教育实践知识，协同推进家庭教育宣传和项目实施。

综上，通过建立宣传平台、组织培训活动、加强与学校和社区的合作，政府可帮助家长更好地理解和实践科学的家庭教育，为孩子的成长提供良好的环境和支持。

4. 依托学校开展家庭教育工作，促进家校合作

政府支持学校开展家庭教育工作，促进学校与家庭的深度合作，是我国当前基础教育改革发展的重要着力点。政府通过制定政策、提供资金、加强培训等路径，鼓励学校积极探索家庭教育工作的适切模式，推动学校与家庭之间的密切联系和高效互动。

在推进家庭教育工作中，学校居于主导地位。学校可通过家长会、家长开放日、家访等形式，了解学生的家庭情况和家长的家庭教育需求，为家长提供个性化的指导和帮助。同时，学校通过组织丰富多样的亲子活动，加强家长和孩子之间的沟通交流。此外，邀请专业人士对家长开展有关育儿知识和技巧的培训，提高家长的教育水平和能力亦是学校的重要职责。政府支持和学校探索将有力助推家校全面、深度的合作，提高家庭教育的质量和水平，为孩子的健康成长和全面发展创造更好条件。

---

① 缪建东.家庭教育[M].北京：北京师范大学出版社，2015：89-90.

三、健全学校家庭社会协同育人机制

2020年,中共中央、国务院联合印发的《关于全面加强新时代大中小学劳动教育的意见》和《关于全面加强和改进新时代学校体育工作的意见》提出,整合校园、家庭和社区各方面资源,健全协同共育机制,形成和完善为家长、教师、政府和社区所共同关注的学生全方位发展的激励机制。2020年,党的十九届五中全会通过的《中共中央关于制定国民经济和社会发展第十四个五年规划和二〇三五远景目标的建议》提出,建设高质量教育体系,健全学校家庭社会协同育人机制。2021年10月,我国颁布的《中华人民共和国家庭教育促进法》提出,建立健全家庭学校社会协同共育机制。2023年1月,教育部等十三部门《关于健全学校家庭社会协同育人机制的意见》指出,健全学校家庭社会协同育人机制事关学生全面发展健康成长,事关国家发展和民族未来。

(一) 校家社协同育人机制的主要内容

校家社协同育人机制是指学校、家庭和社会三方主体共同参与育人活动,形成合力,共同促进学生全面发展的一种教育模式。该机制立足学校、家庭、社会各自职责,提出了协同育人的具体要求。

第一,家庭是孩子成长的"第一课堂",家长应该积极参与孩子的学习和生活,与学校保持密切联系,共同关注孩子的成长发展。家长可通过家长会、学校开放周、学校文体和社会实践活动等途径了解教育教学情况,与老师沟通交流,共商共定育人目标与计划。

第二,学校是学生的"第二个家",应该积极组织各种形式的文化体育活动和社会实践活动,培养学生的核心素养和综合素质。同时,学校要与家长建立常态化沟通机制,进行稳定、全面的信息沟通,及时交换和反馈学生的学习和生活情况,共同制定育人方案。

第三,社会是学生成长的重要环境,可以为学生提供更多的实践机会和社会资源。社会组织可以开展各种形式的志愿服务和实践活动,为学生提供更广阔的发展空间[①]。同时,社会也可以加强对学生的引导和规范,确保他们健康成长。

校家社协同育人机制要求学校、家庭和社会三方协同合力、互补共进,共同为学生的健康成长与全面发展创造条件和提供支持。

(二) 校家社协同育人机制的健全路径

一是促进家庭履行家庭教育主体责任。通过开设家庭教育指导培训班、推送线上

---

① 吕国庆. 社区开展婴幼儿家庭教育指导模式的调查与思考[J]. 人口与计划生育,2007(6):39-41.

家教课程等方式，不断增强家长的责任意识，提高家长科学养育水平和教育水平；积极利用家庭这个儿童人生中的第一课堂，家长以身作则、言传身教，传承优良家庭家教家风；积极开展亲子阅读、亲子游戏等家庭互动活动，增进亲子感情，营造和谐温馨的家庭环境，培养身心健康的儿童。在此过程中，家长通过参与孩子的学习、融入孩子的生活，关注孩子的学习情况、心理情绪，及时与老师沟通交流、交换信息和意见，为孩子成长提供个性化指导，做到因材施教。

二是推进学校发挥协同育人主导作用。学校是教育教学工作的主阵地，履行教育教学职责是每一位教师的神圣使命。学校应与家庭共同为儿童的身心健康、人格健全、品德养成、学业进步而努力。因此，利用现代通信技术强化双方交互，通过家长学校、家长委员会、家长开放日等渠道开展共育活动是协同育人的重要抓手。此外，还需加强与社会的互动，了解社会需求和家长期望，制定更加符合现实需求的人才培养方案和课程，开展校外拓展活动、劳动实践教育等活动，以多样化活动满足儿童多样化成长需求。

三是驱动社会提供全面育人支持环境。学校、家庭和社会的密切育人协作，需要社会在政策及教育环境等方面给予大力支持，将家庭教育指导纳入城乡公共服务体系，依托社区、居民(村民)委员会等"家门口"资源，满足家长学习科学家庭教育知识的需求。同时，职业院校、社区学院等通过提供专业的家庭教育指导，能够更好地促进科学育儿理念的传递和建立。科技馆、文化宫、红色教育基地等资源的开放共享，为实施户外开放教育提供了资源支持[①]。此外，学校安全、洁净育人环境的打造，传统文化选修课程的开设，可以为学生提供更加丰富多彩的课外活动和实践机会，帮助他们更好地了解社会、认知自我，实现协同育人目标。

因此，家庭、学校、社会的深度协作是基础教育高质量发展的内在要求，是各方共同利益之所在。校家社协同育人机制的健全与运行需各方共商共建，只有形成同频共振的育人共同体，才能更好地促进学生的身心健康与全面发展。

第二节　当代西方国家家庭教育政策

20世纪60年代，随着女性劳动参与率的提高，欧洲传统的"男主外+女主内"的家庭模式逐渐演变为"双工作"模式。在工作和生活双重压力之下，一场平衡女性在工作和家庭生活中的角色冲突、促进性别平等的家庭友好型政策浪潮随即掀起。以北

---

① 窦媛，乔东平. 家校社协同视域下家庭教育指导服务体系顶层设计与实施策略[J]. 中国教育学刊，2023(1): 34-39+74.

欧为代表的欧盟国家率先制定和实施了家庭友好政策(family-friendly policy)，以期通过保障女性权益来积极应对人口老龄化、生育率下降、离婚率上升等社会问题。

一、家庭教育政策的基本功能

家庭教育政策是指国家和社会为家庭教育提供指导、支持和服务，各级人民政府指导家庭教育工作，有关部门在各自职责范围内做好家庭教育工作的各方面政策的总和。

家庭教育政策的基本功能体现为以下几个方面。

一是指导和支持家庭教育。家庭教育政策可以为家长提供科学合理的育儿指导和支持服务，帮助他们认识、理解并应对育儿过程中遇到的困惑或问题。同时，家庭教育政策也可以为教育机构和其他社会组织提供指导和支持服务，共同推进家庭教育发展。

二是促进家庭教育的普及。家庭教育政策可以促进家庭教育的普及，让更多的家庭了解和掌握科学的养育教育方法，提高家庭教育的质量和水平。同时，家庭教育政策也可以为家庭教育指导(服务)机构提供支持和帮助，推动家庭教育事业的发展。

三是加强家庭教育的监管。家庭教育政策可以加强对家庭教育的监督和管理，保障儿童的合法权益和健康成长。国家可以制定相关法规和标准，规范家庭教育机构的行为，加强对家长和教师的培训与指导，提高他们的素质和能力。

总之，家庭教育政策的制定和实施可以提高家庭教育的质量，强化家庭的社会功能和责任感，促进三类教育协同发展，从而实现培养全面发展的人的目标。

二、欧洲国家友好型社会政策与家庭教育

友好型家庭政策由欧洲国家率先制定并实施。各个国家在维护女性权利的过程中，基于福利体制在政策实践侧重点上有所差异，但维护妇女、儿童权利一直是各国政策制定的方向。友好型家庭是指家庭成员之间相互尊重、理解、支持和关爱，形成和谐、温馨的家庭氛围，为孩子提供良好的成长环境和情感支持的家庭。友好型家庭的建立需要政府友好型政策的实施和支持。

从欧洲实行的家庭友好政策来看，其内容主要从医疗保险、带薪假期等传统的福利形式出发，旨在大幅度降低家庭开销和家庭养育成本，包括母亲的工作保障和收入保障，以及家庭责任的一系列协调工作。也有学者提出，构建"家庭友好型"的支持政策应充分考虑和评估家庭成员的抚养负担，鼓励家庭成员之间的互相照顾，对承

担照料家庭成员的家庭给予支持，包括补贴、减免税收等。综合各方观点，我们将家庭友好政策界定为政府和企业为有儿童照料需求的家庭提供的生育假期、儿童照料服务、税收优惠和弹性工作制度等一系列政策安排的总和。家庭友好政策是主要面向职业女性的政策，因此该政策也被称为"母亲友好政策"或者"女性友好政策"。

为建立友好型家庭，政府主要从育儿假、儿童照护服务、家庭津贴、税收减免、"友好"照顾等方面施策。以英国、德国和丹麦三个国家为典型，友好型政策在育儿假期、照护服务、津贴补助和税收优惠等方面做出了一系列惠民优民规定。

为建立友好型家庭，政府主要从育儿假、儿童照护服务、家庭津贴、税收减免、"友好"家庭政策、生育保障政策等方面施策，为家庭带来了诸多福利。一是应对老龄化而出台养老政策。瑞典政府持续加大政府年度预算，提高家庭儿童补助金和高中生学习补助金；日本于2013年实施新《老年人就业稳定法》，将退休年龄进行延迟并鼓励就业。韩国积极应对老人贫困问题，实施收入支援政策，加强老人收入、健康方面的保障。二是积极推行儿童照料与女性工作支持政策。法国对女性分别给予一孩每月300欧元、二孩每月600欧元、三孩每月900欧元的养育津贴，以及托儿费用报销。挪威和瑞典等国家则将生育家庭带薪产假延长为一年，瑞典则为夫妻双方提供三个月的休假，并提供其工资收入的80%~90%的津贴，在保证父母对儿童的陪伴之余同时也减轻了生育压力。三是施行生育支持政策。法国规定一孩夫妻休假6个月，二孩夫妻休假三年，并鼓励父亲育儿假的持续实施[①]。

在照护服务方面，分为机构服务、家庭服务和私人服务三种形式。机构服务通常指由政府负责并给予一定补助的机构提供的服务；家庭服务则主要以提供上门服务的方式进行；私人服务则深入服务需求方家中，以暂时居等、全程看的方式进行[②]。友好型政策将儿童照料分为3个阶段：6岁以上(如丹麦和英国)、3岁以下、3~6岁(如德国)。丹麦的儿童照料服务主要由地方政府内负责组织和实施的公共机构提供，尚存少量私人照料服务；德国的公共机构照料服务主要集中于3~6岁儿童，以非全日制的公共机构为主；英国的儿童照料服务主要由当地的托儿所、儿童中心、日间托儿所和私人看护员等提供，并提供免费早期教育[③]。

友好型政策在津贴补助和税收优惠方面，主要分为普遍型和选择型。丹麦主要以普遍型家庭津贴为主，无税收减免政策，补贴金额以子女多少来计算，子女越多获得

---

① 朴现玉. 青年婚育态度与生育政策的国际比较[J]. 青年探索，2022(4)：39-50.
② Emily F G, Susan M G, Trang Q N. WIC Participation and Breastfeeding at 3 Months Postpartum [J]. Matern child health. 2016(8)：1735-1744.
③ Bertram T, Pascal C. The OECD Thematic Review of Early Childhood Education and Care: Background Report for the United Kingdom, 2002.

补贴越多，另设针对孤儿等的特殊津贴项目。英国则以选择型税收减免为主，普遍型家庭津贴为辅，税收减免主要针对家庭收入微薄和经济困难家庭，享受儿童照料服务的家庭可获得额外税收减免。德国积极调整对有子女家庭和无子女家庭、多子女家庭和少子女家庭的收入分配，对家庭中的父母和子女提供生活保障，保证儿童在受教育等方面的机会均等。

总体来说，丹麦家庭友好政策覆盖儿童早期教育和公共照料服务，覆盖范围广，公共财政支持力度大，处于较高水平；英国侧重于家庭津贴和税收减免政策[1]；德国注重为家庭提供丰富多样的生育假期，生育夫妻享有较长假期及较好假期待遇。

实施友好型政策促进友好型家庭建立，享受大力优惠扶持政策的友好型家庭，能够促进家庭教育氛围和教育理念的构建：一是促进家庭氛围的和谐温馨。友好型政策的实施，有效地减轻了家庭的压力和负担，家庭成员之间互相尊重和理解，减少了不和谐氛围和场景。在此背景下，家庭成员共同面对生活中的挑战和困难，不把个人问题带到家庭中，不影响家庭氛围。家庭成员之间有良好的情感联系，彼此关心、照顾和爱护，让孩子感受到家庭的温暖和安全感。二是协调家庭成员的责任担当。友好型政策的实施促使夫妻双方明确角色分工和责任分担，帮助他们建立健康的人际关系和正确的社会价值观，以携手共育理念，实现家庭成员之间的相互理解和支持，增进家庭成员之间的感情，共同维护家庭稳定与和谐发展。

三、西方国家家庭社会政策比较与家庭教育

家庭社会政策是指国家和社会为家庭教育提供指导、支持和服务，各级人民政府指导家庭教育工作，有关部门在各自职责范围内做好家庭教育工作的相关政策。各个国家因福利体制类型不同，所采取的家庭政策也各不相同。例如，美英是自由主义福利体制国家，瑞典是社会民主主义福利体制国家，法国是保守主义福利体制国家，西班牙是南欧家族主义福利体制国家，波兰代表了东欧福利体制(见表8-1)。

表8-1 部分国家家庭社会政策及福利体制

代表国家	福利体制类型	家庭社会政策
美国、英国、加拿大	自由主义福利体制	依赖市场，政府提供"残补式"福利形式
瑞典、丹麦	社会民主主义福利体制	国家和政府是福利的主要提供者，"去家庭化""去商品化"

---

[1] Lohmann H, Peter F H, Rostgaard T, et al. Towards a Framework for Assessing Family Policies in the EU: OECD Social, Employment and Migration Working Papers, 2009.

(续表)

代表国家	福利体制类型	家庭社会政策
德国、法国、奥地利	保守主义福利体制	依赖家庭,政府作为家庭的辅助者,政府提供"残补式"福利形式
意大利、西班牙、希腊	南欧家族主义福利体制	依赖家族,社会救助,"残补式"福利形式

【资料来源:唐灿,张建.家庭问题与政府责任:促进家庭发展的国内外比较研究[M].北京:社会科学文献出版社,2013(11):29-33.】

在世界多数国家,特别是西方国家普遍实行"小政府大社会"模式。美国宪法向来与家庭法保持分明的界限,家庭被看作私人领域而不容国家权力染指。但是,到20世纪以后,随着家庭这一基本社会单元在美国发生的重大变化而促使宪法开始介入家庭领域。从20世纪60年代后期开始,联邦最高法院把父母在抚养、监护、为孩子做相关决定方面的权利,上升到基本人权的高度,受到司法最严格的保护,反映了国家对传统家庭价值观念的高度重视。

在西方,宗教组织、资源互动的社会团体和慈善组织、家庭是福利的主要提供者,西方国家重视的是对社会保障和社会福利制度的同步构建,从前工业化到工业化,在家庭的社会保障和福利方面,更多是由政府、国家替代家庭、慈善组织,也就是"从身份到契约"的发展过程。美国在经历了20世纪30年代的经济大萧条后,救济工作便开始从民间资源行为转向由政府负责,期间美国颁布实施的《社会保障法案》中的重点目标是通过建立联邦—州失业补贴联合系统,促进各州制定失业保险法,保障贫困儿童、残疾人、贫困家庭的最基本福利。

美国加利福尼亚实施的"最初五年"(First 5 California)项目是早期家庭教育指导方面极具代表性的项目之一,其目的在于建立综合、全面、协作的信息和服务系统,以促进儿童早期发展,确保儿童已准备好入学并充分发挥潜力。20世纪60年代,美国国家层面发布了《开端计划》(Head Start Program),以确保贫困学前儿童的顺利入学并基本实现早期教育机会均等的目标,其中对家长和家庭教育指导予以极大关注,第一次明确提出了"让家长与儿童一起参加活动,并为其提供适当社会服务"的构想,此后通过了"开端计划法案"等一系列法案来保障家庭教育指导的顺利开展[①]。

此外,美国的希望工程"启智计划"(Head Start)项目依托于社区,为学前儿童及家长提供早期教育服务、家长培训等一站式便捷服务,促进美国家长科学育儿,真正做到幼儿园、家庭和社区共育[②]。WIC(Women,Infants,and Children)计划是美国联邦

---

① 缪建东.家庭教育[M].北京:北京师范大学出版社,2015:89-90.
② 周奇.家庭教育理论与实践[M].北京:科学出版社,2019:30-35.

政府为美国妇女、婴儿和儿童提供的免费或低成本的营养改善服务[①]。WIC计划旨在改善婴儿和儿童的营养水平，帮助家庭改善营养，减少低收入家庭的财政负担。其服务类型包括营养教育、食品支持、健康检查、其他重要服务。营养教育旨在帮助家庭获得良好的营养知识，改善家庭营养水平。食品支持是提供免费或低成本的食品。启智计划和WIC有很多共同的目标，这两个项目都致力于促进年轻家庭的健康和营养状况，通过为儿童和家庭提供营养食品、健康和营养、教育服务，帮助他们获得持续性保健和发展[②]。

在法国，早期的社会保障基金主要由宗教和雇主组织建立，后来政府也承担提供公共福利的责任和义务，且接替了教会和雇主的慈善行为。而在瑞典，主要由政府来接替教会和私人慈善组织承担救济贫困、失业家庭的责任。

西方国家以制定社会政策的方式介入家庭领域，但家庭政策普遍出现于第二次世界大战结束之后的20世纪60年代。迄今为止，不仅许多欧美发达国家设立了专司家庭事务的政府机构，甚至印度、卢旺达等发展中国家也相继设立了管理家庭事务的政府部门。

从西方国家的制度史来看，制定家庭政策的起因主要有两个方面：一是在工业化、城市化发展过程中，家庭失去了传统的社会保障功能；二是人口转型和社会思潮引发的家庭问题溢出了家庭的范畴，成为影响社会发展和社会公平的严重问题。西方国家始终秉承负责任的理念，为社会成员提供广泛而具有抵御风险能力的社会福利。综合来看，其家庭政策有些共同性：一是无论是欧美各国，还是东亚各国和地区，家庭政策都在偏离"不干预"模式，国家在家庭福利供给中扮演着更为积极主动的角色。二是家庭政策体系的完整性。无论采用何种家庭政策模式，西方国家绝大多数政府的家庭政策背后都有一套支持性理念，都更倾向于制定和实施完整的家庭政策体系，并确定家庭政策的目标及先后实施顺序。三是多数国家，特别是有深厚家庭主义传统的国家，在强调政府责任的同时，也着重强调个人和家庭的责任。因此，家庭政策并不仅仅意味着国家的福利供给，同时也是协调国家、社会、市场、家庭和个人多方合力、积极行动的过程。从古至今，家庭作为人类社会最基本的构成单元，是社会成员的福利资源重要提供者，这一点不应改变。任何在家庭之外建立起来的社会保护制度，都不能完全取代家庭的功能和责任，而政府只是在不同程度上、用不同方式分担家庭责任。

---

① 美国的"希望工程"——HEADSTART知网百科. [EB/OL]. https://xuewen.cnki.net/cjfd-yyzs199510003.html.

② 谢春风. 社会资源服务儿童青少年成长的国际立法经验与启示[J]. 中国教育学刊，2017(10)：9-12.

第三节　当代家庭教育的立法与法规

中华人民共和国成立之初,受当时社会政治形势和教育观念的影响,家庭教育发展受到一定影响。直至党的十一届三中全会后,国家开始推行独生子女政策,少子现象引起家长对子女教育质量的关注,使家庭教育的研究和实践重新被提上议事日程。随着我国国民教育体系的迅速恢复和快速发展,家庭教育逐渐受到重视,国家相继出台了一系列相关政策文件。

伴随国家和政府对家庭教育的日渐重视,家庭教育专项政策应运而生。1996年,全国妇联和国家教委联合印发《全国家庭教育工作"九五"计划》,明确家庭教育要按照"划三片,分两步走"原则,引导家长树立正确的家庭教育观念,掌握科学的家庭教育方法,推动家庭教育事业发展。这是改革开放以来我国首个家庭教育专项政策,给广大家庭教育工作者以极大鼓舞,使他们有了更加清晰的工作思路和方向,也在一定程度上填补了我国家庭教育政策的空白。

进入21世纪,随着素质教育的全面推进,人们普遍认识到家庭教育对于素质教育的重要作用,即提高家庭教育水平是提高儿童青少年素质乃至全民素质的重要途径。党的十八大以来,习近平总书记关于家庭教育问题已有诸多论述,在不同场合多次强调"家庭的前途命运同国家和民族的前途命运紧密相连",家庭教育要为中国特色社会主义建设事业服务。然而,长期以来,我国家庭教育受应试教育等因素的影响和制约,无法满足和服务于国家发展的需要,家庭教育工作面临新的机遇和挑战。在总结过去多年家庭教育理论与实践经验基础上,结合新时代国家发展需要,2010年全国妇联和教育部等七部委联合发布了《全国家庭教育指导大纲》。

自中华人民共和国成立以来,家庭教育政策呈现从游走在政策边缘的断裂真空期、由私法转向公法的复苏转型期、专门规章针对执行的积极行动期,到十八大至今以国家领导人为推动力量的繁荣发展期的脉络轨迹。

当今世界,各国为维护妇女、儿童权益都制定了相关法规,国际上广泛接受的《联合国儿童权利公约》明确规定了儿童的权利和保护措施。根据这一公约,各国颁布了相关法律法规,以保障儿童的家庭教育等受教育权益。

一、世界的家庭教育法规概况

世界各国都有家庭教育相关法规,但是具体的法规内容和名称不尽相同。例如,WHO认为,家长应该在孩子的生活中扮演积极的角色,包括提供安全的家庭环境、鼓励孩子参与有益的活动、与孩子建立良好的沟通关系等。此外，WHO还强调了家长需要了解儿童发展的基本知识，以便更好地帮助孩子成长。总体来说，各国的家庭教育法规和指导方针都旨在为家长提供更好的支持和指导，帮助他们更好地履行家庭教育责任，促进孩子的全面发展。

国外家庭教育法规因国情而异，同时一些国家的政府和机构也制定了相关政策和计划来支持家庭教育。例如，美国家庭教育政策中最具代表性的是《开端计划》，该计划提出父亲的家庭参与对儿童的身心健康及个性发展有着重要的促进作用，将父亲的家庭参与纳入"开端计划"之中，旨在鼓励父母双亲在家庭教育中发挥重要作用。此外，美国加利福尼亚实施"最初五年"(First 5 California)项目，以及美国的希望工程"启智计划"(Head Start)项目依托于社区，为学前儿童及家长提供早期教育服务、家长培训等一站式便捷服务，促进家长科学育儿，真正做到幼儿园、家庭和社区共育。日本依托具有社区文化与教育机构性质的公民馆等，通过制定相关政策和计划来保障家庭教育相关工作的实施和推行。

以美国、英国、日本为例，其家庭教育相关政策概貌如下所述。

1. 美国

虽然美国总统和公众都承认家庭是社会的基石，但是美国社会强调家庭的隐私性，从来不鼓吹政府要对家庭进行干预，而是把家庭福利供给的责任留给家庭本身和慈善机构。因此，美国一直没有明确的全国性家庭政策，现有的家庭政策不仅是隐晦的，还是残补式的、碎片化的和类别化的。美国的家庭政策主要关注贫困的儿童及家庭，包括单亲家庭。美国是主要资本主义国家中唯一没有普惠制的儿童津贴和法定产假的国家，也没有住房津贴和普遍的学前教育体系。美国改善家庭经济状况的家庭政策主要是贫困家庭免交任何赋税(除了社会安全薪资税)，给低收入家庭提供中等程度的现金补贴，给中上等收入家庭提供税收补贴。

2. 英国

英国家庭政策以儿童为中心，强调个人责任。英国和美国一样，都被认为是"自由主义福利体制"和"不干预家庭政策体制"的国家，而自由主义福利体制和不干预家庭政策体制都是建立在个人主义(individualism)和自愿主义(voluntarism)基础上的。也就是说，个体应该自己承担保证自己经济安全和为自己提供福利的责任，国家和家庭都没有这种责任。个人可以通过努力工作去谋生，通过市场去解决自己各方面的需求，国家和雇主没有义务保障个人工作、满足个人福利需求，以及协助妇女在工作和家庭责任之间取得平衡。"家庭属于私有领域"是公众言论和政策形成过程中一直秉承的价值观，社会强烈认同家庭在儿童保育和儿童教养中的首要责任，家庭关系一直被当作免于国家干预的领域。

与法国、德国、瑞典等欧洲大陆国家相比，英国在家庭政策上一直持相对不干预的态度，没有构建完整的家庭政策体系。但是和美国相比，虽然英国曾经拒绝签署1998年欧盟社会宪章和1991年马斯特里赫条约中有关社会保障的条款(social chapter of the maastricht treaty)，但是在20世纪末21世纪初，还是深受欧盟推动成员国建立家庭政策和分享最佳实践的影响，形成了更加完备的隐性家庭政策，特别是在针对儿童的政策，以及给工作父母提供有薪产假和育儿假期方面。因此，有些研究者指出，英国从20世纪50年代以后的发展似乎越来越趋向于北欧国家。不过自从2010年英国保守党和自由民主党联合执政以来，因面临巨大财政压力，政府视各种福利开支为负担，大幅度削减福利开支，使英国不仅没有朝着欧洲大陆国家更加完备的社会政策体系和更为慷慨的现金补贴方式发展，反而有向美国家庭政策模式滑动的趋势，被有些研究者称为欧洲福利制度的美国化。

3. 日本

日本的家庭政策从传统的"家庭照料体制"走向"社会照料体制"。日本在很长时间内对家庭都是持不干预的态度，即使出台了一些碎片化和残补式的家庭政策，也都是支持"男主外女主内"的传统家庭模式。这种残补式的家庭政策模式在经济持续发展、男性充分就业和家庭结构稳定的情况下能够维持。但是，20世纪70年代中期以来，日本面临一系列社会人口变迁，包括人口老龄化、生育率下降、晚婚晚育、女性劳动参与率增加等，传统的男性养家糊口模式逐渐失去了生存土壤。20世纪90年代末期，日本重新调整家庭政策方向，其深度和广度都在不断扩大，包括提供更多的公立儿童保育设施、调整产假和育儿假、提供普惠制的儿童津贴等。日本成了东亚家庭政策改革的领头雁，日本的家庭政策从不干预走向积极干预。

和过去相比，日本在最近二十年表现出更为积极地干预家庭事务的态势，这主要体现在改变日本传统的照料体制上。2000年，日本出台"长期护理保险制度体系"，标志着日本成为第一个由国家主要负担老人长期护理费用的亚洲国家，意味着日本已经偏离了传统的家庭照料体制，正走向社会照料体制。比较而言，在儿童照料方面，日本的家庭政策调整似乎不是那么成功。2010年，日本出台的新型儿童津贴，不仅额度比预先计划削减了一半，也从普惠制变成了资产普查式。日本儿童保育工作在很大程度上仍然依赖家庭本身，在越来越多的职业女性遭遇工作和家庭难以兼顾的困境之时，政府开始积极对外出工作的女性给予帮助，但是提供的帮助比较有限。日本是世界上经济较为发达的国家，但是日本的福利体系和西欧北欧各国相比仍显滞后。要真正有效地给家庭提供全面的支持，日本还有很长的路要走。

二、我国家庭教育法规概况

改革开放以来，中国综合国力持续提升，经济社会的快速发展也带来了前所未有的机遇和挑战。社会转型带来的家庭结构、家庭关系、家庭教养方式、家庭环境等巨大变化促使家庭教育问题成为社会关注和研究的新课题。中国政府相继出台了《中华人民共和国妇女儿童权益保障法》《中华人民共和国义务教育法》《中华人民共和国未成年人保护法》等法律法规。此外，全国人民代表大会常务委员会于2021年12月30日通过了首部家庭教育专门法——《中华人民共和国家庭教育促进法》，该法规定了国家工作人员应当带头树立良好家风，履行家庭教育责任；同时，还规定国家机关、企业事业单位、群团组织、社会组织应当将家风建设纳入单位文化建设，支持职工参加相关的家庭教育服务活动。此外，该法还全面提出了父母或其他监护人为促进未成年人全面健康成长，对其实施的道德品质、身体素质、生活技能、文化修养、行为习惯等方面的权利和义务。

三、《中华人民共和国家庭教育促进法》

2021年10月23日，第十三届全国人民代表大会常务委员会第三十一次会议通过《中华人民共和国家庭教育促进法》(以下简称《家庭教育促进法》)。该法总则要求父母或者其他监护人要树立家庭是第一个课堂、家长是第一任老师的责任意识，承担实施家庭教育的主体责任，用正确思想、方法和行为教育未成年人养成良好思想、品行和习惯。我国《家庭教育促进法》旨在唤醒家长的家庭教育自觉，贯彻落实《家庭教育促进法》，家长要自觉行动，自觉承担实施家庭教育的主体责任；自觉落实家庭教育立德树人的根本任务；自觉重视家庭建设，为孩子成长营造良好的家庭环境；自觉掌握和践行家庭教育的正确方法；自觉提高家庭教育的能力；自觉与学校、社会相互配合，共同促进孩子的成长；自觉尊重和保护孩子的权利。

该法把家庭教育界定为父母或者其他监护人为促进未成年人全面健康成长，对其实施的道德品质、身体素质、生活技能、文化修养、行为习惯等方面的培育、引导和影响。该法从家庭责任、国家支持、社会协同、法律责任等四个方面对我国实施家庭教育给予了法律上的规定和建议，明确了开展家庭教育的要求、内容、方式方法及违法责任等，作为实施家庭教育的参照。

除总则外，该法第二章"家庭责任"为家长如何承担家庭教育主体责任进行了细致的指引。按照法律规定，父母或者其他监护人实施家庭教育的责任包括以下几个：一是遵循未成年人成长规律，树立正确的家庭教育理念；二是与中小学校、幼儿园婴幼儿照护服务机构、社区密切配合，积极参加家庭教育指导和实践活动；三是父母分居或者离异的，应当相互配合履行家庭教育责任，任何一方不得拒绝或者怠于履行；四是依法委托他人照护未成年人的，应当定期了解未成年人学习、生活情况和心理状况，与被委托人共同履行家庭教育责任；五是合理安排未成年人的学习、休息、娱乐和体育锻炼时间等。

此外，关于家庭教育的内容、方式，该法第十六条、第十七条分别列举了六项指引性规定和九种方式。该法提出，家长应用"言传身教、相互促进、以身作则"等方式，为孩子做好道德榜样和行为楷模；通过文化反哺方式，向孩子学习，与孩子共同成长；遇到困难，可以寻求学校、社区以及其他社会组织的帮助；将家庭建设作为家庭教育的重要内容，培育积极健康的家庭文化，树立和传承优良家风，弘扬中华民族家庭美德，构建文明、和睦的家庭关系；重视弘扬优良家风，践行忠诚相爱、亲情陪伴、终身学习、绿色生态等现代家庭理念。同时，家长要认识到校家社协同育人的重要意义，主动参与校家社共育实践，尊重教师，理性表达诉求，积极沟通合作，科学合理利用社会教育资源，为孩子创造更多社会实践机会。

在国家大力宣传普及《家庭教育促进法》之际，为有力推动民众对法律的积极认知、深刻理解、高度认同和自觉执行，全国妇联、教育部于2022年5月9日至15日开展了首个全国家庭教育宣传周活动，推动形成家庭文明新风尚。

【知识链接8.1】

家长"应知应会"宣传语

为做好首个家庭教育宣传周活动，教育部会同全国妇联组织编写了家长"应知应会"宣传语，以朗朗上口、灵动活泼、通俗易懂的语句，普及家庭教育理念和知识，提升家长依法教子、科学育儿能力。具体内容如下所述。

(1) 父母承担家庭教育主体责任，陪伴孩子共同成长。

(2) 家庭教育最重要的是品德教育，是如何做人的教育。

(3) 让社会主义核心价值观成为孩子终生的价值追求。

(4) 弘扬传统美德，树立良好家风。

(5) 家校密切配合，共育时代新人。

(6) 激扬爱国情，立牢报国志，为国育栋梁。

(7) 学会倾听，走进孩子心灵。

(8) 培养劳动习惯，丰富劳动体验，创造幸福生活。

(9) 言传又身教，教子亦教己。

(10) 兴趣激发动力，习惯影响未来。

为促进家庭教育发展，国家制定了一系列政策措施，各地也纷纷出台了相关政策措施，如北京市成立了家庭教育指导中心并推出家校共育计划，在全国率先建立了覆盖城乡的"114N"家庭教育指导工作体系。

【资料来源：中华人民共和国教育部.首个全国家庭教育宣传周活动启动.[EB/OL].(2022-05-09)[2023-12-25].http://www.moe.gov.cn/jyb_xwfb/gzdt_gzdt/s5987/202205/t20220509_626028.html.】

【知识链接8.2】

北京市家庭教育指导中心成立

3月17日，北京市家庭教育指导中心成立暨家庭教育工作交流研讨会在首都师范大学召开。该中心依托首都师范大学、北京开放大学的资源和平台成立，首都师范大学侧重公共服务产品开发、指导服务队伍建设、工作规范标准制定、家庭教育研究等工作，北京开放大学侧重组织开展"全程超前伴随式"培训、为家长提供家庭教育指导服务、建设信息化平台等工作。

据悉，北京市在全国率先建立了覆盖城乡的"114N"家庭教育指导工作体系：由北京市妇联、市教委等7个部门共同成立了家庭教育工作指导委员会（"1"），统筹推进全市家庭教育指导工作；依托北京丰富的科研学术资源，成立了家庭教育专家委员会（"1"）；推动完善贯通市区街(镇)居(村)四级指导服务体系（"4"），市区两级家庭教育指导中心侧重指导，街镇家庭教育指导服务机构和家长学校侧重就近就便提供服务；统筹用好公共文化服务场所和家庭教育服务机构等各类社会资源（"N"）。目前，北京市区两级家庭教育指导中心已实现全覆盖。

为更好地贯彻落实我国《家庭教育促进法》，部分地区结合实际开展特色化宣传和实施。例如，贵州省遵义市妇联与法院合作授牌成立了全省首批"法院+妇联"家庭教育服务中心。

【资料来源：新华网.北京市家庭教育指导中心成立[EB/OL].(2023-03-19)[2023-12-25].http://www.bj.xinhuanet.com/2023-03/19/c_1129443581.htm.】

【知识链接8.3】

贵州首批"法院＋妇联"家庭教育服务中心在遵义授牌

为进一步推动《中华人民共和国家庭教育促进法》《中华人民共和国未成年人保护法》的落地落实，在全国首个家庭教育宣传周之际，贵州省遵义市召开2022年家庭教育工作会，同时授牌成立全省首批"法院+妇联"家庭教育服务中心——"红城有爱·法护未来"家庭教育服务中心(工作站)。

据了解,"红城有爱·法护未来"家庭教育服务中心(工作站)覆盖遵义中院及辖区各基层法院,中心(工作站)人员由法院未审庭工作人员及妇联、法院联合聘请的家庭教育指导师和心理咨询师组成,确保了此项工作有阵地、有人员。中心(工作站)集家庭教育指导、未成年人帮教、心理疏导、法律咨询、普法宣传等功能于一体,以促进未成年人健康成长为出发点和落脚点,强化家庭教育责任,提升家庭教育能力,为构建健康、文明、和谐的家庭教育环境提供有力支持和保障。

总之,家庭教育促进法准确定位了新时期家庭教育的任务、目标、内容、原则和方法,对进一步夯实家庭教育责任,引导全社会注重家庭、家教、家风建设,增进家庭幸福与社会和谐,培养德智体美劳全面发展的社会主义建设者和接班人,具有重要意义。

【资料来源:中华人民共和国最高人民法院. 贵州首批"法院＋妇联"家庭教育服务中心挂牌[EB/OL]. (2022-05-10) [2023-12-25]. https://www.court.gov.cn/zixun-xiangqing-358201.html.】

研究讨论

1. 政府在家庭教育法律实施中扮演着什么样的角色?
2. 在当代社会,家庭教育法律制度是否足够完善和有效?
3. 在育人实践中,政府与家庭之间关系的应然状态如何?

拓展阅读

1. 《中华人民共和国家庭教育促进法》
2. 《中华人民共和国未成年人保护法》
3. 《中华人民共和国妇女权益保障法》
4. 《教育部关于加强家庭教育工作的指导意见》
5. 《关于指导推进家庭教育的五年规划(2021—2025年)》
6. 《关于健全学校家庭社会协同育人机制的意见》
7. 窦媛,乔东平."家校社协同"视域下家庭教育指导服务体系顶层设计与实施策略[J]. 中国教育学刊,2023(1):34-39+74.
8. 朱永新. 一本微言大义的家庭教育指导书——解读《中华人民共和国家庭教育促进法》[J]. 人民教育,2021(22):21-25.

第九章
学校与当代家庭教育合作关系

📄 内容提要

家庭与学校之间的关系，经历了不同的发展阶段。当代家庭与学校紧密的联系，反映了家庭教育和学校教育互利与共赢关系的不断强化。形成定位清晰、机制健全、联动紧密、科学高效的学校与家庭协同育人的机制，突出家庭教育指导中学校的职责，不仅是确保教育高质量发展的有效支撑，也是推进家庭教育实践走向科学化的必然要求。当代家校合作共育中还存在一些问题，需要进一步创新家庭参与学校教育的实践模式，发挥家庭参与学校教育的最大效能。

✦ 学习目标

1. 认识家庭教育指导能力是新时代中小学教师必备的专业素养，树立起成为促进家校良性互动的研究者、实践者和创新者的教师职业理想。

2. 了解教师在家庭教育指导和家校合作中的主要职责与能力要求。

3. 能够结合相关理论分析当代家校合作共育中的典型问题，提出促进当代家校合作育人的实践策略。

第一节　家庭教育指导与学校的主要关系

一、学校与家庭的关系

(一) 家校关系的历史演变

塞尔登(Anthony Seldom)和阿比多耶(Oladimeji Abidoye)通过对漫长人类历史发展进步的研究，得出了人类历史上出现了四次教育革命的结论：以在家庭、团体和部落中向他人学习为特征的有组织学习和必要的教育构成了第一次教育革命；以制度化教育为标志的学校的到来构成了第二次教育革命；以印刷术的出现与世俗化、大众化教育构成了第三次教育革命；以人工智能、机器学习、虚拟现实、增强现实、混合现实等为主要内容的个性化教育构成了第四次教育革命[①]。家校关系的历史演变呈现以下几种形式。

1. 家庭教育为原始教育组织形式

以家庭、团体或部落为单位的学习构成了人类历史上最早的教育组织形式。在原始社会中，儿童被视为亲属和神的转世，拥有独立的个体自由，因此，母亲在儿童度过婴儿时期后大大减少对儿童哭闹的回应，儿童在生活与劳动中通过观察模仿父母的行为、与同伴交流玩耍、与其他成年人相处等行为进行自我探索和发展，进而获得部落团体的接纳与认可[②]。此时，家庭教育更多地表现为儿童的自我教育，父母对儿童基本不存在教养意识。进入农耕社会以后，父母对儿童的强迫开始增加，并有目的、有意识地针对孩子的学习以及遵守社会经验及习俗展开教育。儿童接受关于狩猎、建立营地、如何使用火以及长距离迁徙等学习，最终成为部落的成员[③]。

从原始的个别教育向个性化的农耕教育过渡过程中，家庭教育是人类社会最主要的教育形式，家庭主要负责养育儿童，在特定的生活情境中通过言传身教帮助儿童获取成年人所需的知识与技能，将儿童培养成家族、部落、群体所需要的社会成员，并通过各具特色的仪式或制度，考察儿童是否具备成年人的行事资格与权利。此时，家庭教育较少依赖外在社会的支持，对下一代的教育基本上属于家庭私事，教育子女是家庭和家长"自然权利"的履行。

2. 现代性机制下学校教育的登场

学校教育制度化的出现，让教育从家庭私事转变为公共事务，使得教育空间从家庭向学校转移，教育的重心也从集生活教育和知识教育于一体的家庭教育向全面系统的学校系统转移，原来儿童成长的教育代理权自然从家庭让渡到学校，导致家庭教育功能出现了"虚化"，家庭教育逐渐从教育场域中抽离，变得边缘化、依附化。

第二次教育革命后，学校作为公共教育机构被寄予期望，是儿童获得社会认可资格的媒介，学校设计并颁发毕业证书、学位证书、等级证书等象征受教育者知识和能力水平的权威依据，这标志着原初由家庭教育所完成的基本资格认可机制已转移至学校这一专门化的教育机构[④]。在国家制度安排下，家庭教育所承担的功能让位于学校

[①] 安东尼·塞尔登，奥拉迪梅吉·阿比多耶. 第四次教育革命：人工智能如何改变教育[M]. 吕晓志，译. 北京：机械工业出版社，2019：89-127.

[②] 吴重涵，张俊，刘莎莎. 现代家庭教育：原型与变迁[J]. 教育研究，2022(8)：54-66.

[③] Holden G W. The emergence of positive parenting as a revived paradigm[J]. Contexts for young child Flourishing, 2016(5)：201-211.

[④] 赵亮，王兆璟，倪娟. 协同育人视域下家庭教育的离场与复归[J]. 南京社会科学，2023(5)：135-145.

教育，人们出于对系统知识包括后来对于科学知识不断增加的崇拜，出于对"系统知识比生活中积累知识更有效率"的看法，使得以知识传授为核心功能的学校教育遮蔽了家庭教养作用的光芒，学校教育是唯一合法且周全的教育机构的观念潜移默化地根植在人们心中。所以，将孩子成长与发展的一切都交给学校成为众多父母的选择，被视作理所当然之事。家庭教育尽管不曾中断，但整体性作用的确日渐萎缩，在教育场域中的角色和地位日渐式微，学校教育在教育场域中逐渐占据绝对主导地位。

3. 现代性反思下家庭教育的回归

学校教育没有人们想象得那么重要，家庭发挥着更为重要的作用，这是1966年《科尔曼报告》的一个基本观点。该报告指出，学生的家庭背景和学习成绩有很强的相关性，"造成黑人学生学习水平低的原因，主要不是学校条件，而是学生的家庭背景。"家庭因素对孩子成绩的影响大于学校影响①。且随着现代性的演进，学校一直带有的一些或明或暗的先天缺陷被不断放大。省思当今教育，不科学的评价体系、家长向教师不断转嫁的教育责任、教育工具理性对价值理性的僭越、教育到底应该培养什么样的人之迷思等，似乎都无法在现有学校框架内得到解决。因此，学校教育把目光转向了长期被忽视的家庭教育。

随着中国特色社会主义教育事业进入新时代，基础教育的高质量发展成为迫切需要。党的十九届五中全会强调要加快教育改革，将"健全家庭学校协同育人机制"纳入"十四五"发展规划和2035现代化发展远景目标，学校教育和家庭教育的互补作用和地位关系发生变化，家庭教育的种种优势得到了强化，家庭教育在新时代的地位与功能也受到空前重视，这标志着儿童教育代理权出现了从学校收回的趋势，家庭教育"回归"的帘幕真正拉开。

(二) 当代中国家庭结构变迁对家校关系的影响

当代中国家庭结构主要可以分为5种类型：核心家庭、直系家庭、复合家庭、单人家庭和残缺家庭②。当前，城乡家庭结构基本上是以核心家庭为主，呈现家庭规模缩小和家庭结构简化的特征，但直系家庭和单人家庭仍然是重要的家庭结构形式。家庭结构的小型化趋向导致了父母在养育儿童的过程中缺乏来自传统大家庭中祖辈的物质、人力和情感上的支持，并且年轻家长面临着工作、学习等多方面因素的影响，因而在日常养育孩子过程中需要更多的外部支持，对学校教育的需求格外强烈，对学校教育也有更多的依赖。家庭规模较大、与祖辈一同居住的家庭则在孩子养育过程中更

---

① 詹姆斯·S.科尔曼.科尔曼报告：教育机会公平[M].汪幼枫,译.上海：华东师范大学出版社,2018：27-28.
② 王跃生.当代中国家庭结构变动分析[J].中国社会科学,2006(1)：96-108.

多地得到来自祖辈及其他亲属的支持,因而对学校教育的依赖较少。此外流动儿童家庭对学校教育的需求也较大,由于受到我国以户籍制度为主的一系列社会福利制度的局限,流动儿童在流入地无法享受与本地儿童相同的社会福利,使得流动儿童家长在儿童养育过程中缺乏基本的社会支持[①]。不同类型的家庭对学校支持的需求不同,这也对学校与当代家庭合作提出了更加多元、复杂的要求。

(三) 新时代学校在家校社协同育人关系中地位前置

党的二十大报告指出:"健全学校家庭社会育人机制。"将以往"家校社协同育人"中的"学校"前置到第一位,表明学校将在未来的家庭教育指导、服务中承担更重要的作用。教育部等十三部门联合印发《关于健全学校家庭社会协同育人机制的意见》进一步明确了学校家庭社会在协同育人中学校的职责与定位:"学校充分发挥协同育人主导作用,学校要全面掌握并向家长及时沟通学生在校期间的思想情绪、学业状况、行为表现和身心发展等情况;要加强家庭教育指导,把做好家庭教育指导服务作为重要职责,每学期至少组织2次家庭教育指导活动;要用好社会育人资源,建立相对稳定的社会实践教育基地和资源目录清单,联合开发社会实践课程。"

二、学校指导家庭教育工作的必要性

家庭教育的质量对一个国家、民族、社会的发展有着重要影响,家庭教育指导于学校而言并非新事物,传统的家访、家长会都属于学校开展的家庭教育指导工作范畴。当前,国家"注重家庭""注重家教""注重家风"的发展理念及教育政策和立法中强调的"充分发挥学校在家庭教育中的重要作用",皆旨在促进学校自发进行家庭指导工作,提高广大家长的家庭教育水平,让每个家庭受益。

(一) 国家对学校指导家庭教育工作的重视

20世纪80年代开始,家庭教育就受到社会各方面的关注与重视,到90年代,政府开始主导家庭教育指导,对家庭教育工作进行一定的规划和管理。党的十九届四中全会明确指出,国家要"构建覆盖城乡的家庭教育指导服务体系"。而学校是进行家庭教育指导不可或缺的主体。当前,党和国家也高度重视学校指导家庭教育,先后颁布多项政策和文件,推动家庭教育指导事业的发展,多次提到要发挥学校的特殊优势进行家庭教育指导工作。可以说,学校作为青少年生活和学习的主要场所以及提供家庭教育指导的主

---

① 杨赞悦,易进. 家庭结构变迁背景下的儿童养育相关因素研究[J]. 河北师范大学学报(教育科学版), 2015(1):48-55.

要渠道,在推动家庭教育事业发展的过程中被赋予了重大使命。2021年10月出台的《中华人民共和国家庭教育促进法》明确指出:"中小学校、幼儿园应当将家庭教育指导服务纳入工作计划。"特别是在"双减"背景下,党、国家和人民对学校教育和家庭教育均提出了更高要求,学校对家庭教育指导服务的作用还需进一步凸显。

(二) 家长对学校指导家庭教育工作的需求

随着传统家庭结构的变化,二孩和多孩家庭、单亲离异家庭、隔代教养家庭、流动子女家庭、留守儿童家庭等都带来了一系列的家庭教育问题,家庭教育越来越成为社会普遍关注的问题,家长急需破解问题的良药。传统的"学而优则仕""万般皆下品,惟有读书高"的价值取向,当前社会推崇的"不输在起跑线上""鸡娃"的育儿观念,引发越来越多的家长育儿焦虑。教育"焦虑"和"内卷"给新一代的父母带来巨大压力,很多新手家长不了解儿童的生长发展规律和个体阶段特点,造成孩子心理问题,甚至引发一系列悲剧。此外,家庭也正以自己的方式参与孩子的教育,无论是学区房、择校热,还是各类校外培训班发展的热潮,都显示出家长参与孩子教育的迫切与迷茫。家庭教育能力欠缺,所实施的家庭教育在理念、方法等方面与学校教育存在差异或冲突是家校合作不良的根本原因。因此,帮助家长读懂孩子,走出育儿焦虑,促进家庭在学校教育过程发挥积极作用,提高家长的家庭教育能力,形成家校育人合力,是当前学校指导家庭教育工作的重要任务。

(三) 家长参与现代学校制度推动学校改革的需要

1966年,《科尔曼报告》指出,学生学业成就首先取决于家庭社会经济地位,学校的影响是第二位的。只有当家庭的影响负向时,学校的影响作用才比较显著[1]。在《科尔曼报告》发表后,美国学者乔伊丝·L.爱泼斯坦(Joyce L. Epstein)提出的"重叠影响域理论"(overlapping spheres of influence)指出,孩子的学业表现、个体成长是学校、家庭和社区共同起作用的,不单单是学校教育在发挥作用[2]。家长作为儿童教养的天赋性角色,有必要把家庭作为学校的一个基本组成部分纳入现代学校制度,与之共同承担协同育人的责任,学校教育应积极倡导家长参与学校教育,最大限度地发挥家庭在孩子教育中的作用。因此,提高家长参与学校教育的积极性、为家长参与学校教育提供充分机会已经成为当代学校改革的一个重要趋势,学校家庭教育指导工作要顺势而为。

---

[1] 詹姆斯·S.科尔曼.科尔曼报告:教育机会公平[M].汪幼枫,译.上海:华东师范大学出版社,2018:27-28.
[2] 乔伊斯·L.爱泼斯坦.大教育:学校、家庭与社区合作体系[M].曹骏骥,译.哈尔滨:黑龙江教育出版社,2016:4-18.

【知识链接 9.1】

《科尔曼报告》简介

《科尔曼报告》(即《关于教育机会平等性的报告》)，是美国约翰·霍普金斯大学科尔曼教授于1966年向国会递交的研究报告，该报告不仅具有重要的理论意义，还对美国甚至世界范围内的教育政策和法律制定产生了直接的影响，被认为是美国社会科学史上最著名的量化研究报告[①]。

《科尔曼报告》的主要结论如下：第一，美国公立学校中存在着严重的种族隔离问题；第二，校际间差距对不同种族的学生有不同的影响；第三，造成黑人儿童学习水平低的原因主要不是学校物质条件，而是学校内的社会因素，即学生家庭的社会经济背景、同学的社会经济背景等；第四，同学间的社会经济背景对不同社会阶层的学生有不同程度的影响。该报告的主要创新之处在于重新界定了教育机会均等的内涵，将学生学业成就引入教育机会均等的研究领域，认为教育机会均等不能仅仅局限于靠平等的投入，如平等的教育支出、教师和设备等来衡量，还应将关注的重心转到独立于家庭背景的学生学业成就。

【资料来源：马晓强.《科尔曼报告》述评——兼论对我国解决"上学难、上学贵"问题的启示[J]. 教育研究，2006(6)：29-33.】

(四) 化解家庭教育"学校化"困境的途径

我国家长对与学校合作教育子女意愿积极，但这种合作却日渐呈现"一边倒"的趋势，例如督促及检查孩子的学校作业、完成学校教师布置给家长的任务。对儿童而言，回家也等同于延续学校的生活。这种家庭教育"学校化"的现象，使得家庭演变成学校的分校、家长成为学校老师的助教。我国学者杨东平指出："我国当前的家庭教育正处在严重的危机之中，家庭教育的功能已被异化。学校教育则被窄化为知识教育，知识教育又被扭曲为应试训练。其后果是，家庭教育成为学校学科教育的延长，家长异化为应试教育的陪练，抽空了家庭教育的基本价值。"[②]当前，家长让权，教师越权的现象表面是双方权责边界的模糊不清，实际是学校教育过多地延伸至家庭，使得家庭教育的主体责任未能有效履行，家庭教育就此失去了准确定位。"解铃还须系铃人"，家庭教育"学校化"的现实困境需要学校参与解决。

---

① 珍妮·H. 巴兰坦. 美国教育社会学[M]. 北京：春秋出版社，1989.
② 杨东平. 家庭教育的核心价值[N]. 中国教育报，2016-06-06(02).

三、学校指导家庭教育工作的主要任务

家庭教育指导的总体任务是提高家长科学育儿的能力,帮助其胜任家庭教育。其中,学校指导家庭教育工作的主要任务是结合正在接受学校教育的孩子的成长需求,开展独具特色的家庭教育指导,形成符合儿童发展需要的教育合力,落实立德树人根本任务。学校指导家庭教育工作的主要任务有以下几个。

(一) 明确家长的角色意识

家庭教育的主要实施者是家长,家长作为孩子的第一任老师,应在家庭教育中有明确的角色意识。学校具有资源与智力优势,要使家长逐步明确在子女教育中的法律承担、言行指导、学习帮助、共同协作等角色意识。

(二) 指导家庭的环境建设

相比于学校环境系统、科学的理论教育和社会环境而言,家庭环境对儿童的影响更为细节、直接和潜移默化。家庭作为"第一所学校",其教育功能的实现是基于家庭自身秩序和结构的,它与儿童早期优秀品质的形成、个人思想、道德、行为习惯和健全人格的养成更为密切。《家庭教育促进法》第十五条规定:"未成年人的父母或者其他监护人及其他家庭成员应当注重家庭建设,培育积极健康的家庭文化,树立和传承优良家风,弘扬中华民族家庭美德,共同构建文明、和睦的家庭关系,为未成年人健康成长营造良好的家庭环境。"学校要认识到家庭环境自身在教育中的重要作用,认识到家庭环境建设对于家庭教育指导的积极意义;要注重儿童成长问题背后的家庭背景因素,注重发挥学校在指导家风建设上的作用。

(三) 提高家长的养育水平

由于缺乏科学的教育理念和方法,家长在面对孩子成长过程中出现身心变化时往往无奈又无助,有些家庭步入了重智育轻德育、重监护轻养成、重物质轻情感的教育误区。因此,学校要协助引导家长思考教育的目的与意义,正确理解升学与教育的关系等。学校首先应引导家长重视孩子习惯的培养、人格的提升;其次,引导家长认识孩子成长规律。在家庭教育中,有共性的问题,也有个性的差异,学校在进行家庭教育指导过程中要善于挖掘共性的困惑,如孩子手机成瘾、男女生交往过密等,引导家长关注孩子青春期、性意识、情绪波动等成长规律,帮助家长科学地解决问题;更要把握家庭教育中的个别难题,如单亲家庭教育、特殊儿童养护等,有针对性地指导家长调整教育方式,提高教育效果。

(四) 提升家长参与家校合作的能力

家校合作有关政策的出台和教育实践的需要，对家长参与家校合作的主动性和有效性提出了更高要求，然而部分家长缺乏合作意识，未能正视自己在家校互动中的平等主体性。此时，学校应对家长进行必要的指导，激发家长的参与热情，提升家长家庭教育的能力，让家长与教师协同互助，共同参与学校教育和管理，使其从"旁观者"转变为"行动者"，从"边缘性参与"转变为"主体性参与"。

【知识链接 9.2】

我国学校家庭教育指导服务体系现状的调查

为全面考察我国学校家庭教育指导服务体系的现状，北京师范大学中国基础教育质量监测协同创新中心边玉芳教授携课题组于2020年10月至2021年1月选取我国东中西共9个省(市)，对学校领导、班主任和家长进行了问卷调查，实际参测的学校领导为1344名，班主任为6948名(其中开展过家庭教育指导服务的共6031名)，学生家长为259 446名。

研究发现：学校是家长最希望接受家庭教育指导服务的渠道；学校自身也普遍重视家庭教育指导，我国学校家庭教育指导服务体系初步建立。同时，当前学校仍面临资源和途径尚无法满足家庭教育现实需求，关照家长需求尚不充分，队伍建设尚不完善，"孩子心理健康"有待进一步关注，资源整合能力有待加强等挑战。在调研结果基础上，该研究提出应发挥好学校在家庭教育指导服务体系建设中的主导地位、加强"家本化"关怀、提升队伍专业水平、校社协同促进学校家庭教育指导服务体系发展等对策建议。

【资料来源：边玉芳，袁柯曼，张馨宇.我国学校家庭教育指导服务体系的现状、挑战与对策分析—基于我国9个省(市)的调查结果[J].中国教育学刊，2021(12): 22-27+78.】

第二节 当代家校合作共育中的典型问题

一、家校合作双方缺乏正确的家校合作观

(一) 合作目的功利化

纵观中国教育的发展历史，从西周时期的"学在官府"到春秋战国时期孔子

所倡导的"学而优则仕",教育目标具有功利性的特点;再到宣扬"师夷长技以制夷""中学为体,西学为用"等救亡图存思潮的近代,教育目标体现了实用主义的色彩;随着现代社会的发展,这些思想的影响并未消退。从社会现实来看,"成绩好就能考上好大学""考上好大学就能成功一生"的功利化思想无时无刻不在腐蚀着本应纯净的教育世界。从这些教育目的来看,教育功利化架空"全面发展",使得育人目标实际指向"单向度的人"。在"唯分数""唯升学"的导向下,教育教学实践过于偏重智育,忽视品德塑造和审美素养的提升。

在诸如此般教育目的的驱使下,当今中小学普遍出现"为了成绩而合作"的家校合作,部分家长较少参与家校合作,即使参与也只是为了关心一下孩子的考试成绩;而在家校合作较频繁的学校,家校双方也更关注孩子的学业成绩。总之,此背景下的家校合作并不是为了促进孩子的全面发展,而是一味地注重孩子的成绩,使得家校合作违背了"促进学生健康成长"的初衷,沦为家长和教师教育价值输出的附属品。

(二) 合作内容片面化

家校合作目的的功利化,导致了在家校实际合作过程中合作内容的片面化。家校合作关注的焦点不再是促进学生的全面发展,而是考试成绩的提升,从而导致"唯智主义"盛行,"德体美劳"被搁置,这与家校合作的应有之义相去甚远。根据北京师范大学中国基础教育质量监测协同创新中心在全国31个省开展的家庭教育状况调查,家长与班主任沟通的内容中最多的是"学习习惯"(57.2%、47.3%)和"考试成绩"(52.3%、61.4%),明显高于"家庭教育"(24.6%、18.3%)、"学习兴趣"(18.0%、11.8%)、"身体健康与体育锻炼"(16.0%、15.4%)、"爱好或特长发展"(3.4%、1.4%)、"人际交往"(2.2%、5.1%)等内容[①]。

(三) 合作关系不平等

在较长一段时间内,家校关系呈现委托与被委托、管理与被管理的状态,即学校取得家长教育权的合法性让渡,替代家长行使教育权。但随着家长对学校工作的日渐不信任,目前一些国家和地区也出现了家长决定取回教育权的现象,比如美国的家庭学校(Homeschooling)和中国的私立学校。这种演变体现了家长与学校二元对立的特征。

一方面,学校作为正式组织,在教育制度中占据了合法性地位。许多学校在家校

---

① 边玉芳,梁丽婵,等. 全国家庭教育状况调查报告[R]. 北京:北京北京师范大学中国基础教育质量监测协同创新中心,2018:28.

互动中，常常忽略了家长的主体地位，只是将家长视为家校合作的参与者，甚至是配合者，造成了家长在家校互动过程中缺乏主动权或主体性。有研究指出，处于话语霸权和权力中心的学校，以什么样的态度和方式接纳家长参与学校教育，会直接影响家长对家校合作的参与度，进而影响家校合作的效果①。另一方面，在互联网时代，家长的教育观念易受到网络舆论的影响。片面的、偏激的网络信息容易引发家长的过度焦虑与敏感，甚至损害家长对学校教育的信任感，在一定程度上削弱家长对教师的尊重、理解和信任。与此同时，随着家长文化水平以及社会地位的不断提高，家长往往片面地将自己的要求强加给学校和教师，却为自己的教育失责寻找借口②。正如"赫耐曼-洛克斯力效应"(Heyneman-Loxley Effect)指出的那样："当社会和经济发展达到一定水平后，家庭对儿童成长的效应会超过学校；但家庭教育作用不断增强的同时，其作为一种独立的教育制度却在不断弱化，而学校在相对(家庭、校外教育)效应降低的同时，作为一种教育制度却在不断强化。"③该效应在全球许多国家和地区得到验证，也从本质上揭示了家校合作全球性趋势的动力来源④，即家长承担家庭教育的主体责任和参与子女教育的意愿和能力逐渐提升，而学校如何争取家长的支持，使其认可学校的知识传授、人才筛选等制度性功能，还要密切家校合作，挑战性也在不断提升。

二、家校合作的参与各方缺乏明确的角色定位

家校合作过程中参与各方缺乏明确的角色定位，包括家长角色认识模糊、教师角色认知偏差以及双方相互推诿责任，影响了家校合作共育战略任务的推进。

(一) 家长的角色认识模糊

0～6岁是孩子身体和认知发展的关键时期，这意味着当一个孩子踏入小学前，其认知风格、人格特征、行为习惯都已被深刻影响，学校教育在一定程度上是对家庭教育的改进、提升及发展。家庭教育既要发挥其独特功能，也需要与学校教育协同配合。如果家庭忽视其教育功能与职责，把教育任务全权交给学校，那么教育效果势必

---

① 郁琴芳. 家校合作中校长与家长的认知差异：基于上海市146所公办学校的调查[J]. 上海教育科研，2014(5)：42-45.
② 边玉芳，刘小琪，王凌飞. 当代我国中小学家校冲突的原因分析与应对建议[J]. 中国电化教育，2021(5)：27-32.
③ Mcgraths G. Routledge Handbook of international education and development[M]. London: Routledge, 2015：176.
④ 吴重涵，张俊. 制度化家校合作的内在动力、行动逻辑与实践路径：基于十年家校合作实验的回顾与反思[J]. 中国教育学刊，2021(9)：68-75.

大打折扣。当下影响家长参与家校合作的因素可归纳为以下三点。

第一，参与意识不足。家长对待家校合作的意识将直接影响家校合作的效果。《全国家庭教育状况调查报告(2018)》中有数据显示，80%以上的家长认为"教育孩子全是学校和老师的责任"[①]。这表明大部分家长存在教育责任主体认识不清的问题，将教育孩子的责任完全转交给学校和老师。

第二，教育观念错误。广州市教育研究院对广东省194所中小学的2028名班主任的调查发现，家长错误的教育观念是导致班级中家校关系出现问题的主要原因，其中"家长对孩子缺乏正确的认识，偏袒孩子"(64.0%)，"家长对孩子放任不管或溺爱"(62.9%)是两个主要表现[②]。当家长遇到一些头疼的问题，比如孩子沉迷手机游戏等时代性的难题时，常常依赖老师给予解决方案。家长宁愿做家校合作的配合者，而不愿做子女教育的主导者，他们认为负责孩子的衣、食、住、行是家长的责任，而教育孩子是学校的职责。

第三，参与能力欠缺。由于受教育程度、职业地位与工作性质的局限性，有的家长的时间、金钱、文化和社交等资源十分有限，这导致这类家长在家校合作中常常处于劣势地位。而这类家长不仅参与具体家校活动时其能力也尤显不足，还缺乏对家校合作的认知和参与信心。有研究表明，相较于中产家长，工人阶层家长更难适应和理解学校报告中的文字和语言表达方式，较少质疑教师以及对其提出意见[③]，他们参与非正式的家校合作活动，包括为学生辅导作业，与教师开展日常沟通以及制定儿童放学后计划等事项的频率也更低[④]。

《教育部关于加强家庭教育工作的指导意见》明确指出，要强化学校家庭教育工作指导。针对当前家长在参与家校合作时参与意识不足、教育观念错误和参与能力不够的困境，学校需要通过多种行之有效的家校活动为家长赋能。学校需要为家长提供系统的而不是零碎的指导；提供既面向全体家长普遍化问题，又顾及个别家长特殊问题的实施方案，从而使家长充分了解自身在家庭教育中的重要性，提升家长的家校参与意识与家校沟通能力[⑤]。

---

① 边玉芳，梁丽婵，等. 全国家庭教育状况调查报告[R]. 北京：北京北京师范大学中国基础教育质量监测协同创新中心，2018：25.
② 戴育红. 广州市中小学家校合作现状与对策研究：基于班主任问卷[J]. 教育导刊，2018(8)：33-38.
③ Hall K, Conway P F, Rath A. Reporting to parents in primary school: Communication, meaning and learning[M]. Dublin: NCCA, 2008：55.
④ Byrne D, Smyth E. Behind the scenes a study of parental involvement in post-primary education[M]. Dublin: The liffey press in association with the economic and social research institute, 2010：23.
⑤ 边玉芳，周欣然. 家校互动不良的原因分析与对策研究[J]. 中国教育学刊，2019(11)：39-44.

(二) 教师的角色认知偏差

教师在家校实际合作过程中频繁出现"越权"现象：有些教师过度放大教育权利的范围，要求家长在课外时间辅导子女学业、帮助温习功课、检查批改作业等，导致家长将亲子陪伴时间过多用于配合教师关注子女的学业任务，而疏于对子女情绪疏导、习惯培养和品格塑造等方面的教育。根据学者洪明的调查，有13.9%的教师不认为需要"帮助家长提高家庭教育知识与能力，解决家庭教育中的问题"[1]。家长成为教师的"配合者"，家庭教育沦为学校教育的附庸，导致家长在子女教育中的表现日渐弱化以及家庭教育的逐渐"缺位"。产生这种现象的原因有以下几个：第一，教师对家长参与动机的不信任。教师认为家长参与就是来挑毛病、找麻烦的，因此产生抗拒和排斥的心理。在这种心理的作用下，教师在与家长沟通时可能会表现出冷漠、不尊重、不耐烦等情绪[2]。第二，教师对家长参与态度的质疑。教师认为家长参与学校事务的时间和精力较少，没有做好工作与教育孩子之间的平衡，从而质疑家长参与学校教育的主动性。第三，教师对家长参与能力的不认可。教师认为家长缺乏专业的教育理念和策略，加之班级内学生各方面的差异较为明显，所以家长参与学校决策时无法适应所有学生的特征与需求。

(三) 双方相互推诿责任

一方面，很多教师为了提高学生的分数和升学率，把课堂延伸到家庭，甚至要求家长介入学习过程。相关调查显示，约40.2%的家长认为自己成了老师的"助教"，自己的时间、精力、财力和物力被教师随意占用，教师存在推诿自身教育责任的情况；60%以上的家长认为自己的职业资源被学校利用，承担了与家校合作无关的事务，成为学校的义工[3]。另一方面，现实中许多家长把应该承担的部分教育职责转嫁给了教师。此类家长没有意识到家庭教育的重要性，或者虽在态度上肯定了家校合作的重要性，但在行动上却有所欠缺。态度和行动上的差异，在一定程度上弱化了家庭教育的职责。

《中国教育问题调查》报告指出，学校认为"家长一个细微行为就会让学校的教育白费"，而家长又认为"按老师简单的好恶培养让孩子心灵受伤"，彼此之间都认为是对方在弱化自己的教育效果。如何明确界定家校活动参与各方的角色定位，进而提升家校合作双方之间的信任感，增强家校合作双方的责任感，是当下亟待解决的一个重要问题。

---

[1] 洪明. 家校合育的基本现状及改进研究：基于9省市4000份问卷的调查分析[J]. 教育科学研究，2015(9)：30-35+41.
[2] 边玉芳，刘小琪，王凌飞. 当代我国中小学家校冲突的原因分析与应对建议[J]. 中国电化教育，2021(5)：27-32.
[3] 张惠娟. 让家庭教育回归生活世界[N]. 人民政协报，2018-06-13(9).

三、家校合作活动缺乏系统的实践模式

(一) 家校双方缺乏有效沟通的途径

1. 合作形式单一

目前教师与家长合作比较普遍的方式为微信、电话、家长会和家访,其他途径如家长委员会、特色活动、学校开放日等受教师欢迎程度较低。微信班级群是家校沟通的首选方式。微信班级群虽然给家校沟通提供许多便利,但是也逐渐呈现一些问题。例如,班级群沦为作业群,班级群成为家长社交、"攀比"的平台。建立良好的家校关系,教师与学校需要清晰界定班级群的功能,并发挥学校家长委员会对学校办学的监督与评价作用。除了微信群外,家长会也是常见的家校沟通形式,但其内容流程相对程序化,主要包含班主任介绍班级成绩情况、邀请家长进行经验交流,或者发放家庭教育学习资料等内容,缺少创新。

2. 合作关系单向

在实际的家校合作中,主要表现为信息从学校到家长的单向传递,教师与学校的主导性地位被凸显,家长的反馈和家长资源的开发常常被忽视。

教师发现学生问题,进而评判家长参与的必要性,提出家长参与的方式和支持内容。这种以问题为导向的沟通模式虽然可以快速解决问题,但是长远来看并不利于家校合作。家校合作本应是家长和教育工作者相互了解、相互支持的双向互动过程,一方面学校的行为对家庭产生一定的影响,家长依据学校的要求来调整自己的行为;另一方面家长的行为同样也会对学校产生反作用,构成学校与家庭的双向交互性。如何丰富家校合作的途径,形成家校之间行之有效的信息交流与沟通渠道,使得家长和教师能以平等的姿态相互交流,建立起一个循环往复的链状互动合作关系模式,是推进我国当代家校合作工作的重要任务。

(二) 家校合作活动缺乏系统性的规划

许多家校合作缺乏整体计划,具体表现为合作时间的时断时续、合作内容缺乏前后呼应,往往是以解决具体问题为目标的临时性合作。

《全国家庭教育状况调查报告(2018)》显示,超过一半的家长不能做到"主动与班主任沟通"[①]。而教师家访的目的也主要是在孩子出现问题后与家长商讨对策,向家长通报情况。其他需要统一计划的合作形式如家长学校、家长委员会、家长开

---

① 边玉芳,梁丽婵,等. 全国家庭教育状况调查报告[R]. 北京:北京北京师范大学中国基础教育质量监测协同创新中心,2018:27.

放日，也只有小部分家长、教师参与。以家长委员会为例，其不仅缺乏组织力度，还缺乏相应的规章制度保障，家长和教师普遍反映家长委员会的实际效果不尽如人意。

(三) 家校合作活动缺乏规章制度保障

家校合作需要确立相应的规章制度，并将合作中"应该做什么"转换为"必须做什么"的行为纲领。目前我国针对家校合作共育颁布了一系列的政策文件，如2011年《全国妇联教育部中央文明办关于进一步加强家长学校工作的指导意见》、2012年《教育部关于建立中小学幼儿园家长委员会的指导意见》，教育部基础教育司2019年工作要点中的家校合作部分，以及地方颁布的《家庭教育促进条例》等。但在处理现实问题时，仍有一些方面缺乏制度保障，实际工作缺乏政策依据。

1. 家长参与学校管理的权责缺乏制度保障

美、英、日、法等国家已从全国到地方形成了家长教师联合组织——家长教师联合会(Parent Teacher Association)及相应的保障机制。我国成立了相关机构来管理家校合作，比如家庭教育研究会。但是家庭教育研究会本质上属于学术性机构，其主要针对理论知识进行探讨，无法将理论知识直接应用到家校实践中。此外，对于家长如何主动参与学校教育、如何建立家长评估制度等方面，仍缺失系统的思考与研究；家长参与学校管理的权责、参与的具体内容并没有详细的规定。家长频频出现"不想管""不会管"等问题，一个很重要的原因就是家长目前还缺乏对家庭教育主体责任的意识，家庭教育行为的规范尚未建立[①]。

2. 教师进行家校工作时缺乏制度保障

第一，教师在处理家校冲突上缺乏工作依据。在学校教育实际中，教师遭到家长的恶意举报和投诉，依然没有可行路径实现申诉、复议和诉讼等[②]。现有的教师道德规范、专业标准和工作规定中指出教师要促进与家长的沟通与合作，但需要什么能力、如何合作等具体问题仍没有详细说明，导致了教师在家校合作的能力上参差不齐。第二，教师在开展家校合作时缺乏评价机制。当下家校合作评价制度的不完善主要体现为学校管理制度中未将家校合作部分纳入教师绩效考核，以及很多学校对于家校合作的评价内容与评价主体较为单一，对家校合作的评价未形成学生、家长、领导、同事、教师自我等多主体评价模式。第三，教师工作被大量行政事务占据。充分开展家校合作需要教师投入大量的精力，教师需要完成"自上而下"行政管理的督

[①] 黄爽，朱叶子，梁丽娜. 教师视角下家校互动不良影响因素的质性探究[J]. 教育学术月刊，2022(6)：42-48+56.

[②] 边玉芳，刘小琪，王凌飞. 当代我国中小学家校冲突的原因分析与应对建议[J]. 中国电化教育，2021(5)：27-32.

导、审核、报表等相关任务,在很大程度上导致教师分身乏术,以至于无法经常开展家校活动,这也是制度缺乏保障的体现。

(四) 家校合作活动中教师缺乏胜任力

1. 教师家校合作的知识不足

2019年,中共中央、国务院印发的《关于深化教育教学改革提高义务教育质量的意见》中明确提出要不断提高教师家庭教育指导能力,这意味着家庭教育指导能力和家校合作能力成为新时代中小学教师必备的专业素养。家校合作是具有较高专业性的工作,明显不同于以往教师所进行的关于某门具体学科的教育教学。在家校合作中需要教师和家长这两个教育主体以儿童发展为根本目标,积极交流双方的观点,以期达成共识。这个双向互动的过程需要教师运用相关专业知识并在掌握学生年龄特征以及身心发展规律的基础上,读懂学生行为背后的需求、了解问题产生的根本原因,从而为家校双方开展有效的教育干预提供意见和方案。然而,当前我国师范生培养体系中在家校合作方面的指导与培养仍较为薄弱,而教师资格证考试也缺乏对家校合作领域的重点考察。在教育实践中,教师还普遍存在重教学轻育人、重学科研究轻研究学生的现象。这些问题都导致教师在实施家校合作时专业知识的不足。

2. 教师家校沟通的技能薄弱

家校合作的前提是家校双方能够进行良好的沟通。然而在实际工作过程中,许多教师沟通技能明显不足,有些教师不知道如何发起一起谈话,谈话时不会恰当提问与表达,或者不会倾听等,尤其是新手教师在处理家校关系时常常呈现生涩的状态,对一些突发矛盾或者状况无法及时地采取行之有效的措施。随着信息技术的发展,不少教师在使用微信进行家校沟通时也出现了一些问题,如容易忽视公众领域和私人领域的界限,与某位家长的谈话或者对某个孩子的批评直接在班级群发布,引发家校冲突。

教师家校合作能力的形成需要职前培养与职后培训的有机统一。一方面,加强家校合作能力的职前培养。从培养模式来看,目前我国师范生的培养模式没有很好地将家校合作能力的提升纳入培养计划,导致新手教师与家长交流沟通时,沟通能力薄弱,合作意识不强。从课程内容来看,师范生所获取的教育学、心理学等教师专业理论知识基本取自教材,缺乏针对家校合作素养的体系化培养,教师家校组织能力和沟通技巧方面的培训较为薄弱。另一方面,完善家校合作能力的职后培训。从评价体系看,家校合作制度方面存在很多需要完善的地方,应将家校合作课程掌握情况纳入教师的形成性评价和终结性评价。

第三节　家庭参与学校教育的内涵与方式

一、家庭参与学校教育的内涵

学界多将"家长参与学校教育"简称为"家长参与",由于研究视角、研究立场、研究重点的不同,"家长参与学校教育"的内涵丰富而未有统一的概念解释。

从教育组织行为角度来阐释"参与",即思维、感情和行为的投入,个人成为决策的一员,真正的参与能激发参与者发挥主体能动性[①]。从问题视角出发来界定"家长参与"则有谁参与、参与目的、如何参与、参与什么。关于谁参与,毫无疑问参与主体是家长。当前对家长参与的关注多是中小学阶段,因而家长更多指青少年或未成年人的父母或监护人。在参与目的上,无一例外地指向促进子女发展,"帮助儿童在品德、学业、社交、能力等方面取得进步"[②]。关于如何参与和参与什么,"如何参与"指参与形式,"参与什么"指参与内容。

从广义上理解,学者吴玉英认为,家庭的成员参与所有的直接或者间接影响孩子的教育活动都属于家长参与[③]。家长教育作为一种帮助家长执行家长角色的行为,与家长参与在目的上具有实质一致性,因为家长教育也属于家长参与的内容范围。

学者王振兴和张善楠将"家长参与学校教育"分为参与和投入两方面,参与指参与学校事务决策;投入则是支持和帮助学校的活动开展,主要指父母对子女所有教育历程或学习活动的参与,如学校政策的决定、亲职教育、担任学校义工、义卖捐款、亲师沟通和督导子女在家中与校外的学习活动[④]。在参与过程中要认识到家庭和学校、学校和教师在教育儿童上的特点与差异:学校教育具有普遍性,家长教育具有个性化。家长与学校应建立一种平等而紧密的关系,互相协助、资源共享、目标一致,这样才能真正发挥教育的效力,割裂任何一方都会削弱教育的效果。

学者周文叶总结了有关家长参与概念的三种内涵:一是强调家长与学校互动协同以达到共同教育目标;二是根据参与活动内容不同,家长扮演的角色不同;三是突出参与过程中家长行为、期望与观念。周文叶将家长参与界定为,为了儿童的学习和发

---

① 罗伯特·C.欧文斯.教育组织行为学[M].7版.窦卫琳,温建平,王越,译.上海:华东师范大学出版社,2011:374.
② 马天宇.左手&右手——上海市小学家长参与学校教育的现状调查及问题分析[D].上海:华东师范大学,2005.
③ 吴玉英.家长参与幼儿园教育的个案研究[D].杭州:浙江师范大学,2014.
④ 王振兴,张善楠.学校自主与家长参与——台东县小学教师对家长参与学校教育工作的态度调查[C].教育改革:理论与实际国际学术研讨会论文集.台北:台湾师范大学,2000:12-17.

展,父母或儿童的监护人与儿童以及参与儿童教育的组织和相关人员之间的互动[①]。

二、家庭参与学校教育的主要方式

美国学者安妮·汉德森(Anne Henderson)和南茜·波拉(Nancy Berla)在进行大量而广泛的调查研究的基础上著写了一套家庭教育指导丛书,丛书使用了八十多个例证,论述了家长参与孩子的教育和生活,学生、家庭和学校三方都会受益的观点。家长对学校教育的参与,不仅使学生在当时受益,还对学生的整个求学期间甚至终生都会有重要影响。家长的参与和学生的学业成绩及学校的教育质量之间有着密切的联系。与家长合作愉快的学校,教师士气高,能得到家长的好评,能得到更多的来自家庭和社区的捐助。有家长参与学校教育活动,优于同类没有家长参与的学校教育活动。家庭参与学校教育的主要方式有以下几种。

(一) 家长会

学校经常定期或按需要召开家长会,报告学校和班级相关的工作情况,从而有针对性地征求家长的建议,回答家长较为关心的问题,让家长了解学校和班级目前所面临的困难和问题,赢得家长的理解和帮助,并共同探讨相关教育问题。但家长会在开展过程中难免会成为"批评会",为了避免此类情况发生以及改变部分家长对家长会的恐惧,一些学校选择不同的开会形式:推介型家长会集体开、了解型家长会灵活开、培训型家长会定期开、活动型家长会适时开、问题解决型家长会分类开、激励型家长会线上开、综合型家长会集中开[②]。

(二) 家校互访

家校互访是指班主任的家访和家长的校访。通过家校互访,家长或教师对学生发展特点有较深入的认识,明确个别学生在教育过程中所需的特别关照和需要家庭与学校相互配合的问题,因材施教。

(三) 家长学校

大部分家长学校是由学校与教育部门联合,采取专题讲座的方式,邀请校长、教导主任、教师和有关方面的专家、教授,向家长讲解教育科学、心理科学、生命科学等方面的系统知识,组织家庭教育咨询活动和家长之间的经验交流活动。通过家长学

---

① 周文叶.家长参与:概念框架与测量指标[J].外国教育研究,2015(2):113-122.
② 鲁自立.家长会召开形式的选择[J].教学与管理,2019(13):29-30.

校，能够提高家长教育素养，让家长科学合理地教育孩子，促进家校合作交流。

(四) 家长委员会

家长委员会是一种由学校组织、家长自治的集体组织，一般是在学生入学后，按班级人数推选出一定数量的家长代表而建立的。家长可以通过委员会提出建议或汇报学生情况。通过委员会会议，老师与家长委员们交流信息，讨论共同关切的教育话题。

(五) 家长开放日

每学期或学年，学校向家长开放一天或半天，展示学校的教育教学成果和教育教学实践。家长也通过听课、参加主题班会、观摩学生活动、与学校联欢等各种形式的活动，了解学校、老师和孩子，增进与学校的联系。

(六) 通讯联系

通讯联系是简便而有效的家长与学校联系和沟通方式。常用通讯联系的形式主要有书面联系、电话联系、捎口信(一般由学生传递信息给家长和老师)等。

(七) 家长义工

家长义工指的是志愿参与学校服务的学生家长。学校的家长义工队伍由"关心教育，关注孩子健康成长，乐于奉献，身体健康，有一定的文化知识(或有一技之长)，有一定的服务时间的本校在籍学生的家长"组成。家长义工的主要工作是参与和协助学校日常的教育教学活动，如升旗仪式、教研活动、大型集会、社会实践活动等；参与和协助校园安全管理，如校门护导、食堂卫生检查、周边治安环境协查、大型安全演练活动等；参与和协助学校其他工作，如校园设备维修、卫生整治等突击任务[1]。

(八) 家长教师协会

家长教师协会是由家长代表、学校代表、社区代表等与学生成长的利益相关者组成，是参与学校教育管理、支持帮助家庭教育、协调家校关系的一个组织。家长教师协会与家长委员会的不同在于：第一，家长教师协会的人员构成除家长之外，还有教师和社区代表，而家长委员会只由家长组成。第二，因为有教师和社区代表的参与，家长教师协会在工作中比家长委员会更容易实现家校之间的协调与沟通。家长教师协会最早于1897年在美国成立，此后，日本、加拿大等国家都相继成立家长教师协会。

---

[1] 周玲. 家长义工制：家校合作新模式[J]. 全球教育展望，2010(12)：85-87.

这一组织的使命是为儿童代言，使每一个孩子的潜能变为现实。

(九) 互联网支持下的新形式

互联网的快速发展拓宽了家校协同育人的开展途径，为家校协同育人活动的开展提供了便利。比如家校协同的微信支持模式、网上家长会、虚拟家长社群等都成为家校沟通的重要途径。

第四节 家庭参与学校教育的主要机制

一、家庭参与学校教育的影响机制

家庭参与学校教育的影响机制主要源于家庭和学校双方。

(一) 家庭因素

家庭因素主要包括家庭教育资本、家庭经济资本、家庭社会资本以及家长自身价值观(包括对家校关系和家校协同育人的看法等)。

1. **家庭教育资本**

家庭教育资本主要指家长的教育经历。法郎·坎卡尔(Franc Cankar)认为，家长的教育经历是预测他们家校协同参与程度的最佳因素[①]。研究表明，家长的教育能力与家长的学历之间存在正相关。受教育水平较低的家长在面对教师时会有畏惧的表现，缺乏与教师有效沟通的能力，他们只是一味地接受学校和教师的意见，没有表达出自己的观点，这并不利于家校之间的合作[②]，而受教育程度高的家长可以在掌握孩子情况的基础上与教师进行有效沟通。

2. **家庭经济资本**

家庭经济资本是影响家庭参与学校教育效果的又一重要因素。不同社会经济条件对家庭参与家校活动也存在影响，经济条件越好的家庭在家校活动中表现得越积极[③]。收入水平较高的家庭有更多的资金用于子女教育；收入水平较低的家庭则将更

---

① Cankar F, Deutsch T, Sentočnik S. Approaches to building teacher-parent cooperation[J]. Center for educational policy studies journal, 2012(1)：51.
② 岳瑛. 我国家校合作的现状及影响因素[J]. 天津市教科院学报，2002(3)：50-53.
③ Epstein J L. School and family connections: Theory, research, and implications for integrating sociologies of education and family[J]. Marriage & family review, 1990(1-2)：99-126.

多的资金用于生计，对子女的教育投入相对较少①。

3. 家庭社会资本

家庭社会资本同样会对家庭参与学校教育的效果产生影响。低社会阶层的学生父母通常在社会资本的拥有水平上处于不利地位，他们会把老师看作专业人士，部分父母在面对老师时缺乏自信；而高社会阶层的家长则可以很自信地同老师交流，他们自恃有较高的地位，也可以辅导孩子，对教师的依赖性会大大降低②。而且不同阶层的工作性质会导致家庭参与学校教育的不同态度：低社会阶层的家长会产生家庭学校相互分离的认知，再加上他们工作时间的问题，导致学校与家长沟通的时间具有刚性，家长较难调整时间参与学校教育；中高社会阶层的家长认为学校和家庭的作用会相互交叠，并且他们还可以建立更加广泛的社交网络，可以从中获取更多与子女教育、老师沟通的技巧和建议，从而更有效地促进家庭参与学校教育③。

(二) 学校因素

1. 学校对家长的态度差异

一些学校"偏好"社会资源丰富的家长，并且会为他们提供更多的参与学校教育的机会；有些学校对社会经济地位较低的家长存在隐晦歧视或排斥机制，会限制他们对家校活动的参与④。

2. 学校管理者对家庭参与学校教育的认知与态度

首先，学校管理者对待家庭参与学校教育的认知和态度直接影响着家庭参与学校教育活动的广度和深度。郁琴芳在研究中指出，校长的家校协同观念与学校的家校协同文化有直接关联。然而目前校长在家校协同方面的领导力与学校管理方面相比略显不足，因此，应当重视校长的家校协同能力⑤。其次，学校有无完善的家庭参与学校教育的机制也会影响家庭参与学校教育活动的开展。如果本校有完善的家庭参与学校教育的机制，再加上为家长和教师提供更便利的条件，则会激发家长和教师参与学校教育活动的积极性与主动性。

此外，教师自身因素是影响家校协同育人的重要因素之一，如教师对职业价值认同感与教师对家校工作投入的时间和精力成正比。教师的职业认同感越强，他们越

---

① 朱丽娜. 家长参与学校教育的状况及影响因素研究[D]. 南京：南京师范大学，2017.
② 李国强. 家庭社会资本：家校合作的重要影响因素[J]. 中国教育学刊，2009(11)：21-24.
③ 吴重涵. 家校合作的家庭视角——《家庭优势：社会阶层与家长参与》中译本序[J]. 教育学术月刊，2015(4)：102-106.
④ 刘翠兰. 影响家校合作的因素分析及对策研究[J]. 当代教育科学，2006(20)：13-16.
⑤ 郁琴芳. 家校合作中校长与家长的认知差异——基于上海市146所公办学校的调查[J]. 上海教育科研，2014(5)：42-45.

会积极参加家校活动,对学生的关怀也会变多,从而也会更容易赢得家长的信任和尊重[①]。

二、家庭参与学校教育的作用机制

(一) 家庭与学校在儿童教育过程中的作用与相互关系:交叠影响域理论

纵观家庭与学校在儿童教育过程中的作用与相互关系,理论解释可大致分为4个流派(见图9-1)。

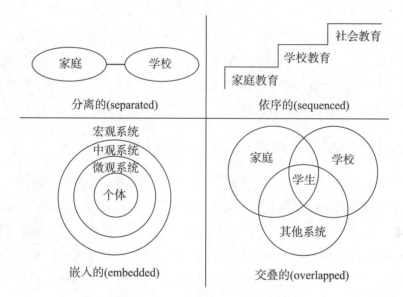

图9-1 家校合作理论的4个流派

【图片来源:张俊,吴重涵,王梅雾,等.面向实践的家校合作指导理论——交叠影响域理论综述[J].教育学术月刊,2019(5):3-12.】

流派1:分离的(separated)。这些理论往往从涂尔干的社会分工论出发,认为家庭与学校在儿童教育中只有分工才会达到最大效率。儿童在学校教育中的失败往往归咎于"流水线"上的某一方不力,代表性理论有责怪家长无能的"家庭缺失论"(family deficiency theory)和责怪学校歧视的"教育机构歧视论"(institutional discrimination theory)等。

---

① 梁丽婵.是什么影响了家师关系——基于家长、教师、家校互动多因素综合视角的实证研究[J].中国教育学刊,2019(11):50-55.

流派2：依序的(sequenced)。这类理论根据儿童成长阶段，认为儿童在学前、入学和进入社会三个阶段依次是家庭教育、学校教育和社会教育发挥主要作用。其基本假定是前一阶段的成长状况是下一阶段成就的基础，如此，家庭教育发生在学校教育、社会教育之前，是后期孩子取得成功的基础，所以非常重要。然而，一旦孩子进入学校，家庭就要淡出对子女的教育，因为这个时候，学校是儿童教育的主要责任者。

流派3：嵌入的(embedded)。这些理论或观点从布朗芬布伦纳的生态系统理论出发，认为儿童成长受到一系列嵌套环境的影响。在这些系统中，系统与个体相互作用并影响着个体发展。社会资本、文化资本对儿童成长作用的研究大致可归入此类。

流派4：交叠的(overlapped)。这一流派以交叠影响域理论(overlapping spheres of influence)为代表，影响较为深远。它是由美国霍普金斯大学的全美家校合作联盟研究中心主任兼首席科学家爱泼斯坦(Joyce L. Epstein)在布朗芬布伦纳生态系统理论和科尔曼社会资本理论的基础上提出的。这一理论的核心观点是：家庭、学校与社区三大环境在学生的成长中会产生交互叠加的影响。通过家庭、学校和社区之间高质量和频繁的交流与互动，学生更有可能从不同的社会群体中获得关于努力学习、创造性思维以及互帮互助的认识，进而促进自我发展。

(二) 家校合作关系的构建：互动仪式链理论

美国著名的社会学家艾德尔·柯林斯在涂尔干的宏观社会学仪式研究和戈夫曼的微观社会学仪式研究基础上提出了互动仪式链理论，以微观情境为研究出发点，将互动仪式的微观社会学分析和宏观社会学分析统一起来，突破前者只强调仪式的观念及其社会功能的局限，提出互动仪式的作用机制。柯林斯的互动仪式链理论指出互动仪式包含4个核心要素：其一，身体在场。两人或两人以上汇聚在同一个情境场所之中，不管人与人之间是否有意地关注对方，只要身体在场，彼此之间都会产生相互影响。其二，排斥局外人。对局外人设置了界限，同一情境中的群体成员能够明晰地分辨出谁是参与者，谁是局外人。其三，有共同关注的焦点。参与者将注意力都集中于共同的事件、对象和活动上，通过相互交流明确彼此关注的焦点。其四，共享情感。参与者在共同关注的焦点中交流沟通，彼此分享共同的情绪或情感体验。这4个要素在互动仪式中相互作用会产生一系列的反馈机制：一是促进个体的情感能量；二是形成群体成员身份的认同感；三是形成群体共识的社会关系符号；四是形成维护群体正义的道德感。柯林斯的互动仪式链理论模型如图9-2所示。

理论中的"仪式"是一个广义概念，包含正式仪式和自然仪式，即程序化的正式仪式(如典礼、庆典等)和日常社会生活中人与人之间非程序化的交往活动。家校合作中包括家长会、班级亲师会、家长开放日、家长委员会、志愿者服务、家长教育等程序化的交往互动活动,以及学生学业、心理、行为等方面表现异常而展开的非程序化的交流活动与互动仪式链理论中概述的互动仪式具有相似的情境和意蕴,家校合作可以被看作微观教育场景中的互动仪式。也就是说,家庭和学校中各主体聚集于共同的教育场景之中,以促进学生更好地发展为共同关注的焦点,在学校、家庭、社区等物理空间及微信、校信通等虚拟网络平台中实现多维互动,通过节奏连带、共享情感实现家庭和学校各主体之间的有效合作。

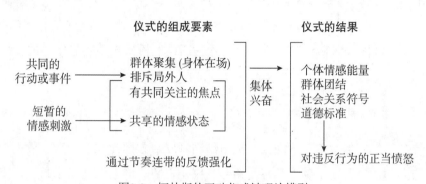

图9-2 柯林斯的互动仪式链理论模型

【图片来源:兰德尔·柯林斯.互动仪式链[M].林聚任,王鹏,等译.北京:商务印书馆,2017:80.】

(三) 家庭与学校合作关系的实现:社会互赖理论

美国明尼苏达大学戴维·约翰逊教授(David W. Johnson)提出的"社会互赖理论"假定:社会互赖的结构方式决定着个体的互动方式,也依次决定着活动结构。积极互赖产生个体间积极的互动,成员之间相互鼓励和促进学习上的努力,来达成共同目标;消极互赖使得个体之间相互妨碍彼此获得成功的努力,最终可能导致共同目标的失败;在无互赖的情境下,个体之间没有相互影响,彼此独立作业,互不干扰。三种类型的社会互赖基于不同的目标结构以及在心理过程(替代性、投入性和诱导性)中产生的不同影响,从而引发了不同的互动方式,包括促进性互动、阻碍性互动、无互动。

家校共育的理想状态是积极互赖,而家庭与学校之间的冲突与竞争以及双方的个体化努力体现的是非积极互赖(消极互赖与无互赖)。家校之间实质上是一种促进关系,非积极互赖是合作的基础和前提,利用和整合非积极互赖以促进积极互赖的形成就是家校合作的完整的动态过程[①]。

---

① 李清臣,岳定权.家校合作基本结构的建构与应用[J].中国教育学刊,2018(12):38-42.

第五节　家庭参与学校教育的实践案例

一、襄阳市大庆路小学"一二三五"家校共育模式

襄阳市大庆路小学经过实践探索初步形成了"一二三五"家校共育模式,即一套机制、两支队伍、三级家委会、五大课程,构筑了"学校—家庭—社会"三位一体有温度的教育共生体,力求做到家校深度合作。实践证明,此模式对于促进学生的全面发展具有重要价值。

(一) 一套机制

学校在体制机制改革上下功夫,从组织和制度两方面建立了一套长效机制,为家校合作的顺利开展奠定了制度基础。第一,组织保障。学校组建了家长工作委员会,实行家长委员会(以下简称"家委会")制度,让家长为学校发展建言献策。第二,制度保障。学校建立了家委会的选拔制度、管理制度,建立了家委会监督管理学校的监管制度,建立了家长培训制度,规范家委会的健康运行。通过正式的组织和规范的管理制度,学校建立起与家庭交流合作的平台,为家校合作的高效推进提供了坚实的保障。

(二) 两支队伍

为促进家校合作工作的推进,成立了家庭教育指导师培训班和家委会,两支队伍专门负责家校合作工作。家庭教育指导师培训班定期举办家校合作经验交流会,全校教师分享各自的工作经验,提高教师开展家校合作的能力。家委会实行内部自治,定期召开家委会会议,参与学校的管理改革工作,协调家长与学校之间的关系,以促进家校合作的深入推进。

(三) 三级家委会

襄阳市大庆路小学家委会分层建立,设立了班级、年级、校级三级家委会。家长通过自我推荐成为家委会委员候选人,班主任与家长代表商议后,各班级家委会建立。在班级家委会的基础上各年级通过民主选举,产生年级家委会。校级家委会则在年级家委会的基础上通过民主选举产生。每届家委会委员任期一年。各级家委会委员分成多个小组,分工协作,共同完成目标。以60人(8个小组)的班级为例,每个小组选

出两位家长组成班级家委会,其中主席1人。家委会分为活动组、学习组、宣传组、后勤组4个小组,每组包括组长1人,组员3人,各组分别负责社团活动的策划、家长会及家长讲堂活动的布置等,各司其职,分工协作。

(四) 五大课程

为深化家校合作工作,提升家校合作的效率,襄阳大庆路小学打造了五大课程:家长开放日课程、家长讲坛课程、亲子活动课程、家长义工课程和家长培训课程。

1. 家长开放日课程

学校的问卷调查显示,家长参与孩子的学校生活的意愿非常强烈。基于此,学校在每周三上午举行"家长开放日"活动,根据孩子年龄特点确立主题。家长走进学校,走近孩子,在拉近亲子关系的同时,也将学校的教育理念渗透到自己的观念中,有助于实现由合格家长到优秀家长的转变。

2. 家长讲坛课程

襄阳市大庆路小学曾邀请了一位家长——服装设计师到学校做讲座。设计师结合中国的服装发展史,展示了诸多服装模型,孩子们听得津津有味,讲座效果很好,临近讲座结束,台下二三百个孩子还意犹未尽。此后,学校经常邀请有专长的学生家长到学校为学生做讲座,在长期实践中学校不断改进,形成了家长讲坛课程。

3. 亲子活动课程

襄阳市大庆路小学精心打造了亲子活动课程,在教师的安排下,家长带领孩子一起参与一些活动,实现了家庭教育与学校教育的交融。学校的亲子活动主要包括社会实践活动类,如植树、卖报、社区义务劳动等;亲近自然类,如采茶叶、摘橘子活动等;参观访问类,如参观博物馆、革命烈士纪念馆等;体育运动类,如亲子运动会、爬山等;社会公益活动类,如走进乡村小学、走进敬老院等活动;家务劳动类,如包饺子等。在实践、参观、体验和运动等活动中,家长、孩子、学校三方共同参与,学生的个性得以发展,学生的团结协作能力、克服困难的坚韧意志、解决问题的智慧技能等也得到了发展,综合素质快速提升。

4. 家长义工课程

许多学生家长文化素养较高,懂得教育规律,能够理解学校的教育理念,他们热情且有强烈的社会责任感,有一颗服务大众的心,愿意为孩子做表率。学校把这些家长组织起来,组建了襄阳市大庆路小学家长义工社团。家长义工社团已吸收了近200名家长,他们积极参与学校的生态园种植、外墙绘图,充当了心理健康中心的志愿者、学校大型活动的摄影师等角色。同时,家长义工社团还主动与社区联系,加入创建文明城市的行列,到烈士塔去捡拾垃圾,到繁忙的交通路口引导行人文明过马路,得到了社会高度赞誉的同时，也为孩子树立了乐于奉献、服务社会的榜样，对于孩子的社会责任感培养具有重要意义。

5. 家长培训课程

好的家校合作体系离不开家长培训课程，学校应与社会、家长联合起来从三个途径构建家长培训课程，提高家长的教育能力与素养。一是学校开展专题培训。学校定期举办家庭教育指导培训，邀请教育界专家进校开展相关讲座，让学生家长参加培训，更新自身的教育观念，提升自身的教育能力。二是学校和社会力量联合开展市级家庭教育培训。襄阳市大庆路小学与襄阳市新东方家庭教育指导中心共建了家庭教育固定课程和流动课堂，已有近1000名家长参与流动课堂讲座。三是学校组织优秀家长开展专题沙龙。优秀的家长在学校及校级家委会组织下开展读书会、音乐沙龙等活动，提升家长的综合素养[①]。

二、江苏镇江实验学校线上家校共育的案例

江苏镇江实验学校在家校共育过程中，充分发挥线上家庭教育的重要作用，引导家长积极参与线上教学活动和线下学业指导，有效促进学生在家学习，实现学生健康快乐成长。

(一) 搭建家校共育平台

该校通过省、市、校三级平台，建立学生网上学习平台和家校共育网络平台。同时，该校通过公共交流平台，实现与家长的远程互动，全面实施基于互联网的家校共育。

(二) 搭建学生在线学习平台

该校通过省、市、校三级平台，为学生搭建网络学习平台。通过观看镇江公共教育平台"镇江智慧教育平台"和江苏公共教育平台"江苏名师空中课堂"，引导学生实现在线学习。此外，针对学生的学习答疑问题，江苏省教研室每天定时组织教师通过视频通话的方式，为学生提供"一对一"的在线学习答疑辅导。江苏省教育公共平台采用教师自选的形式为学生提供答疑服务。

---

① 李晓蕊. "一二三五"家校共育模式研究——襄阳市大庆路小学家校合作实践[J]. 教师教育论坛，2018 (2): 74-76.

(三) 创建家校共育网络公共学习平台

公共学习平台不仅为学生的在线学习提供平台支持，还提供了家校共育模块，为家校共育提供了在线学习平台，实现远程及时交流。学校各班班主任组织建立家长QQ群和微信群，群成员为学生家长、各科老师和班主任。家长可以利用QQ群或微信群交流学生的学习动态、遇到的问题或解决方法，让老师与家长、学生通过QQ、微信实现远程互动。同时，班主任可以定期通过班级微信公众账号推送家校共育培训资源，供家长和任课教师及时学习。这样可以有效提高家长和任课教师对家校共育的认识，有效提升教育合力，为学生提供更好的教育方法。

(四) 共同开发在线学习资源

网络资源的多样化为学生的家庭学习带来了丰富的资源保障，但是否适合学生的学习规律，能否完成学生的家庭学习，需要家长对学生的学业进行及时的指导和评价。家长通过学校发布线上教学计划和学生学习计划，了解学生的学习要求和进度，对学生的学业学习进行线下指导、督促和评价，从而与班主任、任课教师共同开发线上学习资源，制订学习计划。同时，学校挖掘家长资源，开展"一周一事"，实施家庭德育实践。各班开展以读书、书画、家庭劳动等为主题的家庭网络教育活动，将学生德育与家庭教育相结合，促进学生在家长的引导下正确认识人与社会、自然的关系，尊重客观世界，科学理性行事，使学生更加健康地成长[①]。

三、英国斯旺西市奥克法中学家校合作案例

英国斯旺西市(Swansea)的奥克法(Olchfa)中学是一所声誉良好、教育质量很高的公立完全中学，全校约有2000名学生，每年约有10%的毕业生进入牛津、剑桥等名校。该校的家校联系非常规范和密切，家校合作形式多样，其中以家校年度协议书为代表的"文本联系"是该校开展家校联系的重要方式[②]。

家校年度协议书主要包括以下8项内容。

1. 校风

学校是一所充满友好情谊、幸福快乐和秩序井然的学校，使学生感到安全、自豪并备受关怀。

---

① Xia J P. Practical exploration of school-family cooperative education during the COVID-19 epidemic: A case study of Zhenjiang Experimental school in Iangsu province[EB/OL]. (2020-03-15)[2023-12-12]. https://ssrn.com/abstract=3555523 or http://dx.doi.org/10.2139/ssrn.3555523.

② 胡咏梅. 教育的联合生产与家校联系——以英国奥克法中学为例[J]. 外国中小学教育，2008(9)：14-17.

2. 学校使命

学校通过合作和参与，最大限度地开发学生的潜能。

3. 教育标准

学校努力保持最高标准的教与学，使每位学生都能发挥最大潜能，为处于关键期的7、8、9年级学生提供广泛和稳定的课程，给10年级及以上学生提供一些选修课，有些课程将根据学生能力和态度分为不同班级授课。学生可以得到选课及职业选择方面的专业性指导。

4. 目标与任务

(1) 为学生终身学习做准备，根据学生自己的潜能和兴趣给每个学生提供充分发展其社会能力、运动能力和智力的机会。

(2) 促进学校形成相互尊重、平等以及努力进取的校风。

(3) 识别有学习困难的学生，给不同类型的学习者提供他们所需要的教学。

(4) 通过奖励成功和表现优秀的学生，激发所有学生形成容忍、自信等品质。

(5) 给年轻人提供丰富的课外课程，以开阔他们的思维、增加他们的知识及技能，从而帮助他们进入社会后可以适应更多的职业角色。

(6) 将学校置于社区的核心地位，与学生、家长、董事会、企业、商业以及所有校外中介机构签订合作协议，使学生致力于丰富和改善学校学习生活和工作。

(7) 在一个安全和富有挑战性的环境中给所有学生提供最高质量的教育，为所有学生设立远大目标，并促使学生努力为目标奋斗。

(8) 使学生将来适应人生的挑战，给所有学生提供道德、精神以及审美方面的体验。

5. 家庭作业条例

所有学生必须完成家庭作业，家长具有监督子女完成家庭作业的责任，家长每周应对子女完成家庭作业的情况进行评价和签名。

6. 申诉程序

这一申诉程序是根据威尔士地区《2002教育法案》的第29条制定的。

7. 纪律与行为规范

奖惩条例，如教室禁闭、通知家长、停课1～5天、开除等操守条例。

8. 家长在学校教育过程中的角色

(1) 具有确保子女按时到校的法律责任。

(2) 鼓励并监督子女完成家庭作业。

(3) 查看学生手册中子女获得Merits (一种类似国内老师给予学生的小贴花奖励) 的情况以及老师的评语和留言。

(4) 每周在学生手册中签名。

(5) 利用学生手册与教师保持联系。

(6) 支持子女遵守学校操守条例，并和校方一起预防学生违纪。

(7) 将年级主任作为与学校联系的首要联系人。

研究讨论

1. 家庭与学校关系主要经历了哪些历史演变？
2. 如何提升学校教师的家庭教育指导能力？
3. 如何保障家长在家校合作中的主体地位？
4. 家庭参与学校教育的主要理论有哪些？这些理论对实践的指导价值何在？

拓展阅读

1. 吴重涵，张俊，刘莎莎. 现代家庭教育：原型与变迁[J]. 教育研究，2022(8)：54-66.

2. 詹姆斯·S.科尔曼. 科尔曼报告：教育机会公平[M]. 汪幼枫，译. 上海：华东师范大学出版社，2018：27-28.

3. 赵亮，王兆璟，倪娟. 协同育人视域下家庭教育的离场与复归[J]. 南京社会科学，2023(5)：135-145.

4. 张亚星，高倩倩，苑春永. 家校合作对家长教养方式的影响机制研究——子女非认知能力培养的视角[J]. 中国教育学刊，2022(3)：69-74.

5. 边玉芳，袁柯曼，张馨宇. 我国学校家庭教育指导服务体系的现状、挑战与对策分析——基于我国9个省(市)的调查结果[J]. 中国教育学刊，2021(12)：22-27+78.

6. 边玉芳，梁丽婵，等. 全国家庭教育状况调查报告[R]. 北京：北京师范大学中国基础教育质量监测协同创新中心，2018：28.

7. 洪明. 家校合育的基本现状及改进研究：基于9省市4000份问卷的调查分析[J]. 教育科学研究，2015(9)：30-35+41.

8. 梁丽婵. 是什么影响了家师关系——基于家长、教师、家校互动多因素综合视角的实证研究[J]. 中国教育学刊，2019(11)：50-55.

第十章
社区与当代家庭教育资源开发

📑 内容提要

现代社区中存在着丰富的家庭教育资源,包括人力、财力、物力、文化、信息、制度政策等资源。协调多方力量,有效开发与利用多元化家庭教育资源,既是促进现代家庭教育发展的需要,也是构建学习型社区的重要内容。为此,要基于社区内各异的家庭教育需求,有效整合利用社区教育资源,开展家庭教育指导服务。近年来,我国形成了一些政府主导的可借鉴且具有实践意义的社区家庭教育指导模式与区域实践经验。

⚙ 学习目标

1. 树立高度的社会责任感,关注社区对家庭教育发展的引领作用,为促进和谐社会建设发挥积极作用。
2. 了解社区与家庭的关系,认识社区对青少年生活的影响,领悟社区的地域特征与家庭教育资源之间的联系。
3. 掌握社区管理中的家庭教育指导工作的内涵、职责及存在的问题。
4. 领会社区家庭教育指导的模式,习得社区家庭教育指导的实践技能。

第一节 社区中的家庭教育资源与意义

随着我国现代化进程不断加速,社区的基础地位更加凸显。据预测,到2035年,我国约有70%人口生活在社区[①]。社区家庭教育资源是社区中具有家庭教育意义的事物以及能够保证家庭教育实践运行的各种条件的统称。发达国家的社区家庭教育资源建设起步较早,基本形成了较为完善且系统的社区教育资源体系。目前,我国正快步探索并构建社区家庭教育服务体系。

---

① 中国政府网.完整社区"亮"在哪里[EB/OL]. https://www.gov.cn/zhengce/2022-11/08/content_5725396.htm.

党的二十大报告明确指出："要健全学校家庭社会育人机制。"2023年，教育部等十三部门联合印发《关于健全学校家庭社会协同育人机制的意见》明确提出："完善社会家庭教育服务体系，将家庭教育指导作为城乡社区公共服务重要内容，积极构建普惠性家庭教育公共服务体系。"有效开发利用多样性、综合性与多元化的社区家庭教育资源，是提升家庭教育质量、建设学习型社区的重要内容。

一、社区的概念

"社区"概念的提出，可以追溯到我国古代。《周礼》曾记载："二十五家为社。""社"是我国古代地方基本行政单位。对于"区"的理解，可见《左传·昭公三年》中记载："豆、区、釜、锺，四升为豆，各自其四，以登于釜，釜十则锺。"这里"区"指度量单位。也有"居处所在为区"的说法，故"区"又指居处。作为一个社会学的概念，一般认为"社区"二字并用出现于近现代社会生活。

德国社会学家滕尼斯(F. J. Tonnies)从共同价值取向角度出发，将社区定义为有着相同价值取向、人口同质性较强的社会共同体[①]。我国社会学家费孝通等学者将"社区"这个概念引入中国，认为社区"是一个以地域为基础的人群"[②]。中西方学者对社区内涵的界定不尽相同，但一定的社会生活共同体及地域性特征，是各界学者在社区内涵要素上达成的共识。

作为人类生产生活的载体，社区是聚居在一定地域范围内生活的人们的共同体。人口、地域、生态、文化、社会心理、互动关系、制度及管理机构、设施结构等因素，构成了社区的基本要素。社区现已成为我国社会基层组织形态，范围涉及乡、街道、居民区等。此外，社区兼具管理、经济、政治、文化、教育、卫生、娱乐、福利、环保等社会功能。

二、社区与家庭的关系

(一) 家庭与社区相互依存

社区是从空间形式上反映人们社会存在的社会学概念，家庭是通过血缘、姻缘或收养关系组合成的社会生活的基本单位。从社会关系上看，在家庭与社区互动过程中，社区发挥着支持功能，社区工作链接千家万户，服务与维护不同类型家庭。家庭

[①] 滕尼斯. 共同体与社会[M]. 北京：商务印书馆，1999：52.
[②] 斐迪南·费孝通. 略谈中国的社会学[J]. 高等教育研究，1993(4)：3-9.

与社区组成了社会生态环境系统中的子系统。人成长于家庭，家庭是人出生后接触的第一个社会环境，幼儿对世界的初探大多也来自所在的社区，随着年龄的不断增长，社区环境对家庭子女的影响显著增强。

(二) 家庭教育是社区教育的重要内容

社区教育伴随着工业化和城市化而出现，是社区工作的一种新模式，也是有别于普通教育的新型教育形式。社区教育在西方不断发展得益于1844年丹麦人费勒尔创办的世界上第一所"民众高等学校"，此学校成为现代意义上社区教育实践的标志。但"社区教育"一词的出现，最早源于20世纪初美国杜威提出的"学校是社会的基础"的思想。国际社会对于社区教育在促进终身学习和建设学习型社会进行中的基础性、战略性地位，已达成共识。

从内涵上看，社区教育是立足在社区这一地域范围内，协同社会力量，充分开发、利用、吸引各类教育资源，旨在满足社区成员多元需求，提高社区成员整体素质和生活质量，促进社区成员的全面发展，构建和谐稳定的社区环境的社会教育活动。社区教育资源的开发与建设是推动社区教育发展的有效路径。在美国，社区教育内容主要包括大学转学教育(大学转学教育是美国社区学院较为传统的教育内容，主要是为失去进入大学学习机会的中学毕业生提供高等学校前两年的教育，为其将来进入大学学习做准备，也称为大学预科)、职业教育、补偿教育、普通教育和基于社区的教育；德国把社区教育界定为"民众教育"，包括科普教育、家庭教育、实用技能讲座、健康教育、法律法规教育等多个领域的知识；日本的社区教育即社会教育，主要包括青少年教育、成人教育、社会函授教育等[①]。

我国社区教育内容覆盖面较为广泛，以"终身学习"和"以人为本"为指导理念，包括知识、能力、道德、精神文明、文娱、健康、家庭教育等教育服务。现代意义上的家庭教育既包括家庭成员之间相互实施的教育影响，也包括学校和社区为提升家庭教育质量而实施的教育。新时期，家庭教育功能、家庭生活方式、家庭结构等的转变，对社区家庭教育提出了新的诉求。《中华人民共和国家庭教育促进法》中明确提出，文明社区等创建活动，应当将家庭教育情况作为重要内容；同时明确要求居民委员会、村民委员会等应当结合自身工作，积极开展家庭教育工作，为家庭教育提供社会支持。

(三) 社区教育联结多元资源促进家庭发展

社区教育作为一种终身教育，主要为社区内全体成员提供"全程"的教育服务，

---

① 吴慧涵. 社区教育的理论与实践研究[M]. 北京：电子工业出版社，2015：38-44.

目标在于提高社区成员整体素质及生活质量。社区教育服务为家庭教育提供智力支持，包括为家庭提供教育资源，对子女教养行为的规范和监督控制，为家庭健康发展提供良好的外部环境等。同时，社区家庭教育能够凝练社区环境氛围、文化、资源，共享家庭教育经验，对居民自我发展、促进家庭和谐有着重要的影响力。

社区作为家庭教育的主体，一方面，可以为家庭提供丰富的教育资源，包括社区中的自然资源；图书馆、健身房、科技馆、电影院等教育场地及设施设备的物质资源；政府拨款、社会资助、内部筹集款项等的财力资源；社区中的物质文化及非物质文化及各类文化活动等的文化资源；社区内不同职业岗位的居民、社区教育工作者、离退休干部等人力资源；政策制度资源、组织管理资源、网络信息及服务资源等。另一方面，社区通过与各级各类学校、各种文化体育设施、企事业单位等机构场所的资源共享，便于教育资源的整体开发和合理配置，有利于为家庭教育创造良好的外部环境[①]。

三、社区的地域特征与家庭教育资源

社区是地域性的社会，涵盖整个社区及其全部历史作用的产物，是其存在的自然环境、人文环境及社会环境在地域空间上的总称。地域范围内具有教育意义、教育功能的各类资源均为社区家庭教育资源。

(一) 自然地理环境差异与家庭教育资源

自然地理环境为人们提供日常生活、交往的空间，承载着健康身心、休憩娱乐等功能。一方水土养一方人，自然环境是儿童成长中的重要空间，个体在与自然环境互动的过程中可以认知、感知自然，实现人与自然、人与人之间的情感连接。地域中的自然地理环境是宝贵的家庭教育资源，在开发利用时，应注重遵循自然规律，以社区自然地理环境为根本，以家庭成员为媒介，以人与自然和谐共生为核心，因地制宜地挖掘并利用本区域内自然地理环境优势与特色价值资源，为居民特别是儿童营造自然教育的空间，充分发挥自然潜移默化的教育方式，培养儿童热爱自然、尊重生命、保护环境的观念，实现人与自然和谐发展。

(二) 经济水平差异与家庭教育资源

社区家庭教育指导作为公共性服务，兼具公共服务的本质属性和价值追求，社区

---

① 关颖. 社区家庭教育指导服务独具优势[N]. 中国妇女报，2016-01-07(5).

的经济水平为社区家庭教育指导服务提供经济支持与保障,影响着教育指导的运作、效果与公平性。充足的经费投入、完善的基础设施的配备、有效组织机构场所等的设置,能充分发挥社区家庭教育资源的整合与优化的效用,满足社区家庭教育的需求。但从实际情况来看,我国长期实行的城乡二元结构,导致农村地区经费保障及政策法规保障投入不足,难以形成优势资源的聚合,无法满足农村家庭教育的现实需求,造成城乡教育资源分配不均,加剧了社区教育发展的不公平,社区家庭教育公共服务的数量与质量差异显著。

(三) 传统文化差异与家庭教育资源

在教育过程中,教育内容中民族文化总量的多少,在一定程度上制约着民族文化传承的广度;教育内容中是否选择了民族文化的精华与积极的部分进行传承,在一定程度上制约着民族文化传承的深度[1]。传统文化与社区教育之间存在天然的联系,社区教育是最贴合民族文化传承实践逻辑的传承方式,通过社区教育传承和发展民族传统文化也是满足人民美好精神需求、增强文化价值认同的有效举措。挖掘与传承传统文化,成为社区教育的重要课题。不同地域的传统文化展现其固有的特色与生活精神,如不同地域的建筑风格、民俗节日、服饰、民间工艺、民间文艺等。同时,不同地域对传统文化的继承弘扬方式也不尽相同。例如,各地过春节的习俗差异显著,北京地区常见家人同聚共享年夜饭,上海在年夜饭后多进行围炉守岁,福建厦门人初一出门前会有"祭神"的环节等。

(四) 社会资本差异与家庭教育资源

社区家庭教育资源的开发利用的质量与其社会资本息息相关。"社会资本,是指社会组织的特征,诸如信任、规范以及网络。"[2]社区的社会资本一般包括以下几种:基于非正式的邻里互动而形成的情感支持、互惠关系网络及社区意识,即关系资本;社区自上而下形成的有效规范与规则,即规范资本;旨在促进社区整体发展,基于关系的社会网络资本,即参与资本。社区中的业委会、居委会组织策划的各类家庭教育活动,能够增进家庭成员之间的了解与认同,产生社区家庭教育的情感资源。社区连同妇联、学校等社会组织成立的家庭教育互助组织及产生的各项提案,能够更精准有效地为家庭教育提供专业性的服务与指导。社区结合企业等组织所开展的家庭教育帮扶项目更能激发社会参与社区认同的理念。

---

[1] 郗春媛. 社会变迁与文化传承——云南散杂居地区布朗族研究[M]. 北京:社会科学文献出版社,2013:155.
[2] 罗伯特·帕特南. 使民主运转起来[M]. 南昌:江西人民出版社,2001:195.

【实践案例10.1】

浙江省嘉善县社区家庭教育指导服务新模式

浙江省嘉善县是全国家庭教育指导服务体系试点县，多年来嘉善县不断探索创新家庭教育指导服务模式，有效优化整合社区各类资源，充分调动社会力量，形成了"善育善成"家庭教育品牌。

一是优化制度政策资源。制度上确定党政领导，妇儿工委牵头，部门配合、社会参与共同指导，推进家庭教育的社会化工作格局；政策上发布《嘉善县进一步加强家庭教育工作实施意见》，制订嘉善县家庭教育年度计划，细化落实5类13项家庭教育活动。二是整合区域内组织管理资源，形成组织保障。嘉善县成立了家庭教育领导小组，会同县教育局、县财政局等成员单位，促进工作保障系统化、家长学校规范化、服务老师专业化、公益课程多样化。同时，嘉善县成立了县家庭教育指导中心，构建"1+9+166"指导服务体系，负责各级家庭教育机构的指导、评估、检查、服务工作。三是利用物质资源，健全阵地网络，形成以423所各级各类家长学校为重要载体的家庭教育基层网络体系，包括镇街、村社、学校、企业、园区、社会组织、商圈楼宇、公共服务场所等。四是优化家庭教育队伍专业化建设，不断输出专业人力资源，从培养本土骨干教师、挖掘优秀家长力量、培育专业社会组织、打造社区家庭教育课题研究队伍入手，坚持分领域分层次的理念，对不同领域、不同年龄、不同特点的家庭实施家庭教育工作，开展"教子有方"大讲堂、"玩"美工坊、故事家长"悦"读会等活动，并形成了区域内的特色品牌。

嘉善县不断完善全社会协同育人机制，提升家庭教育指导服务融合度，建立"五社联动"工作机制，不断推动建设人人有责、人人尽责、人人享有的社区(村)家庭教育服务共同体，为我国社区家庭教育服务提供了可复制、借鉴的社区家庭教育模式。

【资料来源：中共嘉兴市委嘉兴市人民政府."善育善成"——嘉善人自己的家庭教育品牌[EB/OL]. https://www.jiaxing.gov.cn/art/2021/10/29/art_1578783_59414667.html】

第二节 社区家庭教育指导的理论与问题

一、我国社区参与家庭教育指导的发展

中华人民共和国成立以来，我国社区管理发展历经了三个阶段：20世纪50年代，街居制与单位制齐头并进，同步发展；20世纪六七十年代，单位制进入全盛时期，街

居制在城市社区理中逐渐被边缘化；20世纪80代以来，随着市场经济的发展，单位制渐落，街居制问题重重，社区服务与社区建设兴起①。

我国家庭教育指导服务开始于20世纪80年代初，其间也经历了三个发展阶段：自20世纪80年代初开始，家庭教育受到社会重视，学术研究团体与基层家长学校纷纷创办，自1981年北京市家庭教育探究会组织开办了"母范学校"、1983年浙江省宁波市象山县石浦镇中心小学、广东省广州市荔湾区乐贤坊小学和上海虹口区长治中学开办家长学校开始，揭开了我国家庭教育指导的新时期；20世纪90年代初，政府开始主导家庭教育指导，对全国家庭教育指导工作进行规划、管理、指导和评估的阶段，我国家庭教育指导逐步向社区(村)扩展；自2011年开始，进入了以"构建基本覆盖城乡的家庭教育指导服务体系"为主要目标，扩大覆盖范围、建立指导体系、明确公益性质、提高专业水平为主要任务的新阶段②。

我国政府高度重视社区家庭教育指导工作，出台了相关政策法规予以保障。

2015年10月，教育部印发的《关于加强家庭教育工作的指导意见》提出："构建家庭教育社区支持体系，将街道、社区(村)家庭教育指导服务纳入社区教育体系。"

2016年7月，教育部等九部门印发的《关于进一步推进社区教育发展的意见》指出："要提高服务重点人群的能力，积极面向学生家长开展教育理念、教育方法等方面的家庭教育指导。"

2019年10月，党的十九届四中全会明确提出："构建覆盖城乡的家庭教育指导服务体系，注重发挥家庭家教家风在基层社会治理中的重要作用。"

2022年1月，《中华人民共和国家庭教育促进法》正式实施，要求"国家和社会为家庭教育提供指导、支持和服务""居民委员会、村民委员会可以依托城乡社区公共服务设施，设立社区家长学校等家庭教育指导服务站点，配合家庭教育指导机构组织面向居民、村民的家庭教育知识宣传，为未成年人的父母或者其他监护人提供家庭教育指导服务"。

2022年4月，全国妇联、教育部等11部门联合发布的《关于指导推进家庭教育的五年规划(2021—2025年)》提出了家长学校规划建设的要求，即"有固定的活动场所、有规范的管理制度、有专业的师资队伍、有系统的教学计划、有丰富的活动开展、有客观的成效评估"，并规定了城市社区家长学校建校率达到90%，农村社区家长学校建设率达到80%。这些政策法规的出台，使我国社区管理中的家庭教育指导职能与责任日渐清晰，为社区开展家庭教育提供了实践依据。

---

① 魏娜. 社区管理原理与案例[M]. 北京：中国人民大学出版社，2013：49.
② 丛中笑. 我国家庭教育指导服务体系构建与推进策略研究[M]. 北京：中国人民大学出版社，2016：7.

二、社区家庭教育指导的内涵与职责

不同研究领域研究者对于社区家庭教育指导内涵的界定存在差异，主要在社区家庭教育指导的对象与实施者方面持不同见解。我国台湾地区较早开始社区家庭教育指导实践活动，对社区家庭教育指导的表述较为完整，认为社区家庭教育指导是指由学校或民间结合社区的人、物、钱等资源，经由社区内的成员共同策划、参与和学习，使社区内成员具备所需的知识和获得所需的服务，以增进家庭幸福，达成社会和谐[1]。社区家庭教育指导工作，面对的是社区内的各类家庭及其成员。这样，家庭教育从私人领域向公共领域及向专业化迈进，决定了此项工作的复杂性、针对性与全面性。这就需要依据不同家庭特点，在充分调查本社区家庭教育需求的基础之上，有效整合利用社区的家庭教育资源，因地制宜地选择适当的方式及内容进行有效指导。

(一) 开展家庭教育宣传和教育活动

弘扬传承中华民族家庭美德，树立良好家风，推动形成家庭文明新风尚，将社区家庭教育服务惠及社区居民的学习，需要积极开展家庭教育的宣传与教育活动。为此，要牢牢把握时代特征及社区的地域特征，组织开发多元化和针对性的宣传产品与活动，推动家庭教育理念家喻户晓，引导家长把家庭教育理念方法转化为自觉行动。在社区内，以线上线下相结合的方式提供家庭教育指导。例如，开设家庭教育宣传专题专栏；推出专家署名文章或家庭教育视频；广泛收集案例，宣传科学育儿家庭教育典型；联合学校、妇联等相关机构，开展家庭教育精品课程进社区活动；举办家校社协同育人论坛讲座；社区家教家风主题展览；家庭教育公开课；"双减"政策宣讲活动；等等。此外还可依据不同群体需求，提供有针性的家庭教育指导服务。例如，建立育儿经验交流群、青春期教育经验交流群等，重点关注社区内流动留守儿童、困境儿童等群体，为家长育儿解忧排难，帮助孩子扣好人生的第一粒扣子。

(二) 推广科学的家庭教育理念和方法

随着社会经济不断发展，社会竞争愈演愈烈，家长对孩子的期望随之提高，"鸡娃""鸡父母""家庭内卷"等热词随之不断涌现。当下一些家庭把培养孩子作为第一要务，为此付出大量精力和财力，但收效往往不理想。全国妇联家庭教育状况调查

---

[1] 程香晖. 我国社区家庭教育指导研究述评[J]. 江苏教育研究，2018(9)：12-16.

显示,50%的家长不知道用什么方法教育孩子①。家长仅凭其经验很难胜任教育子女的职责,缺乏科学的家庭教育理念及方法,缺少专业化、系统化的家庭教育指导。家庭教育虽是大众化的行为,但也是一门极具专业性的科学,具有内在逻辑和科学规律。社区作为提供家庭教育指导的重要主体,应为社区家庭提供民主、和谐、双向互动的家庭教育指导,有效推广科学的家庭教育理念和方法,帮助家长树立现代科学家庭教育观念,掌握系统的养育知识,采用科学的教育方法优化教育行为,提升实践能力,促进幸福和谐家庭的建设。

(三) 引导家长关注子女身心健康

不同的成长阶段,人的身心发展显现阶段性差异特征,家庭教育的任务就是根据子女不同时期的身心发展规律,抓住成长发展的关键期,因势利导,做好孩子成长中的教育和疏导工作。《全国家庭教育状况调查报告(2018)》以全国中小学生、家长及教师为调查对象,对我国家庭教育状况进行调查。结果显示,大部分家长以孩子智力教育为重点关注,对思想道德教育、心理健康教育及良好习惯养成的关注度不足,不注重倾听孩子意见,日常情感沟通效果欠佳,亲子关系紧张,家庭问题频发,导致家庭教育失衡。社区提供的家庭教育服务和儿童友好服务成为家长最期望得到的资源②。因此,社区有效联合学校、家庭与社会开展家庭教育指导,引导家长关注子女身心健康发展,是社区家庭教育指导的重要职责。

三、社区家庭教育指导存在的问题

(一) 家庭教育指导的内容与家庭成员需求存在偏差

第一,当前我国家长对社区家庭教育指导服务具有强烈需求。2018年"两会"期间,全国妇联报告中谈及,高达74.01%的幼儿家长表示更需要社区提供亲子教育方面的知识,同时在调查中,有89%的幼儿家长表示社区从未提供过面向家长的教育活动。可见社区还没有成为居民获取家庭教育知识的主要渠道。第二,家庭系统理论认为,家庭是一个有机的系统,涉及家长、子女、家庭三个方面,社区家庭教育指导的内容要全面兼顾,在家庭教育指导实际工作中,针对单亲家庭、重组家庭、失独家庭、丁克家庭、留守儿童家庭、随迁子女家庭、智力异常等特殊儿童家庭、"候鸟

---

① 中华全国妇女联合会. 为家庭幸福美满护航 共圆新时代家国梦[EB/OL]. https://www.women.org.cn/art/2019/1/7/art_19_159806.html.
② 霍雨佳,李一,李育倩. 2022年中国家长教育素养状况及提升策略[EB/OL]. https://www.ccc.org.cn/art/2023/7/6/art_55_49032.html.

式"育儿军人家庭等的个性化、针对化的家庭教育指导还很有限，现有社区家庭教育指导服务不能完全满足居民多样化的需求，为此，社区应摸清本社区家庭需求，进行"全纳"的家庭教育指导服务。第三，一些社区家庭教育服务内容过于陈旧，指导形式过于单一，不能迎合当下时代家庭教育的需求，社区家庭教育指导质量不高。

(二) 家庭教育指导制度保障与专业化水平有待提升

当前我国社区家庭教育政策实施细则缺失，形成多头分管、专门岗位缺失、职责划分不明、管理工作混乱的局面，加之社区工作千头万绪，家庭教育指导工作未能被重视，导致居民对社区家庭教育的工作内容了解不充分，社区家庭教育指导状况堪忧。同时，一些社会工作者的教育学、心理学等专业学科知识不足，"专业、专职"人员不足，"新手"人员居多，人员素质参差不齐，家庭教育指导人员监督考核体制未能及时健全，导致家庭教育指导效果大打折扣。社区家庭教育指导是一种专业性较强的社区工作，需要专业的家庭教育指导师，也需要职业化的社区管理人员、非职业化的志愿者及完善的监督考核机制加以保障，因此，大力培养和加快引进社区家庭教育指导人才迫在眉睫。

(三) 社区家庭教育指导实施联动性不足

社区家庭教育的实施需要政府部门、社区教育学校、驻社区企业、社区公益机构与组织、社区教育专业研究机构与组织及群众组织的多方位联动参与。但实际上，却也存在政府职能缺失，"牵头"主体机构不明确等问题，无法有效联动各类实施机构参与。同时，家庭教育指导服务中心等指导服务机构组织缺失，其整合资源、服务辐射等功能得不到发挥，且已建成的社区家长学校或指导服务中心在一定程度上存在"高挂牌率低运行率"的"僵尸"机构现象。此外，社区与高校等专业研究机构联动组织，缺乏开展社区家庭教育指导的研究与实践，未能建设专业、系统、科学的社区家庭教育课程体系，使指导的专业性、针对性及长远性发展难以保障。

(四) 资金科研等支持不足

政府加大对社区教育经费投入，是社区教育可持续发展最有力的保障。有调查显示，目前社区家庭教育指导服务阵地开展家庭教育指导服务工作经费最多来源于自筹经费，比例为47.9%，农村地区的自筹经费比例高达62.0%。目前家庭教育指导服务工作的经费完全不能或不太能满足需求①。各基层社区应根据本社区的实际，以高校、妇联及社区专业研究机构为依托，建立专家资源库，组织开展社区家庭教育指导的研究与实践，确定针对本社区不同家庭类型的指导方案，加强本社区的家庭教育指导模式研究，将工作中的实际问题转化为研究课题，研发本社区的家庭教育手册等教材等，以不断增强指导的专业化与系统化。

第三节 社区家庭教育指导的模式与实践

社区家庭教育指导模式，是指在一定的社区家庭教育指导理论指导下，结合本区域家庭教育实际情况，总结出来的适合社区指导机构和一定指导对象，能对家庭成员带来一定教育成效，在指导组织、对象、内容、形式及其有关要素上相对稳定的形式。

国外社区家庭教育指导实践与研究开始较早，形成了较为成熟的模式。如英国的"确保开端"儿童中心项目，以《儿童保育法》对"确保开端"儿童中心的地位和任务等做出明确的规定，由政府财政拨款，依托社区提供家庭教育服务内容，包括儿童及家庭的医疗服务、儿童早期教育服务、有关获取儿童养育方法的建议及取得针对家庭的专家服务(如儿童的语言矫正服务、健康饮食等)、为家庭提供就业或培训机会。我国社区家庭教育指导模式受各地经济发展水平、社区情况及人们的需求差异，呈现多样化特征。随着我国不断加强社区家庭教育指导工作的重视，近年来，形成了一些政府主导的可借鉴且具有实践意义的社区家庭教育指导的模式与区域实践经验。

一、层级式社区家庭教育指导服务模式

层级式社区家庭教育指导模式是各地根据本区域的实际特征发展起来的，按照社区家庭教育指导服务覆盖范围形成的立足社区、面向家长、服务家庭的家庭教育服务模式。层级式社区家庭教育服务的具体实践模式有以下几种。

---

① 鞠佳雯，袁柯曼，田微微. 我国社区家庭教育指导服务体系的现状及提升策略——基于我国9个省(自治区、直辖市)的调查结果[J]. 中国电化教育，2022(5): 13-18.

(一) 三级网络社区家庭教育指导模式

三级网络社区家庭教育指导模式是指"一街一心"(每个街道建立一个和谐家庭教育指导中心)、"一区一部"(每个社区建立一个和谐家庭俱乐部)、"百户一问"(每百户家庭拥有一个和谐家庭顾问)的三级社区家庭教育服务体系。三级网络社区家庭教育指导模式构筑起家长教育、家庭教育、学校教育、社会教育的"四元闭环式"教育体系。此种社区家庭教育指导模式最早是由北京市朝阳区妇联、朝阳区家庭教育研究会和中国家长教育研究所结合各级妇联组织的职能优势,以社区教育为突破口,以未成年教育为切入点,以家长教育为核心研究实施的社区家庭教育模式。这种家庭教育指导模式有效促进了"成人教育社区化,家长教育职业化,社区教育社会化",从根本上提升家庭、学校、社区三结合的教育实效[①]。

(二) 三级社区家庭教育指导服务模式

此种模式是将家庭教育机构不断下沉,如市—镇街—社区(村)三级模式,是在市级成立家庭教育指导服务中心、在镇街成立家庭教育服务中心、在社区成立家庭教育指导服务站。市级家庭教育指导服务中心的工作内容包括开展家庭教育公共服务、培育发展家庭教育工作队伍、指导全市各级各类家长学校及家庭教育服务站点开展家庭教育工作、开展家庭教育研究,推动家庭教育服务队伍建设和培训,研发家庭教育公共服务产品等。镇街家庭教育服务中心的工作内容包括统筹、协调和指导辖区内社区家长学校、学校家长学校等家庭教育服务站点,开展家庭教育公共服务、培育发展家庭教育工作队伍等工作,宣传普及科学的家庭教育理念、知识和方法,组织开展形式多样的家庭教育实践活动,为家长提供多元化、有针对性的指导服务。社区家庭教育指导服务站的工作内容包括建立社区家庭教育志愿服务队伍,开展家长沙龙、亲子阅读、家长学堂等形式多样的社区家庭教育指导服务。

市—区—镇街三级模式,既有依托妇联、教育行政部门等家庭教育服务机构成立的市级家庭教育指导中心,不断下沉至区、镇街层级,又有依托城市开放大学成立的市级家长学校或家庭教育指导学院,不断下沉至区级成立家长学校分校或家庭教育指导分院,下沉至镇街成立家庭教育指导站、家长学校或儿童之家等,汇集各级各类家庭教育资源,探索家、校、社联动机制,针对不同群体,分层分类开展线下家长培训等家庭指导活动。此种模式在上海、广东、天津等地已较为成熟且广泛实践运行,有效整合开发了家庭教育资源,取得了一定的社区家庭教育成效,形成了地区特色的社区家庭教育指导品牌。

---

① 王燕红. 新形势下社区家庭教育指导组织形式与指导模式的研究[C]. 2009北京家庭教育高峰论坛论文集. 2009:70-73.

(三) 四级社区(村)的家庭教育指导服务模式

此种模式目前在浙江省开展实施。浙江省社区家庭指导服务中心是全国首创成立省级社区家庭教育指导服务工作模式。该中心由省妇联和省教育厅指导，依托浙江开放大学(浙江省社区教育指导中心)成立省级社区家庭教育指导服务中心，通过统筹整合全省开放大学、社区教育机构及其他工作资源和力量，构建省、市、县(市、区)、街道(乡镇)四级社区(村)家庭教育指导服务工作体系。

二、政府购买的社区家庭教育指导模式

政府购买是在治理重心下移的实践中，政府逐步将管理、服务、资源下沉到街道、社区，通过赋予基层更多的权限和政府购买社会服务、培育社区社会组织的方式[①]。一方面，政府购买能有效发挥公共资金的带动作用，引导社会资本、非营利性组织研发提供家庭教育指导服务产品，有效扩充家庭教育指导服务的供给范围，有效解决家庭教育服务供需失衡的矛盾；另一方面，政府购买带来的竞争机制，促使家庭教育服务提供者不断提升服务品质，更好地回应民众多元化的诉求。

在我国广东、浙江、天津等地，政府创新公共服务方式，将家庭教育指导服务纳入政府民生实事项目，逐步建立起以政府为主导，教育市场高效运作，第三方力量积极参与协作的家庭教育公共体系，坚持了家庭教育指导服务的普惠性和公益性，对于保障教育公平、缓解家庭教育指导服务的供需矛盾具有重要价值。

三、立体型社区家庭教育指导模式

立体型社区家庭教育指导模式，是构筑"协调群团力量、融合民间资源、引导家长参与"的多元化社区家庭教育网络，动员社会各种群团、民间组织出资，各学术组织的专业人员积极参与引导家长实施科学的家庭教育。此种社区家庭教育模式在江苏省等地进行了较为特色化的实践，如，江苏省的"三全"社区家庭教育指导模式，由江苏省妇联牵头，市、区、街道、社区妇联协调各方力量，通过推动社区建立完善四色家庭档案，打造特色系统课程，提升工作队伍专业素养，着力营造"推门可见、社区可感、家家参与"的社区生活化家庭教育氛围，构建社区全域、父母全程、家庭全类型的"三全"社区家庭教育指导模式。通过调查社区居民家庭教育需求，开展针对性强且形式多元的家庭教育指导活动，社区居民无论年龄大小，既是接受服务者，也

---

① 任克强. 政府主导城市基层治理模式的现代转向[J]. 南京社会科学，2021(3)：64-70.

是提供教育服务的志愿者,发挥社区居民的主观能动性,使社区内形成家家得到家庭教育服务的局面,创新出社区家庭教育指导的基层社会治理的模式。

四、四级社区(村)家庭教育指导的浙江实践

浙江省社区家庭教育,依托浙江开放大学和省妇联共同成立浙江省级社区家庭教育指导服务中心,统筹协调社会资源,研发普惠性学习资源,搭建线上线下学习平台,培育家庭教育工作品牌,精准提供家庭教育指导服务,不断促进家长提升家庭教育能力和家庭建设能力,形成了省、市、县(市、区)、街道(乡镇)四级社区(村)家庭教育指导服务工作体系[①]。

(一) 加强社区家庭教育工作者队伍建设,提升队伍专业化水平

社区家庭教育工作者的队伍建设关涉家庭教育事业发展的深度与质量。浙江省以浙江开放大学为依托,结合家长教育和浙江特色,研发适宜社区开展的家庭教育课程大纲、培训体系和资源体系。譬如,侧重家长和家庭建设,编制由3个维度、12个指标、71项内容构成的社区家庭教育指导师专业标准,依据标准形成具有浙江特色的社区家庭教育指导师线上课程,通过线上线下结合的形式,加强省市县联合,开展社区家庭教育指导师培训。

(二) 数字化赋能,创新社区家庭教育指导服务新模式

数字技术的大规模应用,为社会治理模式创新提供了强大动力,利用数字化知识技术可以深度挖掘用户需求,探索多元的业务场景。教育是数字化改革的核心内容,浙江开放大学依靠系统和技术优势,依托"浙学通"推进社区家庭教育数字化改革,开展社区(村)家庭教育指导服务融入未来社区、未来乡村场景建设的探索,打造"未来社区+数字家长学校"的家校社协同育人共同体试点。

(三) 培育社区家庭教育品牌,发挥品牌辐射引领作用

社区家庭教育工作内涵的提升有赖于有标识度、美誉度和知名度的社区家庭教育品牌的创建。近年来,浙江省各社区教育系统形成了具有知名度的家庭教育品牌,如杭州市上城区社区学院"星级家长执照"等。同时浙江省重视项目研发,通过多方联动培育品牌,发挥品牌辐射引领作用,譬如浙江开放大学与省妇联共同打造"家庭教

[①] 张吉先,吴思孝. 社区家庭教育的理论内涵与实践路径——社区家庭教育的浙江实践[J]. 现代教学,2023(Z2):20-24.

育共享课堂"线上服务品牌,每月推出一期,从家长家庭教育理念普及、家校社协同发展和家长家庭教育策略三方面开展专题教育。

(四) 研发项目进社区,提升协同育人的凝聚力

当下家庭教育的主要教育模式包括培训讲座、知识普及、理念更新、活动拓展等。此种模式虽然在提升家长家庭教育认知水平上存在积极意义,但在深化家庭教育工作方面成效有限。在探究居民客观需求的基础上,浙江开放大学联合社区学院、街道、妇联、社会组织等单位共同研发项目,下沉社区,探索社区家庭教育项目运行方式,如引入杭州蔚来教育家庭PBL项目团队,教育机构、社区学院、街道、社区等单位共同研发服务社区家庭教育的"社区幸福公约"系列课程,通过"儿童议事会"的形式,把孩子与家长、社区与家庭、项目活动与社区建设有机结合起来。

(五) 开展系统研究,提升社区家庭教育学术内涵

开展社区家庭教育基础研究,开展家庭教育与社区教育交叉研究,开展隔代教育、教养结合、数字赋能、家庭学习场景等方面拓展研究,通过专题调研、案例征集、数据整理、项目实验等方式积累研究成果,提升社区家庭教育学术内涵。

五、山东日照"阳光妈妈"社区家庭教育服务案例

社区家庭教育指导服务不仅要关注家庭的普遍性需要,更要重视弱势家庭的特殊需要。山东省日照市妇联协同联动各方资源,创新推出"阳光妈妈"服务品牌,将大嫂调解、爱心妈妈、阳光护花、阳光家教等基层社会治理力量融入社区家庭教育服务工作建设,把全市四级妇联主席和执委作为"阳光妈妈"骨干力量,建立"财政+社会"工作经费保障机制,守护儿童健康成长,助力家庭幸福[①]。

(一) 家庭教育建设与社会治理联合联动

日照市妇联重点关注特殊家庭儿童教育,积极推动将保障儿童健康成长纳入基层社会治理体系,以"大嫂调解"作为家庭建设和社会治理的连接点,赋予大嫂调解员"阳光妈妈"新身份,发挥她们人熟、地熟、情况熟的优势,对贫困、单亲、失业、残疾、留守等特殊家庭儿童,开展经常性入户走访,给予针对性关怀照顾。同时,日

---

① 全国妇联办公厅. 山东省日照市妇联依托"阳光妈妈"服务品牌共同守护儿童健康成长[EB/OL]. https://www.women.org.cn/module/download/downfile.jsp?classid=0&filename=a4c3b215ef664ac7a0a158c170cd60ad.pdf.

照市妇联把公安、民政、司法等基层治理力量引入家庭建设，充分发挥"大嫂"调解员善表达、易沟通、更具亲和力的优势，对发生在身边的婚姻矛盾、家庭纠纷，随时就地上门调解，让矛盾纠纷化解于萌芽；对走访调解中排查发现的损害儿童身心健康、合法权益等行为，第一时间介入阻止、第一时间上报情况，及时联合派出所、司法所、民政所等力量，将受害儿童保护在"羽翼之下"。

(二)"主力军+志愿者"确保家庭教育专业化运行

发挥妇联组织主力军作用，将市、县、镇、村四级妇联主席和执委都作为"阳光妈妈"，积极吸纳各级机关企事业单位妇委会主任参加，将全市妇女儿童工作的核心骨干聚集；动员更多有爱心耐心、道德操守专业知识的各行各业妇女，以志愿者的身份加入"阳光妈妈"队伍，壮大服务力量；聘请心理、教育等领域专家开展针对性培训，进行资格审核、心理测试和业务考评，让所有"阳光妈妈"都能"持证上岗"；建立"阳光妈妈"工作台账，制定"积分制"考核细则，全面评估工作成效，并以此为依据进行动态化调整，确保每位"阳光妈妈"都能与孩子面对面交流、心贴心服务；同时建立"财政+社会"的保障机制，将未成年人保护经费纳入本级财政预算，探索逐年增长机制，专款专用。

(三)"三个注重"构建尊重平等家庭教育指导关爱模式

第一，注重家庭教育指导，当好儿童成长的"引路人"。围绕家教家风、亲子沟通、儿女养育等问题，针对不同年龄段父母需求，广泛开展"阳光家教"公益课堂，引导广大家长重视家庭教育。例如，聚焦不同主题，为家长提供亲子课程；组建"阳光妈妈"志愿团，包联乡镇，采用上门家访的方式，开展"个性化定制"送课等。第二，注重情感心灵陪伴，当好儿童成长的"知心人"。在全市"阳光妈妈"社会服务建设中增加儿童心理健康工作板块，组建14个由专业心理咨询师、学校老师、社会爱心人士等组成的"阳光妈妈"心理辅导团队，深入村(社区)、学校，通过"摸排评估—陪伴疏导—心理支持—塑造积极心态"的全流程跟踪服务，开展个性化访谈，帮助有心理问题的儿童建立正向心态，回归正常生活，让"阳光"重新照进孩子们的内心世界。第三，注重婚姻家庭辅导，当好儿童成长的"护航人"。将"阳光妈妈"社会服务融入婚姻家庭辅导和调解，在"幸福护航"婚姻家庭大课堂中，设立"阳光妈妈"专题课堂，指导父母为孩子营造良好的家庭环境；在市、县、镇、村各级婚姻家庭辅导机构设立"阳光妈妈"调解服务岗，配合专职婚调人员帮助家长从孩子的角度分析利弊，平息纷争，有效降低因父母离异给儿童带来的伤害。

研究讨论

1. 谈谈你对社区中的家庭教育资源意义的理解。
2. 分析社区家庭教育指导的内涵、职责及存在的问题。
3. 联系实际，通过走访探究本社区家庭教育指导的实践模式。

拓展阅读

1. 丛中笑. 我国家庭教育指导服务体系构建与推进策略研究[M]. 北京：中国人民大学出版社，2016.

2. 冈萨雷斯-米娜. 儿童、家庭和社区：家庭中心的早期教育[M]. 郑福明，冯夏婷，等译. 北京：高等教育出版社，2012.

3. 滕尼斯. 共同体与社会[M]. 北京：北京商务印书馆，1999.

4. 吴慧涵. 社区教育的理论与实践研究[M]. 北京：电子工业出版社，2015.

5. 魏娜. 社区管理原理与案例[M]. 北京：中国人民大学出版社，2013.

6. 汪大海，魏娜，郁建立. 社区管理[M]. 北京：中国人民大学出版社，2012.

7. Wellman B, Hiscott R. Social support: Theory, research and applications[M]. Berlin: Springer, 2005.

8. 程香晖. 我国社区家庭教育指导研究述评[J]. 江苏教育研究，2018(9)：12-16.

附 录

附录一
中华人民共和国家庭教育促进法

(2021年10月23日第十三届全国人民代表大会常务委员会第三十一次会议通过)

第一章 总则

第一条 为了发扬中华民族重视家庭教育的优良传统,引导全社会注重家庭、家教、家风,增进家庭幸福与社会和谐,培养德智体美劳全面发展的社会主义建设者和接班人,制定本法。

第二条 本法所称家庭教育,是指父母或者其他监护人为促进未成年人全面健康成长,对其实施的道德品质、身体素质、生活技能、文化修养、行为习惯等方面的培育、引导和影响。

第三条 家庭教育以立德树人为根本任务,培育和践行社会主义核心价值观,弘扬中华民族优秀传统文化、革命文化、社会主义先进文化,促进未成年人健康成长。

第四条 未成年人的父母或者其他监护人负责实施家庭教育。

国家和社会为家庭教育提供指导、支持和服务。

国家工作人员应当带头树立良好家风,履行家庭教育责任。

第五条 家庭教育应当符合以下要求:

(一) 尊重未成年人身心发展规律和个体差异;

(二) 尊重未成年人人格尊严,保护未成年人隐私权和个人信息,保障未成年人合法权益;

(三) 遵循家庭教育特点,贯彻科学的家庭教育理念和方法;

(四) 家庭教育、学校教育、社会教育紧密结合、协调一致;

(五) 结合实际情况采取灵活多样的措施。

第六条 各级人民政府指导家庭教育工作,建立健全家庭学校社会协同育人机制。县级以上人民政府负责妇女儿童工作的机构，组织、协调、指导、督促有关部门做好家庭教育工作。

教育行政部门、妇女联合会统筹协调社会资源，协同推进覆盖城乡的家庭教育指导服务体系建设，并按照职责分工承担家庭教育工作的日常事务。

县级以上精神文明建设部门和县级以上人民政府公安、民政、司法行政、人力资源和社会保障、文化和旅游、卫生健康、市场监督管理、广播电视、体育、新闻出版、网信等有关部门在各自的职责范围内做好家庭教育工作。

第七条 县级以上人民政府应当制定家庭教育工作专项规划，将家庭教育指导服务纳入城乡公共服务体系和政府购买服务目录，将相关经费列入财政预算，鼓励和支持以政府购买服务的方式提供家庭教育指导。

第八条 人民法院、人民检察院发挥职能作用，配合同级人民政府及其有关部门建立家庭教育工作联动机制，共同做好家庭教育工作。

第九条 工会、共产主义青年团、残疾人联合会、科学技术协会、关心下一代工作委员会以及居民委员会、村民委员会等应当结合自身工作，积极开展家庭教育工作，为家庭教育提供社会支持。

第十条 国家鼓励和支持企业事业单位、社会组织及个人依法开展公益性家庭教育服务活动。

第十一条 国家鼓励开展家庭教育研究，鼓励高等学校开设家庭教育专业课程，支持师范院校和有条件的高等学校加强家庭教育学科建设，培养家庭教育服务专业人才，开展家庭教育服务人员培训。

第十二条 国家鼓励和支持自然人、法人和非法人组织为家庭教育事业进行捐赠或者提供志愿服务，对符合条件的，依法给予税收优惠。

国家对在家庭教育工作中做出突出贡献的组织和个人，按照有关规定给予表彰、奖励。

第十三条 每年5月15日国际家庭日所在周为全国家庭教育宣传周。

第二章 家庭责任

第十四条 父母或者其他监护人应当树立家庭是第一个课堂、家长是第一任老师的责任意识，承担对未成年人实施家庭教育的主体责任，用正确思想、方法和行为教育未成年人养成良好思想、品行和习惯。

共同生活的具有完全民事行为能力的其他家庭成员应当协助和配合未成年人的父母或者其他监护人实施家庭教育。

第十五条 未成年人的父母或者其他监护人及其他家庭成员应当注重家庭建设，

培育积极健康的家庭文化，树立和传承优良家风，弘扬中华民族家庭美德，共同构建文明、和睦的家庭关系，为未成年人健康成长营造良好的家庭环境。

第十六条 未成年人的父母或者其他监护人应当针对不同年龄段未成年人的身心发展特点，以下列内容为指引，开展家庭教育：

（一）教育未成年人爱党、爱国、爱人民、爱集体、爱社会主义，树立维护国家统一的观念，铸牢中华民族共同体意识，培养家国情怀；

（二）教育未成年人崇德向善、尊老爱幼、热爱家庭、勤俭节约、团结互助、诚信友爱、遵纪守法，培养其良好社会公德、家庭美德、个人品德意识和法治意识；

（三）帮助未成年人树立正确的成才观，引导其培养广泛兴趣爱好、健康审美追求和良好学习习惯，增强科学探索精神、创新意识和能力；

（四）保证未成年人营养均衡、科学运动、睡眠充足、身心愉悦，引导其养成良好生活习惯和行为习惯，促进其身心健康发展；

（五）关注未成年人心理健康，教导其珍爱生命，对其进行交通出行、健康上网和防欺凌、防溺水、防诈骗、防拐卖、防性侵等方面的安全知识教育，帮助其掌握安全知识和技能，增强其自我保护的意识和能力；

（六）帮助未成年人树立正确的劳动观念，参加力所能及的劳动，提高生活自理能力和独立生活能力，养成吃苦耐劳的优秀品格和热爱劳动的良好习惯。

第十七条 未成年人的父母或者其他监护人实施家庭教育，应当关注未成年人的生理、心理、智力发展状况，尊重其参与相关家庭事务和发表意见的权利，合理运用以下方式方法：

（一）亲自养育，加强亲子陪伴；

（二）共同参与，发挥父母双方的作用；

（三）相机而教，寓教于日常生活之中；

（四）潜移默化，言传与身教相结合；

（五）严慈相济，关心爱护与严格要求并重；

（六）尊重差异，根据年龄和个性特点进行科学引导；

（七）平等交流，予以尊重、理解和鼓励；

（八）相互促进，父母与子女共同成长；

（九）其他有益于未成年人全面发展、健康成长的方式方法。

第十八条 未成年人的父母或者其他监护人应当树立正确的家庭教育理念，自觉学习家庭教育知识，在孕期和未成年人进入婴幼儿照护服务机构、幼儿园、中小学校等重要时段进行有针对性的学习，掌握科学的家庭教育方法，提高家庭教育的能力。

第十九条 未成年人的父母或者其他监护人应当与中小学校、幼儿园、婴幼儿照护服务机构、社区密切配合,积极参加其提供的公益性家庭教育指导和实践活动,共同促进未成年人健康成长。

第二十条 未成年人的父母分居或者离异的,应当相互配合履行家庭教育责任,任何一方不得拒绝或者怠于履行;除法律另有规定外,不得阻碍另一方实施家庭教育。

第二十一条 未成年人的父母或者其他监护人依法委托他人代为照护未成年人的,应当与被委托人、未成年人保持联系,定期了解未成年人学习、生活情况和心理状况,与被委托人共同履行家庭教育责任。

第二十二条 未成年人的父母或者其他监护人应当合理安排未成年人学习、休息、娱乐和体育锻炼的时间,避免加重未成年人学习负担,预防未成年人沉迷网络。

第二十三条 未成年人的父母或者其他监护人不得因性别、身体状况、智力等歧视未成年人,不得实施家庭暴力,不得胁迫、引诱、教唆、纵容、利用未成年人从事违反法律法规和社会公德的活动。

第三章 国家支持

第二十四条 国务院应当组织有关部门制定、修订并及时颁布全国家庭教育指导大纲。

省级人民政府或者有条件的设区的市级人民政府应当组织有关部门编写或者采用适合当地实际的家庭教育指导读本,制定相应的家庭教育指导服务工作规范和评估规范。

第二十五条 省级以上人民政府应当组织有关部门统筹建设家庭教育信息化共享服务平台,开设公益性网上家长学校和网络课程,开通服务热线,提供线上家庭教育指导服务。

第二十六条 县级以上地方人民政府应当加强监督管理,减轻义务教育阶段学生作业负担和校外培训负担,畅通学校家庭沟通渠道,推进学校教育和家庭教育相互配合。

第二十七条 县级以上地方人民政府及有关部门组织建立家庭教育指导服务专业队伍,加强对专业人员的培养,鼓励社会工作者、志愿者参与家庭教育指导服务工作。

第二十八条 县级以上地方人民政府可以结合当地实际情况和需要,通过多种途径和方式确定家庭教育指导机构。

家庭教育指导机构对辖区内社区家长学校、学校家长学校及其他家庭教育指导服务站点进行指导,同时开展家庭教育研究、服务人员队伍建设和培训、公共服务产品研发。

第二十九条　家庭教育指导机构应当及时向有需求的家庭提供服务。

对于父母或者其他监护人履行家庭教育责任存在一定困难的家庭，家庭教育指导机构应当根据具体情况，与相关部门协作配合，提供有针对性的服务。

第三十条　设区的市、县、乡级人民政府应当结合当地实际采取措施，对留守未成年人和困境未成年人家庭建档立卡，提供生活帮扶、创业就业支持等关爱服务，为留守未成年人和困境未成年人的父母或者其他监护人实施家庭教育创造条件。

教育行政部门、妇女联合会应当采取有针对性的措施，为留守未成年人和困境未成年人的父母或者其他监护人实施家庭教育提供服务，引导其积极关注未成年人身心健康状况、加强亲情关爱。

第三十一条　家庭教育指导机构开展家庭教育指导服务活动，不得组织或者变相组织营利性教育培训。

第三十二条　婚姻登记机构和收养登记机构应当通过现场咨询辅导、播放宣传教育片等形式，向办理婚姻登记、收养登记的当事人宣传家庭教育知识，提供家庭教育指导。

第三十三条　儿童福利机构、未成年人救助保护机构应当对本机构安排的寄养家庭、接受救助保护的未成年人的父母或者其他监护人提供家庭教育指导。

第三十四条　人民法院在审理离婚案件时，应当对有未成年子女的夫妻双方提供家庭教育指导。

第三十五条　妇女联合会发挥妇女在弘扬中华民族家庭美德、树立良好家风等方面的独特作用，宣传普及家庭教育知识，通过家庭教育指导机构、社区家长学校、文明家庭建设等多种渠道组织开展家庭教育实践活动，提供家庭教育指导服务。

第三十六条　自然人、法人和非法人组织可以依法设立非营利性家庭教育服务机构。

县级以上地方人民政府及有关部门可以采取政府补贴、奖励激励、购买服务等扶持措施，培育家庭教育服务机构。

教育、民政、卫生健康、市场监督管理等有关部门应当在各自职责范围内，依法对家庭教育服务机构及从业人员进行指导和监督。

第三十七条　国家机关、企业事业单位、群团组织、社会组织应当将家风建设纳入单位文化建设，支持职工参加相关的家庭教育服务活动。

文明城市、文明村镇、文明单位、文明社区、文明校园和文明家庭等创建活动，应当将家庭教育情况作为重要内容。

第四章　社会协同

第三十八条　居民委员会、村民委员会可以依托城乡社区公共服务设施，设立社区家长学校等家庭教育指导服务站点，配合家庭教育指导机构组织面向居民、村民的家庭教育知识宣传，为未成年人的父母或者其他监护人提供家庭教育指导服务。

第三十九条　中小学校、幼儿园应当将家庭教育指导服务纳入工作计划，作为教师业务培训的内容。

第四十条　中小学校、幼儿园可以采取建立家长学校等方式，针对不同年龄段未成年人的特点，定期组织公益性家庭教育指导服务和实践活动，并及时联系、督促未成年人的父母或者其他监护人参加。

第四十一条　中小学校、幼儿园应当根据家长的需求，邀请有关人员传授家庭教育理念、知识和方法，组织开展家庭教育指导服务和实践活动，促进家庭与学校共同教育。

第四十二条　具备条件的中小学校、幼儿园应当在教育行政部门的指导下，为家庭教育指导服务站点开展公益性家庭教育指导服务活动提供支持。

第四十三条　中小学校发现未成年学生严重违反校规校纪的，应当及时制止、管教，告知其父母或者其他监护人，并为其父母或者其他监护人提供有针对性的家庭教育指导服务；发现未成年学生有不良行为或者严重不良行为的，按照有关法律规定处理。

第四十四条　婴幼儿照护服务机构、早期教育服务机构应当为未成年人的父母或者其他监护人提供科学养育指导等家庭教育指导服务。

第四十五条　医疗保健机构在开展婚前保健、孕产期保健、儿童保健、预防接种等服务时，应当对有关成年人、未成年人的父母或者其他监护人开展科学养育知识和婴幼儿早期发展的宣传和指导。

第四十六条　图书馆、博物馆、文化馆、纪念馆、美术馆、科技馆、体育场馆、青少年宫、儿童活动中心等公共文化服务机构和爱国主义教育基地每年应当定期开展公益性家庭教育宣传、家庭教育指导服务和实践活动，开发家庭教育类公共文化服务产品。

广播、电视、报刊、互联网等新闻媒体应当宣传正确的家庭教育知识，传播科学的家庭教育理念和方法，营造重视家庭教育的良好社会氛围。

第四十七条　家庭教育服务机构应当加强自律管理，制定家庭教育服务规范，组织从业人员培训，提高从业人员的业务素质和能力。

第五章　法律责任

第四十八条　未成年人住所地的居民委员会、村民委员会、妇女联合会，未成年人的父母或者其他监护人所在单位，以及中小学校、幼儿园等有关密切接触未成年的单位，发现父母或者其他监护人拒绝、怠于履行家庭教育责任，或者非法阻碍其他监护人实施家庭教育的，应当予以批评教育、劝诫制止，必要时督促其接受家庭教育指导。

未成年人的父母或者其他监护人依法委托他人代为照护未成年人，有关单位发现被委托人不依法履行家庭教育责任的，适用前款规定。

第四十九条 公安机关、人民检察院、人民法院在办理案件过程中，发现未成年人存在严重不良行为或者实施犯罪行为，或者未成年人的父母或者其他监护人不正确实施家庭教育侵害未成年人合法权益的，根据情况对父母或者其他监护人予以训诫，并可以责令其接受家庭教育指导。

第五十条 负有家庭教育工作职责的政府部门、机构有下列情形之一的，由其上级机关或者主管单位责令限期改正；情节严重的，对直接负责的主管人员和其他直接责任人员依法予以处分：

(一) 不履行家庭教育工作职责；

(二) 截留、挤占、挪用或者虚报、冒领家庭教育工作经费；

(三) 其他滥用职权、玩忽职守或者徇私舞弊的情形。

第五十一条 家庭教育指导机构、中小学校、幼儿园、婴幼儿照护服务机构、早期教育服务机构违反本法规定，不履行或者不正确履行家庭教育指导服务职责的，由主管部门责令限期改正；情节严重的，对直接负责的主管人员和其他直接责任人员依法予以处分。

第五十二条 家庭教育服务机构有下列情形之一的，由主管部门责令限期改正；拒不改正或者情节严重的，由主管部门责令停业整顿、吊销营业执照或者撤销登记：

(一) 未依法办理设立手续；

(二) 从事超出许可业务范围的行为或作虚假、引人误解宣传，产生不良后果；

(三) 侵犯未成年人及其父母或者其他监护人合法权益。

第五十三条 未成年人的父母或者其他监护人在家庭教育过程中对未成年人实施家庭暴力的，依照《中华人民共和国未成年人保护法》《中华人民共和国反家庭暴力法》等法律的规定追究法律责任。

第五十四条 违反本法规定，构成违反治安管理行为的，由公安机关依法予以治安管理处罚；构成犯罪的，依法追究刑事责任。

第六章 附则

第五十五条 本法自2022年1月1日起施行。

附录二
全国家庭教育指导大纲(修订版)

为深入贯彻习近平总书记关于家庭教育的重要指示精神,落实全国教育大会精神,按照新时代党和政府对家庭教育以及未成年人思想道德建设工作的部署和要求,进一步深化家庭教育指导服务,提高全国家庭教育总体水平,促进儿童全面健康成长,依据《中华人民共和国宪法》及《中华人民共和国未成年人保护法》等相关法律法规,修订《全国家庭教育指导大纲》(以下简称《大纲》)。

一、适用范围

《大纲》适用于各级各类家庭教育指导机构、相关职能部门、社会团体、宣传媒体和家庭教育指导者,对新婚夫妇、孕妇、18 岁以下儿童家长(父母或其他监护人)开展的家庭教育指导服务行为。

二、指导原则

家庭教育指导是指相关机构和人员为提高家长教育子女能力而提供的专业性支持服务和引导。家庭教育指导工作应坚持以下基本原则。

1. 思想性原则

遵循党的教育方针,以促进儿童全面健康成长为目标,以立德树人为根本任务,通过实施科学的家庭教育指导,推进家庭教育在培养德智体美劳全面发展的社会主义建设者和接班人中发挥重要基础作用。

2. 科学性原则

遵循家庭教育规律,为家长提供科学化、专业化、规范化的指导服务,家庭教育指导机构和指导者应具备相应的专业资质和能力。

3. 儿童为本原则

尊重儿童身心发展规律和个体差异,创设适合儿童成长的必要条件,保护儿童各项权利,促进儿童自然、全面、充分、个性发展。

4. 家长主体原则

确立为家长服务、提供支持的观念，尊重家长意愿，坚持需求导向，调动家长参与的积极性；引导家长注重提升自身素质，注重家庭建设和良好家风传承，促进亲子互动共同提高。

三、核心理念

1. 家庭教育是学校教育和社会教育的基础

家庭是人生的第一所学校，家长是孩子的第一任老师，家庭生活中父母对儿童的教育和影响，对其良好行为习惯、思想品德、价值观的形成，健全人格培养等都具有基础性作用。

2. 家庭教育重在教孩子如何做人

家庭教育要从养成良好习惯开始，逐步培育儿童正确的价值观，培养儿童热爱党、热爱祖国、热爱人民、热爱中华民族，明礼诚信、勤奋自立、友善助人、孝亲敬老等良好思想品德，增强儿童法律意识和社会责任感，使儿童养成好思想、好品德、好习惯、好人格，培养儿童与他人、与社会、与自然和谐相处的能力。

3. 家长是家庭教育的责任主体

家长在家庭教育中负有主体责任，要依法依规履行对子女的监护职责和抚养教育义务，了解监护人法定权利和义务，学习家庭教育知识，掌握家庭教育理念和方法，提升科学实施家庭教育的能力。

4. 家庭教育是家长和儿童共同成长的过程

家长素质是影响家庭教育的重要因素，家长应当努力做到举止文明、情趣健康、敬业进取、言行一致、好学善思，自觉践行社会主义核心价值观，以健康的思想、良好的品行教育影响儿童。

5. 家庭建设是家庭教育的重要保障

家庭要倡导尊老爱幼、夫妻和睦、勤俭持家、亲子平等、邻里团结的家庭美德，创建民主、文明、和睦、稳定的家庭关系。家庭成员要共同构建优秀家庭文化、传承良好家风，为儿童健康成长营造和谐的家庭环境。家长要学会优化家庭生活，为儿童提供健康向上、丰富多彩的活动。

6. 尊重儿童成长规律是家庭教育的前提

儿童期是人生的重要阶段，有其发展规律，家长在实施家庭教育时不能违背儿童成长规律。儿童成长既有共性也有个性，家庭教育要依据儿童成长特点，采取科学的教养方式。

7. 尊重和保护儿童权利是家庭教育的基础

儿童是独立的权利主体，有生命权、健康权和获得基本生活保障的权利，有充分发展其全部体能与智能的权利；有享有国家、社会、学校、家庭保护，不受歧视、虐待和忽视的权利；有参与家庭和社会生活并就影响他们生活的事项发表意见的权利，实施家庭教育要尊重和保护儿童的各项权利。

8. 家庭、学校、社会是促进儿童健康成长的共同体

家长要认识到家校社协同育人的重要意义，主动参与家校社协同教育，尊重教师，理性表达诉求，积极沟通合作，保持开放心态，引导儿童正确认识各种现象，科学合理利用各种教育资源，促进儿童健康成长。

四、分阶段指导内容及要求

儿童发展既有连续性又有阶段性，家庭教育指导服务应依据儿童在不同发展阶段的特点开展。

(一) 新婚期及孕期的家庭教育指导要点

1. 做好怀孕准备

鼓励备孕夫妇学习优生优育优教的基本知识，并为新生命的诞生做好思想上、物质上的准备。引导备孕夫妇参加健康教育、健康检查、风险评估、咨询指导等专项服务。对于不孕不育者，引导其科学诊断、对症治疗，并给予心理辅导。

2. 注重孕期保健

指导孕妇掌握优生优育知识，配合医院进行孕期筛查和产前诊断，做到早发现、早干预；避免烟酒、农药、化肥、辐射等化学物理致畸因素，预防病毒、寄生虫等生物致畸因素的影响；科学增加营养，合理作息，适度运动，进行心理调适，促进胎儿健康发育。对于大龄孕妇、有致畸因素接触史的孕妇、怀孕后有疾病的孕妇以及具有其他不利优生因素的孕妇，督促其做好产前医学健康咨询及诊断。

3. 提倡自然分娩

指导孕妇认识自然分娩的益处，科学选择分娩方式；认真做好产前医学检查，并协助舒缓临盆孕妇的焦虑心理；帮助产妇做好情绪调节，预防和妥善应对产后抑郁。

4. 做好育儿准备

指导准家长学习育儿基本知识和方法，购置新生儿生活必备用品和保障母婴健康的基本用品；做好已有子女对新生子女的接纳工作；妥善处理好生育、抚养与家庭生活、职业发展的关系；统一家庭教育观念，营造安全、温馨的家庭环境。

(二) 0—3岁儿童的家庭教育指导

1. 0—3岁儿童的身心发展特点

这是儿童身心发展最快的时期。儿童的身高和体重迅速增长，神经系统结构发展迅速；感知觉飞速发展；遵循由头至脚、由大动作至小动作的发展原则，逐步掌握人类行为的基本动作；语言能力迅速发展；表现出一定的交往倾向，乐于探索周围世界；对家长有强烈依赖感；道德发展处于前道德期。

2. 家庭教育指导内容要点

(1) 提倡母乳喂养。指导乳母加强乳房保健，在产后尽早用正确的方法哺乳；在睡眠、情绪和健康等方面保持良好状态，科学饮食，增加营养；在母乳不充分的阶段采取科学的混合喂养，适时添加辅食。

(2) 鼓励主动学习儿童日常养育和照料的科学知识与方法。引导家长让儿童多看、多听、多运动、多抚触，带领儿童开展适当的运动、游戏，增强儿童体质。指导家长按时为儿童预防接种，培养儿童健康的卫生习惯，注意科学的饮食调配；配合医疗部门完成相关疾病筛查，做好儿童生长发育监测，学会观察儿童，及时发现儿童发展中的异常表现，及早进行干预；学会了解儿童常见病的发病征兆及应对方法，掌握病后护理常识；了解儿童成长的特点和表现，学会倾听、分辨和理解儿童的多种表达方式。

(3) 制定生活规则。指导家长了解儿童成长规律及特点，并据此制定日常生活规则，按照规则指导儿童的行为；采用鼓励、表扬等正面教育为主的方法，培养儿童健康生活方式。

(4) 丰富儿童感知经验。指导家长创设儿童充分活动的空间与条件，充分利用日常生活环境中的真实物品和现象，让儿童在爬行、观察、听闻、触摸等活动过程中获得各种感知经验，促进感官发展。

(5) 关注儿童需求。指导家长为儿童提供抓握、把玩、涂鸦、拆卸等活动的机会、工具和材料，用多种形式发展儿童的小肌肉精细动作和大肌肉活动能力；分享儿童的快乐，满足儿童好奇、好玩的认知需要，激发儿童想象力和好奇心。

(6) 提供言语示范。指导家长为儿童创设宽松愉快的语言交往环境，通过表情、肢体、语言等多种方式与儿童交流；提高自身语言表达素养，为儿童提供良好的言语示范；为儿童的语言学习提供丰富的机会，运用多种方法鼓励儿童表达；积极回应儿童，鼓励儿童之间的模仿和交流。

(7) 提高安全意识。提高家长有效看护意识和技能，指导家长消除居室和周边环境中的危险性因素，防止儿童意外伤害发生。

(8) 加强亲子陪伴。指导家长认识到陪伴对于儿童成长的重要性，学会建立良好的亲子依恋关系，不用电子产品代替家长陪伴儿童，多与儿童一起进行亲子阅读；学习亲子沟通的技巧，与儿童建立开放的沟通模式；关注、尊重、理解儿童的情绪，合理对待儿童过度情绪化行为，有针对性地实施适合儿童个性的教养策略，培育儿童良好情绪；处理好多子女家庭的亲子关系、子女间的关系，让每个儿童都得到健康发展。

(9) 重视发挥家庭各成员角色的作用。指导家长积极发挥父亲在家庭教育中的作用；了解父辈祖辈联合教养的正面价值，适度发挥祖辈参与的作用；引导祖辈树立正确的教养理念。

(10) 做好入园准备。指导家长认识儿童社会性发展的重要性，珍视幼儿园教育的价值。入园前，指导家长有意识地培养儿童一定的生活自理能力及对简单规则的理解能力；入园后，指导家长与幼儿园教师积极沟通，共同帮助儿童适应入托环境，平稳度过入园分离焦虑期。

(三) 3—6岁儿童的家庭教育指导

1. 3—6岁儿童的身心发展特点

这是儿童身心快速发展的时期。儿童的身高和体重稳步增长，大脑、神经、动作技能等获得长足的进步；自我独立意识增强，开始表现出一定兴趣、爱好、脾气等个性倾向；初步具备自我情绪调节能力；愿意与同伴交往，乐于分享；学习能力开始发展，语言表达能力强；依恋家长，会产生分离焦虑；处于道德他律期，独立性、延迟满足能力、自信心都有所发展。

2. 家庭教育指导内容要点

(1) 积极带领儿童感知家乡与祖国的美好。指导家长通过和儿童一起外出游玩、观看影视文化作品等多种形式，了解有关家乡、祖国各地的风景名胜、著名建筑、独特物产等；适时向儿童介绍国旗、国歌、国徽的含义，带领儿童观看升国旗、奏国歌等仪式，培育儿童对家乡和祖国的朴素情感。

(2) 引导儿童关心、尊重他人，学会交往。指导家长培养儿童尊重长辈、关心同伴的美德；关注儿童日常交往行为，对儿童的交往态度、行为及时提供帮助和辅导；结合实际情境，帮助儿童理解他人的情绪，了解他人的需要，做出适当的回应；引导儿童学会接纳差异，关注他人的感受；培养儿童多方面的兴趣、爱好和特长，增强儿童与人交往的自信心；经常带儿童接触不同的人际环境，为儿童创造交往机会，帮助儿童学会与同伴相处。

(3) 培养儿童规则意识，增强社会适应性。指导家长结合儿童生活实际，为儿童制订日常生活规范、游戏规范、交往规范，遵守家庭基本礼仪；要求儿童完成力所能及的任务，培养责任感和认真负责的态度；有意识地带儿童走出家庭，接触丰富的社会环境，提高社会适应性；在儿童遇到困难时以鼓励、疏导的方式给予必要的帮助与支持。

(4) 加强儿童营养保健和体育锻炼。指导家长积极带领儿童开展体育活动；根据儿童的个人特点，寻找科学合理又能被儿童接受的膳食方式；科学搭配儿童饮食，做到营养均衡、比例适当、饮食定量、调配得当；科学管理儿童的体重，学习关于儿童营养的科学知识；与儿童一起制定合理的家庭生活作息制度，培养儿童良好的生活和卫生习惯；定期带儿童做健康检查。

(5) 丰富儿童感性经验。指导家长重视生活的教育价值，为儿童创设丰富的教育环境，带领儿童关心周围事物及现象，多开展接触大自然的户外活动，参观科技馆、博物馆、美术馆等，开阔儿童的眼界，丰富儿童的感性经验；尊重和保护儿童的好奇心和学习兴趣，支持和满足儿童通过直接感知、实际操作和亲身体验获取经验的需要，避免开展超出儿童认知能力的超前教育和强化训练。

(6) 提高安全意识。指导家长尽可能消除居室和周边环境中的危险性因素；结合儿童的生活和学习，在共同参与的过程中对儿童实施安全教育；重视儿童的体能素质，提高其自我保护能力，减少儿童伤害。

(7) 培养儿童生活自理能力和劳动意识。指导家长鼓励儿童做力所能及的事，学习和掌握基本的生活自理方法，参与简单的家务劳动，在生活点滴中启发儿童的劳动意识，保护儿童的劳动兴趣。

(8) 科学做好入学准备。指导家长重视儿童幼儿园与小学过渡期的衔接适应，充分尊重和保护儿童的好奇心和学习兴趣，帮助儿童形成良好的任务意识、规则意识、时间观念，学会控制情绪，能正确表达自己的主张，逐步培育儿童通过沟通解决同伴问题的意识和能力；坚决抵制和摒弃让儿童提前学习小学课程和教育内容的错误倾向。

(四) 6—12岁儿童的家庭教育指导

1. 6—12岁儿童的身心发展特点

这一阶段儿童的生理发展处在相对平稳、均衡的时期，入学学习是儿童生活中的一个重大转折。儿童的身高和体重加速发展；大脑仍在持续快速发展，以具体思维为主，逐步向抽象思维过渡；情绪总体稳定，偶有较大波动；个人气质更加明显；能逐步客观进行自我评价，注重权威评价；社会交往能力增强，开始有较为稳定的同伴关系；学习能力逐步提高，学习策略逐步完善；自理能力增强。

2. 家庭教育指导内容要点

(1) 培养儿童朴素的爱国情感。指导家长重视优秀传统文化的价值，了解家乡特色习俗和中华民族的共同习俗，过好中国传统节日和现代公共节日；开展家国情怀教育，多给儿童讲述仁人志士的故事、中华民族传统美德、国家发展的成就等；指导儿童写好中国字，说好中国话；初步了解优秀传统文化的内涵，培养儿童作为中华民族一员的归属感和自豪感。

(2) 提升儿童道德修养。指导家长提升自身道德修养，处处为儿童做表率，结合身边的道德榜样和通俗易懂的道德故事，培养儿童良好的道德行为习惯；创设健康向上的家庭氛围；与学校、社会形成合力，净化家庭和社会文化环境；从大处着眼，从小事入手，及时抓住日常生活事件教育儿童孝敬长辈、尊敬老师，学会感恩、帮助他人，诚实为人、诚信做事。

(3) 培养儿童珍惜生命、尊重自然的意识。指导家长将生命教育纳入生活实践中，带领儿童认识自然界的生命现象，帮助儿童建立热爱生命、珍惜生命、呵护生命的意识；抓住日常生活事件，增强儿童居家出行的自我保护意识，增长基本的自救知识和技能；引导儿童树立尊重自然、顺应自然、保护自然的发展理念，养成勤俭节约、低碳环保的生活习惯。

(4) 培养儿童良好的学习习惯。指导家长注重儿童学习兴趣的培养，保护和开发儿童的好奇心，鼓励儿童的探索行为；引导儿童形成按时独立完成任务、及时总结、不懂善问的习惯，成为学习的主人；正确对待儿童的学习成绩，设置合理期望，不盲目攀比；用全面和发展的眼光看待、评价儿童，增强儿童学习信心。

(5) 培养儿童健康的生活习惯。指导家长科学安排儿童的饮食，引导儿童养成健康的饮食习惯；培养儿童关注个人卫生和环境卫生，养成良好的卫生习惯；培养儿童良好作息习惯，保证儿童睡眠充足，每日睡足10小时；为儿童提供良好的学习环境，注意用眼卫生并定期检查视力；养成科学用耳习惯，控制耳机等娱乐性噪声接触，定期检查听力；引导并督促儿童坚持开展体育锻炼，培养一两项能够终身受益的体育爱好；配合卫生部门定期做好儿童健康监测。

(6) 培养儿童的劳动习惯。指导家长正确认识劳动对儿童成长的价值；坚持从细微处入手，提高儿童的生活自理能力，养成生活自理的习惯；给儿童创造劳动的机会，教授儿童一定的劳动技能，培养劳动热情，树立劳动创造价值的观念；根据儿童的年龄特征、性别差异、身体状况等特点，安排适度的劳动内容、时间和强度，做好劳动保护；让儿童了解家庭收支状况，适度参与家庭财务预算，视家庭经济状况和儿童的年龄给适量的零用钱，引导儿童合理支配零用钱，形成正确的消费意识。

(7) 积极参与家校社协同教育。指导家长主动与学校沟通联系，了解儿童在学校的学习、生活情况，与学校共同完成相应的教育活动，提高儿童的学习效果；参与学校的家长委员会、家长学校、家长会活动以及亲子活动等，自觉接受家庭教育指导；积极参与学校管理，主动根据需要联系社会资源，与学校共创良好育人环境。

(五) 12—15 岁儿童的家庭教育指导

1. 12—15 岁儿童的身心发展特点

这是儿童从童年向成年的过渡期。儿童的生殖器官逐步发育，出现性冲动和性好奇；整体身体素质好；大脑发展迅速，抽象思维能力增强，记忆和观察水平不断提高；自尊心强，重视外表，建立自我同一性成为本阶段儿童最重要的任务；情绪波动大，敏感易怒，容易有挫折感，情感内隐；易和家长产生冲突；重视同伴交往及其评价，对父母依恋减少；责任心增强，自我控制能力有明显发展。

2. 家庭教育指导内容要点

(1) 重视价值观教育。指导家长理解、践行社会主义核心价值观，以身作则，为儿童树立榜样；结合发生在家庭、学校和社会的事件开展价值观教育，培育儿童正确的思想观念和价值取向；通过儿童喜闻乐见的方式，讲好中国故事，用爱国主义激发儿童的梦想，让儿童能够结合自己的现实和未来，自觉践行爱国、敬业、诚信、友善等价值准则；让儿童学习正确认识与分析问题，分辨是非。

(2) 重视儿童青春期人格发展。指导家长认识青春期儿童发展特征，不断调整教养方式；帮助儿童悦纳自我；尊重儿童自主意愿，鼓励儿童独立思考与理性表；培养儿童应对挫折适应环境的能力和坚毅品格；引导儿童以合理的方式宣泄情绪，积极调控心理，自主自助，预防和克服各种可能产生的青春期心理障碍；正确对待儿童"叛逆"行为。

(3) 增强儿童学习动力。指导家长帮助儿童树立正确的学习目标，将学习的外在动力转化为内在动力；培养儿童勤奋学习、持续学习的意志力；重视儿童学习方法和学习习惯的养成，帮助儿童形成制订合理的学习计划的能力；指导儿童正确应对学习压力，克服考试焦虑，在儿童考试受挫时鼓励儿童。

(4) 提高儿童信息素养。指导家长正确认识媒介对儿童的影响，掌握必要的信息知识与方法；了解儿童使用各种媒介的情况，培养儿童对信息的是非辨别能力和加工能力；鼓励儿童在使用网络等媒介的过程中学会自我保护、自我尊重、自我发展；丰富儿童生活，规范上网行为，预防网络依赖；了解网络沉溺标准，能够在专业机构和人员的帮助下，指导儿童戒除网络沉溺行为。

(5) 对儿童进行性教育。指导家长充分了解青春期生理卫生知识，对儿童开展适时、适度的性教育，让儿童了解必要的青春期知识，认识并适应身体的生理变化；开展科学的性心理辅导，对儿童进行与异性交往的指导；加强对儿童的性道德教育，帮助儿童认识到对性健康和生殖健康应当采取负责任的态度和行为。

(6) 构建良好的亲子关系。指导家长与儿童平等相处，理解儿童自主愿望，保护儿童隐私权；学会倾听儿童的意见和感受，学会尊重、欣赏、认同和分享儿童的想法；学会运用民主、宽容的语言和态度对待儿童，促进良性亲子沟通。

(7) 重视生涯规划指导。指导家长正确认识自己的孩子，帮助儿童客观认识自我，勇于面对现实，保持信心；支持儿童参与志愿服务、研学等社会实践活动，协同学校合理安排儿童进行一定的农业生产、工业体验、服务业实习等劳动实践，引导儿童加深对各种职业的了解；协助儿童综合分析学业水平、兴趣爱好，并根据个性特征合理规划未来；宽容对待儿童在做自我选择时与家长的分歧。

(六) 15—18 岁儿童的家庭教育指导要点

1. 15—18 岁儿童的身心发展特点

这一阶段的儿童已经进入青春中后期。儿童在外貌上与成人接近，身体各器官逐步发育成熟，发育进入相对稳定期；认知结构的完整体系基本形成，抽象逻辑思维占据优势地位；情绪不稳定，情感内隐，易感到孤独；重视同性和异性的友谊，并可能萌发爱慕感情；自制力和意志力增强但仍不成熟；独立性强，有决断力；观察力、联想能力迅速发展。

2. 家庭教育指导内容要点

(1) 引导儿童树立国家意识。指导家长引导儿童树立国家意识，增强儿童的公民意识和社会责任感，关注社会发展，将个人理想与国家需要相结合，认识国家前途、命运与个人价值实现的统一关系，学会将个人理想与国家的发展、现实的奋斗相结合。

(2) 培养儿童法治观念。指导家长加强法律知识学习，正确理解自由、平等、公正、法治的内在含义及其要求，成为儿童遵法、学法、守法、用法的榜样；掌握家庭法治教育的内容和方法，引导儿童树立权利与义务相统一的观念，养成尊法守法的行为习惯，学会在法律和规则框架内实现个人的自由意志；与儿童建立民主、平等的关系，切实维护儿童权益。

(3) 提高儿童交往合作能力。指导家长根据该年龄段儿童个性特点，引导儿童积极开展社交活动和正常的异性交往；以性道德、性责任、性健康、预防和拒绝不安全性行为为重点，开展性教育；对有恋爱行为的儿童，给予正确引导；鼓励儿童在集体生活中锻炼自己，学会与人相处，体验与人合作的快乐；帮助儿童学会宽容待人，正确对待友谊；了解校园欺凌行为的性质、特点及家校合作的基本处理方法。

(4) 培养儿童的责任意识。指导家长通过召开家庭会议等形式，与儿童平等、开放地讨论家庭事务，共同分担家庭的责任和义务，培养儿童的家庭责任感；引导儿童树立社会责任感，正确处理个人与自我、与他人、与社会的关系，勇于承担责任。

(5) 加强儿童美育。指导家长培养儿童正确的审美观，具有发现美、欣赏美、表现美的能力；让儿童接触、欣赏自然美，培养热爱自然环境、热爱祖国美好河山的情感；欣赏文学和艺术，发展想象和表现美的能力；明确内在美与外在美的关系，理解劳动能创造美；加强自身修养，践行文明礼仪；增强对个性美的感受，提高自我评价能力，形成文明健康的生活方式。

(6) 指导儿童以平常心对待升学。指导家长在迎考期间保持正常、有序的家庭生活，科学、合理安排生活作息，保证儿童劳逸结合，身心愉快；保持适度期待，鼓励儿童树立自信心，以平常心面对考试；为儿童选择志愿提供参考意见，并尊重儿童对自身的未来规划与发展意愿。

(七) 特殊家庭、特殊儿童的家庭教育指导

帮助家长了解国家对特殊儿童及相应家庭的支持政策，引导家长接受儿童的身心状况及家庭现状，调整心态，合理期望；学会获取社会公共服务。

1. 特殊家庭的家庭教育指导

(1) 离异和重组家庭的家庭教育指导。引导家长正确认识和处理婚姻存续与教养职责之间的关系，对儿童的教养责任不因夫妻离异而撤销，父母不能以离异为理由拒绝履行家庭教育的职责。指导家长学会调节和控制情绪，不在儿童面前流露对离异配偶的不满，避免将自身婚姻失败与情感压力迁怒于儿童；不简单粗暴或者无原则地迁就、溺爱儿童；强化非监护方的父母角色与责任，增强履职意识与能力，定期让非监护方与儿童见面，强化儿童心目中父(母)亲的形象和情感；调动亲戚、朋友中的性别资源给儿童适当的影响，帮助其性别角色充分发展。指导重组家庭的夫妇多关心、帮助和亲近儿童，减轻儿童的心理压力，帮助儿童正视现实；对双方子女一视同仁；加强家庭成员间的沟通，创设平和、融洽的家庭氛围。

(2) 农村留守儿童的家庭教育指导。指导农村留守儿童家长增强父母是家庭教育和儿童监护责任主体的意识，依法依规履行家长义务，承担起对农村留守儿童监护和抚养教育的责任，确保农村留守儿童得到妥善监护照料、亲情关爱和家庭温暖。让家长了解陪伴对于儿童成长的价值，劝导家长尽量有一方在家照顾儿童，有条件的家长尤其是 0—3 岁儿童母亲要把儿童带在身边，尽可能保证儿童早期身心呵护、母乳喂养的正常进行。指导农村留守儿童家长或被委托监护人重视儿童教育，多与儿童交流沟通，对儿童的道德发展和精神需求给予充分关注。

(3) 流动人口家庭的家庭教育指导。鼓励家长勇敢面对陌生环境和生活困难，为儿童创造良好的生活环境；处理好家庭成员之间的关系，为儿童创设宽松的心理环境；多与儿童交流，帮助儿童适应新的环境，了解儿童对于新环境的适应情况；与学校加强联系，共同为儿童创造良好的学习环境。

(4) 服刑人员家庭的家庭教育指导。指导监护人多关爱儿童；善于发现儿童的优点，用教育力量和爱心培养儿童的自尊心；信任儿童，并引导儿童调整心态，保证心理健康；定期带儿童探望父(母)，满足儿童思念之情；与学校积极联系，共同为儿童成长创造良好环境。

2. 特殊儿童的家庭教育指导

(1) 智力障碍儿童的家庭教育指导。指导家长树立医教结合的观念，引导儿童听从医生指导，拟定个别化医疗和教育训练计划；通过积极的早期干预措施改善障碍状况，并培养儿童社会适应能力；引导家长坚定信心、以身作则，重视儿童的日常生活规范训练，并循序渐进、持之以恒。

(2) 听力障碍儿童的家庭教育指导。指导家长积极寻求早期干预，主动参与儿童语训，在专业人士协助下制定培养方案，充分利用游戏的价值，重视同伴交往的作用，发展儿童听力技能和语言交往技能，不断改善儿童社会交往环境，逐步提高儿童的社会适应能力；加强对儿童的认知训练、理解力训练、运动训练和情绪训练。

(3) 视觉障碍儿童的家庭教育指导。指导家长及早干预，根据不同残障程度发展儿童的听觉和触觉，以耳代目、以手代目，提升缺陷补偿。对于低视力儿童，指导家长鼓励儿童运用余视力学习和活动，提高有效视觉功能。对于全盲儿童，指导家长训练其定向行走能力，增加其与外界接触机会，增强其交往能力。

(4) 肢体残障儿童的家庭教育指导。指导家长早期积极借助医学技术加强干预和矫正，使其降低残障程度，提高活动机能；营造良好家庭氛围，用乐观向上的心态感染儿童；鼓励儿童正视现实、积极面对困难；教育儿童通过自己的努力，积极寻求解决问题的方法，以获取信心。

(5) 精神心理障碍儿童的家庭教育指导。引导家长营造良好家庭氛围，给予儿童足够的关爱；加强与儿童的沟通与交流，避免儿童遭受不良生活的刺激；支持、尊重和鼓励儿童，多向儿童表达积极情感；多给儿童创造与伙伴交往的机会，培养儿童集体意识，减少其心理不良因素；积极寻求专业帮助，通过早期干预改善疾病状况，提升儿童社会适应能力和生活自理能力，促进疾病康复。

(6) 智优儿童的家庭教育指导。引导家长深入了解儿童的潜力与才能，正确、全面地评估儿童；从儿童的性格、气质、兴趣、能力、外部条件等实际出发，因材施教，循序渐进地开发儿童智力，发展儿童特长；坚持德智体美劳全面发展，提高儿童的综合素质；正确对待儿童的荣誉，引导儿童正确认识自己和他人，鼓励儿童在人群中平等交流与生活。

五、保障措施

1. 加强组织领导

各地各相关部门要高度重视,加强对《大纲》实施工作的领导,在组织开展社会宣传、理论研究、教材开发、骨干培训、工作督导评估时,都要以《大纲》为依据和框架。同时要引导和帮助家庭教育指导机构和指导者根据《大纲》要求开展家庭教育指导工作。

2. 明确职责分工

各地各相关部门要结合地方实际和部门职能,统筹制订实施计划,指导所属家庭教育指导机构按照《大纲》内容开展家庭教育支持服务工作。

3. 注重资源整合

各地各相关部门要加大家庭教育指导工作经费的投入,争取将家庭教育指导纳入地方财政预算或相关民生工程。要统筹各方面力量,完善共建机制,形成政府、学校、家庭、社会密切配合的家庭教育社会支持网络。

4. 加强理论研究

各地各相关部门要指导推动各级各类家庭教育研究会(学会)以及高校、科研机构加强家庭教育理论研究,在《大纲》框架下,组织研发指导教材等服务产品、制定监测评估标准等,推动加快家庭教育学科建设,努力构建家庭教育理论和学科体系。

5. 抓好队伍建设

各地各相关部门要按照《大纲》要求,对家庭教育指导者、家庭教育工作骨干、中小学幼儿园教师、托育服务机构工作人员等加强系统化的专业知识培训,提升家庭教育指导服务队伍的专业化水平,形成专兼结合、具备指导能力的家庭教育指导工作队伍。

6. 培育社会组织

各地各相关部门要加强家庭教育指导的专业社会组织的培育与孵化。以项目制的方式开展培训与资源整合,鼓励社会组织进驻社区开展家庭教育指导,让家长享受到家门口的专业家庭教育指导与咨询。

7. 扩大社会宣传

各地各相关部门要通过多种渠道,大力宣传《大纲》主要内容和实践要求,使正确的家庭教育理念和科学的家庭教育知识深入人心,为家庭教育工作开展营造良好的社会氛围。

附录三
关于健全学校家庭社会协同育人机制的意见

健全学校家庭社会协同育人机制是党中央、国务院作出的重要决策部署,事关学生全面发展健康成长,事关国家发展和民族未来。近年来,各地积极探索推进学校家庭社会协同育人,取得了明显成效,但还存在职责定位不够清晰、协同机制不够健全、条件保障不够到位等突出问题。为认真贯彻落实党的二十大精神,根据《中华人民共和国家庭教育促进法》《中华人民共和国未成年人保护法》等有关规定,现就健全学校家庭社会协同育人机制提出如下意见。

一、总体要求

1. 指导思想

坚持以习近平新时代中国特色社会主义思想为指导,认真贯彻落实习近平总书记关于教育和注重家庭家教家风建设的重要论述,全面贯彻党的教育方针,落实立德树人根本任务,弘扬中华优秀传统文化,坚持科学教育观念,增强协同育人共识,积极构建学校家庭社会协同育人新格局,着力培养德智体美劳全面发展的社会主义建设者和接班人。

2. 工作原则

坚持育人为本。用新时代党的创新理论铸魂育人,广泛践行社会主义核心价值观,遵循学生成长规律和教育规律,深入落实"双减"政策,大力发展素质教育。

坚持政府统筹。充分发挥政府统筹协调作用,加强系统谋划,推动部门联动,强化条件保障,促进资源共享和协同育人有效实施。

坚持协同共育。明确学校家庭社会协同育人责任,完善工作机制,促进各展优势、密切配合、相互支持,切实增强育人合力,共同担负起学生成长成才的重要责任。

坚持问题导向。强化专业指导,鼓励实践探索,着力解决制度建设、指导服务、条件保障等方面存在的突出问题,不断增强协同育人的科学性针对性实效性。

3. 主要目标

到"十四五"时期末,政府对学校家庭社会协同育人工作的统筹领导更加有力,制度体系基本建立健全。学校积极主导、家庭主动尽责、社会有效支持的协同育人机制更加完善，促进学生全面发展健康成长的良好氛围更加浓厚。学校教育主阵地作用进一步强化，家庭教育指导服务更加专业；家长科学育儿观念基本树立，履行家庭教育主体责任更加到位；城乡社区家庭教育指导服务站点普遍建立，社会育人资源利用更加充分。到2035年，形成定位清晰、机制健全、联动紧密、科学高效的学校家庭社会协同育人机制。

二、学校充分发挥协同育人主导作用

1. 及时沟通学生情况

学校是教书育人的主阵地，要认真履行教育教学职责，全面掌握并向家长及时沟通学生在校期间的思想情绪、学业状况、行为表现和身心发展等情况，同时向家长了解学生在家中的有关情况。积极创新日常沟通途径，通过家庭联系册、电话、微信、网络等方式，保持学校与家庭的常态化密切联系，帮助家长及时了解学生在校日常表现；要认真落实家访制度，学校领导要带头开展家访，班主任每学年对每名学生至少开展1次家访，鼓励科任教师有针对性开展家访。

2. 加强家庭教育指导

学校要把做好家庭教育指导服务作为重要职责，纳入学校工作计划，充分发挥学校专业指导优势；切实加强教师家庭教育指导能力建设，将教师家庭教育指导水平与绩效纳入教师考评体系。建立健全学校家庭教育指导委员会、家长学校和家长委员会，落实家长会、学校开放日、家长接待日等制度。鼓励有条件的学校建立网上家长学校，积极开发提供家庭教育指导资源，并指导家长提升网络素养，帮助孩子养成良好用网习惯。每学期至少组织2次家庭教育指导活动，积极宣传科学教育理念、重大教育政策和家庭教育知识，介绍学校教育教学情况，回应家长普遍关心的问题；同时针对不同家庭的个性化需要提供具体指导，特别关注农村留守儿童、残疾儿童、孤儿和特殊家庭儿童等困境儿童。充分发挥家长委员会的桥梁纽带作用，以多种形式听取家长对学校工作的意见建议；加强家长委员会工作指导，明晰工作职责，完善工作制度，规范工作行为，严格家长通讯群组信息发布管理，严禁以家长委员会名义违规收费。

3. 用好社会育人资源

学校要把统筹用好各类社会资源作为强化实践育人的重要途径，积极拓展校外教育空间，着力培养学生社会责任感、创新精神和实践能力。要主动加强同社会有关单位的联系沟通，建立相对稳定的社会实践教育基地和资源目录清单，依据不同基地资源情况联合开发社会实践课程，有针对性地常态化开展共青团和少先队活动、劳动教育、实践教学、志愿服务、法治教育、安全教育和研学活动等。要积极邀请"五老"、劳动模范、道德模范、时代楷模、各类精神文明先进代表、德艺双馨的艺术家等到学校开展宣讲教育活动。要充分利用共青团和少先队、关工委、科协、体育、文化和旅游等方面资源，通过"请进来、走出去"的方式，有效丰富学校课堂和课后服务内容，更好满足学生多样化学习需求。

三、家长切实履行家庭教育主体责任

1. 提高家庭教育水平

家长要强化家庭是第一个课堂、家长是第一任老师的责任意识，注重家庭建设，坚持以身作则、言传身教，培育向上向善家庭文化，积极传承优良家风，弘扬中华民族家庭美德，构建和谐和睦家庭关系，为子女健康成长创造良好家庭环境。要树立科学家庭教育观念，遵循素质教育理念和未成年人身心发展规律，注重培养子女良好思想品德、行为习惯和健康身心，促进其全面发展；尊重个体差异，理性确定子女成长目标。要掌握正确家庭教育方法，家长要对子女多陪伴多关爱，注重积极的亲子互动，发挥潜移默化的道德启蒙作用；要多引导多鼓励，注重加强素质培育和良好习惯养成；要多尊重多理解，加强平等沟通，讲究教育方式方法；要多提醒多帮助，对不良行为要及时劝诫、制止和管教，切实做到严慈相济，促进子女更好独立自主成长。留守儿童家长要定期与子女保持联系，给予关心关爱，及时将委托照护情况书面告知子女所在学校和实际居住地的居民委员会、村民委员会。

2. 主动协同学校教育

家长要积极参加学校组织的家庭教育指导和家校互动活动，自觉学习家庭教育知识和方法，主动参与家长委员会有关工作，充分理解学校正常教育教学工作，积极配合学校依法依规严格管理教育学生。要及时主动向学校沟通子女在家中的思想情绪、身心状况和日常表现，形成良性双向互动。家长要引导子女完成每日学业，进行必要的课业学习；开展适宜的体育锻炼，保证每天校外运动一小时；进行有益的课外阅读，培养阅读习惯，因地制宜开展形式多样的艺术趣味活动；从事力所能及的家务劳动，增强动手能力。引导子女合理使用电子产品，控制使用时长，防止网络沉迷，保护视力健康，防控子女近视；保障子女营养均衡，督促子女按时就寝，促进子女保持良好身心状况和旺盛学习精力。切实履行法定监护职责，会同学校加强子女安全教育，提高安全防范意识和能力。

3. 引导子女体验社会

家长要充分认识社会实践大课堂对子女教育的重要作用，根据子女年龄情况，主动利用节假日、休息日等闲暇时间带领或支持子女开展户外活动和参观游览，积极参加多种形式的文明实践、社会劳动、志愿服务、职业体验以及文化艺术、科普体育、手工技能等实践活动，帮助子女更好亲近自然、开阔眼界、增长见识、提高素质。

四、社会有效支持服务全面育人

1. 完善社会家庭教育服务体系

将家庭教育指导作为城乡社区公共服务重要内容，积极构建普惠性家庭教育公共服务体系。支持居民委员会、村民委员会依托城乡社区公共服务设施，建设覆盖城乡社区的家长学校等家庭教育指导服务站点，积极配备专兼结合的专业指导人员，配合家庭教育指导机构有针对性地做好指导服务，重点关注留守儿童、残疾儿童和特殊家庭儿童。婚姻登记机构和收养登记机构应通过现场咨询辅导、播放宣传教育片等形式，向当事人宣传家庭教育知识。公共文化服务机构每年要定期开展公益性家庭教育宣传与指导服务活动。开放大学、老年大学、社区学院等单位应设立家庭教育指导课程，积极发挥指导作用。

2. 推进社会资源开放共享

社区要面向中小学生积极开展各种公益性课外实践活动，促进学生身体健康，增强社会责任感。各类爱国主义教育基地、法治教育基地、研学实践基地、科普教育基地和图书馆、博物馆、文化馆、非遗馆、美术馆、纪念馆、科技馆、演出场馆、体育场馆、国家公园、青少年宫、儿童活动中心等，要面向中小学生及学龄前儿童免费或优惠开放；常态开展宣传教育、科学普及、文化传承、兴趣培养和实践体验等活动，并通过设立绿色通道、线上预约、开放日等方式，为学校、幼儿园组织学生及幼儿或家长带领子女来开展活动提供便利。鼓励支持社会有关方面提供寓教于乐的优秀儿童文化精品，引导创作满足青少年审美需求的电影、电视剧、纪录片、动画片及舞台艺术等优秀文艺作品，持续推动"高雅艺术进校园""戏曲进校园"等工作，传承弘扬中华优秀传统文化，丰富学生精神文化生活，提升学生审美鉴赏能力。

3. 净化社会育人环境

深入开展儿童图书、音像等出版物清理整顿，健全网络综合治理体系，加大网络有害信息、网络游戏沉迷、不良网络行为治理力度，严肃查处违法违规网站平台，督促企业严格落实主体责任，着力打造有利于青少年健康成长的清朗社会文化及良好网络生态。要建立多部门协调配合的学校安全工作机制，加强校园周边环境治理，强化安全风险防控，不得在学校周边设置营业性娱乐场所和酒吧、互联网上网服务营业场所等不适宜未成年人活动的场所；依法依规妥善处理学校安全事故纠纷，切实保障学校和师生合法权益。深化各类校外培训治理，严禁社会机构以研学实践、夏(冬)令营等名义开展校外培训活动，坚决查处违法违规行为。

五、强化实施保障

1. 加强组织领导

各地各相关部门要将构建学校家庭社会协同育人机制作为贯彻落实党中央、国务院决策部署的重大政治任务，强化党委领导、政府统筹，纳入重要工作日程，加强组织协调、部门联动，完善经费条件保障，积极推动健全学校家庭社会密切协同的育人机制；按照《中华人民共和国家庭教育促进法》的有关规定，县级以上地方人民政府要确定本地家庭教育指导机构，组织建立家庭教育指导服务专业队伍。政府妇女儿童工作机构负责组织、协调、指导、督促做好家庭教育工作；教育部门负责指导学校切实发挥好协同育人主导作用，强化与家庭、社会密切沟通协作；共青团、少先队组织负责在学校、社会广泛开展实践活动；妇联组织、民政部门负责社区家庭教育指导服务站点建设；其他有关部门在各自职责范围内做好社会协同育人工作。将学校家庭社会协同育人工作成效纳入政府履行教育职责评价和教育质量评价重要内容，纳入文明创建活动、未成年人思想道德建设和未成年人保护工作考核体系。

2. 强化专业支撑

推动有关高等院校、科研机构、专业团体开展学校家庭社会协同育人理论与实践研究，加强理论建设与专业人才培养，积极推进家庭教育指导专家队伍建设。完善师范生培养课程体系，将家庭教育指导纳入师范生培养和教师业务培训重要内容，加强城乡社区家庭教育指导服务站点工作人员培训，切实提高教师和社区家庭教育指导服务水平。鼓励高等院校面向大学生开设家庭教育选修课。支持有关研究机构和各级各类学校积极开展家庭教育指导课程体系建设，开发汇聚优质家庭教育资源，不断拓展国家中小学智慧教育平台和全国网上家长学校服务功能，面向广大家长开设家庭教育网络公益公开课，促进优质家庭教育资源共建共享和推广应用。

3. 营造良好氛围

各地要积极探索、不断总结、大力推广学校家庭社会协同育人有效模式、创新做法和先进经验，积极推进协同育人实验区建设，切实发挥示范引领作用。充分发挥主流媒体作用，积极借助各类传播平台，深入宣传学校家庭社会协同育人的政策举措、实际成效和典型案例，广泛传播科学教育理念和正确家庭教育方法，强化正面宣传和舆论引导，大力营造全社会各方面关心支持协同育人的良好氛围。